Manuela du Bois-Reymond

Lernfeld Europa

Manuela du Bois-Reymond

Lernfeld
Europa

Eine kritische Analyse der Lebens-
und Lernbedingungen von Kindern
und Jugendlichen in Europa

VS VERLAG FÜR SOZIALWISSENSCHAFTEN

VS Verlag für Sozialwissenschaften
Entstanden mit Beginn des Jahres 2004 aus den beiden Häusern
Leske+Budrich und Westdeutscher Verlag.
Die breite Basis für sozialwissenschaftliches Publizieren

Bibliografische Information Der Deutschen Bibliothek
Die Deutsche Bibliothek verzeichnet diese Publikation in der Deutschen Nationalbibliografie;
detaillierte bibliografische Daten sind im Internet über <http://dnb.ddb.de> abrufbar.

Für Paul

1. Auflage März 2004

Alle Rechte vorbehalten
© VS Verlag für Sozialwissenschaften/GWV Fachverlage GmbH, Wiesbaden 2004

Der VS Verlag für Sozialwissenschaften ist ein Unternehmen von Springer Science+Business Media.
www.vs-verlag.de

Umschlaggestaltung: KünkelLopka Medienentwicklung, Heidelberg
Satz: Beate Glaubitz, Redaktion und Satz, Leverkusen

Gedruckt auf säurefreiem und chlorfrei gebleichtem Papier

ISBN-13: 978-3-8100-4020-6   e-ISBN-13: 978-3-322-87373-6
DOI: 10.1007/978-3-322-87373-6

Inhaltsverzeichnis

Eine Einführung

Als ich mich entschloss, einige meiner Arbeiten über Jugend, Kindheit und Lernen aus europäischer Sicht zu bündeln und als Buch vorzulegen, konfrontierte ich mich auch mit einem Teil meiner eigenen Wissenschaftsbiographie, und als Biographieforscherin ist mir der Gedanke vertraut, dass sich zwischen privatem und Berufsleben keine wasserdichten Grenzen ziehen lassen. Meine Übersiedlung aus Berlin in die Niederlande und an die Universität Leiden spielten hierbei eine entscheidende Rolle. Wie ein Wetterumschwung, der mit einem Schlag eine vertraute Landschaft in ein fremdes Licht taucht, so erfuhr ich mein Leben in einer benachbarten, aber doch ganz anderen Kultur. In einem anderen Land ist einfach *alles* anders, ob die Unterschiede nun groß oder klein sind. Durch den Länderwechsel erwarb ich eine Sensibilität für interkulturelle Fragen und Unterschiede. Wer einmal das Land gewechselt hat, entkommt nie mehr vergleichenden Eindrücken und Überlegungen, nichts ist mehr selbstverständlich.

Es ist also gar nicht verwunderlich, dass ich mich seit diesem Länderwechsel, der sich 1977 vollzog, ziemlich schnell auf vergleichende Studien einließ. Sie bezogen sich zunächst naturgemäß auf Deutschland und Holland, und dazu kooperierte ich mit deutschen befreundeten Kollegen, am Anfang mit meinem verstorbenen Freund und Kollegen Bruno Schonig. Es handelte sich um oral history Studien über deutsche und holländische Lehrer – später kamen belgische hinzu –, und über Arbeiterschüler.

Langsam erweiterte sich mein Blick und bezog die *europäische Perspektive* immer stärker in die Arbeit mit ein. Dies hat allgemeine objektive Gründe – Fragen und Probleme der europäischen Vereinigung werden heute viel breiter diskutiert als noch vor wenigen Jahren. Aber es spielten auch spezifische subjektive Gründe eine Rolle. Ich verfolgte den deutsch-deutschen Zusammenschluss mit einer Anteilnahme und Aufregung, die ich in den Niederlanden – „Holland" der Kürze halber – nicht erwarten konnte und auch nicht fand. Das Jahr 1990, das Ost- und Westdeutschland zu einem prekären nationalen Gebilde zusammenfügte und damit das gesamte Kräfteverhältnis in Europa verschob, hat nicht nur deutsche Kindheits- und Jugendforscher, sondern auch „emigrierte", wie mich, zu neuen Projekten angeregt. Meine

„Europäisierung", wenngleich lange vor diesem Jahr durch die Kooperation mit Kollegen und Kolleginnen aus verschiedenen Ländern begonnen, ging seit der Zeit weiter, ich konnte Kindheit und Jugend nicht mehr nur im nationalen Raum denken, sei dieser nun holländisch oder deutsch, und seit dieser Zeit nahm und nehme ich an verschiedenen Netzwerken und Initiativen teil, die sich mit kindheits- und jugendsoziologischen und -politischen Problemen aus europäischer Sicht beschäftigen.

Was verbindet mich in meiner Wissenschaftsbiographie mit *Kindheit*? Mehrere Jahre arbeitete ich mit Jürgen Zinnecker und Imbke Behnken in einem Forschungsprojekt zusammen, in dem wir uns Gedanken machten über Modernisierungen von (west-)europäischer Kindheit. Unser Feld waren die Städte Leiden/NL und Wiesbaden, in denen wir sowohl aus der empirischen Frosch- als aus der theoretischen Vogelperspektive den Verlauf von Modernisierungen in unseren Vergleichsstädten verfolgten. – Kindheit in vergleichender Perspektive in drei europäischen Regionen, in Ost- und Westdeutschland und in den Niederlanden, spielte auch in einem langjährigen Projekt zusammen mit Peter Büchner, Heinz-Hermann Krüger und Mitarbeitern eine Rolle für die Erweiterung meiner Erkenntnisse über das, was Kindheit heute ist und damals war, und in welchem Verhältnis hierbei länderspezifische und länderübergreifende Einflüsse stehen.

Mein wissenschaftliches Interesse an *Lernen* hat eine lange Geschichte, die ich hier nur als kurze Stationen angebe: eine erste war meine Diplomarbeit, die mein erziehungswissenschaftliches Studium in Berlin an der FU beendete und sich mit Strategien kompensatorischer Erziehung in den USA befasste. Das war Anfang der 70er Jahre, als alles im Aufbruch und in Aufruhr war; Erziehung und Schule und Lernen wollten wir anders machen. Dafür war Praxiserfahrung nötig: mehrere Jahre war ich Mitglied einer Berliner Forschungsgruppe, die ein Curriculum für die entstehende Eingangsstufe für 5-7jährige entwickelte. Wir waren sehr engagiert und krempelten unsere Versuchsschulen um, in denen wir neue pädagogische Ideen ausprobierten; wir waren über zwei Jahre lang jeden Tag in der Schule. Es ging um schulisches ebenso wie außerschulisches Lernen. Das war im Berliner Neukölln. In diesen Jahren wurde mir die Beharrungsmacht der „alten Schule" richtig bewusst: wir konnten in der Tat „beweisen", dass Arbeiterkinder und Arbeiterelltern Interesse an Lernen und Schule haben, wenn man hierfür die Bedingungen schafft. Aber wir waren auch realistisch genug um uns einzugestehen, dass neben unseren Versuchsklassen der alte Stiefel weiterging, und dass nach Abschluss des Projekts auch „unsere" Kinder und Eltern wieder mit der alten Klassenschule zu tun haben würden.

Im Zusammenhang der hier vorgelegten Arbeiten ist von den „Neuköllner Erfahrungen", wenn ich sie einmal so nennen darf, für meine weiteren, bis heute andauernden Überlegungen über Lernen und Schule wichtig, dass ich die einfache, sich durch die gesamte Geschichte der Pädagogik ziehende Erkenntnis gewonnen habe, dass Lernen eine menschliche Eigenschaft und ein Grundbedürfnis aller Kinder ist, dass aber der institutionelle Kontext, in dem Lernen in unseren Gesellschaften organisiert ist, dieses Grundbedürfnis nicht befriedigt – oder nur in Ansätzen und nur für wenige. Seit dieser Zeit denke ich über Lernen und Schule nach, und beide fallen immer mehr auseinander. Über Schule und Lernen lässt sich nichts Vernünftiges sagen, ohne den außerschulischen Kontext mit einzubeziehen.

Später spielten Schule und Lernen in aktuellen Projekten zur Lebenssituation von (holländischen) *Jugendlichen* und ihren Eltern, die ich mit meinen Kollegen durchführte, dann insofern eine Rolle, als es sich um Übergangsforschung handelte, also u.a. um Probleme der Berufsfindung und Integration in den Arbeitsmarkt. Hier ging es zunächst nicht um den interkulturellen, sondern um den intergenerationellen Vergleich in der Absicht, Modernisierungen in den Lebensläufen von zwei Generationen zu studieren. Diese Interessen habe ich im Laufe der Jahre um die europäische Dimension erweitert.

Dem Thema Schule und Lernen näherte ich mich in den 1980er und '90er Jahren nur zögernd wieder nach den 1970er Jahren in Berlin, die so voller Reformoptimismus gewesen waren. Angeregt dazu wurde ich nicht zuletzt durch die Schullaufbahn meines Sohnes (geb. 1974), die sich in der neuen Heimat entwickelte. Ich stellte fest, dass im kinderliebenden Land Holland Schule genauso entfremdet stattfindet wie in Deutschland und anderswo, nur dass es hier netter zugeht. Und in praxisorientierten Projekten mit meinen Studenten über Schüler und Lehrer in Brennpunktvierteln in Leiden, Den Haag und anderen Städten fand ich immer wieder das allgemeine Schulelend unter den besonderen Verhältnissen wieder.

In den vorliegenden Artikeln handelt es sich um Arbeiten aus den letzten etwa zehn Jahren, und dabei geht es mir eigentlich immer um dasselbe: um die Diskrepanz zwischen dem, was möglich wäre, damit Kinder und Jugendliche in Umständen aufwachsen, die ihre Potenzen optimal zur Entfaltung brächten, und dem, was eine solche Entfaltung behindert oder gar verhindert. Meine Grundthese – nicht in jedem Aufsatz expliziert, aber immer im Hintergrund da – ist, dass wir heute über Kindheit, Jugend und Lernen (schulisches und außerschulisches) nicht mehr sinnvoll theoretisieren können, wenn wir dies nur im nationalen Rahmen tun. Denn Kindheit und Jugend und Lernen erweitern ihre Bedeutungen und Anwendungen, indem sich die nationalen Gesellschaften entgrenzen und dadurch neue Verhältnisse geschaffen werden. Wir kommen, so denke ich, nur auf einen grünen Zweig, wenn wir den Rahmen größer aufspannen. Die europäische Dimension ist in den schulpädagogischen und kindheits- und jugendsoziologischen Diskussionen noch kaum im Blick, und diese Dimension in den Blick zu bekommen, ist das Anliegen dieses Buches.

Ich habe bei den jeweiligen Artikeln an jeweils andere Leser gedacht – mal mehr an Kindheits- oder Jugendforscher, mal mehr an europäische Jugend- und Bildungspolitiker, mal mehr an Pädagogen. Ich habe aber auch immer einen weiteren Leserkreis im Auge: Lehrer, Studenten, auch Eltern, vielleicht sogar Jugendliche und junge Erwachsene, die mit Schule und Lernen nichts am Hut haben und deswegen die besten Experten zur Sache sind. Dabei ist mir bewusst, wieviele Probleme noch überwunden werden müssen, um eine breitere sprachliche Verständigung in Europa zu erreichen, nicht nur im Alltagsumgang, sondern auch in wissenschaftlichen Veröffentlichungen. Deutsch ist für die meisten Europäer keine Verständigungssprache, von holländisch zu schweigen; englisch schon eher. Derartige Sprachdominanzen und Subdominanzen gehören zum Alltag von interkultureller Forschung und Kommunikation; auch zum Alltag von heutigen Kindern und Jugendlichen, die in multikulturellen Gegenwartsgesellschaften aufwachsen.

Die hier versammelten Arbeiten waren nie als Buch geplant, sie können daher auch nicht im strengen Sinn als aufeinander aufbauend gelesen werden. Eher umkreisen sie einige Grundthemen und beleuchten diese von verschiedenen Seiten, manchmal mehr mit einem hoffnungsvollen Oberton, dass die Lern- und Arbeitsverhältnisse für Kinder, Jugendliche und junge Erwachsene in Europa notwendigerweise auf Erneuerung und Besserung drängen, dann wieder voller Skepsis, ob dies unter den herrschenden Bedingungen gelingen kann. Ich will die Leser deshalb kurz in die Artikel einführen und einige Verbindungslinien zwischen ihnen ziehen. Der Titel des Buch, „Lernfeld Europa", mit den tragenden Konzepten Kindheit – Jugend – Lernen – Europa widerspiegelt *Zwischenpositionen*; es geht in allen Artikeln um Teilverhältnisse, in denen diese vier Größen zueinander stehen – oder gebracht werden sollten, und ich bin weit davon entfernt, diese Teilverhältnisse in eine stringente Theorie überführen zu können. Allerdings plädiere ich des öfteren und beharrlich dafür, dass die Forschergemeinde der Kindheits- und Jugendsoziologen und der Schulforscher und Pädagogen sich dieser Aufgabe stellen.

Ich beginne mit einem Artikel über „deutsch-deutsche Kindheit und Jugend", in dem mehrere Perspektiven eingenommen werden: der Blick einer aus Ostdeutschland nach Holland emigrierten Familie auf die ehemalige ostdeutsche Heimat und auf das (arrogante) Westdeutschland, sowie auf die neue Heimat Holland; der Blick einer deutsch-holländischen Sozialwissenschaftlerin (nämlich meiner) auf die westdeutsch dominierte Kinder- und Kindheitsforschung, und der europäische Blick, wenn es um Schlüsseldokumente zur Erneuerung von Schule und Lernen in Europa geht. In dem Artikel spielt das Thema „Heimat" eine Rolle – ein wichtiges, oft vernachlässigtes Thema, wenn es um die Verwirklichung der vielbeschworenen „europäischen Identität" geht.

In „Kindheit und Jugend in Europa in kulturvergleichender Perspektive" geht es, wie der Titel bereits sagt, wiederum um Perspektiven, es handelt sich um einen für ein (deutsches) Handbuch geschriebenen Übersichtsartikel, in dem der Stand der Forschung, und vor allem Forschungslücken, bilanziert werden, die uns noch von einer genaueren Kenntnis über die Lebensbedingungen von Kindern und Jugendlichen in den verschiedenen europäischen Ländern trennen.

Im folgenden Beitrag, „Kinder und Kindheiten in europäischen Gegenwartsgesellschaften", zeige ich, wie insbesondere das tägliche, das normale

Kinderleben in Europa (noch) kein ausgewiesenes Forschungsgebiet ist, sondern dass es vor allem Problemkinder und Problemkindheiten (Armut) sind, worüber europäisch-vergleichende Daten bekannt sind. Es geht hier weniger um das lernende Kind als darum, was wir als Kinderforscher noch alles lernen müssen, um unserem Gegenstandsbereich in Theorie und Empirie gerecht zu werden.

„Europäische Jugend- und Bildungspolitik" soll den deutschen Lesern, die oft wenig über europäische Initiativen in diesen Bereichen wissen, Orientierung und Einblick insbesondere in die Arbeit der Europäischen Kommission, aber mehr noch des Europarates bieten. Der Europarat hat seit seinem Entstehen nach dem Zweiten Weltkrieg Konzepte des interkulturellen Lernens und der Völkerverständigung ausgearbeitet und propagiert sie in seinen Mitgliedstaaten und in der EU, und er ist es, der sich seit vielen Jahrzehnten für eine progressive Kinder- und Jugendpolitik einsetzt. Von ihm gehen Initiativen aus, nach neuen Verbindungen zwischen institutionellem und außerschulischem Lernen zu suchen. Jugendexperten spielen in dieser Arbeit eine aktive Rolle.

Was schulisches und außerschulisches Lernen sein könnte, welche Potenzen europäische (Austausch-)Programme bei Kindern und ihren Pädagogen freisetzen könnten und welche Chancen darin für eine Erneuerung der nationalen Schulen lägen – aber wie meilenweit wir hiervon noch entfernt sind –, das ist Thema des Artikels „Lernfeld Europa", dessen Titel ich auch für dies Buch gewählt habe.

In den 1980er und '90er Jahre schrieb ich mehrere größere und kleinere Arbeiten, in denen ich mich sehr kritisch über Schule und schulisches Lernen auslasse. Eine dieser „wissenschaftlichen Polemiken" wie ich sie nenne, drucke ich hier ab. Sie ist inzwischen beinah zehn Jahre alt, aber ich bin noch immer der Meinung, dass sie von ihrer Aktualität nichts verloren hat. Hierin formuliere ich – zugegebenermaßen zugespitzt und deshalb angreifbar – die oben erwähnte Grundthese, dass die national verfasste Schule die junge Generation nicht mehr adäquat auf die Zukunft (und eigentlich schon nicht mehr die Gegenwart) in Europa (und anderer Teile der Welt) vorbereitet und in einer Art Erstarrung verharrt.

Der folgende Artikel, „Jugendkulturelles Kapital in Wissensgesellschaften", gehört ebenfalls in diesen Dunstkreis. Hier wird die Schule sozusagen hinterrücks in die Zange genommen, indem nach dem autonomen Kraftfeld gefragt wird, das Jugendliche sich selbst und gegen die Schule schaffen und dabei eine andere Auffassung und Praxis von Lernen entwickeln. Probehalber schlage ich den Begriff des „jugendkulturellen Trendsetter Lerners" vor, der an formalisierten Curricula weniger interessiert ist und sich statt dessen seine eigenen Lernwelten schafft. Ich spekuliere hier gezielt, ob Jugendliche durch informelles Lernen so etwas wie „jugendkulturelles Kapital" herstellen und sich aneignen, das sich von den erwachsenen Pädagogen verselbstständigt und nicht mehr deckungsgleich mit dem ist, was Bourdieu und Coleman mit ihren jeweiligen Kapitalbegriffen meinen. Die Rolle von Lehrern ändert sich sowohl durch große Veränderungen im intergenerativen Verhältnis, als durch Verschiebungen zwischen schulischem und außerschulischem Leben und Lernen.

Die „Trendsetter Lerner" lasse ich in den folgenden Artikeln nicht mehr los, sie faszinieren mich, da ich in ihnen etwas prinzipiell Neues in der alten Lernlandschaft spüre. Ich versteige mich sogar soweit, diesem neuen Lernertypus zuzutrauen, die alte Schule zu kippen. Ich meine das natürlich nicht wörtlich, und nicht heute oder auch morgen. Aber, so meine Vorstellung, wenn sich auf Dauer zeigt, dass Wissensgesellschaften intrinsisch motivierte Lerner brauchen, und wenn die Schule trotz aller Teilreformen und Reförmchen immer noch nicht in der Lage ist, ein Curriculum und eine Lernkultur zu entwickeln, die eben diese Art Lernen bei Vielen, nicht nur Einigen in besonderen Schulen, in Gang setzt und in Gang hält – wenn dies alles so ist und bleibt, dann wird ein zunehmender Teil der jungen Generation andere Lernwege beschreiten, und es werden sich neue Institutionen und praktische Arbeit an der alten Schule vorbei entwickeln. – Allerdings, so mache ich auch klar, werden große Anzahlen von Kindern und Jugendlichen hinten dran bleiben; das zeigt sich schon heute, und es betrifft zu einem großen Teil Schüler aus ethnisch-kulturellen Minderheiten, wie sie überall in europäischen Gegenwartsgesellschaften mit ähnlich schlechten Bildungschancen zu finden sind.

Trendsetter Lerner treten auch in dem Artikel „Ich will noch soviel erleben" auf, wo ich sie anlässlich eines der oben erwähnten holländischen Jugendprojekte unter den Postadoleszenten aufspüre, die uns in biographischen Interviews ihre offenen Lebensentwürfe erzählt haben, und wie sie mit den vielen Optionen, beruflichen und privaten, jonglieren.

Schließlich erhielt ich durch die Teilnahme an einem europäischen vergleichenden Projekt die Gelegenheit, das Trendsetter-Lerner Konzept zusammen mit Kollegen weiter auszuarbeiten und zu schauen, ob es diese Lerner auch in anderen Ländern gibt, nicht nur westlichen, sondern auch östlichen („Jugend – Lernen – Europa. Ménage à trois?"). Es gibt sie, in Rumänien ebenso wie in Portugal, Dänemark oder Irland. – Und damit multiplizieren sich die Probleme für ihre weitere Erforschung, – sowohl die theoretischen (wie definiert man sie? In welchen Theorierahmen passen sie?), als auch die empirischen (wie vergleicht man jugendliche Lebensläufe und Lernbiographien unter unvergleichbaren Lebensumgebungen und -umständen?). – Ich kann nicht mehr tun, als dafür zu plädieren, diesen Fragen in der Jugend- und Lebenslaufforschung mehr Aufmerksamkeit zu widmen als wir es bisher taten.

Der letzte Artikel in diesem Buch, „Kritik an der kompensatorischen Erziehung – ein Rückblick", ist ein teils selbstironischer, teils aber auch ernster Rückgriff in vergangene Diskurszeiten, nämlich in die Anfänge der 1970er Jahre, also in die oben bereits beschworene Aufbruchs- und Schulreformzeit. Von „Europa" im Zusammenhang mit Lernen und Schule sprach damals niemand, eher von Amerika. Von dort kamen progressive Ideen über Vorschulerziehung als Heilmittel für Bildungsbenachteiligung. Und ganz im Zuge und Jargon der studentenbewegten Zeit kritisiere ich diese pädagogischen und schulpsychologischen Konzepte wegen ihres „Herrschaftscharakters", im wesentlichen darauf aus, die „Unterdrückten" an die „herrschenden Normen" anzupassen. Unfreiwillig komisch liest sich heute auch das Filmzitat aus dem sowjetischen Film „Iwans Kindheit", wenn es um eine Kritik amerikanischer kompensatorischer Programme geht.

Obgleich ich unser etwa zur selben Zeit entwickeltes „Neuköllner Curriculum" auch heute noch für inventiver halte als die zitierten amerikanischen Programme, so muss ich doch zugeben – und tue das heute, aus einem Abstand von über 30 Jahren lachend –, dass auch wir „unsere Arbeiterkinder" nicht zur Revolution erziehen wollten, sondern nur dazu, dass sie einigermaßen unbeschädigt durch die Grund- und hoffentlich Oberschule kommen sollten. Warum habe ich also diesen Artikel aufgenommen? Weil in ihm schon drinsteckt, was ich seitdem in verschiedenen Zusammenhängen und mit verschiedenen Ansätzen immer wieder thematisiert habe – eben die Diskrepanz zwischen Bestehendem und Möglichem, und das ist ja ein Widerspruch, der trotz der vielen Neuauflagen der kompensatorischen Erziehung, wie wir sie heute in vielen Ländern erleben und begleiten, eher aktueller geworden ist, als dass er sich gelöst hätte.

Leiden, im Oktober 2003

Ein bisschen deutsch – ein bisschen holländisch

Deutsch-deutsche Kindheit und Jugend aus verschiedenen Blickwinkeln betrachtet*

Einleitung: Über Perspektiven gesprochen

Kaum je ein Ereignis hat die Kindheits- und Jugendforschung so angeregt wie die politischen Umschwünge, die Osteuropa Ende der achtziger Jahre erschütterten. Die Wende aus sozialistischen und kommunistischen Planwirtschaften in westeuropäische marktwirtschaftliche Demokratien krempelte auch die Lebensverhältnisse von Kindern und Eltern um. Für Kindheits- und Jugendforscher stellte sich die geradezu utopische Situation her, sozialen Wandel und seine Auswirkungen auf die betroffenen Menschen wie in einem riesigen Labor studieren zu können. Von allen Ländern war die Forschungslage in Deutschland am besten: Schon vor der Wende nahm Westdeutschland im Vergleich mit anderen ost- und westeuropäischen Ländern eine führende Stellung zwar nicht in der Kindheits–, wohl aber in der Jugendforschung ein. Nach der Wende waren dann in einem Land Ost und West vereinigt. Die „Laborsituation" konnte kaum idealer sein. Bekanntermaßen hat die Jugendforschung in Deutschland ja auch nach der Wende geboomt.

Mit meinem Beitrag will ich darauf aufmerksam machen, dass sich die deutsche Transformationsforschung zu Kindheit und Jugend bis auf wenige Ausnahmen auf die deutsche Perspektive beschränkt. Mir ist keine Studie über west- und/oder ostdeutsche Kindheit und Jugend aus einer Außenperspektive bekannt, also z.B. von einem nord- oder südeuropäischen Standpunkt aus, obgleich dies vermutlich zu interessanten Kontrasterkenntnissen führen würde. Offenbar wird der Forschungsgegenstand „deutsche Wendekindheit und -jugend" von europäischen Forschern als eine innerdeutsche Angelegenheit betrachtet. Aber auch eine ostdeutsche Perspektive auf die Folge der Wende für westdeutsche, ganz zu schweigen für ostdeutsche Kinder und Jugendliche wird in der gesamten Wendeforschung nur selten eingenommen (vgl. hierzu auch Merkens, 2002).

Meine im weiteren auszuführende *These* ist, dass mit dieser eingeschränkten Forschungsperspektive möglicherweise einige wichtige Dimensionen von moderner Kindheit und Jugend unterbelichtet bleiben. Dabei denke ich insbesondere an den Eigensinn einer ostdeutschen Blickrichtung und daran, dass ost- und westdeutsche Kinder und Jugendliche auch noch Teil einer europäischen Population sind. Meine Leser möchte ich auf das Perspektivproblem einstimmen, indem ich als Einstieg eine kleine Fallstudie präsentiere, die ich zu diesem Zweck durchgeführt habe. Sodann möchte ich an vier Studien zur Kindheits- und Jugendforschung den „Westblick" demonstrieren. Daran schließe ich einige interkulturell vergleichende Überlegungen an und schlage Themen für eine transnationale Kindheits- und Jugendforschung vor, die ich mit forschungspolitischen Folgerungen und Forderungen verbinde. In einem letzten Schritt analysiere ich drei europäische Dokumente zur Erziehungs- und Schulpolitik und überlege, welche Konsequenzen gezogen werden müßten, um Kinder und Jugendliche nicht nur rhetorisch auf eine europäische Zukunft einzustimmen.

Eine ostdeutsche Familie in den Niederlanden: ein bisschen deutsch, ein bisschen holländisch

Als die Familie 1992 bei ihrem ersten Deutschlandbesuch an der ehemaligen deutsch-deutschen Grenze ankam, sagte Bernd (geb. 1955): „Meine Heimat ist die DDR." Seine Tochter Anja (geb. 1982) sagte: „Meine Heimat ist Deutschland." Ihre Schwester Esther (geb. 1980) sagte: „Meine Heimat ist Holland." Bernds Frau Kerstin (geb. 1957) sagte nichts. Bernd erzählt mir diese Episode, nachdem ich mich an der weihnachtlich gedeckten Kaffeetafel im gerade neu bezogenen Einfamilienhaus in Noordwijkerhout, dicht am Meer, niedergelassen habe. Bernd arbeitet als Physiker bei einer internationalen Firma, Kerstin fand nach Beendigung ihrer Dissertation keine Anstellung und begann eine künstlerisch-pädagogische Ausbildung, Anja und Esther besuchen eine holländische Gesamtschule. Seit vier Jahren wohnen sie nun in den Niederlanden.

Kerstin sagt später: „Meine Heimat ist da, wo meine Freunde sind." Sie erfährt es als eine Erleichterung, hier und nicht mehr in Deutschland zu sein, weg von der deutsch-deutschen Dauerdiskussion und deutschen Realität, wo man als ehemaliger DDR-Bürger seit der Wende die Westwerte und -lebensweise übergestülpt bekommt. Sie ist erleichtert, hier nicht jeden Tag, wie in Jena, die Zeitung voller Ost-West Probleme und wechselseitiger Ressentiments lesen zu müssen. Noch immer empfindet sie eine gewisse Scham wegen der Bereitwilligkeit, mit der sich die DDR-Bürger vom Westen vereinnahmen ließen.

Bernd sagt lachend, es wäre besser gewesen, die DDR mit Holland zu vereinigen, hier macht man nicht soviel her von Einkommensunterschieden, hier wird das Einkommensgefälle nicht so betont wie im neuen Westen. Er erzählt von dem Westprof, der mit seiner Familie nach Ossiland umzog und nach einer Weile wieder nach Wessiland zog, weil seine Frau und seine Kinder den Kulturschock nicht verarbeiteten. Irgendwie gibt es mehr Ähnlichkeiten im Lebensstil zwischen Holland und seiner alten Heimat als zwischen Ost- und Westdeutschland, findet Bernd. Ostdeutsche erfahren Westdeutsche als kalt und distanziert, mit Holländern ist das anders. Das Gespräch wird lebhaft. Wir tauschen interkulturelle Erfahrungen aus: Die behüteten holländischen Kinder, die sind ja geradezu unterfordert, sagt Kerstin, überall bringen die Mütter sie hin, die haben Zeit. Ihre eigenen Kinder sind viel selbständiger, das waren die so gewohnt. Am Anfang litt sie darunter, dass auch sie nun angebunden war, regelmäßig kochen und zu Hause sein musste, keinen Beruf mehr hatte. Aber die Erziehungshaltung ist kinderfreundlich hier, nicht so autoritär und hetzig wie in der DDR. Natürlich soll man keine Pauschalurteile fällen, auch hier spielt soziale Herkunft eine größere Rolle als nationale Herkunft. Was aber auffällt: Alle Deutschen sind hier deutsch und nicht ost- oder westdeutsch. Das finden Bernd und Kerstin angenehm, man braucht sich nicht dauernd zu rechtfertigen, alle haben Macken, ob sie nun deutsch oder holländisch sind. „Fühlt ihr euch hier im Exil?" frage ich. – „Nein", sagt Bernd. – „Doch", sagt Kerstin.

Ich sitze mit Anja und Esther am Küchentisch. „Meine erste Frage ist: Fühlt ihr euch als deutsche, ostdeutsche, holländische oder vielleicht als europäische Kinder?" – Mit größter Bestimmtheit sagt Esther: „Nicht ostdeutsch! Wenn deutsch, dann deutsch. Aber eigentlich auch nicht holländisch, aber doch auch ein bisschen holländisch." Anja sagt, ohne zu zögern: „Ostdeutsch! Weil es ganz große Unterschiede zwischen Ost und West gibt. Wir sind halt ostdeutsch." – Ich frage: „Ist das ein stabiles Gefühl, oder ist das situationsabhängig?" – Esther sagt: „Wenn man in Jena ist, dann bist du der Holländer", das findet Esther cool. (Anja: „Und das find' ich grade nicht!") „Wenn ich in Deutschland bin, bin ich mehr holländisch, und wenn ich in Holland bin, doch mehr deutsch." Obgleich Anja sich eindeutiger (ost)deutsch fühlt als Esther, thematisiert auch sie die Abhängigkeit der nationalen Identität vom jeweiligen Standort: „Wenn du in Holland bist, siehst du nur die schönen Seiten von Deutschland, und wenn du in Deutschland bist, siehst du nur die schönen Seiten von Holland." Die schönen Seiten von Deutschland sind für sie die Stadt Jena, ihre Stadt, und die deutsche Sprache. Das Schöne in Holland, das ist der Freundeskreis, den sich beide Schwestern aufgebaut haben, und schön ist es am Strand. Und überhaupt: die Erfahrung mit einem andern Land (Esther).

„Wenn ich Deutschland sage, woran denkt ihr?" – Anja denkt an Jena und Ostdeutschland, „an Westdeutschland denk' ich nicht so." Esther sieht ganz Deutschland wie auf einer Landkarte vor sich. Schon wegen der Fußballclubs denkt sie auf jeden Fall auch an Westdeutschland, an all die Städte, wo die Clubs sind (beide Mädchen sind Fußballfans). Sieht sie noch die Grenze in die innere Landkarte eingezeichnet? Nein, deren Verlauf war ihr nie so ganz klar ... Anja fällt eine Feriensituation an der Ostsee aus dem letzten Jahr ein, wo es hoch herging mit „Wessi-Tussi" und „Ossi-Arsch". Und da ist dann ganz klar, dass man auf der Seite der Seinen steht, der Ossis.

Zurück zum interkulturellen Vergleich: „Findet ihr, daß ihr euch von holländischen Kindern unterscheidet?" – Das finden beide eine sehr schwierige Frage. Sie denken lange nach. Die anderen Feste, meint Esther schließlich (Sinterklaas statt Weihnachten) – sonst eigentlich nicht. Anja meint, es gäbe schon Unterschiede, aber es sei schwer, sie zu benennen. Ihr fällt dann aber ein, dass ein wesentlicher Unterschied in den Meinungen über den Zweiten

Weltkrieg liegt: „Die Holländer sagen Scheißdeutsche. Ich hab' Argumente, mich interessiert das, ich les' da auch viel drüber." Esther: „Ja, man wehrt sich dann gegen die Stereotype, auch die Holländer haben mitgemacht." Am Anfang bewarfen Klassenkameraden sie mit Eisschneebällen und riefen: „Mof, mof, mof!" Das sei jetzt vorbei. Ein Klassenkamerad sagte: „Ich hasse die Deutschen, aber dich (Anja) akzeptiere ich."

Die Schwestern fühlen sich nicht anders als holländische Kinder. Esther beharrt darauf, dass man nicht sagen kann „die Holländer", jeder sei anders, es gebe keine prinzipiellen (nationalen) Unterschiede zwischen holländischen und deutschen Kindern (Menschen). Nur dass es in Holland mehr Fußballfans gebe ... Eingewöhnungsprobleme hatten vor allem mit der Sprache zu tun. Sie hatten es schwer am Anfang, niemand half ihnen, die Lehrer halfen nicht besonders, die Mitschüler auch nicht. Alles hing davon ab, wie schnell sie die Sprache lernen würden. „Na ja, und eines Tages kann man sie eben", fasst Anja diesen komplizierten Prozess nüchtern zusammen. Die Schule fand Anja am Anfang geradezu lächerlich leicht, in der Grundschule gab es keine Noten, „man lernt nischt". Es gab auch keine Hausaufgaben. „Es ist so unseriös. Die kommen hier auf die ‚middelbare school' (Sekundarstufe I mit 12 Jahren) und können noch nicht mal Hausaufgaben machen, die wissen einfach nicht, wie das geht." Jetzt haben Anja und Esther zwar auch Stress wie die anderen, aber mit deutschen Verhältnissen verglichen sei es doch einfacher hier. „In Deutschland ist das Niveau höher."

Waren die holländischen Kinder denn nicht neugierig auf sie und darauf, wo sie herkamen? „Überhaupt nicht!" sagen Esther und Anja. „Nee, total nicht, weil die da auch gar nicht viel von wussten, dass es da (in Ostdeutschland) anders ist." Ein slowakisches Mädchen, das sie jetzt in der Klasse haben, ist viel interessanter. „Wenn holländische Kinder an Kommunismus denken, denken sie an die osteuropäischen Länder, aber nicht an Deutschland."[1] Viele haben Vorurteile gegen das kommunistische System und sehen nur die negativen Seiten. „Ich denke, dass es auch positive Seiten gibt", sagt Esther. Sie findet den niedrigeren Lebensstandard besser und ist stolz, dass sie es selbst in der DDR erlebt hat, dass man damit gut leben kann. „Wenn die Kinder hier sagen: ‚Was, ihr hattet keinen Fernseher??' – dass man das (damals) überhaupt nicht schlimm fand."

Beide Schwestern finden, dass sie es als Kinder schwerer als ihre Eltern hatten, sich einzugewöhnen. Erwachsene sind selbstbewusster und werden von den anderen mehr akzeptiert als Kinder. Sie als Kinder hatten mehr Angst vor dem Deutschenhass der Holländer. Wenn sie nicht mussten, gaben sie sich nicht als deutsche Kinder zu erkennen.[2]

---

1 Damit bringen Anja und Esther die vielen Deutschen bekannte Tatsache zum Ausdruck, dass der durchschnittliche Niederländer von der Realität des geteilten Deutschlands kaum eine Ahnung hatte.

2 Dies ist eine vielfach belegte Erfahrung von deutschen Kindern in den Niederlanden, die alle Erlebnisse mit dem Deutschenhass der Holländer haben (du Bois-Reymond u.a., 1997).

Gibt es Unterschiede im Familienleben? – Eigentlich nicht, und wenn, hängt das mehr von der jeweiligen Familie ab. Ein Unterschied ist, dass die Kinder ihre Eltern siezen.[3] Das fanden die Schwestern am Anfang verwirrend. Inzwischen haben sie gelernt, dass ihre Freundinnen trotzdem genauso mit ihren Eltern umgehen, wie sie mit Bernd und Kerstin. Der zweite Unterschied: dass die Mütter mehr zu Hause sind, weniger arbeiten und das auch ganz normal finden. „Bei uns war's halt normal, dass Frauen und Männer mehr gearbeitet haben."

„Was ist Heimat für euch?" Esther: „Jena – Ostdeutschland – DDR." Anja: „Ostdeutschland, Jena, die ganze Stadt, die deutsche Sprache." Anja hatte am Anfang großes Heimweh nach Jena, es war ihre Stadt, sie kannte alles und alle und fühlte sich in Holland entwurzelt. Wenn sie jetzt Heimweh hat, ist es Heimweh nach Deutschland, nicht mehr speziell nach Jena. Sie will später wieder in Deutschland wohnen. Denn wenn sie hierbliebe, hätte sie dauernd Sehnsucht nach Deutschland, „und die werd' ich auch immer behalten." Esther denkt hierüber anders. Zwar hatte auch sie eine Zeit, in der sie sich nach Deutschland zurücksehnte. Aber nach Jena will sie nie mehr zurück, „weil ich da das Gefühl habe: Das ist zu Ende." Ihre Lebensplanung ist für die nächsten Jahre auf die Niederlande gerichtet: Abitur, Studium („die Unis sind hier besser, sagt jeder"), und danach würde es sie nicht speziell nach Deutschland ziehen, jedes andere Land käme genauso gut in Frage. „Möchtet ihr hier lieber für holländische Kinder gehalten werden, oder seid ihr stolz, deutsche Kinder zu sein?" – Anja: „Deutsch!" (sie fühlt sich einfach mehr deutsch.) Esther zögert, ihr passt das „Stolzsein auf deutsch" nicht: „Ein bisschen deutsch, ein bisschen holländisch." Letzte Frage: „Was fällt euch ein, wenn ich sage: Europa?" – Esther: „Die EU; die europäische munt (Währung)." Anja: „Die Landkarte (hatten sie gerade in Erdkunde); die munt." Beide reden im weiteren darüber, dass Europa reich ist, verglichen mit den Dritte-Welt-Ländern. „Europa ist klein und reich und die anderen groß und arm."[4]

---

3   Im Übergang von einer stark von traditionalen Werten und Verhaltensformen geprägten Gesellschaft zu einer modernen Gesellschaft mit informellen Standards hat die Anrede in den Niederlanden eine eigenartig gebrochene Entwicklung durchgemacht: War das Siezen der Eltern und anderer Autoritätspersonen früher durchgängig, so bewirkten die siebziger Jahre eine Lockerung, das Duzen war in den kulturellen Eliten „in" und verbreitete sich in kurzer Zeit in viele (auch bürokratische) Bereiche. Dadurch erhielt es in vieler Hinsicht die Konnotation des englischen „you" oder deutsch „man" und verlor seine spezifische Intimität und seinen pronunziert antihierarchischen Stachel. Daneben erhielt sich aber eigenartigerweise das „U" (Sie) zwischen Eltern und Kindern (und erst recht zwischen Eltern und Großeltern), verlor aber seine distanzschaffende Qualität. Wenn also heute holländische Kinder ihre Eltern siezen, so ist die Gefühlsqualität dieselbe, als wenn sie duzten (s. auch weiter im Text).

4   Der Vergleich reiches Europa – arme Dritte-Welt Länder ist ein Restbestand der politischen Sozialisation in der ehemaligen DDR. In einer Untersuchung zum Thema „Europa" bei ostdeutschen, westdeutschen, britischen und niederländischen Studenten fanden Chisholm u.a. (1995) dies ebenfalls (vgl. auch Behnken u.a., 1991).

Gefühle über Europa? – Anja: „Sie wollen einem einreden, dass man sich als Europäer fühlen soll oder so was." Esther: „Ich denke, dass ich mich noch weniger als Europäer fühle, als dass ich mich als Holländer fühle oder Deutsche. Den ganzen Europagedanken find' ich sowieso doof." Anja: „Ich bin's vielleicht (eine Europäerin), aber ich fühl mich nicht so."

Wir verlassen nun zunächst die ostdeutsch-interkulturelle Familie und wenden uns der dominanten Forschungsperspektive auf deutsch-deutsche Kindheit und Jugend zu. Im letzten Abschnitt kommen wir auf die zentralen Themen, die in der Fallstudie zur Sprache kamen, zurück.

Deutsch-deutsche Kindheit und Jugend aus westdeutscher Forschersicht

Der „Westblick" in der deutsch-deutschen Kindheits- und Jugendforschung beginnt, ein halbes Jahrzehnt nach dem Boom in der Transformationsforschung, das kritische Interesse von Ost- und Westwissenschaftlern wachzurufen (Bolz/Griese, 1995). Kritisiert werden die westliche Dominanz, die Scheinzusammenarbeit von ostdeutschen und westdeutschen Wissenschaftlern, mangelnde kontextuelle Einbettung der Fragestellungen, oberflächliche quantifizierende Vergleiche der beiden deutschen Jugenden, die die Spezifik insbesondere der ostdeutschen Jugend unterschlagen oder mit den angewendeten Methoden gar nicht erst in den Griff bekommen. Angefordert wird dementsprechend eine Blicköffnung nach Osten, eine wirkliche und nicht nur scheinhafte interkulturelle Forschung sowie ein Metadiskurs über theoretische und methodische Probleme.

Ich fühle mich aus meiner niederländisch-deutschen interkulturellen Wissenschaftsposition nicht verpflichtet, in dieser Kontroverse Stellung zu beziehen, auch wenn ich einige wesentliche Kritikpunkte aus meiner Sicht und Erfahrung teile. Mir geht es hier eher darum, die deutsch-deutsche Diskussion für den Einbezug einer europäischen Dimension zu öffnen. In dieser Absicht möchte ich meine (Selbst-)Kritik und Würdigung der im folgenden zu besprechenden Studien verstanden wissen.

Zinnecker hat für die Jugendforschung einen Theorievorschlag gemacht, um die theoretische Blickrichtung von West nach Ost zu begründen. Auf der Grundlage seiner Vergleichsstudien über westdeutsche und ungarische Jugend Mitte der achtziger Jahre hat er das Konzept der *selektiven Modernisierung* entwickelt und auf die Jugendphase bezogen (Zinnecker, 1991). Er unterscheidet idealtypisch zwei Jugendmodi: Jugend als Übergangsphase und Jugend als kulturelles Bildungsmoratorium. Jugend als Übergangsphase war sowohl das dominante Modell für die Westjugend der Nachkriegsjahrzehnte als auch für die osteuropäischen Jugenden bis zur Wende. Dieses Modell hat(te) also eine zeitliche und eine geopolitische Achse: Jugend als kulturelles Bildungsmoratorium ist seit den siebziger Jahren das dominante Modell in den westlichen Ländern Europas und wird es seit der Wende zunehmend für die osteuropäischen Länder. Auf der zeitlichen Achse geht es um den Übergang von der industriellen Gesellschaft in die postindustrielle Dienstleistungsgesellschaft. Auf der politischen Achse zeigt sich, dass sich Teilmodernisierungen bereits vor dem Umbruch auch in den staatssozialistischen Gesellschaften vollzogen hatten. Das erklärt, warum sozialistische Jugend einerseits Züge der Westjugend in den fünfziger Jahren trägt, als auch in den westlichen Ländern der Jugendmodus der einer Übergangsjugend war, andererseits partiell mit der Gegenwartsjugend des Westens vergleichbar ist. Zinnecker selbst warnt aber davor, die osteuropäische Jugendphase nur schlechthin als ein älteres Modell der gegenwärtigen westdeutschen zu sehen und die Eigendynamik der Modernisierungen in den osteuropäischen Ländern auszublenden.

Der Theorievorschlag der selektiven Modernisierung hat die Transformationsforschung in diesem Bereich nachhaltig beeinflusst, und es ist darüber hinaus, soweit ich sehe, kein alternativer Vorschlag mit ähnlicher Reichweite entwickelt worden. Die Theorie hat allerdings keine breite empirische Anwendung auf verschiedene europäische Jugenden und Jugendmodi gefunden, um ihre Reichweite zu ergründen und um sie mit zweifellos bestehenden Varianten zu modifizieren. Zwar ist das – auch empirisch belegte – Beispiel Ungarn/Westdeutschland, an dem Zinnecker und seine ungarischen Kollegen die Theorie der selektiven Modernisierung entwickelt haben, plausibel; möglicherweise hängt dies aber mit sehr spezifischen historisch-politischen Traditionen Ungarns und seinem Verhältnis zu Westeuropa zusammen, die für andere osteuropäische Länder (man denke z.B. an Bulgarien) nicht aufgehen.

Die Theorie unterstellt des weiteren, dass der „moderne" Jugendmodus (das Bildungsmoratorium) für alle westeuropäischen Länder gleich oder doch sehr ähnlich sei. Wie plausibel dies auch im Vergleich mit der ehemaligen DDR und osteuropäischen Ländern erscheinen mag, so unterschlägt diese Annahme doch Differenzen innerhalb der westeuropäischen Länder und lässt Vergleiche zwischen südlichen und nördlichen Regionen unberücksichtigt (vgl. hierzu Chisholm, 1996).

Der Theorievorschlag der selektiven Modernisierung sollte weiterhin auf seine Fruchtbarkeit bzw. seine Grenzen untersucht werden, indem er in einen größeren europäischen Bezugsrahmen gestellt wird. Im Sinne maximaler und minimaler Vergleiche, wie Glaser und Strauss sie für die Methode der qualitativen Sozialforschung machen, könnte und sollte die Theorie der selektiven Modernisierung auf Vergleiche mit ähnlichen und mit Kontrastländern und -regionen angewendet werden. Dabei müsste sich zeigen, wie die Theorie dem fortlaufend stattfindenden sozialkulturellen und wirtschaftlich-politischen Wandel in den jeweiligen (Ost-)Ländern Rechnung trägt.[5]

---

5 Kirchhöfer (1995, S. 235) und andere beharren auf einer andersgearteten Modernisierung, die Jugend in der DDR prägte.

Es wäre zu erwarten gewesen, dass Zinnecker die Theorie der selektiven Modernisierung nicht nur auf Jugend, sondern auch auf Kindheit anwendet – oder begründet, warum dies vielleicht nicht sinnvoll ist[6]. Der „Kindersurvey" (Zinnecker/Silbereisen, 1996) wäre dazu eine gute Gelegenheit gewesen. Erstmals werden dort repräsentativ-vergleichende Daten zu ost- und westdeutscher Kindheit vorgelegt.[7] Aus soziologischer, entwicklungspsychologischer und erziehungswissenschaflicher Sicht sollen „die Besonderheiten des Kindseins in Ost und West" (S. 11) ermittelt werden.[8]

Im Mittelpunkt stehen „Wandlungsprozesse in Deutschland seit Anfang der neunziger Jahre, denen vor allen Dingen das Kindsein in den neuen Bundesländern unterworfen ist. Deshalb wird die Vergleichsperspektive westdeutscher und ostdeutscher Kindheit besonders herausgearbeitet" (S.12). Indem die Forscher „mehr" Wandel im Leben ostdeutscher Kinder unterstellen, tragen sie der politischen Entwicklung Rechnung, die aus einer „Anschlussvereinigung" der DDR an Westdeutschland resultierte. Die Vergleichsperspektive ist damit vorgegeben, der Westblick politisch eingebaut: Wandlungsprozesse gehen von West nach Ost, nicht umgekehrt. Der forschungsimmanenten Logik vorgängig ist die ebenfalls (wissenschafts)politische Tatsache, dass nach der Wende die ostdeutschen Sozialwissenschaften mit westdeutschen Wissenschaftlern und damit westlich geprägten Theorien überformt wurden. Die führenden Kräfte der „Wendeforschung" sind westdeutsche Wissenschaftler. Das trifft auch auf den Kindersurvey zu.

Die erkenntnistheoretische Frage, wie west- und ostdeutsche Kindheiten angemessen miteinander verglichen werden können, stellen sich die Autoren des Kindersurveys nicht explizit, damit meine ich: für den Leser nachvollziehbar. West- und ostdeutsche Datensätze werden zwar jeweils innerhalb der soziologischen, entwicklungspsychologischen und erziehungswissenschaftlichen Analyse miteinander verglichen, Übereinstimmungen und Abweichungen werden aber in keinen übergreifenden Theorierahmen gestellt oder mit anderen Forschungsprojekten verglichen.[9] Die versprochene Interdisziplinarität schlägt sich in nicht viel mehr als in verschiedenen Kapiteln nieder, die mal die Ent-

---

6   Inzwischen hat Zinnecker mehrere Arbeiten mit einem Modernisierungsmodell auch
     für Kindheit vorgelegt (vgl. Zinnecker, 2001b).
7   Die Datenbasis von Nauck und Bertram (1995) zu familiären Lebensbedingungen von
     Kindern in Ost- und Westdeutschland ist demgegenüber Sekundäranalyse. Zwar sind die
     Daten so aufbereitet, dass Kinder die Analyseeinheit bilden, aber die Subjektebene –
     Kinder äußern sich direkt über ihre Lebenssituation – kann dadurch nicht ersetzt werden.
8   Die Studie ist als Längsschnitt mit vier Befragungswellen angelegt. Mit den Kindern
     (bei der ersten Befragung zehn bis 13 Jahre) werden Face-to-face-Interviews gehalten,
     die Eltern füllen einen Fragebogen aus.
9   Das ist besonders evident und erzeugt widersprüchliche Ergebnisse, wenn es um die
     Typisierung der Eltern-Kind-Beziehungen geht. Diese werden aus entwicklungspsy-
     chologischer Sicht ganz anders dargestellt und interpretiert als aus erziehungswissen-
     schaftlich-soziologischer; geschweige, dass nach theoretisch-empirischen Erklärungen
     für eventuelle Abweichungen im Vergleich mit anderen Projekten gefragt wird (du
     Bois-Reymond u.a., 1994; Büchner u.a.,1996).

wicklungspsychologen (Standort Jena), mal die Soziologen und Erziehungswissenschaftler (Standort Siegen) schreiben. Über die subjektiven Gefühle und kindlichen Verarbeitungsstrategien von Lebensveränderungen nach der Wende erfährt man weniger als eingangs versprochen[10], zu integrativen theoretischen oder empirischen Ergebnissen kommt es (noch) nicht.[11] Gleichwohl laden einzelne Ergebnisse dazu ein, sie auf eine transnationale Kindheitsforschung zu beziehen und sie mit Ergebnissen aus anderen länder- oder regionalspezifischen Kontexten zu konfrontieren. Hierbei denke ich z.B. an das Kapitel „Haben Kinder heute Vorbilder?", in dem eine Abnahme von Vorbildern beim Übergang vom Kindes- ins Jugendalter sowie eine Verschiebung vom Nah- in einen (medial vermittelten) Fernbereich festgestellt wird.

In der „Schülerstudie ‚90" (Behnken u.a., 1991), die „Jugendliche im Prozess der Vereinigung" darstellt[12], wird der „Westblick" offen thematisiert und problematisiert, wenn die Autorinnen und Autoren[13] sich vergegenwärtigen, „wie umkämpft ... die Vorstellungen sind, die wir Deutschen in Ost und West uns voneinander bilden ... Es geht um eine gemeinsame Zukunft". Sie reden von Ängsten und Vorbehalten und sind sich des Einflusses auf die eigene Urteilsbildung bewusst. In einer solchen Situation ein realitätsgerechtes Bild von der sozialen und psychologischen Wirklichkeit zu zeichnen sei eine ebenso verantwortungsvolle wie schwierige Aufgabe, bedroht von stereotypen Zuschreibungen seien insbesondere die ostdeutschen Jugendlichen und ihre Eltern (S.13). Als ein Schlüsselerlebnis und -ergebnis gilt dem deutsch-deutschen Forscherteam der Ausspruch einer westdeutschen Schülerin: „Die sind ja genau wie wir!" Im Sinne der selektiven Modernisierung bedeutet dies eine zügige Annäherung der ostdeutschen an die westdeutsche Jugend und den entsprechenden Jugendmodus eines Bildungsmoratoriums. Dabei stellt sich heraus, dass die alltagskulturelle Modernisierung im Freizeit- und Freundesbereich (noch) schneller vonstatten geht als im Ausbildungsbereich. (Inzwischen ist die Angleichung der Schul- und Ausbildungsverhältnisse weiter fortgeschritten und führt zu neuen Fragmentierungen und Benachteiligungen von Jugendlichen, die nicht mehr nur entlang der West-Ost Achse verlaufen.)

---

10 Auch methodologische Fragen stellen sich: Sind 700 Kinder nicht eine zu geringe Anzahl, um Repräsentativität für Gesamtdeutschland behaupten zu können, wenn man allein bedenkt, um wie viele strukturelle Variablen es geht (Alter zehn bis 13, Geschlecht, Region, Urbanisationsgrad, Sozialstatus und weitere soziodemographische Merkmale)? Dieses Problem sehen die Autoren übrigens auch selbst (vgl. etwa S. 240, 245, 312).

11 Eine zweite Befragungswelle lief 1994, eine dritte 1995, die letzte 1996.

12 Die Studie beruht auf dem Material aus 2577 ausgefüllten Fragebögen von 13- bis 17jährigen Schülern aus einer ostdeutschen (Halle und Leipzig) und einer westdeutschen (Ruhrgebiet) urbanen Region sowie 2000 zusätzlichen Schüleraufsätzen aus allen Teilen Gesamtdeutschlands.

13 Auch diese Studie vereinigte ostdeutsche und westdeutsche Wissenschaftler. Aus Westdeutschland vier Wissenschaftler, aus dem Zentralinstitut für Jugendforschung Leipzig – das es damals noch gab – fünf Mitarbeiter. Dem gemischten Team entsprach, dass ein Teil der Fragen aus dem Bestand der Schüler- und Lehrlingsstudien des ZfJ Leipzig stammte.

Aber, so warnen die Forscher: „Wir dürfen natürlich nicht unterstellen, dass sich mit dem ökonomisch-politischen Zusammenschluss auch die Mentalitäten und Lebensbedingungen der Jugendlichen in Ost und West angeglichen haben" (S. 20). Das kommt besonders prägnant in den Aufsätzen zum Ausdruck, die die Schüler zum Thema „Wie stelle ich mir meine persönliche Zukunft und meinen weiteren Lebensweg im vereinten Deutschland vor? – Wünsche, Hoffnungen, Sorgen, Ängste" schrieben. Ohne dies umfangreiche zusätzliche qualitative Material wäre der Schülerstudie kein so hautnahes Bild der Wendejugend gelungen. Die Theorie der selektiven Modernisierung wird hier um die der „stillen Revolution" (Inglehart, 1977) erweitert, was die Übernahme individualisierter Werte betrifft: Bereits in den achtziger Jahren, so zeigen die Studien des Zentralinstituts in Leipzig[14], begannen DDR-Jugendliche sich an Westwerten wie Selbstverwirklichung zu orientieren und offiziell verordnete kollektive Werte abzulehnen. „Ein Verfall DDR-spezifischer Identität ist unübersehbar" (S. 30). Das ist nicht zu bezweifeln. Aber es dürfte seither immer deutlicher werden, dass von einem konfliktlosen Hinübergleiten in eine „neue Westidentität" ebensowenig die Rede sein kann. Nationale Identitäten versprechen (drohen) eins der zentralen Zukunftsthemen auch für die Kindheits- und Jugendforschung zu werden.

Trifft ein „Westblick" auf ostdeutsche Kindheit auch auf das Projekt des ostdeutschen Wissenschaftlers Kirchhöfer zu, in dem mit der von Zeiher und Zeiher (West-Kinderforscher) entwickelten Handlungstheorie und Tageslaufmethode (Zeiher/Zeiher, 1994) die Lebensverhältnisse von ostdeutschen Kindern untersucht werden? Eine schwierige Frage, die man vielleicht auf doppelte Weise beantworten muss. Einerseits beziehen sich Theorie und Methode auf Westforschung: Beide hätten in der DDR-Forschung keine Chance gehabt – ethnographische Methoden gehörten nicht in den offiziellen Methodenkanon und wurden, wenn, so nur „im stillen" angewendet, und eine auf das spezifische Kindindividuum bezogene Handlungstheorie entsprach ebensowenig der offiziellen Lesart.[15] Andererseits haben wir es hier mit der glücklichen Konstellation zu tun, dass Kirchhöfer ein kongenialer Partner für Ost-West Vergleiche kindlicher Lebens- und Handlungsformen ist und die Zeihersche Theorie mit Ostkontext anreichert.

In einem 1996 erschienenen Aufsatz, in dem er einige Ergebnisse seiner Kinderstudien veröffentlicht, zeigt Kirchhöfer sich überrascht, „dass trotz des allgemeinen Interesses an soziologischer Kindheitsforschung die sozialen Prozesse im gegenwärtigen Transformationsprozess von Kindheit in Ostdeutschland kaum thematisiert worden sind" (S. 31). Er setzt sich kritisch (aber nicht völlig ablehnend) mit dem Modernisierungsansatz auseinander und fordert,

---

14 Das Zentralinstitut für Jugendforschung in Leipzig hat in seiner fast 25jährigen Geschichte, bevor es Ende 1990 geschlossen wurde, über 500 empirische Untersuchungen durchgeführt. „Bevorzugtes Instrument war die anonyme schriftliche Befragung im Gruppenverbund" (Starke, 1992; Friedrich, 1993; Schlegel, 1995).

15 Vgl. auch Kirchhöfers Beitrag in Bolz und Griese (1995) über Biographieforschung in der DDR.

dass Ambivalenzen im Sozialisationsgeschehen nicht nur über ostdeutsche, sondern auch über westdeutsche (-europäische) Kinder und Kindheiten herausgearbeitet werden sollten. An einem Ausschnitt aus den Tagesläufen von zwei ostberliner Kindern zu zwei Zeitpunkten (1990, die Kinder sind zehn Jahre; 1994, die Kinder sind dann 14 Jahre) zeigt Kirchhöfer, wie tief man sich in das Alltagshandeln und den Alltagskontext vertiefen kann und muss, um zu theoretischen Aussagen über Kindheit zu kommen, die ihre Kontextverbundenheit gleichwohl nicht verleugnen.[16] Die Anlage der Studie erlaubt es, sowohl entwicklungsbedingte und individuelle Veränderungen (Übergang von der Kindheit in die Jugend) aufzuspüren als familiale und umweltbedingte (die Familien und Schulverhältnisse der untersuchten Kinder 1990 und vier Jahre später) sowie schließlich auch zeithistorisch-politische (der Transformationsprozess während vier Jahren). Die Prozesse, unter denen sich Nachwende-Kindheit in Ostdeutschland (Ostberlin) vollzieht, werden modernisierungstheoretisch als Resultanten des Zusammenspiels von Gleichzeitigkeiten und Ungleichzeitigkeiten interpretiert; also etwa eine für ostdeutsche Familien neue Entflechtung der Eltern-Kind-Beziehungen bei gleichzeitig zunehmender (und bisher auch noch nie erfahrener) Verflechtung aufgrund einerseits gelockerter elterlicher Kontrollsysteme, andererseits neuer familialer Abhängigkeiten durch flexiblere und unsichere Arbeitsverhältnisse der Eltern.

Stellt man die bisher besprochenen drei Studien in ein Koordinatenkreuz, dessen eine Achse von den Eckpunkten qualitative-quantitative Methoden und dessen andere Achse von „West-Ost-Blick" markiert ist, so ist der Kindersurvey ein Vertreter der quantitativen Methode und eines recht eindeutigen Westblicks, während die Kirchhöfer-Studie methodisch den Gegentypus verkörpert und entschieden „mehr Ostblick" hat (schon weil sie sich auf ostdeutsche Kinder konzentriert). Demgegenüber nimmt die Schülerstudie '90 eine Zwischenposition ein: Sie ist ein Methodenmix aus quantitativer Umfragetechnik und qualitativer Dokumentanalyse, und sie scheint ein ausgewogeneres Ost-West Team mit mehr „transkultureller Diskussion" als der Kindersurvey gehabt zu haben.

Die letzte Studie, die ich hier besprechen will, erweitert den deutsch-deutschen Vergleich um ein Drittland, die Niederlande (du Bois-Reymond u.a., 1994). Der Blick müsste dann konsequenterweise mehrperspektivisch sein und von Westdeutschland nach Ostdeutschland, von Ostdeutschland nach Westdeutschland, von beiden in die Niederlande und von dort auf beide Teile Deutschlands gehen. Schon die Zusammensetzung des Forscherteams lässt dies nur bedingt zu: Es ist, wenngleich an einer ost- und westdeutschen sowie niederländischen Universität (Halle, Marburg und Leiden) angesiedelt, von seiner wissenschaftsbiographischen Herkunft her mehr ein Westteam als ein wirklich interkulturell gemischtes.[17] Gleichwohl führten wir, vermutlich wie

---

16 Vgl. auch Wald (1995), die ebenfalls darauf besteht, dass es im Sozialisationsgeschehen einen spezifischen Ostkontext gibt, den quantitative Studien oft nicht erfassen.

17 Schon die sprachliche Hürde konnte nur von einem Projektmitglied (MdBR) nach beiden Seiten übersprungen werden.

viele andere gemischte Teams auch, intensive Streitgespräche über das „ideologische Bias" in der Modernisierungstheorie, das zu sagen scheint, dass alles „Moderne" gut sei und alles „Nichtmoderne" irgendwie dumm und rückständig.[18] Interessant ist in unserem Fall, dass sich das holländische Team mit ähnlichen Meinungen in die Diskussion einschaltete, denn im Vergleich mit Westdeutschland kommen die Niederlande in einigen Aspekten von „Modernität" schlechter weg. Diese Erfahrungen verdeutlichen den politischen Gehalt von sozialwissenschaftlichen Theorien, ob wir das nun wollen oder nicht.

Die Studie „Kinderleben" steht in der Tradition westdeutscher Kindheits- und Jugendforschung, sowohl methodisch als theoretisch. Sie beruht auf qualitativen Interviews mit Eltern und Kindern[19] zu drei Schlüsselbereichen moderner Kindheit: Eltern-Kind Beziehungen, kinderkulturelle Freizeit und biographische Verselbständigung. Entsprechend orientiert sich die Studie an Theorien, die ihre Wurzeln „im Westen" haben und mit verschiedenen Schwerpunkten unter dem Dach „Modernisierungstheorie" im Kindheits- und Jugenddiskurs fungieren.

„Kinderleben" ist gleichwohl eines der wenigen Beispiele, in dem nicht nur deutsch-deutsche Kinder (und Eltern) miteinander verglichen werden (vgl. später auch du Bois-Reymond, 1998). Das relativiert an sich schon einen „geschlossenen" deutsch-deutschen Blick und eröffnet neue Seiten an bekannten Fragestellungen. Wir sahen es denn auch als ein wichtiges (und erstaunliches) Ergebnis an, dass in bestimmter Hinsicht die niederländischen den ostdeutschen Verhältnissen stärker ähneln als den westdeutschen (wie ja auch die ostdeutsche Familie im eingangs dokumentierten Interview bemerkt). So fanden wir, dass die Freizeitgestaltung der niederländischen Kinder insgesamt traditionaler ist als die der westdeutschen Kinder und in dieser Hinsicht eine Zwischenposition zwischen Ost- und Westdeutschland einnimmt. Die Gründe hierfür sind allerdings kulturspezifisch verschieden: In Ostdeutschland spielt eine integrierte Nachbarschaft mit nachbarschaftlichen Schuleinzugsbereichen und Einrichtungen hierbei eine entscheidende Rolle; in den Niederlanden ein insgesamt traditionales Familienklima, das auch die Freizeit mit beeinflusst. Jedoch ist der Grad der Informalisierung in den All-

---

18 Praktisch identische Diskussionen hatte ich mit Dresdener Studenten anlässlich eines Gastsemesters 1992, in dem ich sie mit westlichen Theorien zur Kinderforschung vertraut machen wollte (vgl. du Bois-Reymond, 1993).

19 In jeder der drei Untersuchungsregionen wurden ca. 35 Familien mit 11-12jährigen Kindern rekrutiert, die parallel, aber getrennt von zwei ortsansässigen Teammitgliedern interviewt wurden. Der Leitfaden beider Interviews war aufeinander bezogen; die Interviews wurden zu Fallstudien verarbeitet. In einer zweiten und dritten Befragungsrunde konzentrierte sich das Team auf weniger Fälle. Auf der Basis zentraler Ergebnisse von „Kinderleben" wurde die deutsch-deutsche Studie „Vom Teddybär zum ersten Kuß" (Büchner u.a., 1996) als quantitative Studie unter Schülern durchgeführt; ein Teil dieser Studie wurde in den Niederlanden von du Bois-Reymond u.a. repliziert (vgl. Beiträge in Büchner u.a. 1998).

tagsbeziehungen und Eltern-Kind Beziehungen in den Niederlanden höher als in Westdeutschland, von Ostdeutschland zu schweigen, und wiederum bedarf es kultureller Kenntnisse, um dies zu erklären und damit auch einen „ethnographisch verfremdeten" Blick auf die eigene Kultur zu entwickeln. „Kinderleben" zeigt, wenn auch mit Abstrichen, die Potenzen von interkulturellen Vergleichen für eine europäische Kindheits- und Jugendforschung (vgl. Jonda, 1991; Trommsdorff, 1989).

In allen besprochenen Studien geht es um die Frage der *Lebenschancen* der untersuchten Kinder und ihrer Familien. Die Einschätzung dieser Chancen geschieht eindeutig aus Westsicht: Ob es um Schulleistungen, gegenwärtige (Eltern-) oder zukünftige (Kinder-)Arbeitslosigkeit, um die Ausstattung der Kinderzimmer oder Jugendfreizeiteinrichtungen geht – die Messlatte ist der Westen. Das Schulsystem und das Curriculum in den neuen Bundesländern sind inzwischen weitgehend an Weststandards angepasst (obgleich, wie der Kindersurvey feststellt, die größere „schulische Selbstwirksamkeit" der ostdeutschen Schüler auch mit der freundlicheren Notengebung der an DDR-Normen gewöhnten Lehrer zu tun hat). „Modernisierungsgewinner" und „Modernisierungsverlierer" werden zwar in West und Ost geortet, aber die Frage, was ostdeutsche Kinder und Jugendliche durch die Anschlussvereinigung an spezifischer Kultur verloren haben, wird fast nur im Hinblick auf sich verschiebende Aufstiegschancen gestellt sowie im Hinblick auf die Schließung von Jugendeinrichtungen in den neuen Bundesländern (drohende Radikalisierung und Ausländerfeindlichkeit).

Festgestellt wird die schnelle Anpassung der ostdeutschen Kinder und Jugendlichen an die westdeutschen Standards der Freizeitkultur. Nur Kirchhöfer (vgl. aber später Büchner et al., 1998) schaut mit geschulten Ostaugen auf spezifische Alltagskulturen, die in Ostdeutschland am Verschwinden sind – so die besondere „Datschenkultur", wo sich Familien- und Betriebsgemeinschaften am Wochenende trafen, an denen auch Kinder partizipierten, weil sie die Kollegen ihrer Väter und Mütter gut kannten und diese Kollegen auch die familialen Freizeitkulturen erweiterten. – Diese Spezifika erwähne ich nicht nostalgisch (wie viele „Ossis" das in Gesprächen mit „Wessis", vor allem aber untereinander tun), sondern in rein soziologisch-ethnographischer Absicht: Bevor das Leben in der alten DDR ganz untergegangen sein wird, sollte die Jugend- und Kinderforschung es gut dokumentieren. Dafür muss die Westbrille abgesetzt werden, ohne dass eine nostalgische Ostbrille („Ostalgie") aufgesetzt wird.

Neue und alte Themen – vergleichende Überlegungen

Das Interview mit Anja und Esther und ihren Eltern habe ich bewusst vor der eigentlichen Arbeit an diesem Artikel geführt; ich wollte nicht nur den Leser auf das Thema „verschiedene Blickwinkel" einstimmen, sondern vor allem mich selbst, ich wollte mir sozusagen eine frische Erfahrung verschaffen, bevor ich mich (erneut) mit der deutsch-deutschen Literatur befasste. Der „Westblick" ist nicht nur ein Wissenschaftspolitikum, er verweist auf die fundamentale Tatsache, dass Lebensverortung und Wirklichkeitsinterpretation standortgebunden sind; bei Standortwechseln kommen Identitäten ins Rutschen. An der ehemaligen deutsch-deutschen Grenze reklamieren die Autoinsassen drei ortsgebundene Identitäten, aber keine deckt ihre gegenwärtige Existenz ganz: Bernd reklamiert die alte DDR als „Heimat" (er sagt noch 1992 – und übrigens auch im weiteren Gespräch – „DDR"), obgleich er nun in den Niederlanden wohnt. Seine jüngere Tochter Anja bezieht sich auf „Deutschland", und damit meint sie in dieser besonderen Situation, im Auto auf dem Weg von Holland nach Deutschland, offenbar nicht nur die DDR. Esther sagt kühn, ihre Heimat sei Holland – Heimat sei dort, wo man ist, die alte Heimat Jena (und damit auch die DDR) ist „zu Ende", sie findet es gut, Erfahrungen mit einem anderen Land zu machen. Anjas und Esthers Mutter fasst den Identitätsbegriff am extremsten auf: Heimat ist dort, wo man seine Freunde hat – Heimat ist also ortsunabhängig. Im „Exil" ist man überall, wo keine Freunde sind. Und eben diese Überlegung stellen auch Anja und Esther an, die den Eingewöhnungsprozess ins holländische Leben als abgeschlossen erklären, wenn sie (neben den alten) neue Freunde im neuen Land gewonnen haben.

Der spezifische „Westblick" nach „Osten" wird durch den kulturell-geographischen Abstand gemildert: In Holland sind alle Deutschen deutsch und nicht ost- oder westdeutsch. Derartige Relativierungen eröffnen neue Lern- und Erfahrungspotentiale, die durch die innerdeutsche Spannung blockiert werden. Denn „im neuen Land" spielt es keine Rolle, ob man nun „von hüben oder von drüben" kommt, man kommt auf jeden Fall von außerhalb und muss sich hier einrichten. Esther und Anja (und ihre Eltern) sind mit diesen Erfahrungen verschiedener nationalkultureller Identitäten und Lebensräume Vertreter moderner europäischer Menschen. Gleichzeitig sind sie Deutsche, genauer: Ostdeutsche. Als „Schattenkinder" könnten sie an allen vier hier besprochenen Studien teilgenommen haben, und ich möchte ihre Erfahrungen mitbenutzen, um den konstatierten Westblick in Richtung auf eine europäische Kindheits- und Jugendforschung zu erweitern. Dabei möchte ich mich auf drei Themen konzentrieren: erstens das Thema *Gleichaltrige und Freunde,* dann das Thema *Generationsbeziehungen* und schließlich das von *(national)kulturellen Identitäten.*

Zum Thema *Gleichaltrige und Freunde:* Anja und Esther fanden meine Frage, ob sie sich von holländischen Kindern unterscheiden, in ihrer Lebenssituation schwierig zu beantworten. Denn einerseits unterscheiden sie sich von holländischen Kindern; Esther hat z.B. die spezifische, holländischen Kindern unbekannte und unzugängliche Erfahrung, dass Kinderglück nicht am Besitz eines Fernsehers hängt, und Anja hat eine andere – viel differenziertere – Sicht auf die deutsche Vergangenheit als die pauschalisierenden Niederländer. Aber andererseits unterscheiden sie sich wieder gar nicht von ihren holländischen Klassenkameraden, sie haben denselben Schulstress[20], sie finden dieselbe Musik gut, sie sind alle europäische Kinder.[21] Damit verweisen sie auf allgemeinere Forschungsergebnisse, die die überragende (und zunehmende) Bedeutung von Gleichaltrigen im Leben moderner Kinder hervorheben. In kinder- und jugendkulturellen „Minimalvergleichen" zwischen Ost- und Westdeutschland oder auch Deutschland und den Niederlanden überwiegen gewiss die Ähnlichkeiten der Gleichaltrigenkulturen und ihrer Rolle beim Aufwachsen. Systematische „Maximalvergleiche" – z.B. zwischen Süditalien und Schweden oder zwischen Portugal und Dänemark – sind mir für Europa nicht bekannt. Ebenso wie Minimalvergleiche sind sie nach meinem Dafürhalten ein noch unausgebeutetes Forschungsfeld, das auf Variationen im Kindheits- und Jugendstatus aufmerksam machen kann.

Zum Thema *Generationsbeziehungen:* Das Selbstbewusstsein, mit dem Anja und Esther über die Bewältigung der mit einem Umzug in ein anderes Land verbundenen Anpassungs- und Eingewöhnungsschwierigkeiten berichten, entspricht den Großbefunden der deutsch-deutschen Kindheits- und Jugendforschung. Bei vielen Nuancen und Widersprüchen im Detail herrscht bei Forschern wie Betroffenen Einigkeit darüber, dass die Erziehungswerte der meisten heutigen Eltern auf eine im Vergleich mit früheren Kindergenerationen relativ frühe Verselbständigung und Entscheidungskompetenz gerichtet sind. In diesem Sinn erscheint es durchaus gerechtfertigt, von einer Ländergrenzen übersteigenden „europäischen Familienkultur" zu sprechen, der im übrigen auch übergreifende soziodemographische Entwicklungen entsprechen. Hier beginnen dann aber schon die Schwierigkeiten, denn welcher geopolitische und kulturelle Raum ist mit „europäisch" bezeichnet?

Mit dieser Frage sind wir wieder beim „Westblick": Die Forschungsergebnisse werden aus Westsicht produziert und interpretiert, „Europa" ist aus dieser Perspektive Westeuropa, während die Grenzen in anderen Diskursen weit nach Osteuropa verschoben werden. Zu untersuchen wäre, was das Verhältnis von Anpassung (an modernisierte Weststandards) und (länder- und regionenspezifischem) Eigensinn im Bereich der Generationsbeziehungen ist und welche Variationen hierbei zum Vorschein kommen. Minimal kontrastierende Vergleiche sind dabei ebenso wichtig wie maximal kontrastierende

---

20 In „Kinderleben" fanden wir im interkulturellen Vergleich dasselbe, was Anja und Esther über schulische Leistung berichten: weniger Leistungsdruck in den Niederlanden als in Deutschland. Wenn Anja und Esther im Interview von „Schulstress" sprechen, so meinen sie damit schlicht das umfangreiche Schulleben mit all seinen Anforderungen, das viel ihrer Zeit mit Beschlag belegt.

21 In einer qualitativen Studie über Vorurteile holländischer Kinder gegenüber „den Deutschen" habe ich die Hypothese aufgestellt, dass Kinder fremdnationale Stereotypien bereit sind zu differenzieren oder fallenzulassen, wenn die fremde Population in verschiedene Generationen ausdifferenziert wird. Die (holländischen) Kinder sind dann geneigt zu argumentieren: „Ein Kind ist ein Kind." Damit meinen sie ein deutsches Kind ist mehr ein Generationsgenosse als Angehöriger einer verhassten Nation (du Bois-Reymond u.a., 1997).

Vergleiche (hypothetisches Beispiel: Armenien[22] – Niederlande). Mit derart systematisierten Vergleichen käme man Fragen auf die Spur wie den folgenden: Wie unterscheiden sich für Erziehungsleistungen Familiennetzwerke (in Anzahl und Funktionen) voneinander? Welche Rolle spielen die Großeltern und Geschwister (abhängig von ihrer Anzahl sowie Familienkonstellation in verschiedenen europäischen Regionen) für Kinder und Jugendliche? Gibt es zum westlichen Modernisierungsmodell neue, gegenläufige Entwicklungen in den Generationsbeziehungen? Etc.

Zum Thema *(national-)kulturelle Identitäten:* Das Bewusstsein, in einer (europäischen) Welt mit prinzipiell offenen geographisch-kulturellen Grenzen zu leben, manifestiert sich bei heutigen Kinder- und Jugendgenerationen (und ihren Eltern) auf ambivalente Weise; das haben wir in heuristischer Absicht an dem Interview mit Anja, Esther und ihren Eltern demonstriert, und das kommt auch in den besprochenen Studien, insbesondere der Schülerstudie '90, zum Ausdruck. Dort wird dargestellt, wie sich die geopolitischen Identitäten der ost- und westdeutschen Schüler staffeln, vom Wohnort bis hin zu Europa. Aber das ergibt ein zu statisches Bild. Im wirklichen Erleben der Jugendlichen verhalten sich diese Identitäten antagonistisch, opportunistisch oder auch koexistierend zueinander, wie wir bei Anja und Esther sahen.[23] Immer mehr Kinder in Europa leben mit nationalen und kulturellen Teilexistenzen. Der „Westblick" ist zu einseitig, wenn wir nach nationalen und kulturellen Identitäten fragen, wir erhalten schlechte, weil unvollständige Ergebnisse.

Anja und Esther, und auch die Forschung, berichten, dass ostdeutsche Kinder an westdeutschen/westeuropäischen Kindern interessiert sind, aber nicht umgekehrt (und wenn, müssen es schon exotische Ostkinder wie das slowakische Mädchen in Anjas Klasse sein). Hier liegt ein enormes und noch kaum ausgeschöpftes Forschungsfeld, nämlich, was europäische Kinder und Jugendliche übereinander denken. Es ist ein Forschungsfeld, das im wesentlichen von Politologen und Sozialpsychologen besetzt wird, die sich aber zumeist mit Erwachsenen, nicht mit Kindern und Jugendlichen beschäftigen. Ergebnisse werden überwiegend mit quantitativen Umfragetechniken ermittelt. Längsschnittstudien zur Genesis von Fremdbildern bei Kindern sind in der politischen Sozialisationsforschung kaum vorhanden (Claussen/Geissler, 1996).

Es besteht ein eigenartiger Widerspruch zwischen der offiziellen Rhetorik in EU-Dokumenten über eine (zu entwickelnde und gleichzeitig unterstellte)

---

22 Das Beispiel mag weit hergeholt scheinen. Es beruht auf einer konkreten Erfahrung, die ich 1995 auf einer internationalen Konferenz machte: Ich kam ins Gespräch mit einem armenischen Kollegen, dessen geographische Herkunft mir ebenso exotisch vorkam wie seine kulturellen Berichte, während er mir zu verstehen gab, dass armenische Intellektuelle sich tief mit Westeuropa verbunden fühlen und die geringen Austauschbeziehungen bedauern; Armenien ist im übrigen eines der inzwischen 45 Länder, die beim Europarat angeschlossen sind.

23 Zu Recht sagt Schmeling (1995), dass „DDR-Identität" nicht nur (ich würde meinen, nicht einmal hauptsächlich – MdBR) eine politische Orientierung bildete, sondern eine lebensweltliche. Und als die DDR unterging, blieb sie doch weiterhin „soziale Heimat" (S. 73).

„europäische Identität" einerseits und der Unkenntnis bezüglich der wirklichen Identitätskonstrukte junger Europäer andererseits. In einem „Europa der offenen Grenzen" brauchen wir transnationale Forschungsprojekte zu kindlichen und jugendlichen örtlich-kulturellen Identitäten.[24] Die politische und pädagogische Bedeutung einer solchen erweiterten Kenntnis dürfte bei zunehmender Fremdenfeindlichkeit in vielen europäischen und außereuropäischen Ländern und Regionen unbestritten sein; der Forschungsstand hinkt demgegenüber trotz der Hausse an „Rechtsradikalismusstudien" hinterher.[25]

Deutsch-deutsche und andere Kinder- und Jugendforscher sind sich darin einig – die einen mehr, die anderen weniger –, dass eine national begrenzte Kindheits- und Jugendforschung an ihre Grenzen zu stoßen beginnt. Natürlich wird es auch weiterhin nationale Forschung in den angesprochenen Bereichen geben. Aber es gibt keinen Zweifel, dass die wirklich spannenden Forschungsfragen transnational gestellt werden müssen.

Vergleichende Kindheits- und Jugendforschung funktioniert aber theoretisch, methodisch und wissenschaftspolitisch nur, wenn der Forschungsraum im Sinne von Habermas' herrschaftsfreier Kommunikation zwar nicht herrschaftsfrei ist, das ist unmöglich, aber doch weiter von Dominanzansprüchen freigehalten wird, als dies zur Zeit der Fall ist. Wenn daher in letzter Zeit (Selbst-)Zweifel an der Anwendung der Modernisierungstheorie auf Kindheits- und Jugendforschung aufkommen, selbst wenn sie überzogen sind, so liegt nach meinem Dafürhalten das Fruchtbare dieses Zweifels darin, dass die Chance wächst, die politische Diskussion um Europa mit der wissenschaftlichen Diskussion über Ost-West Forschung zu verbinden. Damit plädiere ich nicht für eine politisierte Kindheits- und Jugendforschung in einem direkten und engen Sinn, sondern für eine explizite Reflexion der impliziten politischen Dimensionen, die in jeder Vergleichsforschung enthalten sind.

Indem nationale Kindheits- und Jugendforschung an ihre Grenzen zu stoßen beginnt – im übrigen eine Frage, die in der europäisch-internationalen Forschungsgemeinschaft selten ausdrücklich diskutiert wird –, tauchen eine Reihe schwieriger, aber auch faszinierender theoretischer, methodischer und organisatorischer Fragen auf, ohne deren Klärung das Unternehmen einer transnationalen Kindheits- und Jugendforschung steckenbleibt. Theoretische Fragen betreffen, abgesehen vom „Westblick", die Reichweite (scheinbar) erprobter Theorien, wenn sie sich in neuen regional-nationalen kulturellen Kontexten beweisen müssen.

Im Sinne einer nicht additiv aneinandergereihten Vergleichsforschung, sondern einer integrierten vergleichenden Kindheits- und Jugendforschung sind Maximalvergleiche ebenso fruchtbar wie Minimalvergleiche. Um theoretische Stringenz zu erreichen, ohne Kontext zu verlieren, ist es möglicherweise oft lohnender, mit nicht allzu komplexen Fragestellungen und For-

---

24 In der Schülerstudie '90 sind zu diesem Thema einige interessante Hypothesen zu finden; vgl. S. 51 ff.

25 Einen interessanten und ungewöhnlichen Theorievorschlag zum Studium von „Fremde und Zivilisierung" (so der Titel) macht Waldhoff (1995).

schungsdesigns zu arbeiten. Um ein Beispiel zu geben: Im Kindersurvey bezieht Stecher (1996) Colemans Konzept des sozialen Kapitals, um unterschiedliche sozialisatorische Leistungen der Familie zu erklären, auf den deutsch-deutschen Vergleich (Minimalvergleich). Es wäre nun gewiss höchst ergiebig, diese Theorie in weiteren Minimalvergleichen zwischen europäischen Ländern oder Regionen anzuwenden, vor allem aber auch in Maximalvergleichen. Trotz der Forderung nach einer integrierten Kindheits- und Jugendforschung wäre es aber vermutlich nicht sinnvoll, in solche Vergleiche zu viele Länder/Regionen auf einmal einzuschließen; ganz einfach deswegen nicht, weil dies zu viele Probleme der kulturellen Kontextualisierung mit sich brächte.[26] Es wäre aber überaus sinnvoll, wenn, aufbauend auf derartigen Minimalvergleichen, systematisch mit weiteren Minimal- und Maximalvergleichen fortgeschritten würde und auf diese Weise die Theorie immer wieder auf ihre Fruchtbarkeit und ihre Grenzen geprüft würde.

Ähnliche Überlegungen gelten Fragen der Interdisziplinarität. Wir wiegen uns gern in der Illusion, dass das Zusammenfügen verschiedener sozialwissenschaftlicher Disziplinen unsere Kenntnisse über Kindheiten und Jugenden – zumal wenn sie in verschiedenen Ländern und Regionen leben – erweitert. Und natürlich ist das auch so. Nur ist die Integration der Disziplinen ebenso mühsam und langwierig wie die interkulturelle Kontextdiskussion, und dies um so mehr, als ja die verschiedenen sozialwissenschaftlichen Disziplinen ihrerseits länderspezifische Traditionen haben. Diese Tatsache ist einer der Gründe, warum die meiste Vergleichsforschung auch auf unserem Gebiet quantifizierende Indikatorenforschung ist, in der sich die benutzten Instrumente sozusagen von ihren länderspezifischen Disziplinen verselbstständigt haben. Sowie es hingegen darum geht, Befunde etwa im pädagogischen, soziologischen und entwicklungspsychologischen Bereich aus verschiedenen Ländern zu kombinieren, stößt man auf die dahinter verborgenen unterschiedlichen Traditionen und Interpretationsprobleme – oder würde darauf stoßen, wenn man diese Probleme hervorzöge, statt sie zu negieren.

Ich gebe mich nicht etwa der Illusion hin, wir stünden bereits kurz davor, eine Forschung zu betreiben, die die genannten Schwierigkeiten überwindet. Dem stehen bis jetzt unüberbrückbare Hindernisse entgegen, angefangen bei länderspezifischen Forschungstraditionen und Forscherbelangen, über Sprachbarrieren bis hin zu finanziell-organisatorischen Grenzen. Ich stelle diese Überlegungen vielmehr an, um dazu beizutragen, dass eine Mentalitätsveränderung in der Forschergemeinde stattfindet, die mit objektiven Globalisierungsbewegungen in der Welt korrespondiert. Trotz aller benannter (und vieler weiterer) Schwierigkeiten ist es sehr wohl möglich, eine solche Metadis-

---

26 Es wird ja von der Forschergemeinde kaum je wirklich extensiv und ehrlich diskutiert, welche immensen Schwierigkeiten schon Minimalvergleiche – also z.B. zwischen zwei westeuropäischen benachbarten Ländern – aufwerfen, wenn es um kulturelle Kontextualisierung geht. Und schon gar nicht, dass und wie sie unter dem Druck des Gesamtvorhabens „beseitigt" werden.

kussion (vgl. Griese, 1995) in Gang zu setzen, und es stünde vielleicht gerade Kindheits- und Jugendforschern gut an, dies zu tun.

Schulkritische Überlegungen im europäischen Kontext

Eines der zentralen Themen in deutsch-deutschen Jugendstudien ist die (bange) Frage nach den Lebenschancen der untersuchten Jugendlichen. Welche Qualifikationen müssen sie erwerben, um Zukunft zu haben? Wer wird zu den Modernisierungsverlierern gehören? Diese Fragen und Ängste werden zumeist in einem nationalen, nicht in einem transnationalen Kontext gestellt, und der Blick von Forschern wie Beforschten heftet sich größtenteils auf die nationalen Bildungssysteme. Das sollte nicht darüber hinwegtäuschen, dass auch Bildungs- und Zukunftsfragen junger Deutscher eine europäische Dimension haben.

Das möchte ich abschließend exemplarisch an drei Dokumenten zeigen, die unabhängig voneinander geschrieben sind und doch in ihren Grundzügen miteinander übereinstimmen. Es handelt sich um das „White Paper: Teaching und Learning – Towards the Learning Society" (EC, 1996), das anlässlich des europäischen Jahres lebenslangen Lernens der EU 1996 erschien; um die Denkschrift der NRW-Kommission „Zukunft der Bildung – Schule der Zukunft" von 1995, und um die 1996 publizierte niederländische Studie „Toekomsten voor het funderend onderwijsbeleid" (Zukunftsszenarien für Schule und Bildungspolitik).

Die Dokumente atmen das Bewusstsein einer Zeit im Umbruch: Auf den alten Schulwegen gelangt man nicht mehr zu erwünschten Zielen, zu lange ist über Reformen nur geredet worden, statt sie einzuführen, und katastrophal wäre es angesichts der gesellschaftlichen Herausforderungen von steigender Arbeitslosigkeit, neuen Qualifikationsprofilen, Marginalisierung bestimmter Bevölkerungsgruppen, multikulturellen Gesellschaften, neuen medialen Möglichkeiten und Wirklichkeiten sowie eines breiten Wertewandels, diese Reformen nicht endlich in Gang zu setzen. Dabei herrscht in den Dokumenten Konsens, dass derartig fundamentale Reformen nur auf der Grundlage einer breiten gesellschaftlichen Diskussion Erfolg haben – und tatsächlich sind die Dokumente alle auf einer solchen Grundlage entstanden.[27] Dem Zeitwende-Bewusstsein entspricht es, dass in allen drei Dokumenten dieselben Schlüsselthemen variiert werden. Ich behandle sie im folgenden und beziehe sie auf den vorgängigen Text.

---

27 Für das Weißbuch als einem Dokument der Europäischen Kommission gilt das per definitionem; „Zukunft der Bildung" beruht auf einer internationalen Kommission; nur das niederländische Dokument blieb eigenartigerweise auf eine – allerdings breite – nationale Diskussion beschränkt. Inzwischen hat PISA die Diskussion auf ein nicht nur europäisches, sondern internationales Niveau gehoben.

Ökonomie und Pädagogik

Seit den achtziger Jahren öffnet sich die Schule der Wirtschaft. Es scheint um eine Vernunftehe zu gehen: Jugendarbeitslosigkeit ist seit der Zeit ein unablässiges Thema, sie soll durch eine vernünftige Zusammenarbeit zwischen dem ökonomischen und dem Bildungssektor bekämpft werden. Das Weißbuch spricht von Brücken zwischen Schule und Firmen, die nur Gutes bewirken können, weil sie gleiche Chancen auf dem Arbeitsmarkt befördern. Es ist die Rede von der Herstellung oder Verbesserung der *employability* junger Menschen, *trainee schemes* und davon, dass Bildung sich der Arbeitswelt öffnen solle. „Employability" wird ein pädagogisches Ziel, das ebenbürtig neben dem der persönlichen Entwicklung und der sozialen Integration steht.

Es geht nicht eigentlich um Wechselbeziehungen zwischen Wirtschaft und Schule, sondern eher um eine partielle Ökonomisierung der Schule selbst. Kontrapunktisch dazu soll die Schule eine neue pädagogische Relevanz und Autonomie gegenüber dem Staat bzw. seinen bürokratischen Organen erwerben, sie soll dezentralisiert und regionalisiert und auch „budgetär unabhängiger" werden. Sowohl in „Toekomsten" als auch in „Zukunft der Bildung" werden Schulmodelle und Bildungsvorstellungen erörtert, die dieser Kontrapunktik Rechnung tragen. Beide Dokumente finden dafür dieselbe Metapher: „Haus des Lernens" bzw. „studiehuis". Dieses neue Schulhaus beherbergt neue Kinder, neue Lehrer und neue Curricula und öffnet seine Tore weit zur Außenwelt, eben auch zur Wirtschaft. Wunsch- und Realdenken vermischen sich hier, denn das vielbeschworene Haus des Lernens ist ja keineswegs flächendeckend in den europäischen Ländern eingeführt, während die Anbindung von curricularen und organisatorischen Strukturen an wirtschaftliche Erfordernisse desto zügiger voranschreitet.

Ökonomische Kräfte sollen bei der gewaltigen Aufgabe, eine Schule der Zukunft zu schaffen, helfen; dem Staat soll diese Aufgabe nicht mehr so weitgehend anvertraut werden wie bisher, er hat sie nicht zeitgemäß gelöst („historisch überwundene Lernschule" – „Zukunft", „excessive standardization of knowledge", „passive students" – „White Paper"). Bei der ökonomischen Einflussnahme kann es sich um „sponsoring" staatlich finanzierter Schulen handeln, aber auch um finanziell teilprivatisierte Schulen („Toekomsten", S. 153). „Zukunft der Bildung" geht nicht so weit, die staatliche Gesamtverantwortung aus der Hand zu geben, findet aber, ebenso wie „Toekomsten", dass Schulen wesentlich mehr Raum für pädagogische Eigengestaltung erhalten sollen. Im dualen System übernimmt die Wirtschaft ihren Teil der Verantwortung an der „employability" der Jugendlichen bzw. entzieht sich dieser Verantwortung, indem sie eigene Ausbildungsgänge entwickelt und auf diese Weise „eine weitere Privatisierung der beruflichen Bildung" vorantreibt („Zukunft").

Bemerkenswert in allen Dokumenten ist die Dringlichkeit, mit der das herrschende (westeuropäische) Schulwesen auf die grundsätzlich neuen Bedürfnisse und Lernvoraussetzungen von modernen Kindern und Jugendlichen hingewiesen wird; Bedürfnisse und Voraussetzungen, so die Unterstellung, die auch in modernen Arbeitsverhältnissen gefragt sind: Eigentätigkeit, intrinsische Motivation, holistisches Lernen, wahlorientiertes Lernen, Kooperation statt Konkurrenz; Selbstwirksamkeit, Lehrer und Lernende (analog an Kapital und Arbeit) formen eine Lern-(Arbeits-)Gemeinschaft.

Ohne dies so deutlich auszusprechen, scheinen die Modellbauer auf eine große Koalition zwischen Schülern/Eltern/Lehrern und Markt/Wirtschaft zu setzen, die die alte Lernschule reformieren und die Lebenschancen der Jugend erweitern soll. Diese Koalition bildet sich sozusagen hinter dem Rücken des Staates (und berufsbornierter Lehrerverbände) und setzt ihn zunehmend unter Handlungsdruck. Mit Initiativen wie „Zukunft" und „Toekomsten" versuchen die zentral- und westeuropäischen Länder offenbar, die Modernisierungsdynamik im Bildungs-, Ausbildungs- und Arbeitsbereich wieder unter Kontrolle zu bekommen, wohingegen „White Paper" eine europäische Bildungslandschaft konzipiert, ohne hierzu eine direkt ausführende Macht zu haben.[28]

Ob das wachsende Bewusstsein einer schulorganisatorischen und pädagogischen Krise, wie es sich auf nationalstaatlicher Ebene einerseits, auf europäischer Ebene (aber unverbunden mit der nationalstaatlichen) andererseits abzuzeichnen beginnt, das Entscheidungs- und Handlungspotential in sich birgt, das nötig ist, um aus der Krise herauszukommen, ist allerdings die Frage.

Partizipation und Marginalisierung

War in den siebziger Jahren im (westeuropäischen) Bildungswesen der sozialistisch-sozialdemokratische Diskurs der Chancengleichheit dominant, so trifft dies für die neunziger Jahre nirgends mehr zu. Überall Ernüchterung und aufkommende Konzepte für Elitebildung einerseits, kompensatorische Erziehung in neuer Auflage andererseits.

Aus übergeordneter Warte warnt „White Paper" vor einer weiteren Vertiefung der Kluft zwischen „those who know and those who do not know". Deutlicher kann man es nicht ausdrücken. Drohende Exklusion der Nichtwisser soll mit „second chance schools" bekämpft werden, in denen die besten Lehrer arbeiten und die besten Unterrichtsprogramme verwendet werden. Schön wäre das ja – aber so schön war die Welt selbst in den 1970er Jahren nicht, und so schön wird sie im zukünftigen Europa sicher nicht sein; massenhaft beste Schulen für Chancenbenachteiligte hat es in der Geschichte noch nie gegeben.

Begrenzter, damit aber zukunftsträchtiger erscheint mir ein anderer Vorschlag der Europäischen Kommission: die Entwicklung und Einführung einer sogenannten „personal skills card". Nicht nur formale, sondern auch informelle Qualifikationen, wie z.B. spezielle handwerkliche Fähigkeiten, Sprachkompetenz, berufliche und außerberufliche Erfahrungen, sollen in Zukunft Tauschwerte auf dem europäischen Arbeitsmarkt sein (vgl. auch den Artikel

---

28 Durch das Subsidiaritätsprinzip ist die Europäische Kommission in ihrer Bildungspolitik stark eingeschränkt; vgl. weitere Artikel in diesem Buch.

„Europäische Jugend- und Bildungspolitik" in diesem Buch). Ob diese Idee allerdings Wirklichkeit wird und ob sie den Marginalisierten mehr substantielle gesellschaftliche Partizipation ermöglichen wird, steht dahin.

Die Dokumente beschwören die sozialintegrierende Kraft der Schule möglicherweise noch dringlicher als frühere programmatische Entwürfe. Es scheint aber klarer zu sein, wie die „neue Schule" den Begabten, den Flexiblen, den Modernisierten, den Aufgeschlossenen und Motivierten bessere Lernchancen bieten könnte, als den wenig Begabten, den nicht so Wendigen, den sprachlich und kulturell-ethnisch Benachteiligten, und dabei spielen Privatisierungstendenzen eine nicht zu unterschätzende Rolle.

„Toekomsten" geht am offensivsten an das Problem heran: In Zukunft soll es (in den Niederlanden) eine breite Palette an Schulen geben, aus denen die Eltern die ihnen genehme wählen können. Das kann eine Eliteschule sein, teilweise mit Elternbeiträgen finanziert und mit einem Unterrichtsprogramm, das neben einem staatlich festgesetzten Kerncurriculum ein Wahlcurriculum kennt, das die Eltern nach ihren Wünschen gestalten und mit Lehrkräften eigener Wahl realisieren können sollen; es kann auch eine Nachbarschaftsschule sein, die vom Staat im Sinne der „second chance school" Extrafinanzierung erhält.[29] Es kann eine von den Eltern bewusst gewählte „neotraditionale" Schule sein oder eine Neuauflage der alten Gesamtschule. Konkurrenz zwischen den verschiedenen Schultypen ist erwünscht, das garantiert Qualität.

Demgegenüber setzt „Zukunft" stärker auf eine binnendifferenzierte Schule mit guter Infrastruktur, die auch Lernschwachen genügend Hilfen bietet (ein Modell, das in den Niederlanden ebenfalls vorgesehen ist, aber eben nur als eine von mehreren möglichen Varianten). Allgemeine und berufliche Bildung sollen stärker ineinander verschränkt werden und prinzipiell als gleichwertig gelten.

Die Spannung zwischen Partizipation und Marginalisierung lässt sich auch im Bild der Modernisierungsgewinner und -verlierer darstellen. Chisholm spricht von „Europäisierungsgewinnern und -verlierern bei Übergängen zwischen Bildung und Arbeit" (1996, S. 32), und ich bin mit ihr völlig einer Meinung, dass es hier nicht nur um eine bessere Ausschöpfung der „human resources" geht, sondern auf europäischem Niveau um eine im breiten und weiten Sinn zu entfaltende sozialkulturelle Kompetenz.

In den hier besprochenen Schuldokumenten wird dieser Zusammenhang nicht geleugnet, soziale Kompetenzen werden neben arbeitsmarktrelevanten Qualifikationen als wesentlich zu erwerbendes Bildungskapital benannt. Es ist aber eine noch ungelöste Frage, wie die „Großziele": Ausdifferenzierung der Schule, freie Schulwahl, pädagogische Autonomie einerseits, soziales und kulturelles Lernen – also Bewusstsein vom kollektiven Leben schaffen – andererseits in einer Schule der Zukunft miteinander verbunden werden können.

---

29 In den Niederlanden erhalten Schulen mit einem überproportionalen Anteil benachteiligter (zumeist ausländischer) Schüler Extrafinanzierung. Die hier genannten Tendenzen haben sich bis heute (2003) weiter durchgesetzt, incl. einer steigenden Anzahl islamitischer Schulen.

Schauen wir uns zum Schluss an, wie in den zitierten Dokumenten über eine Vorbereitung der europäischen Jugend auf eine europäische Zukunft gesprochen wird.

Erziehung zu (nationaler und) europäischer Bürgerschaft und Bürgertugend

Nicht nur das Weißbuch, auch „Zukunft" und „Toekomsten" betonen in ihren Bildungsentwürfen, wie unerlässlich es für eine moderne Schule und Erziehung ist, Kinder und Jugendliche mit dem Bewusstsein zu durchdringen, dass sie nicht nur in einer nationalen, sondern in einer europäischen Welt aufwachsen und leben werden; und nicht nur in einer unikulturellen, sondern vielmehr in einer multikulturellen Lebenswelt. Das Konzept, in dem dieses Bewusstsein sich auskristallisiert, heißt *citizenship*, für das es keine wirklich gute Übersetzung gibt, jedenfalls keine, die die neueren Konnotationen mittransportiert. Das Weißbuch verkoppelt „citizenship" einerseits mit europäischer Identität, andererseits mit dem Einlösen des Versprechens auf Arbeit. Das klingt überzeugend, ist aber auf den zweiten Blick höchst problematisch. Denn wenn uns struktruelle (Jugend-)Arbeitslosigkeit durch die nächsten Jahrzehnte begleiten wird – und keine politische Partei in keinem Land in Europa, und schon gar nicht die EU in ihrer heutigen Gestalt, kann dieser Annahme überzeugend widersprechen, geschweige denn realisierbare Modelle für Arbeit-für-alle vorlegen –, so wären alle hiervon betroffenen (jungen) Menschen für eine europäische Bürgerschaft und Identität verloren. Obgleich bereits heute in vielen Schulen in Europa interkulturell gelernt und an Bürgertugenden gearbeitet wird, so kann nach meinem Dafürhalten keine Rede davon sein, dass die nationalen Bildungssysteme und Pädagogen (und Schulforscher) den vollen Umfang der Aufgabe erkennen, vor die sie gestellt sind: die Schaffung einer offenen europäischen Schul- und Bildungslandschaft, in der Schüler, Eltern, Lehrer und andere gesellschaftliche Gruppen soziale und kulturelle Austauschprozesse massenhaft in Gang setzen und auf diesem Weg eine europäische Identität und Bürgertugenden in der jungen Generation verankern und sie auf eine schwierige Arbeitskarriere vorbereiten.

Kindheits- und Jugendforscher in einem solchen erweiterten Europa sollten bei der Formulierung sinnvoller Fragen nach den Voraussetzungen für die Schaffung einer aufgeklärten Schulpraxis und -politik und europäischen Identität eine größere Rolle spielen als sie es bisher tun.

---

* Diesen Artikel habe ich auf Einladung für ein Sonderheft der Zeitschrift für Pädagogik (Z.f.Päd., 37. Beiheft, 1997) geschrieben, mit dem Thema: Kindheit, Jugend und Bildungsarbeit im Wandel. Ergebnisse der Transformationsforschung (Hg. H.-E. Tenorth). Obgleich inzwischen mehr zu dem Thema veröffentlicht worden ist, habe ich Text und Literatur nur ganz sparsam angepasst.

Kindheit und Jugend in Europa in kulturvergleichender Perspektive*

Einstimmung auf ein grenzenloses Thema

‚Kindheit und Jugend in Europa in kulturvergleichender Perspektive' ist in mehrfacher Hinsicht ein grenzenloses Thema: Es geht um reale und verwissenschaftliche Kindheiten und Jugenden, und zwar in einem bestimmten geopolitischen und historisch-kulturellen Raum. Wo anfangen? Vielleicht bei ‚Europa'. Was verstehen wir unter diesem Begriff – und wer ist ,wir'? Für Bewohner zentral- und westeuropäischer Länder hat Europa eine alle anderen möglichen Kontexte überformende politisch-wirtschaftliche Bedeutung: wer heute ‚Europa' sagt, meint das Projekt eines zu vereinigenden Europas mit allen darin enthaltenen Schwierigkeiten und Risiken. Sowie wir diese politisch-institutionelle Ebene verlassen, versinken wir tief in den besonderen kulturellen Landschaften der einzelnen Länder, die sich seit altersher zu Europa rechnen – ob sie nun bereits zur EU gehören oder (noch) nicht. Eine europäische Kindheit und Jugend im engeren Sinn, mit ähnlichen Lebenslagen und Erfahrungen, gibt es nicht: die Lebenschancen rumänischer Kinder sind mit niederländischen nicht zu vergleichen; der Übergang von der Ausbildung in den Beruf ist für Jugendliche in Polen ein anderer als in Italien. Und versammelte man 20 Kinder und Jugendliche aus 20 verschiedenen europäischen Ländern um einen Tisch, so hätten sie Mühe, eine gemeinsame Sprache zu finden. Ähnlich divergent sind die wissenschaftlichen Traditionen, die sich mit Kindheit und Jugend in Europa beschäftigen: es sind ganz überwiegend nationale Traditionen. Sie sind per Land für Kindheitsforschung ebenso wie für Jugendforschung andere.

Und doch gibt es Gemeinsames in diesem grenzenlosen Thema: ‚Europa' grenzt sich in vieler Hinsicht ab von ‚Asien' oder ‚Afrika', es hat historische, religiöse und politische gemeinsame Wurzeln, die die Länder untereinander verbinden, und ein vereinigtes Europa schafft neue Beziehungen zwischen den Ländern. Die alten europäischen Nationalstaaten sind in den letzten Jahrzehnten zu multikulturellen Gegenwartsgesellschaften geworden, die sich in den politisch-wirtschaftlichen Rahmen der Europäischen Union integrieren. Sie lassen sich damit in den übergreifenden Modernisierungsprozess aufnehmen, der ihnen von der EU und anderen Weltorganisationen auferlegt wird und den sie durch ihre Teilnahme mitgestalten. An dem Tisch mit den 20

Kindern und Jugendlichen enwickelt sich bald über alle Sprachschwierig-
keiten hinaus ein Gespräch in holprigem Englisch, und dergleichen geschieht
auch in den wissenschaftlichen Gemeinschaften: stets mehr europäische
Kindheits- und Jugendforscher vernetzen sich über ihre nationalen Wissen-
schaftskulturen hinweg, organisieren europäisch-internationale Konferenzen
und Publikationen und unterhalten ihre diversen Netzwerke in pidgin Englisch über e-mail. Englisch ist sowohl für die Jugend als für die Forscher zur
lingua franca im neuen Europa geworden.

Es sind insbesondere die kommenden Generationen, die den europäischen Integrationsprozess tragen müssen. Es besteht daher keineswegs nur
ein wissenschaftliches Interesse an der Lebenssituation von heutigen Kindern
und Jugendlichen, sondern auch ein eminent politisches: welche sozialpolitischen Maßnahmen sind auf EU Ebene erforderlich, um diesen Integrationsprozess zu befördern?

Es kann nicht meine Aufgabe sein, den Stand der Kindheits- und Jugendforschung und -politiken in allen europäischen Ländern in vergleichender
Absicht zu inventarisieren und zu beurteilen. Eine solche Aufgabe wäre ein
spannendes Langzeitprojekt für ein interdisziplinäres Forscherkollektiv – ich
komme darauf am Schluss meines Beitrags zurück. Was die deutsch-deutsche
Vergleichsforschung betrifft, so ist ihr im Handbuch von Krüger/Grunert
(2002) ein eigener Beitrag gewidmet.

Ich gehe im folgenden von der These aus, dass eine *europäische* Kind-
heits- und Jugendforschung erst in Ansätzen existiert, dass es aber einen steigenden Bedarf an einer solchen Forschung gibt (vgl. du Bois-Reymond/Hübner
Funk, 1993). Dabei ist die soziologische Perspektive gegenüber anderen sozialwissenschaftlichen Disziplinen, die sich mit Kindheit und Jugend befassen,
dominant. Das ist nicht erstaunlich, da eine soziologische Perspektive für eine
europäische Integrationspolitik bedeutsam ist.

Probleme kulturvergleichender Forschung

Traditionen

Der Wissenschaftstypus interkulturell vergleichende Forschung ist in der *Anthropologie* beheimatet. Es ist ihr explizites Erkenntnisprogramm, ‚fremde‘
Kulturen zu erforschen und im Vergleich mit der ‚eigenen‘ Kultur zu beschreiben und ggf. zu beurteilen. Das Problem einer wertenden Warte, von
der aus ‚das Fremde‘ betrachtet und beurteilt wird, stellt sich einer jüngeren
Generation Ethnologen und Anthropologen seit dem Zusammenbruch des
westlichen Kolonialismus und den darauf folgenden Emanzipationsbestre-
bungen der befreiten Völker auf eine neue Art, seit diese nämlich eigene an-
thropologische Schulen hervorbringen. Einheimische Anthropologen bestrei-
ten die Interpretationen ihrer westlichen Kollegen und verwickeln sie mit

eigenen, anderen Interpretationen, in einen interkulturellen wissenschafts-theoretischen Diskurs (vgl. hierzu Berg/Fuchs, 1993; Geertz, 1988; auch Kohn, 1996: 41).

Aber sowohl in der alten wie in der neuen Anthropologie führen Kinder und Jugendliche als eigenständige Gruppen und Subjekte nur eine Randexistenz; sie sind Teil der Makrosysteme Familie und Verwandtschaftsbeziehungen. Margaret Mead war die erste Anthropologin von Rang, die Kinder- und Jugendkulturen als ein eigenes Thema behandelte. In vielen späteren Vorträgen und Schriften zu den Aufwuchsbedingungen nordamerikaninscher Kinder und Jugendlicher hat sie als Anthropologin pädagogische Werturteile gefällt (Bateson, 1986).

Inwieweit sich unter den historisch und politisch gewandelten Verhältnissen in Europa eine ,neue' ethnographisch-anthropologisch-volkskundliche Tradition etablieren wird, die sich mit Kinder- und Jugendkulturen befasst und an Regionalkulturen anknüpft, muss abgewartet werden (vgl. Feldföldi/Sandor, 1999).

In kulturvergleichender Absicht ist eine *transkulturelle Sozialisationsforschung* entstanden, die sich mit Persönlichkeitsentwicklung und den diese beeinflussenden gesellschaftlichen Bedingungen beschäftigt. Es geht hier noch weitgehend um ein Forschungsprogramm. Das Ziel einer auskristallisierten empirischen Forschung, die die an Sozialisation beteiligten Disziplinen Psychologie, Soziologie, Erziehungswissenschaften zu einer konsistenten kulturvergleichenden Forschung verbände, liegt noch in der Ferne (Trommsdorff, 1989). Der amerikanische Kulturpsychologe Jan Valsiner sagt hierzu: ,Developmental research ... should be ... interested in the comparative-cultural study of development. As the study of child development stands, that is not be the case' (Valsiner, 1989).

Vergleichsstudien kennt auch die *historisch-pädagogische Kindheits- und Jugendforschung*. In einer gegenüber den empirischen Sozialwissenschaften methodisch weniger stringenten Weise werden darin ,europäische' Kindheiten und Jugenden beschrieben, indem derartige Studien sich von der je unterschiedlichen Quellenlage für die verschiedenen Länder und Lebensalter leiten lassen (vgl. Becchi/Julia, 1998).

Schließlich ist die *Politologie* prädestiniert für Vergleichsstudien, hier geht es in der Regel um Einstellungsforschung. Jugendliche, von Kindern nicht zu reden, spielen dabei eine untergeordnete Rolle (s.w.u.).

Ich selbst beschränke mich im folgenden weitgehend auf kinder- und jugendsoziologische Studien und Diskussionen, obgleich eine disziplinäre Abgrenzung nicht immer möglich oder erwünscht ist. Aber für Vergleichsstudien im europäischen Kontext ist eine soziologische Perspektive am ergiebigsten, wobei dies, wie sich zeigen wird, mehr für Jugend als für Kindheit gilt. Außerdem muss gleich zu Anfang gesagt werden, dass die hier zu besprechenden Studien implizit oder explizit von einem Wertmaßstab ausgehen, dessen Provenienz die westeuropäische Zivilisation ist (s.w.u.).

Typologie

Um die vorhandenen Studien zu Kindheit und Jugend unter einem verglei-chenden Gesichtspunkt zu ordnen, bediene ich mich einer Typologie, die auf den Grad der Integration abhebt: in wieweit wird ein Ländervergleich zu Kindheit oder Jugend mit vorab integrierten Fragen und Instrumenten durch-geführt? Unter welchen Gesichtspunkten sind die Vergleichsländer/Popu-lationen ausgesucht? Welche Vergleichsmaßstäbe werden angelegt[1]? Die folgenden Forschungstypen lassen sich unter diesen Gesichtspunkten unter-scheiden (vgl. du Bois-Reymond/Hübner Funk 1993, S. 77ff.):

Der additiv-deskriptive Typus (A)

Dieser Forschungstypus bildet sozusagen die erste Stufe auf der Treppe zu ei-ner integrierten vergleichenden Kindheits- und Jugendforschung: die Lebens-lagen von Kindern und Jugendlichen aus verschiedenen Ländern werden dar-gestellt, ohne dass vorab gemeinsame Vergleichsmaßstäbe entwickelt sind. Es handelt sich zumeist um kompendienartig zusammengestellte Länderberichte, die oft aus international-europäischen Konferenzen hervorgehen oder im Auftrag europäischer Gremien entstehen. Seit den 1980er Jahren, und verstärkt nach dem Zusammenbruch des Staatssozialismus und Kommunismus in Ost-europa, nahmen transnationale Konferenzen zu Problemen von Kindheit und Jugend und einer auf diese Lebensphasen gerichtete Politik zu. Die Europäi-sche Kommission und der Europarat fördern u.a. Projekte, die diesem Typus entsprechen[2].

Trotz aller Unvollkommenheiten dieses Typs für Vergleiche sollte man derartige Studien nicht gering achten: sie enthalten Material, das für stärker integrierte Forschung unerlässlich ist. Auch zeigt sich an ihrer stetigen Zu-nahme der politisch-wissenschaftliche Fortgang einer immer weitergehenden (trans-)europäischen Vernetzung[3].

---

1   Vgl. zu allgemeinen Problemen von komparativen Studien im Bereich Jugend den ausgezeichneten Übersichtsartikel von J. Bynner und L. Chisholm, 1998.
2   Vgl. Grootings, 1983; Hazekamp u.a., 1988; Ferchhoff/Olk, 1988; Wiebe, 1988; Adams-ki/Grootings, 1989; Büchner et al., 1990; Chisholm et al., 1990; 1995; du Bois-Reym-ond/Oechsle, 1990; Heinz, 1991; Deutsches Jugendinstitut, 1993; Cavalli/Galland, 1994; Qvortrup et al., 1994; du Bois-Reymond et al, 1995; 2001; Jobert et al., 1995; Bendit, 1996; Helve/Bynner, 1996; Helve, 1998; Walther, 1996; Bynner et al., 1997; Walther/Stauber, 1998; 1999; Heinz, 1999; Richter & Sardei-Biermann, 2000.
3   Vgl. auch das International Bulletin of Youth Research IBYR des Research Commit-tee 34 Sociology of Youth der International Sociological Association ISA, in dem re-gelmäßig Länderberichte stehen.

Der erweiterte additiv-deskriptive Typus (B)

Hierunter sind europaweite Jugendbefragungen gefasst, wie insbesondere die seit 1982 durchgeführten EU Studien über die ‚Jungen Europäer' (vgl. zuletzt: European Commission, 1997) und Datensätzen der Europäischen Wertestudie (World Value Survey WVS; vgl. etwa Friesel u.a., 1993). Dabei geht es um mehr als ein loses Nebeneinanderstellen unverbundener nationaler Forschungsergebnisse wie im ersten Typus (A), nämlich um identische Meinungssurveys in einer Vielzahl von europäischen Ländern zu einer Vielzahl von Themen. Additiv bleibt dieser Forschungszugriff insofern, als die national vergleichend aufaddierten Befragungsergebnisse nur deskriptiv miteinander verglichen werden. Eine korrelative Tiefeninterpretation lassen die geringen Stichproben und die flachen Befragungsinstrumente von Studien wie der Jungen Europäer nicht zu. Weiter fallen unter diesen Typus Studien im Auftrag der EU, um z.B. die Wohnsituation Jugendlicher in den Mitgliedstaaten zu vergleichen (Avramov, 1997; Bendit, 1999), sowie zahlreiche Projekte im Rahmen von Leonardo, Socrates und ‚Youth for Europe' (Osler, 1997).

Der erweiterte additive Typus befasst sich vor allem mit Übergangsforschung sowie politisch-kulturellen Einstellungen und betrifft insbesondere Jugendliche, weniger Kinder (Evans/Heinz, 1994; Chisholm u.a. 1995; Vanandruel et al., 1996; Hackauf/Winzen, 1998; Tham, 1999; du Bois-Reymond et al., 1999; Weiss, 1999; von Borries, 1999). Dies hängt mit dem Instrument des Surveys zusammen, das für Jugendliche geeigneter erscheint als für Kinder[4].

Der partiell integrierte Typus (C)

Hierunter fallen ausgewählte Ländervergleiche oder auch Regional- und Städtevergleiche. Das Forschungsdesign ist thematisch und methodisch anspruchsvoller als bei den beiden ersten Typen, es werden bereits bei der Konzeption der Studie übergreifende Fragestellungen und Theorieansätze entwickelt, etwa eine Theorie der selektiven Modernisierung, unter der ungarische und westdeutsche Jugend miteinander verglichen wird (vgl. Zinnecker/Molnar, 1988), oder ein entwicklungspsychologischer Ansatz, mit dem eine Gruppe um Silbereisen polnische und deutsche Jugendliche untersucht (Silbereisen u.a., 1986). Wegen seines größeren Anspruchs an Theorie und Methode ist ein solches Design nicht umstandslos auf eine (sehr) große Zahl von Länderpopulationen übertragbar; die Fragestellungen erfordern meist mehrdimensionale Verfahren (Bynner/Roberts, 1991; Evans/Heinz, 1994; Bynner/Koklyagina, 1995; Behnken u.a., 1989; Büchner u.a., 1998; Wallace/Kovatcheva, 1998; Kieselbach, 2000)[5].

---

4   Vgl. zu den Besonderheiten von Kinderforschung auch Christensen/James, 2000.
5   Vgl. hierzu auch die Arbeiten des Scientific Network of the European Science Foundation (ESF).

Neuerdings zeichnet sich in der Forschungspolitik der EU die Tendenz ab, von rein additiven Studien zu stärker integrierten Vergleichen überzugehen – und damit auch von Surveys zu qualitativen Methoden. Es scheint, dass das Ungenügen am geringen Erklärungswert von oberflächlichen Surveys wie den ‚Jungen Europäern' wächst[6]. Der letzte Jugendsurvey der Europäischen Kommission fragte zurecht: ‚Can we still refer to a rift between north and south, large and small countries, industrialised or rural countries, etc. when young people from neighbouring countries show considerably different behaviour and express diverging opinions? There are striking differences on key issues between pairs of countries that some would have thought comparable: Spain and Italy, Germany and Denmark, Belgium and the Netherlands, etc.'. Hieran zeigt sich, wie groß noch der Bedarf an differenzierten (Regional-)Vergleichen und an qualitativen Daten ist. Eine der wenigen europäisch-regionalen Vergleichsstudien über die Lebenssituation und gesellschaftliche Partizipation von Landjugendlichen in zurückgebliebenen ländlichen Gebieten in Nordfinnland, Estland, Schweden, Süditalien und Ostdeutschland hat H. Helve, 1998, durchgeführt.

Besonderer Erwähnung verdient ein europaweiter Vergleich zur Lebenslage von Kindern und ihren Familien. ‚Childhood as a Social Phenomenon' – so der Titel – setzte sich das Ziel, auf der Grundlage einer umfassenden Datenbank zu einer eigenständigen Soziologie der (europäischen) Kindheit zu kommen. Das Projekt lief von 1987 bis 1992 und umfasste insgesamt 19 (am Ende 16) Länder[7] (Qvortrup, 2001).

Jüngst ist eine umfangreiche Vergleichsstudie über *Young People in Changing Societies* (2000) von UNICEF herausgekommen. Daten aus 27 osteuropäischen Ländern zur Übergangsphase Jugendlicher (15-24 Jahre) werden in Großtabellen präsentiert, die Datensätze sind über Internet abrufbar.Obgleich auch einige qualitative Daten erhoben wurden (perönliche und Gruppeninterviews), ist hiervon im Report selbst kaum etwas zurückzufinden.

---

6   Vgl. z.B. ‚Misleading Trajectories' Evaluation of Employment Policies for Young Adults in Europe Regarding Non-intended Effects of Social Exclusion' (DG XII RTD-TSER programme, 1998-2001). In diesem Projekt werden die Übergangstrajekte von Jugendlichen mit unterschiedlichen Ausgangschancen und unter unterschiedlichen sozialpolitischen Bedingungen sowie jugend- und arbeitsmarktpolitische Massnahmen in 8 europäischen Ländern und Regionen miteinander verglichen (Italien, Spanien, Portugal, Ost- und Westdeutschland, Niederlande, Dänemark, Irland, Groß-Britannien – EGRIS Gruppe; vgl. EGRIS, 2001.

7   Es nahmen teil: Canada, (damals noch:) Tschechoslowakai, Dänemark, England und Wales, Finnland, Griechenland, Irland, Israel, Italien, Norwegen, Schottland, Schweden, Schweiz, USA, Westdeutschland und (damals noch:) Yugoslawien.

Der erweiterte integrierte Typus (D)

Der erweiterte integrierte Typus unterscheidet sich vom partiell integrierten Typus nicht prinzipiell. Mit ihm sollen hier Forschungsvorhaben charakterisiert werden, in denen unter vorab geplanten und explizierten Kriterien Vergleichsdimensionen festgelegt werden. Während der gesamten Laufzeit des Projekt stehen die beteiligten Forscher in einem stetigen Kommunikationsprozess über methodische und theoretische Fragen und über empirische Ergebnisse, die es zu integrieren gilt. Je mehr Länder unter derart anspruchsvollen Bedingungen einbezogen sind, um systematisch die Variationsbreite europäischer Kindheiten und Jugenden zu ermitteln, desto mehr entspricht ein solches Vorhaben diesem Typus. Dabei stellt ein longitudinales Forschungsdesign die höchsten methodischen sowie organisatorisch-finanziellen Anforderungen.

Noch sind solche Projekte eher Wunsch als Wirklichkeit. Methodisch und theoretisch stellt der partiell integrierte Typus das ‚Vorfeld‘ zu dem erweiterten Typus dar, indem dort in kleinerem Maßstab Erfahrungen mit den Schwierigkeiten der Kombination verschiedener Methoden und Theorien experimentiert wird (vgl. Heinz, 1999; Bynner & Chisholm, 1998).

Die meisten der diesen vier Typen zugeordneten Studien gehen von einer *modernisierungstheoretischen Perspektive* aus, d.h. sie setzen als Vergleichsmaßstab die entwickelten nord- und westeuropäischen Länder, um daran die Lebensbedingungen von ost- und südeuropäischen Kindern und Jugendlichen zu messen. Hierin äußert sich die Hegemonie westeuropäischer Forschungsgemeinschaften und ihrer Finanzierungsquellen. Wie gesagt, dienen viele neuere Forschungsprojekte in diesem Bereich der Unterbauung einer von den EU Mitgliedstaaten gewünschten und geförderten Sozialpolitik. Es bleibt kritisch zu fragen, in wieweit diese Forschung sich offen hält für den Eigensinn national-kultureller Kontexte und Theorietraditionen.

Aus der Typologie gehen eine Reihe methodisch-theoretischer und organisatorischer Probleme hervor, deren Überwindung für den Ausbau einer europäischen Kindheits- und Jugendforschung entscheidend sind. Ein erster Schritt ist, dass sich die an Forschung Beteiligten und für Forschungspolitik Zuständigen dieser Probleme in ihrer ganzen Tragweite bewusst werden und sie in einem eigenständigen Diskurs bearbeiten.

Die unter den additiven Typus fallenden Forschungsprojekte haben für die übrigen Typen Signalfunktion: das schiere Ausmaß der Heterogenität in Wissenschaftstraditionen, Forschungsmethoden, thematischen Schwerpunkten, Theorieansätzen und -präferenzen sowie vorhandener bzw. fehlender Datensätze, und dazu noch spezifische kinder- und jugendpolitische Maßnahmen in den jeweiligen Ländern – all diese Faktoren verweisen auf den langen und fallenreichen Weg hin zu stärker integrierten Projekten.

Unterschätzt – zumindest nicht gebührend thematisiert – werden *kommunikationspraktische* Hindernisse. Auch wenn Englisch mehr und mehr die Funktion einer lingua franca in Europa übernimmt, so sind damit ja keineswegs Sprachtraditionen außer Kraft gesetzt, die die länderspezifischen Wissenschaftstraditionen prägen. Zudem ruft eine Drittsprache neue Probleme hervor: es kann zu einer Verflachung des Diskussionsniveaus wegen mangelnder Sprachkompetenz der beteiligten Forscher kommen[8]. Missverständnisse bei Dateninterpretation und ganz allgemein Unklarheiten hinsichtlich methodischer und theoretischer Konzeptäquivalenz sind eher an der Tagesordnung als die Ausnahme, ohne dass dies als Gefahr erkannt wird (vgl. Oyen, 1990; Van de Vijver/Portinga, 1997).

Ist das Sprach- und Kulturproblem bei *relativ* kontextunabhängigen Strukturindikatoren wie bürgerlicher Stand, Bildungsniveau, Beruf etc. noch zu meistern[9], so beginnen die Schwierigkeiten bei der vergleichenden Interpretation qualitativer, erlebnisorientierter Daten, die gerade in der Kinder- und Jugendforschung eine große Rolle spielen (sollten): Man muss viel über die jeweiligen Kulturen und demographischen Entwicklungen wissen, um ein Scheidungskind im orthodox katholischen Polen mit einem schwedischen zu vergleichen, wo demographische und kulturelle Entwicklungen ganz anders verlaufen sind; vorzeitiger Schulabgang in Amsterdam hat sowohl für den einzelnen Schüler als für die Schulpolitik insgesamt eine andere Bedeutung als in London, etc. Auch stellen wörtliche Übersetzungen von Fragen allein noch keine Instrumentäquivalenz her, wenn der Bedeutungshof der benutzten Begriffe von Land zu Land und von Kultur zu Kultur (Subkultur) ein je anderer ist. Begriffe und Ausdrücke selbst haben ja ihre national-lokale Geschichte. Es ist also keineswegs ausgemacht, dass sämtliche Kinder- und Jugendlichen-Teilpopulationen dasselbe unter einer (wörtlich übersetzten) Frage verstehen[10]. Ohne eine sensible Kontextualisierung sind Vergleiche nicht wirklich aussagekräftig, auch wenn sie noch soviele Vergleichsdaten produzieren, wie dies auf viele Studien vom Typus B zutrifft.

Jugend

Überblickt man die europäische Jugendforschung aus den etwa letzten zwei Jahrzehnten, so zeichnen sich die folgenden Themenschwerpunkte ab:

---

8 Das kann in der Praxis dazu führen, dass ein English native speaker, der sich entsprechend nuanciert auszudrücken vermag, von den anderen Forschern, die Englisch nur als Fremdsprache beherrschen, schlecht verstanden wird (Beobachtung aus eigener Erfahrung mit interkulturellen Projekten).

9 Man sollte aber auch bei diesen Indikatoren nicht von völliger Kontextunabhängigkeit ausgehen, sondern bedenken, dass z.B. ein handwerklicher Beruf des Vaters in einem südeuropäischen Land etwas anderes bedeutet als in einem nordeuropäischen.

10 In unserer eigenen Forschungspraxis stießen wir z.B. auf die verschiedene Bedeutung, die das Wortes ‚Ohrfeige‘ für deutsche und niederländische Kinder hat; wir mussten für ‚oorvijg‘ nach einem weniger ‚dramatischen‘ Wort suchen (Zeijl u.a., 1998).

48

Jugendarbeitslosigkeit und (Re-)qualifizierung

Die gesellschaftspolitische Brisanz von Jugendforschung im Bereich von Arbeit und Qualifikation ist unübersehbar: Die Krise der Arbeitsgesellschaft spielt sich, wenn auch in verschiedenen Formen, in allen europäischen Ländern ab und betrifft insbesondere die Zukunftschancen der jungen Generation. Es ist nicht übertrieben zu behaupten, dass sich die überwiegende Mehrzahl aller europäischen Jugendprojekte mit Übergangsforschung beschäftigt, also mit Problemen der Eingliederung Jugendlicher in den Arbeitsmarkt (Heinz, 1999; Überblick bei Bynner/Chisholm, 1998; Walther, 2000; Richter/Sardei-Biermann, 2000; Chisholm, 2000; Kieselbach, 2000). Arbeitslose Jugendliche sind von *sozialem Ausschluss* bedroht und stellen eine Gefahr für die gesellschaftliche Integration dar – dies ist das Hauptmotiv für EU-finanzierte Projekte. Vergleichsprojekte bieten sich gerade in diesem Bereich an: welche Ausbildungssysteme sind erfolgreich, welche kontraproduktiv? Und unter welchen Bedingungen? Hier zeigt sich, dass ungenügende Kontextualisierung zu falschen Schlussfolgerungen führen kann: während z.B. das deutsche duale System für seine Qualifikationsleistung gelobt und als Lösung für sinnvolle Berufsausbildung breit empfohlen wird, entmutigt es gleichzeitig die Übernahme Jugendlicher ohne formale Berufsschulabschlüsse in Arbeitsverhältnisse, wie dies wiederum in England möglich ist (vgl. hierzu Walter/Stauber, 2002; López Blasco u.a., 2003)).

Die Transformation von Arbeitsgesellschaften in Informationsgesellschaften macht neue Lernformen und Lernwege nötig[11]. In der europäischen Jugendforschung schlägt sich dies in einem wachsenden Interesse an dem Thema *lebenslanges Lernen* und *non-formal education*, sowie *ICT-Lernen* nieder: Weiterqualifizierung ist nicht mehr an die Jugend- und Jungerwachsenenphase gebunden, sondern lebenslanges Lernen wird zu einer durchgängigen Lernhaltung im gesamten Lebenslauf europäischer Bürger (Walther/Stauber, 1998; 1999). Vergleichsforschung zu diesen Themen betrifft nicht nur aktuelle Probleme, sondern grundlegende jugendsoziologische Fragen: in wieweit wird die Jugendbiographie durch Diskontinuitäten und neue Entwicklungen auf dem Arbeitsmarkt aufgebrochen – und wie reagieren junge Menschen auf diese neuen Chancen und Risiken? Damit erweitert sich die klassische Übergangsforschung und bezieht sich zunehmend auf den gesamten Lebenslauf.

---

11 Daher die zahlreichen Evaluationsstudien der europäischen Austauschprogramme SOCRATES, LEONARDO u.a., sowie die Forschungsprojekte des CEDEFOP (European Centre for the Development of Vocational Training), vgl. Sellin, 1999.

Jugendkulturelle Lebensmuster und politische Haltungen in multikulturellen Gegenwartsgesellschaften

Das Zusammenleben in europäischen Gesellschaften mit vielen verschiedenen ethnisch-kulturellen Gruppen führt zu neuen Ausgrenzungen und fremdenfeindlichen Haltungen. Die Erforschung von *Rassismus* und *Rechtsradikalismus* sind in der Jugendforschung zu einem Schwerpunkt geworden. Was die europäische Dimension betrifft, so wird in vergleichender Absicht nach dem Demokratiepotential der jungen Generation gefragt und nach dem Potential für die Herausbildung einer ‚europäischen Identität‘ und ihrer gesellschaftlichen Partizipation. Die Young European- und andere Studien (s. unter Typ B) haben ermittelt, dass ‚Europa‘ Jugendlichen wenig Anhaltspunkte bietet, um sich mit diesem Konzept konkret auseinander zu setzen, vor allem auch deshalb nicht, weil die kulturelle Dimension eines vereinigten Europas nur in wenigen europäischen Jugendprogrammen zum Ausdruck kommt. Andererseits zeigen interkulturelle Begegnungen, wie sie z.B. im Straßburger und Budapester Jugendzentrum des Europarates stattfinden, dass Jugendliche sehr wohl zu interkulturellem Lernen und zu Reflexionen über politische Haltungen in einem multikulturellen Europa bereit und in der Lage sind (vgl. Lauritzen, 1999; IARD, 1997).

Der letzte europäische Jugendsurvey (Europäische Kommission, 1997) stellte besorgt fest, dass unter 5% der Jugendlichen einer gewerkschaftlichen oder politischen Partei angehören und dass fast die Hälfte (47,6%) nirgens organisiert ist. Es erstaunt nicht, dass Fragen nach dem ‚Demokratiepotential‘ der Jugend insbesondere in den post-kommunistischen Ländern vergleichende Analysen provoziert haben (Weiss, 1999; Young People in Changing Societies, 2000).

Fragt man nach europäischer Forschung zu jugendlichen (Sub-)kulturen, so gibt es hierzu kaum etwas. Nicht nur auf nationaler Ebene sind derartige Studien im Verhältnis zu unmittelbarer jugendpolitisch relevanten Themen wie Ausbildung und Arbeit selten; erst recht ist dies auf europäischem Niveau der Fall. Die Vernachlässigung gerade der Bereiche, in denen Jugendliche am meisten ‚bei sich sind‘ – Mode, Musik, Geschmack, Reisen[12], Körper – ist ein Versäumnis, das auch andere, ‚harte‘ Daten, wichtiger Erklärungen entkleidet: warum greifen Nachschulungsmaßnahmen in der Regel zu kurz? Könnte dies vielleicht mit einer Missachtung der neuen Geschlechterkulturen zu tun haben, die sich über der Frage der Vereinbarkeit von Kindern und Berufskarrieren nicht nur bei jungen Frauen sondern zunehmend auch bei jungen Männern entwickeln? Etc. Vor einem weiten Theoriehorizont liegt die Frage, ob nicht

---

12 Zu diesem Thema hat die Portugisin A. Santos unter Begleitung von J. Machado Pais eine hervorragende Diplomarbeit über interrail geschrieben (Santos, 1997). In den Jugendsurveys der EU wird nur sehr oberflächlich nach Reisen informiert. So wurde etwa im letzten Survey der Young European (1997) ermittelt, dass Spanien mit 20% das beliebteste Reiseland ist, gefolgt von Frankreich (19%) und (erstaunlicherweise) Deutschland (11%).

wesentliche Modernisierungen der Jugendbiographie gerade in diesen kulturellen Bereichen stattfinden (vgl. Machado Pais, 2000).

Das Verhältnis zwischen den Generationen

Hier geht es um zwei große Forschungsschwerpunkte, die sowohl auf nationaler wie europäischer Ebene bearbeitet werden: zum einen die sozialpolitischen Folgen einer wachsenden demographischen Disproportion zwischen Jung und Alt – Stichwort sozialstaatlicher Generationenvertrag. Dieser hat nicht nur eine monetäre und demographische Dimension, sondern auch eine subjektive: Im letzten Jugendsurvey der Europäischen Kommission (1997) wurden Jugendliche gefragt, in wieweit sie ihre Eltern im Alter unterstützen und pflegen würden: nur ein Drittel fühlt sich verantwortlich für die Älteren.

Zum anderen geht es um das momentane Verhältnis Jugendlicher zu ihren Eltern, wann sie das elterliche Haus verlassen, und wann sie eigene Haushalte und Familien gründen. Es wird zwischen einem nord- und einem südeuropäischen Modell unterschieden: in nordeuropäischen Ländern (Schweden, Dänemark, Niederlande, Deutschland) verlassen Jugendliche das elterliche Haus relativ früh und leben vor einer dauerhaften Partnerschaft und Familiengründung mehrere Jahre als Singles oder mit wechselnden Partnern zusammen. Demgegenüber leben Jugendliche in südeuropäischen Ländern (Spanien, Portugal, Italien) länger mit ihren Eltern und anderen Familienmitgliedern unter einem Dach und verlassen das elterliche Haus erst, wenn sie selbst heiraten und eine Familie gründen (Iacovou, 1999; Cavalli, 1999; Matthijs/van der Troost, 1998). Hinter diesen beiden Modellen verbirgt sich eine Fülle von intervenierenden Variablen und länderspezifischen Nuancen, die genauere Vergleichsforschung erforderlich machen. Auf zwei Einflussfaktoren sei hingewiesen: erstens hat sich in praktisch allen Ländern das Verhältnis zwischen Eltern und Kindern enthierarchisiert zugunsten von mehr Kommunikation zwischen den Generationen und mehr Freiheitsspielräumen für die Heranwachsenden. Diese Entwicklung im Verein mit mehr elterlichem Wohnraum und längeren Ausbildungsgängen führt dazu, dass Jugendliche und junge Erwachsene das Elternhaus nicht mehr so schnell verlassen. Zweitens aber spielt mangelnder öffentlicher Wohnraum für Jugendliche und junge Erwachsene sowie erschwerte Übergänge auf den Arbeitsmarkt für den Zeitpunkt der Verselbständigung eine Rolle, nicht nur in südlichen, sondern auch in einigen nördlichen Ländern, wie z.B. Schweden (Sweden Review, 1999; vgl. auch Bendit, 1999).

Das Verhältnis zwischen den Geschlechtern

Ebenso wie das intergenerative Verhältnis, ist das zwischen den Geschlechtern in allen europäischen Ländern einem tiefgreifenden Wandel unterworfen, der zu einer größeren Gleichstellung der Frau führt. Jugend(-mädchen)forschung in diesem Bereich ist im wesentlichen nationale Forschung. In den unter Typ A genannten Studien wird das Problem der Vereinbarkeit von Kind und Beruf angesprochen, das sich für junge Frauen trotz einer Abschwächung der geschlechtsspezifischen Normalbiographie in praktisch allen Ländern (viel) stärker stellt als für junge Männer. Trotzdem dürfen länder- und regionenenspezifische Vergleiche nicht ausbleiben: die Situation junger Frauen (und Männer) ist in Süditalien eine wesentlich andere als in Norditalien (Leccardi, 1995); in den Niederlanden ist die Gleichstellung der Frau vergleichsweise gesetzlich gut abgesichert und wird kulturell anerkannt bei gleichzeitig der höchsten weiblichen Teilzeitarbeitquote in den EU Ländern, sowie der höchsten Quote teilzeitarbeitender Männer (du Bois-Reymond u.a., 1999).

Die demographischen Veränderungen in den osteuropäischen Ländern sind so gewaltig, dass hierdurch das Geschlechterverhältnis in vielfacher Weise beeinflusst wird. So sanken beispielsweise die Geburtsraten dramatisch, wodurch sich eine gänzlich neue Familienstruktur (und damit eine andere Erziehung) entwickelt. Von den 16-24jährigen jungen Osteuropäern heirateten 1998 die Hälfte weniger als 1989 (Young People in Changing Societies, 2000, S. 11).

Vergleichende europäische Jugendpolitik

Die Jugendminister der Mitgliedstaten des Europarates haben auf ihrer Konferenz in Bukarest (1998) als tragende Prinzipien einer europäischen Jugendpolitik drei Schwerpunkte festgestellt:

- Partizipation und *citizenship*
- Maßnahmen gegen soziale Ausschließung
- non-formal education.

Auf Initiative des Europarates werden ausgewählte Länder zu einer Selbstevaluation ihrer Jugendpolitik ermuntert, und diese Länderberichte werden von einer Außenkommission beurteilt[13]. Wesentliche Kriterien einer solchen Beurteilung sind die oben genannten Schwerpunkte. Für eine (zukünftige) europäische Jugendpolitik ist entscheidend, welche Position sie zwischen den beiden Auffassungen von *Jugend als Problemkategorie* und *Jugend als Ressource* einnimmt. Im ersten Fall konzentrieren sich Maßnahmen (und die Finanzierung von Forschungsprojekten) stärker auf Jugendarbeitslosigkeit, die Wiedereingliederung von Risikogruppen, die Bekämpfung von Rassismus etc. Im zweiten Fall steht die Nutzung jugendlicher Innovationen und die Schaffung von Voraussetzungen, um dieses Innovationspotential zu nutzen, mehr im Vordergrund: jugendlicher Erfindungsgeist, ICT-Lernen, kulturelle Projekte, etc. Insbesonde-

---

13 Bis jetzt haben sich Finnland, Schweden, die Niederlande, Spanien, Estland und Rumänien diesem Verfahren unterzogen (vgl. Finland, 1996; Netherlands, 1998; Sweden, 1999; Spain, 1999; Estonia, 2000; Romania, 2000).

re in den osteuropäischen Ländern wird Jugend gern als Erneuerungspotential für gesellschaftliche Transformationen angesprochen (vgl. hierzu auch den Beitrag Europäische Jugend- und Bildungspolitik in diesem Buch).

Zusammenfassend

In der europäischen Jugendforschung ist ein deutlicher Trend von nationaler zu transnationaler Forschung auszumachen. Ein wesentlicher Grund ist die Krise der Arbeitsgesellschaft; sie ist schon lange kein nationales, sondern ein europäisch-internationales Problem. Die (westeuropäische) Jugendsoziologie hat mit dem Theorem ‚Strukturwandel der Jugendphase' einen breiten theoretischen Rahmen geschaffen, innerhalb dessen Modernisierungsfolgen und - effekte empirisch erfasst werden. Dieser Strukturwandel lässt sich – wenn auch mit sehr großen Unterschieden – für alle europäischen Länder belegen[14]. Es besteht, auch in Osteuropa, eine Tendenz zu stets längeren Ausbildungsgängen, einer zunehmenden Unübersichtlichkeit des Übergangs in Arbeitsverhältnisse, einem Verschwimmens deutlich abgrenzbarer Lebensphasen (Walther u.a., 1999; EGRIS, 2001), einem enthierarchisierten Generationenverhältniss und egalitärer werdenden Geschlechterbeziehungen. Gleichzeitig – und laufend neue Widersprüche produzierend – nehmen Ausgrenzungsprozesse zu. Die Kluft zwischen Bevorrechteten und Ausgestoßenen erweitert sich nicht nur innerhalb europäischer Länder, sondern vor allem auch zwischen ihnen (Leisering/Leibfried, 1999). Lebenslanges Lernen und gesellschaftliche Partizipation soll die jungen Europäer/Innen auf eine unsichere, aber aussichtsreiche Zukunft in multikulturellen Gegenwartsgesellschaften vorbereiten, so europaweit das politische Credo (Kovacheva, 1999).

Kindheit

Europäische Kindheitsforschung ist schwieriger auf den Punkt zu bringen als europäische Jugendforschung. Dies hat mehrere Gründe. Der wichtigste lässt sich auf die Formel bringen: *Kindheit ist Familienkindheit.* Entsprechend behandelt die Forschung Kinder und Kindheit vorwiegend im Rahmen von Familienforschung. Das gilt auch für europäische Vergleichsforschung; EU finanzierte Projekte sind ausschließlich interessiert an familienpolitischen Fragen und mit Familienpolitik zusammenhängenden arbeitsrechtlichen und demographischen Problemen (wie beeinflusst Frauenarbeit die Reproduktionsrate; wie lässt sich die Reproduktionsrate durch außerhäusliche Kinder-

---

14 1998 wurde das Journal of Youth Studies gegründet, das sich zwar nicht auf europäische Jugendforschung beschränkt, ihr aber eine lang ersehnte fachpublizistische Heimat verschafft und diesem Thema breiten Raum gibt.

versorgung beeinflussen; kommt der Generationenvertrag durch zu geringe Kinderanzahlen in Gefahr – vgl. Ditch u.a., 1994 a, b). Seit der Verabschiedung der UN-Convention zu Kinderrechten (1989) wird auch Fragen des Kinderrechts und der Kinderpartizipation mehr Aufmerksamkeit gewidmet (The child as citizen, 1996).

Ein weiterer Grund für die stärkere Position der Jugendlichen gegenüber Kindern ist die größere Politikrelevanz von Jugend gegenüber Kindheit: Probleme der Ausbildung, der Eingliederung in den Arbeitsmarkt, der Marginalisierung durch Arbeitslosigkeit u.a. sind bei Jugendlichen evident, Kinder befinden sich sozusagen noch im Vorfeld dieser Brennpunkte. Als Untersuchungsobjekte werden Jugendliche in der Öffentlichkeit von Ausbildung und Arbeit sichtbar; Kinder hingegen verbleiben weitgehend in der dem öffentlichen Blick entzogenen Privatsphäre der Familie oder in den Blick einschränkenden Institutionen (Vor-)schule; Kindertagesstätten u.ä.)

Seit relativ kurzer Zeit hat sich in Europa eine Wissenschaftsrichtung entwickelt, die Kinder und Kindheit zu einem eigenen Forschungsgebiet erklärt und die unter dem label ‚Kindheitssoziologie' (childhood sociology) fungiert. Hierbei kommt dem bereits erwähnten Projekt ‚Childhood as a Social Phenomenon' (CSP) eine herausragende Bedeutung zu (vgl. Qvortrup u.a. 1994)[15]. Die dort vergleichend behandelten Schwerpunkte[16] sind bewusst nicht von den zentralen Sozialisationsinstanzen Familie und Schule abgeleitet. Kindheit ist für das Individuum eine Übergangsphase im Lebenslauf, aber sozial gesehen eine permanente Struktur in modernen Gesellschaften. Kinder sind nicht (nur) zu sozialisierende und abhängige Wesen, sondern gesellschaftliche Ko-Produzenten. Hierbei stellt sich allerdings die Frage, wie Kindheit von Jugend abzugrenzen ist, welche Lebensalter zum Kind und welche zum Jugendlichen gehören. Kindheitssoziologen und Sozialwissenschaftler beantworten diese Frage je nach wissenschaftstheoretischer Ausrichtung und thematischen Interessen verschieden; oft auch bleibt sie ungestellt[17].

Ich beschränke mich im folgenden weitgehend auf den kindheitssoziologischen Ansatz, da insbesondere hier eine europäisch-vergleichende Perspek-

---

15 Dieses Projekt gab auch einen entscheidenden Anstoß zur Gründung eines eigenständigen Childhood Research Committee in der International Sociological Association (ISA): seit 1999 besteht das RC 53. Auf der 4. European Conference of Sociology (1999, Amsterdam) war zum 1. Mal ein eigener ‚stream on sociology of childhood" vertreten.

16 Die Schwerpunkte sind: Soziographie von Kindheit, Aktivitäten von Kindern, distributive Gerechtigkeit, economics of childhood und der rechtliche Status von Kindern (Qvortrup, 2000).

17 Zinnecker (1990) und andere Kindheitsforscher haben den kindheitssoziologisch und insbesondere für Vergleichsstudien fruchtbaren Vorschlag gemacht, von einer Verschiebung der klassischen Lebensphasen auszugehen: Kindheit verkürzt sich in modernen Gesellschaften, während Jugend sich umgekehrt – und auf Kosten von Kindheit – verlängert. Ob und wie sich diese Tendenz in den osteuropäischen Ländern durchsetzt, ist noch ein weitgehend unerforschtes Feld.

tive expliziert wird[18]. In Anlehnung an diesen Ansatz unterscheide ich a) Kinder als Akteure, nehme also eine subjektzentrierte Perspektive ein, und b) Kindheit als eine gesellschaftliche Struktur, in der es um die Verknüpfung von Strukturvariablen geht. Für beide Perspektiven gilt, dass abgesehen vom CSP Projekt von einer integrierten europäischen Vergleichsforschung noch kaum die Rede sein kann. Im Rahmen der oben dargestellten Typologie geht es bis auf wenige Ausnahmen fast ausschließlich um den Typus A (Büchner u.a., 1990; Qvortrup et al., 1994); einige Studien sind dem Typus C zuzurechnen (Büchner u.a., 1998; Behnken u.a., 1989). In den letzten Jahren sind, angeregt durch den kindheitssoziologischen Ansatz, eine Reihe von Readern (Typus A) zu Kindheit erschienen, die sich nicht auf europäische Beiträge beschränken (vgl. Pfeffer/Bekera, 1996; James/Prout, 1997; Kinney, 2001; du Bois-Reymond u.a., 2001b; vgl. auch den Beitrag Kinder und Kindheiten in europäischen Gegenwartsgesellschaften in diesem Buch).

Kinder als Akteure in ihren verschiedenen Lebenswelten

Der wissenschaftlichen Auffassung von Kindern als aktive Teilnehmer und Ko-konstrukeure ihrer Lebenswelten (Corsaro, 1997) entspricht ihre gewandelte Position in modernen Gesellschaften aufgrund demographischer Veränderungen (weniger Kinder), zunehmender Frauenarbeit (Verschiebungen in der genderspezifischen Arbeitsteilung), zunehmender Bildung (von Kinderarbeit zu Lernarbeit), sowie einer zunehmenden öffentlichen Sensibilisierung für die Rechte des Kindes. In praktisch allen zentral-europäischen Ländern sind die Familien kleiner geworden, hat sich die Machtbeziehung zwischen Eltern und Kindern zugunsten der Kinder verschoben und ist der Aktionsradius von Kindern größer geworden. Es stehen ihnen mehr und vielfältige Freizeitangebote zur Verfügung, sie sind die erste ‚Medienkid-Generation' in der europäischen Geschichte. Während es nun aber zu all diesen einzelnen Lebensbereichen zunehmend mehr nationale Studien gibt, fehlt es an Vergleichsstudien, die sich um Fragen bekümmerten wie etwa den folgenden: Worin unterscheidet sich das Freizeitangebot polnischer und deutscher Kinder, und wie nutzen sie es? Sind polnische Kinder möglicherweise „verschulter" in ihrer Freizeit als Westkinder? Nutzen sie die elektronischen Medien weniger oder anders? (Smolinska-Theiss, 2001) Ist der Trend zur Verhandlungsfamilie mehr ein nord-westeuropäisches Phänomen oder setzt er sich auch in osteuropäischen Ländern durch? Erfahren tschechische Kinder die Grundschule auf ähnliche Weise wie niederländische? Sind die Gleichaltrigenbeziehungen in europäischen Nachbarländern in ähnlicher Weise strukturiert oder worin bestehen wesentliche Unterschiede, etc. (Hengst/Zeiher, 2000). Als eine Forschungslücke großen Ausmaßes muss auch verbucht wer-

---

18   Damit behaupte ich nicht, dass nicht auch in anderen sozialwissenschaftlichen Disziplinen Vergleichsstudien entstehen (s. Einleitung).

den, dass es keinerlei europäisch-vergleichende Kinder-Geschlechterforschung gibt (Nissen, 2000). Wissen wir, ob kleine italienische Mädchen eine ähnliche Erfahrungswelt haben wie norwegische? Betreiben tschechische Jungen andere Spiele als dänische? Wie länderübergreifende – oder länderspezifisch – sind die (Pop-)musikvorlieben von Kindern und Jugendlichen? Etc.

Hier ließe sich an das große englische nationale Programm ‚Children 5-16: Growing into the 21st Century' unter Leitung von A. Prout (Prout, 1998) anschließen, in dem die folgenden Themen bearbeitet wurden:

- Kinder und Familienwandel
- Formen kindlicher Aktivitäten
- die Werte und Identitäten von Kindern
- Kinder als Teilnehmer in Organisationen und Institutionen
- Kinder als Benutzer und Produzenten ihrer Umgebung

In dem Maße wie sich die Lebenschancen von europäischen Kindern insgesamt verbessern, werden Fragen nach Disparitäten im gesamteuropäischen Raum akuter: Kinderarmut (Cornia/Danziger, 1997); Straßen- und Waisenkinder (Romania Report on Youth Policies, 2000); unterschiedliche Schulbildung. Zu diesen Diskrepanzen gibt es so gut wie keine subjektorientierte Vergleichsforschung, vielmehr werden derartige Fragen, wenn überhaupt, in der Regel von einem Strukturansatz aus gestellt[19].

Kindheit als gesellschaftliche Struktur

Das bereits mehrfach erwähnte Projekt ‚Childhood as a Social Phenomenon' lief von 1987 bis 1992, beeinflusst die europäische Kindheitsforschung aber bis heute nachhaltig. Aufgrund der Datenlage beschränkte es sich auf Strukturthemen, in denen die Subjektperspektive von Kindern nur indirekt eingenommen werden konnte. Es kam aber bereits einer kleinen Revolution gleich, um etwa zu fordern – und nach entsprechenden Daten zu suchen bzw. vorhandene umzuinterpretieren –, dass nationale Statistiken nicht nur von den Haushaltsvorständen einer Familie ausgehen sollten, sondern auch von den in ihr lebenden Kindern; dies führt zu einer ganz anderen Sicht auf die Lebensbedingungen von Kindern (vgl. Saporiti, 2001). Trotz dieser Forderung befinden sich noch immer die meisten Daten zu europäischer Kindheit in den Forschungen zur Familie.

---

19 Dies stellte kürzlich auch die Europa-Expertin Lynne Chisholm auf einer internationalen Fachtagung, ‚Kindheit in Europa – Lebenslagen im Vergleich' fest (Institut für Pädagogik der Universität Halle-Wittenberg, 26.-28. Oktober 2000). Innerhalb der Europäischen Union muss man sich, abgesehen von ad hoc Studienberichten und Politikdokumenten, auf EUROSTAT Datensätze beschränken, die aber zur Lebenslage von Kindern selbst wenig Angaben machen. Bis jetzt, stellt Chisholm resümierend fest, hat die EU Forschungsförderung keine Prioritäten zugunsten einer expliziten Kinderforschung gesetzt.

Seit 1989 läuft im Rahmen der Europäischen Kommission das Projekt ‚European Observatory on Family Matters' (vgl. Ditch u.a., 1994a, b; Wintersberger, 1999). Es geht dabei um Wandel von Familie in Europa, und zwar mit Blick auf eine europäische Sozial- und Arbeitspolitik sowie eine Politik gleicher Chancen: Wie lassen sich Arbeit und Sorge um Kinder vereinbaren? Was bedeutet mehr Frauenarbeit für außerfamiliale Kinderbetreuung? Wie sollten Arbeits- und soziale Versicherungssysteme derart aufeinander abgestimmt werden, dass nicht nur junge Mütter, sondern auch junge Väter genügend Lebenszeit und Energie auf die Erziehung ihrer Kinder verwenden können (vgl. Oberhümer/Ulich, 1997)? Etc.[20]. Hierbei muss betont werden, dass die Europäische Kommission von sich aus keine integrierte Familien- (geschweige eigenständige Kinder)politik und -forschung initiieren kann, da sie an das Subsidiaritätsprinzip gebunden ist, das den Mitgliedländern die Kulturhoheit und Forschungsautonomie belässt. Diese Spannung zwischen einer notwendigen Datenkenntnis auf gesamteuropäischer Ebene und dem beschränkenden Subsidiaritätsprinzip kommt in folgendem Zitat zum Ausdruck: ‚The European Union has an important role to play in identifying the similarities and differences in the ways that Member States react to (societal) changes and also in stimulating Union-wide debate on the subject of the family...while, at the same time, respecting the principle of subsidiarity.' (Family Observer, 1999, S. 2).

Eine Durchsicht neuerer familiensoziologischer Forschungsprojekte europäischer Mitgliedländer ergibt, dass die Subjektperspektive (‚vom Kinde aus') nur in sehr wenigen Projekten zum Ausdruck kommt. Dagegen überwiegt Vergleichsforschung zu Fragen von Familienpluralisierung und anderen strukturellen Veränderungen (Wilke, 2000). Dabei wird außer den ‚klassischen' familiensoziologischen Themen auch solchen Rechnung getragen, die auf neue Ungleichheiten und Benachteiligungen eingehen, wie etwa: Kinderarbeit, Missbrauch und Vernachlässigung von Kindern, Kinderarmut, Kinderpartizipation durch Hausarbeit, sowie außerfamiliale Betreuungsformen.

Eine besondere Position für europäisch vergleichende Kinderforschung kommt dem UNICEF International Child Development Centre (ICDC) zu, das 1988 errichtet wurde: ‚The Centre undertakes and provides a forum for international professional exchanges of experiences'. Das Centre hat zwei Schwerpunkte: a) Kinderrechte, b) ökonomische und Sozialpolitik. Hierzu hat das Centre 1997 einen Monitor vorgelegt: Children at Risk in Central and Eastern Europe: Perils and Promises, in dem die sozio-ökonomische Situation von Kindern aus 18 osteuropäischen Ländern dargelegt wird. Dabei zeigt sich, dass Armut Kinder systematisch mehr trifft als andere Bevölkerungsgruppen (vgl. auch Nicaise, 2000), sowie den Aufsatz „Kinder und Kindheiten" in diesem Buch).

---

20 Vergleichsdaten zur Familie in Europa produziert auch der European Community Household Panel (ECHP).

Europäische Kindheitspolitik

Eine besondere Bedeutung kommt der Kinderrechts- und Partizipationsdebatte in Europa zu, wie sie seit der UN Kinderrechtskonvention von 1989 (auch) in Europa geführt wird (vgl. The Child as Citizen, 1996; Sünker, 2001). Obgleich in der UN Konvention eine kindzentrierte Perspektive eingenommen wird, ist damit nicht gewährleistet, dass diese Perspektive auch in der Praxis durchgehalten wird. Letztlich müssen Kinderrecht und Kinderpartizipation im Rahmen von systemischen und ideologischen Zwängen und Freiheitsgraden gestaltet werden[21]. In wieweit sich die realen Lebensbedingungen von Kindern in Europa, insbesondere in Osteuropa, durch diese Debatten verbessern, ist eine empirische Frage; dass Kindheitskonzeptionen durch diese Debatten mit verändert werden, steht außer Frage[22]. Insofern ist die Kinderrechts- und Partizipationsbewegung ein Kristallisationspunkt, an dem Subjekt- und Strukturperspektive zusammentreffen: Eine Kindheitsressourcenpolitik muss ‚focus on the functional requirements of a healthy, curious, productive, and motivated child. This change in perspective draws attention to the child as an actor in a larger social system and to the institutional networks and resources present in a larger environment.' (Heath and McLaughlin, 1988: 337).

---

21 Die Annahme der UN-Kinderrechtskonvention durch die jeweiligen nationalen Parlamente bedeutet im übrigen nicht, dass alle dort formulierten Forderungen in die Tat umgesetzt werden. In Deutschland z.B. ist von 20 Zielen, die der Bundestag formuliert hatte, nur das Recht auf gewaltfreie Erziehung umgesetzt; in Groß-Britannien hat eben diese Forderung zu heftigen Diskussionen über elterliches Recht auf körperliche Züchtigung geführt, die auch in einem neuen Gesetz nicht völlig abgeschafft ist.

22 Diese Debatte bringt das European Forum for Child Welfare wie folgt auf den Punkt: ‚At the turn of the millennium child welfare in Europe is facing big challenges of different aspects: quality management, financial cuts, influence of media and new communication tools, promotion of children's rights and participation, gaps and/or bridges between governmental bodies and NGO's, increasing necessities to create new services to meet children's needs.' (NIZW International Centre, Febr. 2000, S. 10). Vgl. auch Centre for Europe's Children Text (homepage Children's Rights in Europe. (http://eurochild.gla. ac.ut/text/Default.htm.). Vgl. ferner: Childwatch International Research Network (http:// www.childwatch.uio.no/cwi/projects/Edatabase.html). Vgl. ferner: The European Children's Trust – eine internationale NGO (nongovernmental organisation), die u.a. Daten über Kinderarmut in osteuropäischen Ländern sammelt. In diesem Zusammenhang sollte überhaupt auf die Arbeit von NGO's hingewiesen werden als Fundgrube für Daten zu Kindheit und Jugend; sie entgehen der universitären Forschergemeinde in der Regel.

Abschließende – nicht abgeschlossene – Überlegungen zu einer vergleichenden europäischen Kindheits- und Jugendforschung

Welche Bilanz können europäische Kindheits- und Jugendforscher aus dem hier gegebenen (gewiss nicht vollständigen) Überblick ziehen und welche Aufgaben sind der Zukunft vorbehalten? Zunächst steht außer Frage, dass im Vergleich mit der Zeit vor den achtziger Jahren des 20. Jahrhunderts große Fortschritte zu verbuchen sind: die Anzahl der Forschungsprojekte mit einer europäisch-vergleichenden Perspektive hat deutlich zugenommen. Weiter muss festgestellt werden, dass vergleichende Kindheitsforschung trotz Fortschritten in den letzten Jahren hinter der Jugendforschung zurückbleibt.

Sowohl in der vergleichenden Jugend- wie Kindheitssoziologie überwiegen Strukturanalysen; subjektorientierte Vergleichsprojekte sind demgegenüber unterrepräsentiert. Hierfür gibt es Gründe: es ist forschungstechnisch einfacher und rentabler um Strukturmerkmale von Teilpopulationen zu vergleichen, als subjekt und erlebnisorientierte Daten zu erheben und zu interpretieren. Im ersten Fall ermöglichen quantitative Forschungsdesigns relative unaufwendige Vergleiche; im zweiten Fall wären stärker qualitative Verfahren nötig, die Vergleiche entsprechend schwieriger machen. Ist aber schon der methodische Aufwand bei quantitativen Vergleichsstudien enorm, so erst recht bei qualitativen, in denen Äquivalenzprobleme von Bedeutungen benutzter Instrumente viel größer sind.

Ohne in die alte Dichotomie ‚quantitativ‘ vs. ‚qualitativ‘ zu verfallen, muss man doch sagen, dass nicht nur Jugend öfter erforscht wird als Kindheit, sondern auch, dass quantitative Vergleichsstudien gegenüber qualitativen in der Mehrzahl sind. Schematisch ergibt dies eine Vierfelder-Tabelle:

quantitativ-vgl. Jugendforschung	qualitativ-vgl. Jugendforschung
qualitativ-vgl. Kindheitsforschung	quantitativ-vgl.Kindheitsforschung

Europäisch vergleichende Jugendforschung überwiegt sowohl im quantitativen wie qualitativen Bereich, wobei sich zunehmend Mischformen entwickeln, in denen quantitative mit stärker qualitativen Methoden kombiniert werden. Das ist eine erfreuliche Entwicklung und es bleibt zu hoffen, dass sie sich durchsetzt. Denn wie eindrucksvoll man rein quantitative Datenvergleiche zwischen einer großen Vielzahl Länder auch finden mag, bei all diesen Studien erhebt sich doch immer wieder die Frage nach den Handlungsmotiven der Befragten, Zweifel an der Gründlichkeit zur Feststellung von Bedeutungsäquivalenz und Frustration über mangelnde Kontextualisierung von Daten bei der Interpretation. Umgekehrt leiden Projekte, die mit stark qualitativ ausgerichteten Methoden arbeiten unter mangelnder Generalisierbarkeit und Beschränkung der Zahl der Vergleichsländer.

Vergleichsweise selten ist sowohl quantiative als qualitativ vergleichende Kindheitsforschung. Die Gründe sind evident: die Kindheitsperspektive mit subjektorientierten qualitativen Methoden in verschiedenen europäischen Regionen zu erforschen erfordert wohlmöglich noch mehr Mühe als dies für Jugend zu tun. Hinzu kommt, dass ein solcher Forschungstypus weniger gesellschaftlichen Nutzen verspricht als die andern: nicht nur quantitative, sondern zunehmend mehr qualitative Daten über europäische Jugend werden von Politikern und anderen Gesellschaftsvertretern angefordert, um insbesondere Anschlussprobleme zwischen Ausbildung und Arbeitsmarkt zu lösen und Verschiebungen im Wertehorizont von Jugendlichen zu ermitteln. Quantitativ-vergleichende Kindheitsforschung, sofern sie Strukturdaten zur sozio-ökonomischen Lage von Familie und dem Gebrauch wohlfahrtsstaatlicher Leistungen produziert, hat ebenfalls gesellschaftspolitischen Nutzen. Demgegenüber ist der gesellschaftliche Nutzen von subjektorienter Vergleichsforschung von Kindheit weniger deutlich.

Es ist daher auch kein Wunder, dass eines der ehrgeizigsten Projekte im Bereich von Vergleichsforschung – der *European Social Survey (ESS)* – sich nicht auf Kinder sondern auf Jugendliche und Ältere richtet und, wie der Name bereits sagt, mit geeichten Umfragemethoden zu Werk geht[23]. ‚The core philosophy behind the ESS is to enhance the entire social research infrastructure in Europe'. Derartige Projekte wären vor zehn Jahren noch kaum ausführbar gewesen. Inzwischen bewirkt die fortschreitende europäische Integration eine zunehmende Verwissenschaftlichung ihrer Politik. Die Europäische Kommission will den Weg für eine transnationale Forschungspolitik ebnen. Die Mitgliedstaaten sollen ihre nationalen Forschungsprogramme für die anderen öffnen, um die europäische Konkurrenzkraft gegenüber Amerika und Asien zu stärken[24].

So wünschenswert es ist, dass die Europäische Kommission transnationale Forschung fördert – Jugend- und Kindheitsforscher sollten ihre eigene For-

---

23 Der Survey steht unter der Schirmherrschaft der European Science Foundation (ESF). Die erste Befragungswelle lief 2001 an und soll alle zwei Jahre wiederholt werden. In den teilnehmenden Ländern (alle bei der ESF angeschlossenen Länder, das sind: Österreich, Belgien, Dänemark, Finnland, Deutschland, Irland, Italien, Niederlande, Norwegen, Polen, Spanien, Schweiz, Schweden, Türkei und England) sollen repräsentative Samples (1.500-2.000) aus der Bevölkerung gezogen werden, ab 15 Jahren aufwärts, unabhängig von Nationalität und Einbürgerungsstatus. Große Sorgfalt gilt der Konstruktion des Instruments unter dem Gesichtspunkt linguistischer und funktionaler Äquivalenz und einer kontext-sensiblen Dokumentation. Abgefragt werden sollen ‚attitudes, attributes, and behaviour relating to a core set of economically, socially and politically relevant domains.' (s. ausführlich htt://www.est.org./resources/Publis/ESS3.htm).

24 Vgl. den Artikel von Roy van Dalm in Europa Van Morgen 26.01.2000, S. 5. Was eine europäische Jugendpolitik betrifft, so verabschiedete das Europäische Parlament und der Rat von Europa 1999 das kommunitäre Aktionsprogramm „Jugend". Es soll für eine koordinierte Jugendpolitik der EU sorgen, und zwar hauptsächlich durch die Programme „Jugend für Europa", „Europäische ehrenamtliche Jugendarbeit" und „Jugendlichen-Initiativen". Mit diesen Programmen soll transnationale Mobilität und die Benutzung von Informationstechnologien gefördert werden, und die Datenbanken zu Jugend und Jugendpolitik sollen koordiniert werden. Für den Zeitraum 2000-2004 hat die EU hierfür 350 Mill. EUR bereitgestellt.

schungsagenda bewachen und verfolgen. Sie sollten sich dabei vor allem der Themen annehmen, die weniger Chancen haben, offiziell gefördert zu werden. In diesem Zusammenhang stellt sich die Frage, ob es nicht sinnvoll wäre, eine transnationale Einrichtung zur Förderung vergleichender europäischer Kindheits- und Jugendforschung zu gründen, die vorhandene Studien in diesem Bereich registriert, Datenbanken pflegt und neue Forschungsprojekte initiiert. Die bereits vorhandenen Netzwerke von Forschern könnten hierzu gut genutzt werden. Das Forschungsprogramm ist vorgegeben: es geht um eine systematische Variation von Kindheits- und Jugendmustern über die gesamte Breite europäischer Kulturen und Politiken – eine immense Aufgabe, an der sich die europäische Forschungsgemeinde in diesem Bereich disziplinär und interdisziplinär abarbeiten könnte. Hierzu wäre auch ein Methodendiskurs zu eröffnen, in dem die schwierigen und gleichzeitig so spannenden Fragen von Vergleichsforschung behandelt würden.

*   Dieser Artikel ist veröffentlicht in H.-H. Krüger & C. Grunert (2002) und hier bis auf sehr geringfügige Änderungen unverändert abgedruckt.

Kinder und Kindheiten in europäischen Gegenwartsgesellschaften*

Einleitung

Kinder und Kindheiten in Europa ist in mehrfacher Hinsicht ein grenzenloses Thema. Es geht um die Lebensbedingungen realer Kinder in europäischen Gegenwartsgesellschaften, und es geht um wissenschaftliche Konzepte von Kindheit. Was wissen wir als europäische Bewohner, Wissenschaftler, praktische Pädagogen und Politiker über dieses Thema? Als Bewohner zentral- und westeuropäischer Länder haben wir mit Kindern und Kindheit ganz direkt zu tun, wir waren Kinder, verlebten unsere Kindheit in einem oder mehreren europäischen Ländern, später sind wir Eltern geworden und erziehen unsere eigenen Kinder nicht nur im privaten Raum unserer Familien, sondern im weiteren auch als europäische Bürger. Kindheitswissenschaftler beschäftigen sich mit Kindheit und Kinderleben aus der Perspektive ihrer jeweiligen wissenschaftlichen Disziplinen – der Pädagogik, der Soziologie, der Sozialisations- und Schulforschung, der Psychologie und vieler anderer. Aber ebenso wie die praktischen Pädagogen und Politiker tun sie dies zumeist im Kontext ihrer jeweiligen Bezugsländer. Eine europäisch-vergleichende Perspektive nehmen sie selten ein.

Das wirft die Frage auf, ob es überhaupt so etwas gibt wie eine europäische Kindheit. Nicht umsonst sprechen wir im Titel vorsichtig von Kindhei*ten*, und nicht von ‚Europa‘, sondern von europäischen Gegegenwartsgesellschaften. Damit wollen wir angeben, dass es *eine* europäische Kindheit nicht gibt und dass die Lebensbedingungen von, sagen wir, rumänischen Kindern nicht unmittelbar mit deutschen oder niederländischen vergleichbar sind. Ähnlich divergent sind die wissenschaftlichen Traditionen, die sich mit Kinderleben und Kindheit beschäftigen: es sind ganz überwiegend nationale Traditionen, und es sind je nach Land andere. Aber gleichzeitig leben wir in einer Zeit und einem Raum, in denen ein vereintes Europa ein länderübergreifendes Projekt ist, an dem hunderttausende von Menschen arbeiten: in den weitverzweigten Bürokratien der Europäischen Union und ihrer angegliederten Organe, im Europarat, in den Mitglied- und Beitrittsstaaten, in unzähligen Vereinigungen, Netzwerken und NGO's (non-governmental organisations), in Schulen und Kinder- und Jugendverbänden, die über Internet und Austauschprogramme mit Altersgenossen aus anderen europäischen Ländern Kontakt aufnehmen, und in Wissenschaftsprogrammen, die sich herausbilden, um transnationale Forschung zu betreiben.

63

Um beim letzten Gedanken anzuknüpfen: eine transnationale Kinder-
und Kindheitsforschung existiert zwar erst in Ansätzen, sie wird aber immer
dringlicher, sowohl aus wissensimmanenten Gründen als politisch-pädago-
gischer Notwendigkeit. Das ‚Projekt Europa' erfordert Kenntnisse über Kinder und ihre Lebensbedingungen, um eine kindfreundliche Sozialpolitik zu
machen; schließlich sind es die nachwachsenden Generationen, die den europäischen Integrationsprozess – und alle Konflikte, die er mit sich bringt –
tragen müssen. Diese Kenntnisse herzustellen, sinnvolle Fragestellungen auszuarbeiten und relevante Daten zu erheben und miteinander zu vergleichen
und zu kontrastieren, ist Aufgabe der Sozialwissenschaften. Gleichzeitig drängt
eine national ausgerichtete Kindheitsforschung auch von sich aus auf Ausweitung und Grenzüberschreitung, denn immer mehr Themen ‚globalisieren sich':
moderne Kinder sind Medienkids, Kinderkulturen lösen sich aus ihrem lokalen Kontext; Schulleistungen von Schülern werden international miteinander
verglichen; Familienstrukturen und demographische Entwicklungen folgen allgemeinen Modernisierungstendenzen und sind allein national nicht mehr ausreichend erklärbar und steuerbar. Und schließlich verallgemeinern sich Risiken,
denen Kinder ausgesetzt sind, wenn wir an Gesundheitsschäden durch Umwelt-
belastungen und Tierseuchen denken, an gezwungene Migration und verar-
mende Familien, an sexuellen Missbrauch und Gewalt gegen Kinder und
vieles mehr.

Natürlich gibt es bereits eine Menge von Daten und Ergebnissen zu einer
europäisch-transnationalen Kindheitsforschung. Ja, man könnte sogar sagen,
zuviele. Aber mit einer solchen Feststellung ist bereits Kritik verbunden: es
handelt sich, wie wir noch sehen werden, überwiegend um Vergleichsstatisti-
ken oder politische Rhetorik zu Kinderrechtsfragen. Will man mehr über die
subjektiven Erfahrungen und Lebensbedingungen von Kindern in Europa
wissen, so fällt die Beute mager aus. Eine großangelegte, kindheitstheore-
tisch unterbaute europäische Vergleichsforschung gibt es bisher noch nicht.
Deshalb wird sich dieser Beitrag auch mit unterschiedlichen und unvollstän-
digen Daten und Ansätzen bescheiden müssen.

Im folgenden soll zunächst auf neuere Ansätze in der Kindheitsforschung
eingegangen werden, insbesondere auf die Kindheitssoziologie, und zwar
weil diese, wie uns scheint, am vielversprechendsten für eine europäische
Kindheitsforschung ist. Der Hauptteil unseres Beitrages ist sodann der Darstellung von Daten und Materialien gewidmet, die auf europäischer Ebene in
vergleichender Absicht erhoben und zusammengestellt sind. Dabei wird sich
zeigen, dass es im wesentlichen drei große Themenbereiche sind, die erforscht werden: demographische Entwicklungen, die für den Wandel familialer Strukturen von Bedeutung sind, ungleiche Verteilung von materiellen
Ressourcen, dies vor allem unter der Perspektive von Armut, und ein ausgedehnter Diskurs zu Kinderrechten und Kinderpolitik. In keinem dieser drei
Themenbereiche kommen die Kinder selbst zu Wort – oder doch nur sehr am
Rande. Der neue Blick, den Kindheitssoziologen einnehmen, nämlich das
Kind als gesellschaftlichen Mitakteur und Mitgestalter ernst zu nehmen und

nicht nur das unmündige und abhänge Kind, bleibt weitgehend ausgeblendet, selbst im Kinderrechtsdiskurs, obgleich hier der kindheitssoziologische Einfluss noch am stärksten ist. Aber auch eine aufgeklärte Pädagogik kommt zu kurz: aussagekräftige Daten, auf denen eine europäisch orientierte Erziehungspraxis in Schule, Freizeit und Familie aufbauen könnte, sind nur verstreut vorhanden. Wir gehen im Rahmen dieses Beitrags nicht gesondert auf Bildung und Schule ein; hierzu gibt es zwar quantitative Daten im Überfluss, kaum vorhanden sind aber auch hier vergleichende qualitative Analysen, die Schule in Beziehung zu Kinderleben setzen. Insgesamt überwiegt in den vorliegenden Studien und Datensammlungen ein *Defizitansatz*: das Kind in Gefahr; die arme Familie; das rechtlose Kind.

Die Präokkupation mit Problemfeldern, wenn es um Kinder und Kindheiten in Europa geht, ist gleichwohl verständlich und erklärbar: europäische Forschung soll Politikrelevanz haben. Es liegt dann auf der Hand, dass angesichts des fortschreitenden Integrationsprozesses, in den immer mehr europäische Länder eingebunden werden – insbesondere die osteuropäischen – Fragen einer ungleichzeitigen politischen und wirtschaftlichen Entwicklung im Vordergrund stehen. Wir werden daher Diskrepanzen zwischen ‚Ost‘ und ‚West‘, wie sie in Datensätzen und Diskursen zum Ausdruck kommen, besondere Aufmerksamkeit schenken.

Zum Schluss bilanzieren wir Daten, Konzepte und Analysen im Hinblick auf eine zukünftige europäische Kinder- und Kindheitsforschung mit nicht nur wissenschaftlicher sondern auch politischer Relevanz.

Wandlungen in Kindheitskonzepten

Wie Erwachsene – Eltern, Lehrer, Jugend- und Familienpolitiker und Forscher – ihren Blick, ihr Interesse und ihr Engagement auf Kinder, also auf die nachwachsende Generation richten, ist in hohem Maße zeit- und gesellschaftsabhängig. Lange Zeit betrachteten Erziehungswissenschaftler Kinder in erster Linie als educandi, als zu Erziehende. Sie sollten im Verlauf ihrer Kindheit und Jugend schrittweise lernen, sich in der Welt der Erwachsenen zurechtzufinden und die herrschenden gesellschaftlichen Normen und Werte zu internalisieren. Nach Abschluss dieses Prozesses wurden ihnen die gleichen Rechte gewährt und Pflichten auferlegt, die in der jeweiligen Gesellschaft gültig waren; bis dahin sollten Kinder, so die gängige Auffassung von Pädagogen, in einer Art Schonraum leben, behütet und gelenkt von ihren Erziehern. Erst im Verlauf des 20. Jahrhunderts wurde diese Auffassung vom Kind erschüttert. Einerseits durch neue Erkenntnisse der Entwicklungspsychologie, die Kindheit in verschiedene Phasen ausdifferenzierte, und durch die Reformbewegung, die Lernpotentiale von Kindern freisetzen wollte, die die gängige Drillschule unterdrückte. Andererseits durch Modernisierungsprozesse, die Kinder weitgehend aus der Lohn- und Haus- und Feldarbeit freisetzten und eine verlängerte Lernkindheit und -jugend bewirkten. Kinder blieben zwar nach wie vor abhängige Wesen, aber sie eroberten sich eine eigenständige Lebensphase: Kindheit war nun nicht mehr nur Auftakt zum Erwachsenenstatus, sondern konnte von immer mehr Kindern auch zu eigenbestimmten Tätigkeiten genutzt werden.

Diese hier nur ganz knapp skizzierten Entwicklungen – genauer hierzu Honig 1999 und viele andere – vollzogen sich mit national- und kulturspezifischen Variationen in den meisten europäischen Ländern, wobei die entwikkelten zentral- und nordeuropäischen kapitalistischen Länder eher eine Lernkindheit beförderten und in Ansätzen einen kindgerichteten Konsum ermöglichten als südeuropäische ärmere Agrarländer; kommunistisch geführte Planwirtschaften erweiterten zwar die Lernzeit von Kindern, ließen ihnen aber ansonsten wenig eigenbestimmten Raum außerhalb von Schule und Kinderorganisationen.

In der zweiten Hälfte des letzten Jahrhunderts setzten sich weitere gesellschaftliche Modernisierungen durch, die insbesondere das Verhältnis zwischen Männern und Frauen und also auch zwischen Eltern und Kindern betrafen: Frauen in den westlichen europäischen Ländern emanzipierten sich aus der finanziellen und oft auch psychischen Abhängigkeit von ihren männlichen Partnern, sie eroberten sich Zugang zum öffentlichen Raum, insbesondere zu Ausbildung und Berufsarbeit. Damit veränderten sich ihre Auffassungen über ihre Mutterrolle, sie mussten und wollten diese nun mit ihrer Berufsrolle kombinieren. Die Kinder sind von diesen Verschiebungen im Geschlechterverhältnis stark mitbetroffen, sie partizipieren, so kann man sagen, an der Emanzipation ihrer Mütter. Das innerfamiliale Leben hat seit den sechziger, siebziger Jahren viel von seinem autoritären Charakter verloren, als Kinder wenig selbst bestimmen durften und viel gehorchen mussten. Heute reden Kinder schon in frühem Alter am Tisch mit, sie steuern durch ihre Wünsche das Kaufverhalten ihrer Eltern und werden von ihnen früh zu selbständigen Individuen erzogen. Mit einem Wort: Kinder haben sich im Laufe der letzten etwa 40 Jahre aus vielen Abhängigkeiten gelöst und sich eine eigene Stimme erworben. Hierzu tragen auch die individualisierten Lebensentwürfe ihrer Eltern bei, ansteigende Scheidungszahlen bezeugen das. Immer mehr Kinder müssen sich ‚flexibilisieren‘; in den eigenen und in neu entstandenen Stieffamilien lernen sie, mit komplizierten zwischenmenschlichen Beziehungen umzugehen; die Familie individualisiert sich und wird in ihren Formen pluraler. Neben die traditionale Vater-Mutter-Kind Familie treten viele neue Formen; im extremen Fall bildet ein homosexuelle (Ehe-)paar mit einem adoptierten Kind, wie dies z.B. in den Niederlanden möglich ist, eine Familie.

Diese Entwicklungen werden hier allerdings aus einer *westlichen Modernisierungsperspektive* betrachtet; wiederum müsste man das Bild länder- und kulturspezifisch auffächern. Das geschieht hier nicht nur aus Platzgründen nicht, sondern auch, weil es eine übergreifende Darstellung modernisierungsspezifischer Ausprägungen für ‚Kindheiten in Europa‘ noch nicht gibt. Die Jugendforschung ist in dieser Beziehung etwas weiter: in den achtziger

Jahren arbeiteten Jugendforscher, die Vergleichsstudien zwischen west- und osteuropäischen Ländern durchführten, mit einer ‚Theorie der selektiven Modernisierung'. Darunter verstanden sie die Tatsache, dass osteuropäische Gesellschaften in bestimmten Bereichen Modernisierungen nicht mitgemacht hatten, die westeuropäische Gesellschaften durchlaufen hatten, während in anderen Bereichen ähnliche Entwicklungen stattgefunden hatten. So zeigte sich z.B. bei Ost-Westvergleichen, dass Jugendliche, unabhängig vom politischen und wirtschaftlichen System, ganz ähnliche Wertvorstellungen über Familien- und Gleichaltrigenbeziehungen hatten, dass aber ihr Kindheits- und Jugendleben in vieler Hinsicht dem glich, das westliche Kinder und Jugendliche in den fünfziger Jahren mitgemacht hatten, mit einem kollektiven Freizeitleben, geringem Konsum und mehr Pflicht- und Akzeptanzwerten, an denen sie ihr Verhalten orientieren mussten. (Zinnecker 1991). Nach der Wende von 1989/90 haben Vergleichsstudien über Jugend, insbesondere im innerdeutschen Raum zwischen ost- und westdeutschen Jugendlichen, sich weiter mit dem Thema der Angleichung von Lebensbedingungen und Einstellungen von Jugendlichen beschäftigt (Krüger/Grunert, 2002; vgl. auch den Beitrag „Deutsch-deutsche Kindheit und Jugend aus verschiedenen Blickwinkeln betrachtet" in diesem Buch).

Unter einer kindheitssoziologischen Perspektive haben Kindheits- und Jugendforscher, wiederum aus Westsicht, den Vorschlag gemacht, von einer Verschiebung der klassischen Lebensphasen Kindheit und Jugend auszugehen: Kindheit verkürzt sich in (post-)modernen Gesellschaften, während Jugend sich umgekehrt – und zwar auf Kosten von Kindheit und wegen des längeren Bildungsmoratoriums – zeitlich ausdehnt. Ob und wie sich diese Tendenz in den süd- und osteuropäischen Ländern durchsetzt, lässt sich anhand zunehmender Schul- und Bildungsjahre für Jugendliche und junge Erwachsene recht gut belegen (vgl. z.B. Walther /Stauber, 2002); was dies aber für Kinder bedeutet, ist im europäischen Vergleich noch kaum empirisch untersucht. Theoretisch ist die Diskussion um eine verkürzte Kindheit noch in vollem Gang. Sie war, wie bekannt, von amerikanischer Seite durch die einflussreiche Polemik von Neil Postman über ‚das Verschwinden der Kindheit' (Postman, 1983) angeheizt worden und wird sowohl in den angelsäxischen wie den kontinentaleuropäischen Wissenschaftlergemeinden bis heute weitergeführt. Dabei nehmen Autoren wie David Buckingham (2000 – ‚After the Death of Childhood') und deutsche Kindheitsforscher (Honig u.a., 1996) vermittelnde Positionen ein, indem sie zwar auf Modernisierungstendenzen bestehen, die Kindheit tiefgreifend beeinflussen und sie aus alten Abhängigkeitsverhältnissen lösen, aber der Pädagogik (Buckingham) bzw. der Sozialisationsforschung (Honig u.a.) verpflichtet bleiben, die beide Verantwortung für Kinder fordern und auf dem Status von Kindheit bestehen.

Die Sozialisationsforschung als eine wichtige Vorläuferin der Kindheitssoziologie ist keineswegs in allen westeuropäischen Ländern zum Erblühen gekommen (vgl. etwa für die Situation in den Niederlanden du Bois-Reymond, 2003), geschweige in den süd- und osteuropäischen. Dort kam es nicht zu einer ähnlichen Synthese von Pädagogik, Psychologie und Soziologie wie insbesondere im Westdeutschland jener Zeit. Auch hier klafft eine gewaltige Forschungslücke für eine europäische Kindheitsforschung, nämlich eine vergleichende Wissenschaftsgeschichte der mit Kindheit befassten Disziplinen zu erstellen.

Kinder werden im Zuge der (West-)Modernisierung ,kostbarer', und zwar in doppelter Hinsicht. Einerseits, weil als Folge der Frauenemanzipation und ihrer zunehmenden Berufstätigkeit Frauen ihr erstes Kind später und insgesamt weniger Kinder kriegen als noch die Müttergeneration vor ihnen. Damit verändert sich die Bevölkerungspyramide: sie steht in den meisten Industrienationen nicht mehr auf einem soliden Fundament von vielen Jungen und wenigen Alten, sondern droht durch mehr Alte als Junge aus ihrer Statik zu geraten. Der Generationenvertrag ist in Gefahr, er beruht darauf, dass es genügend viele Junge gibt, die die Renten der Alten sicherstellen. – Andererseits werden Kinder ,teurer' – jedenfalls in westlichen Marktwirtschaften. Sie nehmen bereits als Kleinkinder an einem Markt teil, der spezielle Produkte für sie in immer mehr Lebensbereichen anbietet. Auch dadurch weitet sich bei Kindern ihr eigenes Selbstverständnis und das Verständnis ihrer Erzieher aus: es handelt sich nicht mehr nur um abhängige und beschützte Kinder, sondern auch um selbst agierende Kleinkonsumenten und kulturelle Mitproduzenten. Diese Entwicklung wird durch das Aufkommen einer Medien- und Informationsgesellschaft verstärkt, wodurch nicht nur Erwachsene, sondern auch Kinder Zugang zu ehemals verschlossenen Welten erhalten: neue Bilderwelten, neue Erfahrungsräume, neue Anforderungen an und Angebote von Wissen entstehen. Informationsgenerierung und -verarbeitung wird zu einer Produktivkraft, und darauf sind bereits Kinder eingestellt. (DISKURS, 2000; Hengst, 2001; Steinberg/Kincheloe, 2001); für Erziehung und Bildung geben Eltern immer mehr Geld aus.

Diese Entwicklungen provozieren Kindheitsforscher zu ihren Studien. In der letzten Zeit wird in diesem Zusammenhang insbesondere das Generationenverhältnis thematisiert, und zwar in dreifacher Hinsicht: Erstens wird das Erziehungsverhältnis unter dem Gesichtspunkt einer ausgewogeneren Machtbalance zwischen Eltern und Kindern untersucht (du Bois-Reymond, 2001b); zweitens wird die Arbeitsteilung zwischen den Generationen bezüglich der Lern- und Arbeitswelt problematisiert: welchen Stellenwert nimmt Kinderarbeit im Verhältnis zur Erwachsenenarbeit und im Verhältnis zur zugenommenen Bedeutung der Lernarbeit von Kindern in der Moderne ein? Was tragen Kinder durch ihre Lernarbeit zur Reproduktion der Gesellschaft bei? (Hengst u.a., 2000) Drittens; inwieweit ist das Generationenverhältnis in staatliche Sozial-, Familien- und Schulpolitik eingeschrieben und wird dadurch bestimmt? (,generationale Ordnung' – Bühler-Niederberger/Trempe, 2001; vgl. auch Honig, 1999). Für eine empirisch abgesättigte europäische Kindheitsforschung sind diese theoretischen Fragen von größter Bedeutung, da sie Modernisierungstendenzen und -folgen auf einem ausreichend allgemeinen Niveau thematisieren, um in absehbarer Zeit in empirische Vergleichsforschung umgesetzt werden zu können.

Schließlich hat Zinnecker kürzlich einen Theorievorschlag zu ‚multiple models of generational order and of childhood in modern aging societies' gemacht. Er unterscheidet vier Kindheitsmodelle, die in europäischen und nordamerikanischen Gegenwartsgesellschaften, zwar mit historischen Verschiebungen und in verschiedenen Mischungsverhältnissen, aber gleichzeitig vorhanden sind:

– postmoderne Kindheit
– avancierte moderne Kindheit
– traditional-moderne Kindheit
– fundamentalistische Kindheit

Dabei verläuft die historische Entwicklung von der traditionalen über die avanciert-moderne zur postmodernen Kindheit. Das Modell fundamentalistischer Kindheiten verweist auf die Multikulturalität europäischer (und anderer) Gesellschaften. Beschränken wir uns auf die ersten drei Modelle, so entspricht der traditional-modernen Kindheit wissenschaftstheoretisch die Pädagogik und Entwicklungspsychologie, der avanciert-modernen Kindheit die Sozialisationsforschung und der postmodernen Kindheit die neue Kindheitssoziologie (Zinnecker, 2001b). Was die Diskurse zu fundamentalistischer Kindheit angeht, so kann man hierzu nur feststellen, dass sie auf wissenschaftlichem Niveau, gar in vergleichender Absicht, nicht geführt werden.

Angemerkt werden sollte, dass es auch innerhalb der Kindheits- und Entwicklungspsychologie zu sehr entscheidenden Erweiterungen und Revisionen von monodisziplinären Fragestellungen gekommen ist, die z.T. in ähnliche Richtungen laufen wie die Modernisierungsparadigmen der Sozialwissenschaften. Eine Schlüsselpublikation, die derartige neue Fragen stellt und Selbstzweifel an der eigenen Disziplin äussert, ist das bereits in den frühen achtziger Jahren erschienene amerikanische Buch mit dem bezeichnenden Titel ‚The child and other cultural inventions' (Kessel/Siegel, 1983). Dort liest man Passagen, die in ihrer Reichweite und Radikalität – gerade auch im Hinblick auf eine vergleichende Kinder- und Kindheitsforschung – keineswegs hinter neueren kindheitssoziologischen Positionen zurückbleiben: ‚The child as a social construction *and continuing social construction*' (Kessel, 1983: 32; unsere Unterstr.). Und: ‚While the larger culture and psychologists are defining the child, *the child is defining himself*'; also das Kind selbst definiert seine Kindheit in seinem sozialen Kontext (Kessen 1983: 35)[1].

Kindheitssoziologie als ein eigener Zweig am Baum der Kind- und kindheitsbezogenen Wissenschaften entwickelte sich interessanterweise keineswegs in den großen europäischen Ländern Frankreich, Deutschland oder (zu-

---

1   Vgl. auch Alsaker/Flammer (1999), die das Wendejahr 1989 zum Anlass nahmen, um eine amerikanisch-europäisch vergleichende Studie über 14-16jährige zu konzipieren und 1991/92 durchzuführen. Insbesondere im Eingangskapitel stellen die Herausgeber grundlegende Fragen zu Problemen von interkulturell-vergleichender Forschung; wir kommen darauf w.u. zurück.

nächst) England, sondern kam aus den ‚Randländern' Skandinaviens (Alanen, 1988; 1997; vgl. auch James u.a., 1998), wurde aber schnell von (west-)-deutschen Kindheitsforschern aufgenommen. Dabei fungierte Heinz Hengst als eine Brücke zwischen beiden Forschergemeinden. Er hatte bereits 1985 ein Buch mit dem damals durchaus noch ungewöhnlichen Titel ‚Kindheit in Europa' herausgegeben. Es handelt sich hierbei zwar nicht um Vergleichsforschung, sondern um Einzelbeiträgen aus verschiedenen Ländern, aber Hengst visierte als einer der ersten Kindheitsforscher eine europäische Perspektive an: ‚Überwindung einer anachronistischen nationalen Begrenzung bei der Erforschung von Kindheit (ist) eine Voraussetzung für eine weniger spekulative Theoriediskussion' (Hengst, 1985: 7).

Innerhalb des kindheitssoziologischen Ansatzes kann a) eine subjektzentrierte Perspektive eingenommen werden, in der Kinder als Akteure auftreten; b) Kindheit als eine gesellschaftliche Struktur aufgefasst werden, in der es um die Verknüpfung von Strukturvariablen geht. Während es zu den verschiedenen Lebensbereichen zunehmend mehr nationale Studien gibt, fehlt es an Studien, die Kindheitskonzepte in vergleichender Absicht neben- und gegeneinander stellten[2]. Trotz der umfangreichen kindheitssoziologischen Theorie- und Empirieproduktion der letzten Jahre – mehr im angelsäxischen und skandinavischen als im deutschen Raum (vgl. etwa Hauan/Heggli, 2002; Mayall, 2002; Lee, 2001) – ist der vergleichende Aspekt immer noch nicht mitbedacht, und es überwiegt eine zumeist nicht explizierte ‚West-Perspektive' von Kindheit in postmodernen Gesellschaften.

Die zweite Perspektive – Kindheit als eine gesellschaftliche Struktur – bündelt bestehende interdisziplinäre Kindheitsdiskurse unter der Frage, ‚in welcher Weise gesellschaftliche Wandlungsprozesse mit dem Gegenstand „Kindheit" vermittelt sind bzw. inwieweit Veränderungen der Lebenslage von Kindern – auch in den Folgen für deren Lebensweise – auf gesellschaftliche Entwicklungsprozesse zurückzuführen seien'. Simpler gefragt: was macht aus Kindern Kinder? (Sünker/Bühler-Niederberger, 2002). Unter dieser Perspektive begannen (west-)europäische (und amerikanische) Kindheitsforscher, wie oben dargestellt, neue, ‚unpädagogische' Perspektiven auf Kindheit einzunehmen.

In europäischem Kontext war es die Gruppe um Jens Qvortrup, die den neuen Blick auf Kindheit als soziologisches Konstrukt ernst nahm und das Projekt ‚Childhood as a Social Phenomenon' entwickelte – nun mit einer vorab intendierten Vergleichsperspektive, das war das Neue. Dieses Projekt lief von 1987 – 1992 und beeinflusste die europäische Kindheitsforschung bis heute nachhaltig. Es ging hierbei um den Versuch, aus vorhandenen Strukturdaten in europäischen (und einigen außereuropäischen) Ländern verglei-

---

2   1995 erschien ein erstes Werk in dieser Absicht, herausgegeben von Lynne Chisholm u.a., mit dem programmatischen Titel ‚Growing up in Europe'. Es beruht auf einer internationalen Konferenz, auf der europäische Kindheits- und Jugendforscher aus Ost und West zusammenkamen. Man kann durchaus sagen, dass dies eine historische Zusammenkunft war, bei der das Projekt einer europäischen Kindheitsforschung ins Auge gefasst wurde (Chisholm u.a., 1995).

chende Aussagen zu Kindheit in Europa zu machen. Die Gruppe der europäischen Länder umfasste nicht nur west- und nordeuropäische, sondern auch zwei süd-osteuropäische Länder: die ehemalige Tschechoslowakai und das ehemalige Jugoslawien. Qvortrup im Rückblick: ‚The ideas launched were at the time unknown, let alone accepted – for instance to look at childhood as a structural form or to level criticism against the concept of socialisation, which was more or less canonised as the core concept of sociologists' preoccupation with children.' (Qvortrup, 2001: 215).

Impulse für eine grenzüberschreitende Kindheitsforschung gingen auch von einem breit gebündelten Partizipationsdiskurs aus, der sich seit den siebziger, achtziger Jahren des letzten Jahrhunderts in den nordwesteuropäischen und angelsäxischen Ländern entwickelte und der in einem modernisierungstheoretischen Zusammenhang mit gesellschaftlichen Individualisierungs- und Pluralisierungstendenzen steht. Dieser Diskurs erhielt einen starken Schub durch die UN Konvention für die Rechte des Kindes, 1989, in der zum ersten Mal in der Geschichte universale Grundrechte des Kindes festgeschrieben wurden. Ganz im Sinne der neuen Kindheitssoziologie wird das Kind als gesellschaftlicher Akteur und Mitgestalter seines eigenen Lebensraumes definiert – von Erwachsenen. Diese Spannung durchzieht den Kinder-Partizipationsdiskurs: Kinder sollen Teilhaber am gesamtgesellschaftlichen Emanzipationsprozess sein, aber dafür sind und bleiben sie abhängig von Erwachsenen. Diese sind es, die darüber befinden, wieviele Rechte Kinder erhalten sollen, und welche Organe ihre Interessen vertreten können (Güthoff/Sünker, 2001; Münchmeier u.a., 2002; de Winter, 1995). Auch die Forscher, die Kindheitssoziologen voran, räumen den Beforschten, den Kindern, einen mitberechtigten Platz im Forschungprozess ein, indem sie sich Gedanken darüber machen, wie eine kindgerechte Perspektive sowohl methodisch als wissenschaftstheoretisch eingenommen werden kann (Zinnecker, 1999; sehr interessant hierzu auch Lee, 2001).

Während die Kinderrechtsbewegung tendenziell das pädagogische Kindheitsprojekt aufkündigt, indem sie das Kind als autonomen Mitbürger definiert und ins politische Rampenlicht stellt, weiß die Schule als einer der zeitintensivsten Kindheitsorte sich eben dieser Bewegung zu entziehen: die Schule gewährt Kindern auch in der Moderne so gut wie keine Mitbestimmungsrechte über Organisation und Inhalte (Melzer, 2001; Sidorkin, 2002). Gleichzeitig wird Lernen als menschliche Aktivität in modernen Wissensgesellschaften so wichtig wie nie zuvor und erstreckt sich tendenziell über den gesamten Lebenslauf. Das macht lebenslanges Lernen erforderlich. Diese Erweiterung und Neudefinierung von Lernen in der Spätmoderne beginnt nationale Erziehungs- und Schulsysteme zu überformen; nationale pädagogische Diskurse konkurrieren um internationale Qualitätsstandards, gleichzeitig erfährt formales Lernen zugunsten von außerschulischen Lernvorgängen eine Relativierung. Europäische Jugend- und Bildungspolitik denkt über eine Verzahnung von *formal education, non-formal education/learning* und *informal learning* nach, wobei Schüler nicht mehr als ‚vormündige' Subjekte angesehen werden, sondern ihnen ihre eigenen Lernprozesse als Lern- und Lebens-

projekt in die Hand gegeben werden sollen. Die Beziehungen zum kindheitssoziologischen Diskurs liegen auf der Hand (siehe auch in diesem Buch ‚Europäische Jugend- und Bildungspolitik' und ‚Lernfeld Europa').
Wir schließen hier unseren Überblick über Kindheitskonzepte ab. Er erhebt nicht den Anspruch auf Vollständigkeit, sondern soll eher ein Proble-
maufriss für das große Thema ‚Kinder und Kindheiten in europäischen Gegenwartsgesellschaften' sein.

Kinder und Familie

Sucht man Dokumente über Familie und Kindheit in Europa, so findet man
fast ausschließlich solche über problematische Familien mit entsprechenden
Forderungen nach einer angemessenen europäischen Sozialpolitik. Familienkindheit in Europa in einem mehr allgemeinen (unproblematischen) Sinn zu
erforschen, erforderte eine langwierige Kompilation nationaler Studien. Und
soweit es ländervergleichende Studien gibt, erfassen diese zumeist ausgewählte Länder ohne spezielle Berücksichtigung von Kindheit[3]. Eine solche
Kompilationsarbeit ist hier nicht zu leisten, wäre aber ein ebenso wichtiges
wie lohnendes Forschungsunternehmen. Wir erheben im folgenden keinerlei
Anspruch auf Vollständigkeit, sondern begnügen uns mit Beispielen. Dabei
legen wir den Schwerpunkt auf Vergleiche zwischen den EU-15 Ländern und
den ‚Wendeländern' (*transition countries*) in Mittel- und Osteuropa.
Wir beginnen mit einer kurzen Darstellung der demographischen Datenlage und beschäftigen uns dann mit der Situation von Familien in den ehemals kommunistischen Gesellschaften, von denen sich viele auf einen Eintritt
in die EU vorbereiten. Wir schließen mit familienpolitischen Forderungen,
wie sie insbesondere im Hinblick auf Kinder formuliert werden, die in außerfamilialen Einrichtungen verbleiben.

Kinder in demographischen Daten

Schauen wir uns den letzten Bericht zur sozialen Lage in der Europäischen
Union (2001) an, der in regelmäßigen Abständen von EURSTAT, dem wichtigsten Instrument der EU zur Erhebung von Vergleichsdaten in den EU Mitgliedsländern, herausgegeben wird, so wird über Kinder als eigenständige soziale Gruppe kaum etwas mitgeteilt. Wir finden sie als demographische Teilpopulationen und als Teileinheiten in Einkommens- und Haushaltsstatistiken.
Das heißt aber natürlich nicht, dass diese Informationen unwichtig wären.

---

3   Eine wichtige Ausnahme bilden Studien, die im Auftrag der Weltbank erstellt werden,
    wir zitieren w.u. einige Beispiele; vgl. auch die umfangreiche Studie von Vleminckx
    u.a. (2000), auch auf sie beziehen wir uns w.u. noch ausführlicher.

Insgesamt haben sich in den vergangenen zehn Jahren die Lebensbedingungen in der Europäischen Union im Durchschnitt stetig verbessert und damit auch die Situation von Kindern und Familien. Wir betonen, dass sich diese Aussage nur auf die 15 EU Mitgliedstaaten bezieht, Beitrittsländer wie Polen, Ungarn, Tschechien, die baltischen Staaten u.a. werden nicht berücksichtigt. In den letzten 40 Jahren sind die Geburten ständig zurückgegangen. Europas Frauen bekommen im Durchschnitt 1,5 Kinder, weniger als nötig wären um die Bevölkerung ‚auf Stand' zu halten. Da wir im Rahmen unseres Themas nicht vorrangig an der Frage interessiert sind, wer später die Renten für eine überalterte Bevölkerung zahlt, sagen uns diese Daten über Kinder selbst wenig. Wir erfahren z.B. nichts über die Familienzusammensetzung (wieviele Einzel- oder Mehrgeschwisterfamilien, wieviele Stieffamilien etc.[4]). Spanien und Italien ‚produzieren' vergleichsweise die wenigsten, Frankreich und Irland die meisten Kinder (EUROSTAT, 2001). Um diese Unterschiede interpretieren zu können, bedarf es eines umfassenden Kontextwissens der jeweiligen Länder. Hier stellen wir nur soviel fest, dass die Gründe für wenige oder viele Geburten keineswegs in allen Ländern dieselben sind; es gibt ein ganzes Bündel von Faktoren, die berücksichtigt werden müssen, wie etwa die Religionszugehörigkeit, die Arbeitslosenquote, die Quote der Frauenarbeit, die Kinder- und Sozialpolitik in den jeweiligen Ländern, die Migrationsströme u. v.m. Zu einigen dieser Faktoren gibt es Statistiken, so etwa zur Beschäftigungslage von jüngeren und älteren Arbeitnehmern, zu Frauenarbeit, zum Haushaltseinkommen usw. All diese verschiedenen Informationen müssen miteinander kombiniert werden, um die komplexen Gründe für das Geburtenverhalten und damit die verschiedenen Formen des Familien- und Kinderlebens zu erklären; derartige Analysen sind speziellen Studien vorbehalten[5].

In den nächsten 15 Jahren wird sich der Bevölkerungsaufbau zugunsten der alten Bevölkerung verschieben; die Altersgruppen der Kinder (0-14) und Jugendlichen (15-24) nehmen ab. Der Schnitt im Lebenslauf zwischen Kindheit und Jugend orientiert sich an der Institution Schule: bis 16 Jahren besteht in den EU-15 Ländern eine Vollschulzeit Pflicht. Danach beginnt für einige junge Menschen ein Arbeitsleben, während andere, insbesondere in den reichen westlichen Gesellschaften, zunehmend aber auch in den süd-osteuropäischen, noch viele Jahre Lernarbeit verrichten, bevor sie auf dem Arbeitsmarkt erscheinen (dürfen) (López Blasco et al., 2003).

Sowohl in zentral-europäischen wie osteuropäischen Ländern gehen die Heiratszahlen zurück – im Laufe der 1990er Jahre im Durchschnitt etwa um ein Drittel! Junge Paare in den osteuropäischen Ländern heiraten im Durchschnitt eher als EU-15 Frauen. Die Betonung auf ‚im Durchschnitt' ist hier

---

4   Bei Alsaker & Flammer (1999: 25) findet sich eine interessante Übersicht über Familienzusammensetzung, aus der große Unterschiede zwischen den einzelnen ost- und westeuropäischen Ländern hervorgeht; allerdings werden diese Unterschiede nicht ausreichend erklärt.

5   Vgl. z.B. Wagner u.a. (2001), die einen 6-Länder Vergleich über plurale Lebens- und Familienformen anstellen; vgl. auch Iacovou/Berthoud (2001).

wichtig, denn Durchschnitte besagen nichts über die Motive von Individuen. Es scheint, dass zunehmend auch osteuropäische Frauen, bedingt durch steigende Bildungmöglichkeiten, ebenso wie ihre westlichen Schwestern, die Heirat (und das Kinderkriegen) weiter ‚nach hinten' in ihren Lebenslauf verschieben. Hinzu kommt, dass in dem schwierigen Jahrzehnt nach dem Zusammenbruch der staatssozialistischen Regime stets mehr junge Erwachsene der Heirat überhaupt abhold waren aus Angst vor einer wirtschaftlich unsicheren Zukunft. Ob und wie sich diese Trends in der gesamten Region durchsetzen, muss länderspezifisch untersucht werden.

Abnehmende Heiraten und Geburtenraten in den osteuropäischen Ländern haben nicht zu weniger außerehelicher Geburten geführt, im Gegenteil. So wurden z.b. Ende der 90er Jahre mehr als ein Drittel aller Kinder in Estland, Litauen, Slovenien und Bulgarien außerehelich geboren (vgl. UNICEF 2001: 22). Einerseits deutet dies auf eine gewisse Auflösung der Normalbiographie zugunsten von verschiedenen Lebens- und Familienformen, das belegen auch steigende Scheidungsanzahlen. Andererseits kommen in einigen dieser Länder mehr Teenager-Schwangerschaften vor als im Westen. In den EU-15 Ländern haben zwar außereheliche Geburten stark zugenommen, nicht aber Teenager Schwangerschaften.

Zusammenfassend können wir sagen, dass Modernisierungen, die die Familie in den zentral- und nord-westeuropäischen Ländern bereits seit den siebziger Jahren beeinflussen (ein gewandeltes Mann-Frau Verhältnis; plurale Familienformen und Lebenspläne) sich seit der politischen und wirtschaftlichen und eben auch kulturellen Wende seit Ende der achtziger, Anfang der neunziger Jahre des letzten Jahrhunderts auch in den osteuropäischen Gesellschaften durchsetzen. Allerdings mit länderspezifischen Unterschieden, und keinesfalls kann hieraus umstandslos auf eine ‚Verwestlichung' des Kinderleben geschlossen werden – und wieder haben wir damit auf eine Forschungslücke hingewiesen.

Familiensituation in den Transitionsländern

A Decade of Transition, herausgegeben von UNICEF (2001), ist eine breit angelegte Analyse der wirtschaftlichen und sozialen Folgen, die sich für Kinder aus dem Zusammenbruch der kommunistischen Regime ergeben haben. Untersucht werden 27 Länder in Südosteuropa und der ehemaligen Sowjetunion, für jedes Land gibt es einen oder mehrere national verantwortliche Forscher. Wir konzentrieren uns hier auf die südosteuropäischen Länder und lassen die der ehemaligen Sowjetunion außer acht.

Um das Wohlergehen bzw. die ökonomische und soziale Not der betroffenen Kinder und ihrer Familien zu ermitteln, wurden Indikatoren ausgewählt, von denen die Autoren selbstkritisch feststellen, dass diese ein Kompromiss sind zwischen dem, was relevant ist über das Wohlergehen von Kindern und ihren Familien, und dem was an Vergleichsdaten (nicht) vorhanden ist. Aber selbst dann sind Vergleiche nur partiell möglich, da sich die vorhandenen Daten oft auf verschiedene Jahre beziehen, mit verschiedenen Methoden erhoben wurden oder lückenhaft sind. Die uns hier interessierenden Indikatoren beziehen sich auf das Haushaltseinkommen von Familien und auf außerfamiliale Institutionen.

Bei der Erörterung von Haushaltseinkommen und Kinderarmut werden Kinder in der Altersgruppe 0-17 Jahren definiert. Ob dies für alle Länder eine sinnvolle Altersspanne ist, bleibt eine offene Frage. Die Abgrenzung hat vermutlich etwas mit dem Mündigkeitsalter zu tun, das in vielen Gesellschaften bei 18 Jahren liegt. Schwierig ist auch die Bestimmung des Konzepts ,Armut' und wie es operationalisiert und damit messbar gemacht werden kann – noch dazu über eine derartig breite Region mit so vielen verschiedenen Gesellschaften. Zudem sind sich die Forscher keinesweg darüber einig, ob ,Armut' das geeignetste theoretische Konstrukt ist, um dem Thema Deprivation gerecht zu werden. So erstellte das österreichische Institut für Familienforschung ÖIF einen Bericht über Familie und soziale Ausgrenzung in den EU Ländern (Fernandez de la Hoz, 2001), in dem der Begriff der sozialen Ausgrenzung in Absetzung von dem verwandten, aber nach Meinung des Autors weniger fruchtbaren Begriff der Armut verteidigt wird. Denn, so argumentiert er, soziale Ausgrenzung verweist oppositionell auf den Begriff der sozialen Integration und erfasst damit ein viel breiteres Spektrum von Lebensqualität als nur ökonomische Aspekte.

Aber der UNICEF Bericht, der die Situation von Kindern und ihren Familien in den süd-osteuropäischen Ländern untersucht, arbeitet mit dem Armutsbegriff, und ihm folgen wir nun weiter. Zunächst wird, nicht nur hier, sondern in allen Debatten über Armut, zwischen relativer und absoluter Armut unterschieden. Bei *absoluter Armut* geht es darum, wieviele Kinder – und welche – in Haushalten leben, die es sich nicht leisten können, ein bestimmtes Minimum an Waren und Dienstleistungen zu kaufen bzw. zu konsumieren. Dieses Minimum wird von der EU oder einer anderen übergeordneten Instanz, z.B. der Weltbank, festgestellt. So geht die Weltbank in ihrem Armutsreport 2000 für Zentral- und Osteuropa von einem Tagessatz von 2,15 Dollar pro Person als Armutsgrenze aus. Um der Tatsache Rechnung zu tragen, dass das Überlebensnotwendige von Land zu Land sehr verschieden ist, wird für einige Länder ein Tagessatz von 4,30 Dollar zugrunde gelegt. Diese verschiedenen Messeinheiten verweisen bereits auf die zahllosen Schwierigkeiten bei Armutsmessungen, angefangen von verschiedenen Wechselkursen zwischen Landes- und Dollarwährung bis hin zu Stadt-Land Unterschieden mit jeweils verschiedenen Ressourcen, die einem Haushalt zur Verfügung stehen. Um diesen Unterschieden Rechnung zu tragen, wird der Dollar in ein Kaufkraft-Verhältnis mit dem entsprechenden Land gesetzt, der sog. PPP Dollar *(purchasing power parity)*. Aber auch dann bleiben Vergleiche unscharf, da die Preise auf den internen Märkten stark differieren und schwanken.

Relative Armut fragt danach, wieviele Kinder – und welche – in Haushalten leben, die so geringe Ressourcen haben, dass diese Kinder von einem Lebensstil ausgeschlossen sind, der in ihrer Gesellschaft gängig ist. Das Kriterium ist: Haushaltseinkommen bzw. Haushaltsausgaben, die weniger als die Hälfte des nationalen Durchschnittseinkommens betragen. Die Autoren des UNICEF Berichts vermerken kritisch, dass Haushaltsausgaben keineswegs ein idealer Indikator für das Konsumniveau sind, schon gar nicht, wenn man sehr verschiedene Länder miteinander vergleicht. Denn wiederum hängen die Ausgaben mit den zur Verfügung stehenden Ressourcen zusammen – eine Familie auf dem Land benötig für viele Güter, wie z.b. Wohnung, Transport und Heizung weniger Geld als eine Stadtfamilie.

Unbestritten ist, dass Kinder – nicht nur in den süd- und osteuropäischen Ländern – ein höheres Armutsrisiko eingehen als die Gesamtbevölkerung. Aber Kinder in diesen Ländern gehen ein vergleichsweise noch höheres Risiko ein. Gleichzeitig müssen wir auch hier wieder differenzieren: es gibt in den Transitionsländern große Unterschiede. So ist z.b. das Armutsrisiko von tschechischen Kindern im Vergleich mit der (tschechischen) Gesamtbevölkerung doppelt so hoch, während dieses Risiko für Kinder in Ungarn, Polen, Albanien und Rumänien, sowie in den baltischen Staaten ‚nur' anderthalb mal so hoch ist. Kinder, die in Familien mit arbeitslosen Haushaltsvorständen leben, laufen ein doppelt so hohes Armutsrisiko wie der Rest der Bevölkerung; dies ist der Fall in Ungarn und Polen. In Slowenien, Estland und Kroatien ist es dreimal so hoch, in Tschechien gar sechsmal so hoch. Auch steigt das Armutsrisiko mit steigender Kinderzahl (u.a. weil die Frauen dann nicht mitverdienen). Das Armutsrisiko ist ferner für Landkinder (und ihre Eltern) größer als für Stadtkinderfamilien. Es gibt dort weniger Bildungsmöglichkeiten, weniger Frauenerwerbsarbeit, mehr Kinderarbeit, mehr Subsistenzwirtschaft, schlechtere hygienische Bedingungen (in Rumänien z.B. haben nur 13% der ländlichen Familien fließend Wasser). Bedenkt man hierzu, dass in den süd-osteuropäischen Ländern viel mehr Menschen auf dem Land wohnen als in den westeuropäischen, so werden die Unterschiede im gesamteuropäischen Vergleich noch größer.

Um den Blick geschärft zu halten für die Komplexität von Armutsmessungen – und also die vorenthaltenen Lebenschancen für Kinder und ihre Familien – ist es lehrreich, sich nicht nur auf osteuropäischen Länder zu beziehen. So zeigen Micklewright und Stewart (2000), dass zwar nach dem PPP Kriterium (s.o.) die EU-15 Länder reicher sind, misst man aber Kinderarmut mit dem Kriterium, wieviele Kinder in Haushalten mit einem Einkommen unterhalb der 50% Linie des nationalen Durchschnittseinkommens leben müssen (wobei für die Anzahl der Kinder ein Wiegefaktor gilt), so sieht das Bild ganz anders aus (vgl. Vleminckx et al., 2000: 108). Es ist keineswegs ein ‚Ostland', das die höchste Kinderarmutsrate hat, sondern Italien und Großbritannien! Dies hängt mit größeren Einkommensunterschieden in diesen Ländern zusammen, die systematisch kinderreiche arme Familien diskriminieren. Zudem gibt es große Unterschiede *zwischen* den Transitionsländern.

Ein Mangel an qualitativen Studien über Armut aus der Sicht der direkt Betroffenen ist insbesondere für die osteuropäischen Länder zu verzeichnen. Eine Ausnahme bildet eine umfangreiche Untersuchung im Auftrag der

Weltbank, zu der auch Länderberichte erstellt wurden. Wir haben uns einmal den Bericht über Bulgarien aus dem Internet geholt (Kabakchieva u.a., 1999). Eindrucksvoll ist, dass mehrere ganz verschiedene Regionen besucht wurden, um Menschen über ihre Lebensumstände zu befragen, die Stadt Varna am Schwarzen Meer ebenso wie abgelegene Dörfer. Es wurden auch Gruppendiskussionen mit Jugendlichen geführt, die in außerfamilialen Institutionen lebten, mit Straßenkindern und mit Drogenabhängigen. Wir zitieren:

> 'The Sofia railway station is home to a second generation of children being raised by homeless girls. The Bulgarian, Turkish, and Roma youths interviewed have lived at the station for a decade. They attribute the beginning of their nightmarish existence to their parents' divorce or abuse, often in the wake of unemployment. „It's my parents' fault – they're poor, too, and they abandoned me," says one youth. „We used to lead a normal life. We could afford food thanks to our parents." The young participants report that they are regularly preyed on by mafia henchmen who beat them and force them into prostitution. Skinheads are said to be their worst menace. These young people readily call themselves social outcasts. „We are like refuse, like animals," says a homeless girl.' (S. 249)

In diesen wenigen Zeilen widerspiegelt sich die Vielseitigkeit des (Kinder-)-Armutproblems in den Transitionsländern: Armut als soziale Verwahrlosung ist ein neues Problem der Wendeländer; Armut droht strukturell zu werden, bereits eine zweite Generation von Kindern, geboren von den Ärmsten der Armen (obdachlosen junge Müttern), wächst heran; es kommt zu Familienzerfall, Kindermisshandlung, sexueller Ausbeutung. Arbeitslosigkeit in den Familien führt u.U. zu Kindesverstoßung; neue kriminelle Gruppen (Skinheads und Mafia) entstehen. Und zu all dem kommt, dass staatlich-kommunale Einrichtungen und eine ausreichende Kinder-, Familien- und Jugendfürsorge erst in Ansätzen oder noch gar nicht vorhanden sind. Die betroffenen Kinder und Jugendlichen fühlen sich ‚wie Müll', sagen sie, ohne Hoffnung auf eine lebbare Zukunft.

Eltern, die ebenfalls befragt wurden, sind sich sehr wohl bewusst, dass sie ihren Kindern Zukunftsmöglichkeiten vorenthalten, wenn sie ihnen nicht bereits heute eine ‚moderne Kindheit' ermöglichen können, und dazu gehört Konsum: ‚Ein Teenager ist heute teurer als ein Mercedes', bemerkte ein Vater, der in Plovdiv (Bulgarien) wohnt. Viele Eltern in dieser Stadt und anderswo machen sich mehr Sorgen, wie sie den Status ihrer Kinder gegenüber ihren Freunden halten können, als über eine bessere Erziehung und Haushaltsausgaben (S. 244).

Zusammenfassend:

- Kinderarmut ist durch Geldwerte nur sehr unvollständig erfassbar;
- Kinderarmut wird in jedem Land entsprechend seiner Gesamtentwicklung unterschiedlich definiert und interpretiert;
- Übergreifende Ländervergleiche sind daher problematisch bzw. nicht wirklich aussagekräftig; dies gilt sowohl für absolute wie relative Armut;
- Eine offene Frage bleibt, wie die Effekte von Armut gemessen werden, die diese auf Kinder haben. Sie hängen von einer großen Zahl von Kon-

textvariablen ab, die auch verfeinerte Messwerte nur unvollkommen in den Griff bekommen, wie z.b. verschiedene Lebensalter und damit Bedürfnisse von Kindern; Kinder, die isoliert auf dem Land wohnen; Kinder, die in Haus und Hof und auf dem Feld mitarbeiten. Nicht zu reden von subjektiven Faktoren wie der Bereitschaft und den Möglichkeiten von Eltern, ihren Kindern etwas vom Haushaltseinkommen zukommen zu lassen – und welche Rolle hier das Alter und Geschlecht der Kinder spielt;

– Über das subjektive Erleben von Kindern, die in armen Familien leben, ist in vergleichender Perspektive wenig bis nichts bekannt;

– Ebenso wenig ist in vergleichender Perspektive bekannt über die *Langzeitwirkungen* von Armut auf Kinder und Jugendliche: was bedeutet eine geringere Chance auf eine für die moderne Welt angemessene Ausbildung auf lange Sicht für die Kinder? Welche langfristigen Gesundheitsschäden entstehen? Welche Zukunftsvorstellungen machen sich die Kinder? Wie (un-)zufrieden sind sie mit ihrem Leben?[6]

– Über die Langzeiteffekte von Kinderarmut in *vergleichender (europäischer) Perspektive* ist wenig bekannt. Hierzu wären umfangreiche Längsschnittstudien nötig, die statistisch-ökonomische Daten mit kindgerechten lebensbiographischen Kontextdaten kombinierten. Die Kosten solcher Studien wären immens[7].

Kinder in außerfamilialen Einrichtungen; kinderpolitische Forderungen

Ein besonderes Problem von Kindern in Transitionsländern besteht in ihrer Aufbewahrung in Institutionen. In kommunistischen Gesellschaften war außerfamiliale Erziehung eine akzeptierte Politik und Praxis. Das änderte sich nach dem Zusammenbruch dieser Regime: die Familie wurde aufgewertet. Aber auch noch zehn Jahre später und trotz Reformen hat sich die Anzahl der Kinder, die außerhalb ihrer Familien leben, nicht nur nicht vermindert, sondern ist im Gegenteil angestiegen. Dies ist umso beunruhigender, als seit der Wende, wie wir oben bereits ausführten, die Geburten abgenommen haben. Am Ende der neunziger Jahre lebten trotz Geburtenrückgang etwa 1.5 Mill. Kinder in den Transitionsländern (incl. ehemalige Sowjetländer) getrennt von

---

6   In dem eher erwähnten Eurostat Bericht gibt es eine Tabelle über die Zufriedenheit der Bevölkerung mit ihrem Leben; die unterste Altersgrenze ist hier 16 Jahre. Die Zufriedenheit von jüngeren Kindern ist ausgeblendet.

7   Als jüngstes größeres Forschungsprogramm auf europäischer Ebene siehe die COST Action „Childrens welfare", projektiert auf vier Jahre (2001-2004) unter Leitung der norwegischen Soziologin An-Magritt Jensen, die bereits bei dem eher genannten Projekt „Childhood as a Social Phenomenon"mitgearbeitet hatte. Ziel des Projektes ist die Erarbeitung von Wissen über die private und öffentliche Wohlfahrt europäischer Kinder.

ihren Eltern. Die große Mehrzahl dieser Kinder sind ,soziale Waisen', d.h. sie haben Eltern, die sich aber nicht um sie kümmern können oder wollen. Bei der Feststellung der Anzahlen ,außerfamialer Kinder' ergeben sich wiederum viele methodische Schwierigkeiten: offizielle Daten, die die diversen Länder publizieren, sind nicht immer zuverlässig und weichen in ihrer Definition voneinander ab; hier spielen ministerielle Kompetenzstreitigkeiten eine Rolle, ebenso wie unkoordinierte Aktivitäten von NGO's (nichtstaatliche Organisationen). Vorhandene Daten machen Aussagen über staatliche (oder auch private) Angebote an außerfamilialen Kindereinrichtungen, nicht aber unbedingt über die Anzahl der Kinder, die außerhalb ihrer Familien leben (Straßenkinder).

Schätzungsweise verbleiben dreimal soviele Kinder aus den Transitionsländern in Einrichtungen wie in EU Ländern. Aber auch hier gibt es innerhalb dieser Länder große Unterschiede. Mehr rumänische und bulgarische Kinder verbleiben in außerfamilialen Einrichtungen als Kinder aus den anderen Ländern der Region, während der *Zuwachs* an diesen Kindern in den baltischen Staaten am größten ist. Dabei bleibt ungeklärt, ob dies auf einen Zuwachs an Risikofamilien deutet, oder aber auf eine zugenommene Kinder- und Jugendfürsorge im Laufe der letzten zehn Jahre, die mehr Kinder (u.U. für kürzere Zeit) in Einrichtungen untergebracht hat.

Nationale wie vor allem auch internationale Jugend- und Familienexperten, die Anfang der neunziger Jahre die Kinder- und Familienpolitik in den Transitionsländern beurteilten und umstrukturieren wollten, waren sich darin einig, dass soviel Kinder wie möglich in ihre Herkunftsfamilien reintegriert werden sollten – bzw. dass man einem weiteren Anstieg von Kindern in Institutionen vorbeugen müsse. Die Erkenntnis, dass institutionalisierte Kinder ungünstigere psychische und soziale Entwicklungsmöglichkeiten haben, wurde breit geteilt (nicht allerdings von sozial und wirtschaftlich an den Existenzrand gedrängten Eltern). Man kann sich hier fragen, ob diese Einsicht das Ergebnis von westlichem Wissenstransfer war, oder ob diese Meinungen in den ehemaligen sozialistischen Ländern unterdrückt worden waren. Auf jeden Fall spielen NGO's auf diesem Gebiet eine gar nicht zu überschätzende Rolle, allein in Rumänien und Bulgarien ,operieren' hunderte dieser Organisationen.

Kinder- und Familienexperten wollen die bestehenden Einrichtungen in dreifacher Hinsicht reformieren: es soll ein stärker *ausdifferenziertes Angebot* geschaffen werden, um den verschiedenen Zielgruppen hilfsbedüftiger Kinder gerecht zu werden (insbesondere geistig und/oder körperlich behinderte Kinder wurden in den ehemaligen kommunistischen Ländern oft sträflich vernachlässigt). Die ehemals zentral verwalteten Einrichtungen sollen *dezentralisiert* werden, die Gemeinden sollen die Verwaltung und Organisation übernehmen und damit erreichbare Ansprechpartner für ev. Missstände sein. Vor allem aber soll ein *kindgerechtes Erziehungsangebot* (Stärkung der Kindergruppe; kleinere, familienähnliche Einrichtungen) verwirklicht werden.

In einer englischen Studie (Rutter u.a., 2000) wurden die Fortschritte von 165 rumänischen Babies bis zu ihrem 6. Lebensjahr gemessen und mit einer

Kontrollgruppe englischer Adoptivkinder verglichen. Die Babies und Kleinkinder im Alter von 0-42 Monaten waren zwischen 1990 und 1992 von englischen Familien adoptiert worden. Die Heime, aus denen sie stammten, waren
nicht nur armselig, sondern – wie ja auch oft in der westlichen Presse aus je-
nen Jahren berichtet – z.T. unmenschlich in der Behandlung der Kinder. Die
Babies hatten nicht nur physische Schäden aufgrund von Unterernährung, sondern auch schwere psychisch-kognitive Ausfälle. Tests im Alter von 4 und 6
Jahren zeigten dann, dass die übergroße Mehrzahl der Kinder ihre Entwick-
lungsrückstände aufgeholt hatten. Je kürzer sie in den rumänischen Heimen vor
ihrer Adoption verblieben waren, desto größer waren die Fortschritte.

Diese Ergebnisse aktualisieren die Bedeutung der Familie als einer kind-
gerechteren Umgebung als dies Institution sind. Hieran sollte sich, entsprechend den Möglichkeiten der betroffenen Länder, die Kinder- und Familienpolitik orientieren. Westliche Hilfe ist dabei unabdingbar, nicht nur, aber
auch von der EU mit Blick auf den kommenden Beitritt dieser Länder. Die
Beitrittsländer selbst haben sich, indem sie die Kinderrechtskonvention von
1989 unterzeichnet haben, verpflichtet, ihre nationale Wohlfahrtsgesetzge-
bung an die internationalen Standards anzupassen. Natürlich bedeutet die Unterzeichnung eines Vertrages nicht, dass sich damit die Wirklichkeit über
Nacht verändert. Aber Fortschritte, so stellt der UNICEF Bericht fest, sind
insbesondere bezüglich einer erwünschten Dezentralisierung von Einrichtungen zu verzeichnen, um verarmten und sozial schwachen Familien zu helfen.
Auch werden mit internationaler Hilfe Monitoring Systeme aufgebaut und
good practices gesammelt und breiter implementiert. Dem Thema Kinder-
rechte/Kinderpolitik wenden wir uns nun im folgenden Abschnitt zu.

Kinderrechte und Kinderpolitik

In diesem Kapitel wollen wir die Bedeutung der UN Kinderrechtskonvention
für eine aufgeklärte Kinderpolitik besprechen und auf Differenzen in der Definitionen von Altersgrenzen eingehen, die in europäischen Ländern gezogen
werden, um die Rechte von Kindern zu bestimmen.
Die UN Kinderrechtskonvention
Die Unterzeichnung der UN-Kinderrechtskonvention 1989 kann als eins
der größten Projekte angesehen werden, das jemals für Kinder als eine eigenständige soziale Gruppe weltweit unternommen wurde. „Childhood is not a
preparation for life – it is life itself", so fasste es einer der Teilnehmer einer
internationalen Konferenz über die Rechte der Kinder in Europa zusammen[8].
Und anlässlich des Weltkindertages im September 2001 erklärte die damalige
Bundesministerin für Familie, Senioren, Frauen und Jugend, Dr. Ch. Berg-

---

8   The Conference on the Rights of the Child in Europe, Challenge and Responsibility,
    30-31 May 2001 in Örebro, Schweden, ausgerichtet im Rahmen des schwedischen
    Vorsitzes der Europäischen Kommission (The Örebro Appeal 2001).

mann: „Kinder sind eigenständige Persönlichkeiten mit eigenen Bedürfnissen und eigenen Rechten..." (vgl. IJAB info 5/2001, S. 5).

Man muss sich den Umfang des Projektes vor Augen halten: zum ersten Mal kommen Vertreter aus der ganzen Welt zusammen, um sich weltweit auf gemeinsame Standards für die Behandlung von Kindern als gesellschaftliche Mitbürger zu einigen, über alle religiösen, ethnisch-kulturellen und ökonomisch-politischen Differenzen hinweg. In diesem Sinn ist der Vertrag auch ein Meilenstein für Kinderforschung in einer globalisierten Welt, denn die Unterzeichner des Vertrages verpflichten sich, kontinuierlich Daten bereitzustellen über die gesetzliche, materielle, Gesundheits-, Familien und Bildungsrealität der Kinder ihrer Länder. So entsteht ein wachsender Datensatz, aus dem wir ja auch im Vorangegangenen bereits geschöpft haben.

Der Kinderrechtsvertrag kann die Unterzeichner natürlich nicht zu kindfreundlichen Gesetzen zwingen, aber er setzt Standards, an denen sich die Mitgliedstaaten von europäischen und internationalen Organisationen messen lassen müssen. So wurden z.B. auf der erwähnten internationalen Konferenz die folgenden Brennpunktthemen behandelt und hierüber Resolutionen verfasst:

- Kinderarbeit;
- Sexueller Missbrauch von Kindern;
- Die Situation von Flüchtlings- und von Romakindern.

Und auf dem Weltkindergipfel, der im Mai 2002 in New York stattfand, wurde unterhandelt über:

- Die Förderung von Kleinkindern (-Kleinkinderziehung);
- Einen verbesserten Zugang zur Grundbildung (Pflichtschule);
- Mehr Partizipation von Kindern und Jugendlichen;
- Jugendliche als Motor für gesellschaftliche Entwicklung (Jugendliche als Resource statt als Problemgruppe).

Eine niederländische Teilnehmerin stellte allerdings ernüchtert fest: ‚Einen Schönheitspreis verdient dieser Weltkindergipfel nicht', das Schlusskommunique enthalte viel Vages und wenig wirklich Vorantreibendes. Trotzdem wurden Verabredungen getroffen über eine weitere Bekämpfung von Kinderarbeit, HIV/AIDS Infektion, sexuelle Ausbeutung, Misshandlung von Kindern sowie Kampf für mehr Bildung.

Kinderrechte wurden in der europäischen Union formell in der *Charter of Fundamental Rights* anerkannt, die die EU-Mitgliedstaaten auf dem Nizzagipfel von 2000 verabschiedeten. In Art. 24 dieser Charta wird festgelegt:

- Kinder haben das Recht auf Schutz und Fürsorge, die sie für ihr Wohlergehen brauchen;
- Sie sollen ihre Meinung frei äußern können, und diese soll in allen sie betreffenden Angelegenheiten berücksichtigt werden; dies in Übereinstimmung mit ihrem Alter und ihrer Reife;

– Alle Kinder sollen das Recht haben, mit ihren Eltern in regelmäßigem und persönlichem Kontakt zu stehen, außer wenn dies ihren Interessen entgegensteht.

Schaut man sich die EU Politik an, so kann man bestimmt nicht sagen, dass Kinder- und Familieninteressen an erster Stelle stehen[9]. „Children are not specifically mentioned in the Commission's Work Programme. Children continue to be invisible in EU policy initiatives."[10] Dies hat auch etwas mit dem Subsidiaritätsprinzip zu tun, das besagt, dass alle politischen Bereiche in der Hand der Mitgliedstaaten verbleiben sollen, die dort geregelt werden können; dazu gehört Kinder- und Familienpolitik. Es gibt daher in der EU kein übergeordnetes Ressort, das eine kohärente Querschnittspolitik für die gesamte EU initiieren und durchsetzen könnte. Während Jugendliche aufgrund ihrer zu erwerbenden Qualifikationen – insbesondere IT Fähigkeiten sollen gefördert werden – und als zukünftige Arbeitskräfte eine soziale Gruppe mit hoher Relevanz sind, gilt dies für Kinder in viel geringerem Maße. Die EU ist noch weit davon entfernt, ein Europa auch für ihre jungen Bürger zu sein[11].

Der Kinderrechtsdiskurs ist am substanziellsten dort, wo es um konkrete Forderungen an die Sozialpolitik geht, das haben wir anhand der Armutsdebatte gezeigt. Der Diskurs wird rhetorisch, wenn es um Kinderpartizipation und *citizenship* im engeren Sinne geht, wenn also nach möglichen Ausweitungen des Bürgerschaftsstatus von Kindern gefragt wird (Roche, 1999). Dennoch ist diese Seite des Diskurses nicht irrelevant, wenn wir uns an das erinnern, was wir im 2. Abschnitt über veränderte Kindheitskonzepte gesagt haben. Moderne Kinder sind im Laufe der letzten Jahrzehnte selbständiger und selbstbewusster geworden, sie überführen ihren Status als Kinder eher in den von Jugendlichen als frühere Generationen und beanspruchen entsprechend mehr Rechte – aber auch Schutz. Die Rolle des rechtlosen Kindes hat historisch-ideologisch und pädagogisch abgedankt zugunsten des mündigen Kindes. Zinnecker und sein Team stellen in ihrer letzten großen Jugendstudie fest, dass 10- 12jährige heute in vielen Hinsichten die Mentalität der 13-18jährigen Jugendlichen haben (Zinnecker u.a., 2002), und die letzte Shell Studie definiert Jugend in den Altersgrenzen 12-15 Jahre (Hurrelmann/Albert, 2002).

Dies lässt sich freilich nicht umstandslos auf alle europäischen Gesellschaften übertragen. Man muss hier zwischen einer traditionalen Verfrühung des Jugendstatus und einer (post-)modernen Variante unterscheiden. In traditionalen Gesellschaften wurden Kinder in dem Maße früher junge Erwachse-

---

9   ,Der OECD und der EU .. ist die Familie längst zur Funktion und zum Anhängsel des Arbeitsmarkts geworden.' (Ostner 2002: 250).

10   Vgl. Brussels Office Newsletter Save the Children, Issue 60: December 2002 (savethechildren@skynet.be; www.savethechildren.net/brussels).

11   Eurobarometer bringt in regelmäßigen Abständen Umfragen unter der EU-15 Jugend heraus. Dabei wird das Alter der Young Europeans – so der Titel dieser Umfragen – auf 15-24 Jahre gestellt; wiederum also sind die jüngeren Jahrgänge nicht berücksichtigt (vgl. European Commission, 2001a).

ne als sie früher in den Arbeitsprozess aufgenommen wurden. Die heutige Verfrühung betrifft dagegen eine Lern- und Konsumkindheit mit ausgestellten Verpflichtungen, zur materiellen Reproduktion der Familie beizutragen, bzw. sich selbst ökonomisch reproduzieren zu können. Eine Konsumkindheit erleben Kinder in den zentral- und westeuropäischen Ländern, nicht aber die meisten Kinder in den ärmeren süd- und osteuropäischen Ländern – obgleich auch hier eine Forschungslücke klafft: wir wissen wesentlich mehr über arme Kinder in diesen Regionen als über solche mit gut betuchten Eltern. Aber auch innerhalb der westlichen Länder gibt es kulturbedingte Unterschiede im Kinder- und Jugendleben, wie z.B. eine Studie von Büchner u.a. (1998) zeigt, in der das Kinderleben in drei europäischen Regionen (Ost- und Westdeutschland; Niederlande) miteinander verglichen und festgestellt wird, dass niederländische und ostdeutsche Kinder im Vergleich mit westdeutschen Kindern in bestimmter Hinsicht länger ‚Kind‘ sind.

Es liegt auf der Hand, dass Wohlfahrtsgesellschaften mehr Ressourcen haben, um mit Formen von Kinderbeteiligung etwa auf gemeindepolitischer Ebene zu experimentieren, als ärmere Gesellschaften. Letztlich liegt die Sprengkraft der Kinderrechtskonvention und aller abgeleiteten Dokumente und Verträge darin, dass es die *Erwachsenen* sind, die neue Standards setzen und die Macht haben, die Verhältnisse zu ändern. In diesem Sinn ist die Kinderrechtsdebatte immer auch eine über die ungleiche Verteilung von gesellschaftlicher Macht.

Um sich die gewaltige Aufgabe vor Augen zu halten, die den europäischen Staaten und der Europäischen Gemeinschaft harrt, die sich der internationalen Kinderrechtskonvention verpflichtet fühlen, schließen wir mit einer Übersicht aller in dieser Konvention implizierten Lebensbereiche, in denen Kinderrechte verwirklicht werden müssen. Wir beziehen uns dabei auf den UNICEF Report von 1997. Dort werden die folgenden Bereiche unterschieden:

– *Körperliche Bedürfnisse*: hierzu gehörten ausreichende und unverschmutzte Nahrung;
– *Unterkunft*: sie soll sicher sein und jeder Person, also auch dem Kind, genügend Lebensraum zu seiner Entwicklung geben, vor allem auch dem geistig oder körperlich behinderten Kind; sie soll vor Kälte oder Hitze oder Umweltverschmutzung geschützt sein (Kriegseinwirkungen, die immer mehr Kinderopfer fordern, werden in diesem Zusammenhang nicht genannt);
– *Transport:* es sollen ausreichende, sichere und zugängliche Transportmöglichkeiten (auch) für Kinder zur Verfügung stehen. Wie wichtig gerade diese Bestimmung ist, kann man sich verdeutlichen, wenn man sich die Situation von Kindern klarmacht, die in abgelegenen Dörfern wohnen, ohne ausreichende Verbindungen in die nächstgelegene größere Stadt mit kinder- und jugendkulturellen Angeboten (u.a. Internetcafés) sowie weiterführenden Schulen (noch heute legen z.B. rumänische Dorfkinder bis zu vier Stunden Fußweg von und zur Schule zurück);
– *Gesundheit:* pränatale Versorgung, ausreichende medizinische Betreuung, präventive Gesundheitsvorsorge, Behandlung auch psychischer Stö-

rungen. – Wir haben w.o. auch auf die Schäden einer unzureichenden Heimunterbringung mit entsprechenden Langzeitschäden hingewiesen;

- *Schutz* der Kinder in ihren unmittelbaren Lebensumgebungen von Familie, Spielort, Straße, Schule, aber auch im Strafvollzug; Schutz vor körperlicher Misshandlung – ein Problem, das in vielen osteuropäischen Ländern im Zusammenhang mit Armut, Arbeitslosigkeit, der Diskriminierung von Minderheiten wie den Romas und Alkoholismus gesehen werden muss; ein Problem aber auch von westlichen Wohlfahrtsgesellschaften; Schutz vor Rassismus, Frauen-Mädchendiskriminierung, sexueller Ausbeutung und Misshandlung, Schutz vor gefährlichen Materialien und Umgebungen (z.B. gefährliche Arbeitsbedingungen für Kinder und Jugendliche);
- *Emotionale Bedürfnisse:* Kinder haben Recht auf Liebe, Zuwendung, Würde und Lebensglück; hierfür ist eine gesicherte Fürsorge nötig;
- *Soziale Bedürfnisse:* Kinder haben Recht auf ein gutes Familienleben, auf die Teilhabe an Entscheidungen (Partizipation; *citizenship*), auf den Kontakt mit Gleichaltrigen, auf die Wahrung ihrer kulturellen und nationalen Identität, auf Rekreation und auf die Freiheit, sich Vereinen anzuschließen;
- *Entwicklungsbedingte Bedürfnisse:* Kontakt mit für Kinder wichtigen Erwachsenen; eine stimulierende Umgebung von Kleinkindzeit an, sowie eine altersangemessene Erziehung und Bildung;
- *Geistige Bedürfnisse:* Gedankenfreiheit, Führung und Hilfe bei moralischen und ethischen Fragen, die Befriedigung des Bedürfnisses nach Liebe und Frieden.

Stellt man sich vor, dass all diese Kinderrechtsforderungen verwirklicht werden, so wird deutlich, wie weit Europa (und der Rest der Welt) noch von diesem Ziel entfernt ist. Der Katalog hat nicht nur unmittelbar politisch-rechtliche Bedeutung. Sondern er skizziert auch ein Forschungsprogramm über Kinder, Kindheiten und Kinderleben. Dieser Frage wenden wir uns nun zu.

Forschungslücken

Kinder und Kindheiten in europäischen Gegenwartsgesellschaften, so haben wir in unserem Beitrag deutlich gemacht, umfassen ein hoch aktuelles Politikfeld im Rahmen einer fortschreitenden europäischen Integration und ein erst in Ansätzen entwickeltes Forschungsfeld. Uns war bei unserer Darstellung wichtig zu zeigen, dass und wie diese beiden Aspekte miteinander zusammenhängen: eine kindgerechte europäische Sozialpolitik ist auf eine kontextgesättigte Empirie über die so unterschiedlichen Lebenssituationen und Lebenslagen von Kindern in und außerhalb ihrer Familien angewiesen, und umgekehrt erfährt Kindheitsforschung durch aktuelle Europapolitik theoretische und methodische Anstöße. Wir haben diese Wechselwirkung an den Feldern Familie, Armut und Kinderrechte demonstriert und dabei auch immer wieder auf die großen Lücken sowohl in der Politik als in der Kinder- und Kindheitsforschung hingewiesen. Wenn wir von Wechselwirkung sprechen, so meinen wir nicht, dass Kindheitsforschung nicht auch ein autonomer Bereich sei (ebenso wie die Politik). Bei der Entwicklung einer Forschungsagenda für europäische Kindheitsforschung gibt es theorie- und empirie-immanente Probleme, die erst in zweiter Linie politikrelevant sind. In unseren abschließenden Überlegungen wollen wir einige dieser Probleme angeben, ohne dabei die Beziehung aus dem Auge zu verlieren, die zwischen Forschung und Politik besteht. Dabei interessiert uns hier vorrangig, welche Probleme sich für Kindheitsforschung und Kinderforscher auf der europäischen Ebene stellen[12].

Zunächst müssen wir uns ganz grundsätzlich klarmachen, dass wir nie die unmittelbare Lebenswirklichkeit von Kindern untersuchen, sondern dass alle wissenschaftlichen Aussagen auf Vorannahmen beruhen. Kinder sind zwar konkrete empirische Untersuchungseinheiten, aber wie auf sie reflektiert wird, welche Fragen gestellt werden (und welche nicht), das hängt ab von gesellschaftlichen und wissenschaftlichen Vorstellungen über Kinder und was Kindheit sei und zu sein habe. Wir haben anfangs dargestellt, wie Konzepte von Kindheit sich im Laufe der Zeit wandeln. Sie tun dies im nationalen Raum, und sie tun es im Rahmen der europäischen Integration auf einer transnationalen Ebene. So hat z.B. in Dokumenten der EU und anderer europäischer Organe ein deutlicher Wandel stattgefunden, aufgrund dessen Kinder und Jugendliche nicht mehr vorrangig als Problemkategorie definiert und diskutiert werden, sondern sich vielmehr die Auffassung durchsetzt, Kinder und Jugendliche als eine europäisch-gesellschaftliche Ressource zu betrachten. Forschungsmittel werden aber immer noch mehr an ‚Defizitforscher' vergeben. Deshalb ist auf EU Ebene immer noch besonders wenig bekannt über ‚das ganz normale Kinderleben' oder vielleicht besser gesagt, über das Alltagsleben von Kindern in verschiedenen europäischen Ländern und Regionen.

Wir haben noch keineswegs eine gute Übersicht über die wissenschaftlichen Traditionen in Sachen Kindheit, über die unterschiedlichen Kindheitskonzepte in den europäischen Gegenwartsgesellschaften. Wir können also z.B. nur sehr grob und unvollständig die Frage beantworten, ob es über national-kulturelle Unterschiede hinweg so etwas wie eine europäische Kindheit gibt, in der Kinder in ähnlichen Familienformen aufwachsen, mit ähnlichen Werten (christlich-abendländischen) erzogen werden, ähnliche Zukunftsvorstellungen haben etc. (vgl. hierzu Alsaker/Flammer, 1999). Was wir

---

12 Von Ausnahmen abgesehen finden sich in praktisch keiner deutschen Veröffentlichung über Kinder und Kindheit Beiträge über (europäisch-)vergleichende Forschung und die involvierten methodischen Schwierigkeiten (vgl. z.B. Heinzel, 2000; Honig u.a., 1999; Lange/Lauterbach, 2000 und viele andere). Dem (vor-)wissenschaftlichen Leser könnte es so vorkommen, dass die aus der deutschen, oder allgemein-westeuropäischen Tradition stammenden Verallgemeinerungen über Kinder und Kindheit für alle Kinder und Kindheiten gelten.

haben, ist ein Flickenteppich von unverbundenen Projekten und Ergebnissen über Kinder- und Kindheit auf nationaler Ebene, Vergleichsstudien zwischen einzelnen Ländern, aber kaum systematische interkulturelle Forschung auf europäischem Niveau.

Diese gewaltige Forschungslücke wurde in ersten Ansätzen 2001 von der sogenannten IARD Studie geschlossen, die die Europäische Kommission einem Mailänder Forschungsinstitut in Auftrag gegeben hatte, um Vergleichsdaten für die Altersgruppe der 15-25jährigen bereit zu stellen. Die IARD Studie besteht aus einzelnen Länderberichten, die nur sehr summarisch aufeinander bezogen werden (vgl. IARD, 2001). Sie beruht des weiteren auf Sekundäranalysen und behandelt nur wenige und zudem nicht so sehr kind- als vielmehr jugendrelevante Themen: allgemeine und Berufsbildung, Arbeitsmarkt, Wertehaltungen (u.a. Vereinsmitgliedschaft, Parteipräferenzen). Familie erzielt mit großem Abstand die höchsten Skalenwerte – ein Ergebnis, das auch nationale Kindheits- und Jugendstudien belegen, uns aber, wenn es um intereuropäische *Vergleiche* geht, in seiner Allgemeinheit nicht genug sagt.

Eine Schlüsselfrage, die sich interkulturelle Forscher stellen müssen, betrifft den theoretisch-gesellschaftlichen Standort, von dem aus man Vergleiche zwischen Ländern, Kulturen oder Populationen anstellt. M.L. Kohn unterscheidet verschiedene Vergleichs-Typen, von ihnen interessieren uns für unser Thema Vergleiche, in denen nationale Kulturen als verschiedene Kontexte interpretiert werden, um vor diesem Hintergrund Ergebnisse, etwa über Familien, Kinder, Jugendliche, verallgemeinern (bzw. spezifizieren) und interpretieren zu können (vgl. Alsaker/Flammer, 1999: 8 ff.). Das Problem für Forscher besteht nun darin, derartige spezifische kulturelle Kontexte zu kennen. In der Regel werden Länderteams zusammengestellt, also aus jedem Vergleichsland *native speakers*. Damit ist das *Kontextproblem* aber nicht gelöst, denn um sinnvolle Vergleiche anstellen zu können, müssen auch die ‚nicht native speakers' wissen, was in den beteiligten Ländern die kulturellen Traditionen und Codes sind, um in gemeinsame (vergleichende) Diskussionen eintreten zu können.

Die Forscher müssen sich auf eine, oder doch sehr wenige gemeinsame Sprachen einigen, um sich überhaupt verständigen zu können. In der modernen Wissenschaftswelt ist dies zunehmend Englisch. Das bedeutet, dass außer den eventuell beteiligten englischen Kollegen kaum einer diese Sprache so gut beherrscht, um alle Feinheiten und Schwierigkeiten ausdrücken zu können, die bei einem Projekt zur Sprache kommen müssen. Wir sprechen aus Erfahrung! Es hängt dann sehr stark von der Empathie in der Forschungsgruppe ab, wie hiermit umgegangen wird (bilaterale Übersetzungen zwischen Kollegen; geduldiges Sprechen und Wiederholen; interkommunikative Kontrolle, ob alle alles richtig verstanden haben, etc.) Das ist die eine Seite. Die andere betrifft die Datenerhebung, Quellenstudium, Feldarbeit (z.B. Interviews mit Kindern und ihren Eltern), etc. Dies alles muss natürlich in den jeweiligen Landessprachen geschehen und danach wieder an die Forschungsgruppe zurückvermittelt werden. Dadurch entstehen viele neue Probleme und wahrscheinliche Missverständnisse bzw. Oberflächlichkeiten bei der Interpretation. Schließlich geht es um die Endprodukte des Unternehmens: in welcher Sprache erblicken sie das Licht der Fachöffentlichkeit, oder auch das Licht der politischen Bühne? Im Rahmen der EU setzt sich Englisch als dominante Sprache durch, was nicht ausschließt, dass wichtige Ergebnisse, Zusammenfassungen etc. auch in andere ‚Hauptsprachen' übersetzt werden. Außerdem steht es den jeweiligen nationalen Forschungsteams frei, Teilergebnisse in ihrer eigenen Landessprache zu publizieren. Trotzdem gehen bei Übersetzungen wichtige Kontext- und Sprachnuancen verloren.

Wenn wir uns dann gar Vergleichsstudien in allen EU-Ländern plus Beitrittsländern vorstellen, so wird deutlich, wie schwierig, ja geradezu aussichtslos eine solche Kommunikation ist: es kann schlicht nicht jeder Forscher über die Kulturen aller Vergleichsländer gut informiert sein. Das ist einer der Gründe, warum, je mehr Länder miteinander verglichen werden, die Daten an der Oberfläche bleiben; oft handelt es sich dann vorwiegend um Strukturdaten, etwa zum Schulbesuch der Kinder- und Jugendlichenpopulationen. Sobald kontextsensiblere Daten erhoben werden, ergibt sich schnell das Problem einer angemessenen Interpretation: bedeutet die Wertschätzung der Familie in Italien dasselbe wie in den Niederlanden? Aus Detailstudien wissen wir, dass dies nicht so ist, und warum nicht. Aber nicht für alle Länder liegen derartige Studien vor[13].

Kindheits- (und andere Vergleichs-)forscher stehen also vor der Entscheidung: wenige Länder in den Vergleich einzubeziehen, um das Kontextproblem zu reduzieren und die Daten besser kontextualisieren und interpretieren zu können. Oder sich auf Vielländervergleiche einzulassen (wie etwa die EU-Auftragsstudie IARD) mit der Konsequenz, an der Oberfläche bleiben zu müssen und letztlich nur sehr grobe Trendaussagen machen zu können.

Die hier nur sehr grob skizzierten Kontext- und Kommunikationsprobleme bei interkultureller Forschung kulminieren in dem *Konzeptäquivalenzproblem*. Bedeutet ein bestimmtes theoretisches Konzept – z.B. ‚Selbständigkeit' von Kindern – in allen untersuchten Kulturen dasselbe? Können also, um bei diesem Beispiel zu bleiben, niederländische, italienische, rumänische oder griechische Forscher alle dieselbe Frage an Eltern (und Kinder) stellen? Oder muss die Frage kontextabhängig formuliert werden, z.B. für bulgarische Eltern und Kinder, die in einem kleinen Dorf im Süden des Landes leben anders als für Respondenten in den verstädterten Niederlanden? Als eine Faustregel können wir formulieren: je kontextabhängiger vorgegangen wird, desto schwieriger die Vergleichbarkeit zugunsten von Nuancen und kulturellen Besonderheiten; je kontextunabhängiger, desto leichter die Vergleichbarkeit (z.B. Vergleiche zwischen Prozentsätzen von Kindern und Jugendlichen über die

---

13   Die Forschungsgruppe EGRIS (European Group for Integrated Social Research) führt derzeit in Rahmen des FP5-Programms der Europäische Kommission eine Vergleichsstudie in 9 Ländern (Deutschland, Niederlande, Dänemark, Italien, Spanien, Großbritannien (Nordirland), Irland, Bulgarien, Portugal) durch, in der Jugendliche (im Übergang) und Eltern u.a. mit qualitativen Interviews über ihre Familienbeziehungen befragt werden (FATE-Families and Transitions in Europe).

Anzahl von Pflichtschuljahren). Grob gesagt entspricht der erste Typus mehr qualitativen Forschungsmethoden, der zweite mehr quantitativen Methoden.

Die Frage des theoretischen Standortes bei Vergleichsstudien wird in der europäischen Kindheits- und Jugendforschung zumeist aus einer *modernisierungstheoretischen Perspektive* gestellt und beantwortet; zumindest in der soziologisch orientierten Forschung, auf die wir uns in unserem Beitrag berufen. Das erscheint einleuchtend, da ja alle EU-Länder und auch die Beitrittsländer ähnlichen Modernisierungseinflüssen unterliegen. Wir haben verschiedentlich betont, dass dies eine *westliche* Perspektive ist, unter die zunehmend auch die Transitionsländer subsumiert werden. Um eine solche Perspektive offen zu halten für Modifizierungen, müssen die Forschungsteams besonders alert auf ‚Gegenbeweise‘ im Material achten. So ist z.B. für westeuropäische Familien recht eindeutig ein Trend vom ‚Befehlshaushalt‘ zum ‚Verhandlungshaushalt‘ belegt, in dem Kinder und Eltern mehr Verhaltensalternativen zur Verfügung haben und diese auch aktiv im täglichen Umgang miteinander benutzen. Unter einer modernisierungstheoretischen Perspektive müsste man nun – möglicherweise mit Verzögerungen – eine ähnliche Entwicklung in den Transitionsländern erwarten. Aber ist dies auch so? Übersieht man nicht vielleicht Gegenentwicklungen? Etc.

Wir wollen in diesem Zusammenhang auf das von J. Zinnecker vorgeschlagene Modell zurückkommen, das wir eingangs zitierten. Wir erinnern uns, er unterscheidet vier Kindheitsmodi, die von postmoderner bis zu fundamentalistischer Kindheit laufen. Seine Annahme ist, dass diese Modi, wenn auch in verschiedenen Mischungsverhältnissen, in allen europäischen Gegenwartsgesellschaften existieren. Uns erscheint der Vorschlag fruchtbar, weil gerade Kenntnisse über die jeweiligen Mischungsverhältnisse Aufschluss über länderspezifische Kulturen und Entwicklungen geben, die für das Studium von Kinderleben relevant sind und gleichzeitig Vergleichbarkeit zulassen. So verstanden könnte das Modell eine *Forschungsagenda für europäische Kinder- und Kindheitsstudien* anregen. Es erlaubt, ja fordert geradezu, die Kombination von verschiedenen Forschungsmethoden, gewiss nicht nur statistisch-quantitativen. Wir haben ja mehrfach das Fehlen von subjektzentrierten Daten konstatiert. Und nicht nur das: wenn man sich an Theoriekonstrukten wie ‚postmoderne Kindheit‘ orientiert, so impliziert das *Längsschnittstudien*; nur sie können Entwicklungen belegen, sowohl individuelle wie gesellschaftliche.

Studien über Kinder gehen immer von bestimmten *moralischen Prinzipien* aus, nämlich was schadet und was nutzt der Entwicklung von Kindern. Das ist für elementare biologische Voraussetzungen, wie ausreichende Ernährung, noch relativ unproblematisch (obgleich: könnte ein dänischer Junge von 8 Jahren mit dem überleben, was ein osteuropäisches Strassenkind isst?). Aber sowie die Annahmen ins Kulturelle gehen, sind verbindliche Standards viel schwieriger zu etablieren. Hieraus ergibt sich die Brisanz des *Kinderrechtsdiskurses*, sowohl politisch als Forderungen an bestimmte Nationen, die den übereingekommenen Standards (noch) nicht genügen (also die Macht, die sich aus Vergleichen mit anderen Ländern speist – Kindheitsforscher spielen hier eine wichtige Rolle!), als auch wissenschaftlich: soll und kann sich Forschung an diesen Standards orientieren, z.B. in der Frage der ‚Normalität'? Am extremen Beispiel der Rutter Studie über rumänische Adoptivkinder haben wir gezeigt, dass Forschung und Politik in der Setzung von Standards koalieren: Familienunterbringung ist eine sozialpolitische Forderung und ist für die Entwicklung für Kinder besser als Heimunterbringung, wenn die Familien ausreichend gesichert sind.

Längsschnittstudien sind auch deshalb wünschenswert, weil sie besser als alle anderen Forschungstypen Aufschluss über dauerhafte Effekte von *Interventionen* geben. Um beim eben zitierten Beispiel zu bleiben: man muss (wie Rutter und sein Team es auch taten) kindliche Entwicklung über mehrere Jahre beobachten, um valide Aussagen über den Effekt von bestimmten Maßnahmen (hier: Adoption) machen zu können. Nun ist dies natürlich eine Binsenweisheit, die alle Forscher kennen. Aber die von der EU und anderen Großorganisationen finanzierten Projekte haben zumeist eine zu kurze Laufzeit, um fundierte Längsschnittstudien, gar als Kombination aus quantitativen und qualitativen Methoden, durchzuführen. Viel Geld, das für Interventionsprojekte ausgegeben wird, erzielt deshalb keine oder zu geringe Effekte – oder unbekannte Effekte, da keine gründlichen Evaluationsstudien durchgeführt werden.

Neben die politische und wissenschaftliche Dimension über Probleme der Vergleichbarkeit und Vergleichsstudien tritt eine praktische: im europäischen Vereinigungsprozess entstehen *Praxisfelder*, auf denen Kinder und Jugendliche (und ihre Erzieher) ‚europäisch handeln', also selbst an einer europäischen Kindheit und Jugend arbeiten. Sie tun das über schulische und außerschulische Austauschprogramme (vgl. ‚Lernfeld Europa' in diesem Buch), über die Benutzung von Internet und anderen Medien, über Musik- und Modestile. Diese Praxen entstehen in Wechselwirkung zwischen globalisierten Märkten, jugendpolitischen Initiativen der EU und anderer europäischer Organe (insbesondere dem Europarat), und den individuellen und kollektiven Handlungen der Akteure selbst.

Wir schließen mit der schon so oft erhobenen, aber immer noch nicht eingewilligten Forderung an die Europäische Gemeinschaft, eine Forschungsstelle zur Koordination und Initiierung von europäisch-vergleichender Kindheits- und Jugendforschung einzurichten (vgl. hierzu auch Lauritzen/Guidikova, 2002). Eine solche – unabhängige! – Einrichtung wäre möglicherweise den vielen Herausforderungen gewachsen, die dem Thema, das wir hier behandelt haben, innewohnen.

---

*   Dieser Artikel ist geschrieben für das Modul „Kindheit des e-Learning Projekts", ILSO/ Fachschule Neubrandenburg. Das Projekt ist für Studierende entworfen, denen es sowohl als Printmedium als auch im Internet zur Verfügung stehen soll. Hier eine leicht veränderte Fassung.

Europäische Jugend- und Bildungspolitik*

Einleitung

Eine europäische Jugend- und Bildungspolitik darf man sich nicht als ein geschlossenes Ganzes, als ein kohärentes Konzept vorstellen. Vielmehr hat sie sich in einem langwierigen und von bürokratischen und ideologischen Schwenks markierten Prozess im Laufe der letzten etwa 30 Jahren herausgebildet und wird auch in den kommenden Jahren im Fluss bleiben; vielleicht sogar mehr als bisher, bedenkt man den bevorstehenden Eintritt von 15 neuen Mitgliedsländern zur EU und die weitreichenden Pläne zu einer noch größeren Ausweitung.

Einen vorläufigen Höhepunkt hat die europäische Jugendpolitik mit dem Erscheinen des *Weißbuches* „Neuer Schwung für die Jugend Europas" (EC, 2001a) gefunden. Darin wird zum ersten Mal seit Bestehen der EU die Intention für eine integrierte Jugendpolitik auf europäischer Ebene ausgesprochen – ohne hiermit die Länderhoheit anzutasten. Als jugendpolitisch relevante Bereiche, nicht nur im Weißbuch, aber dort zusammengebracht und miteinander verbunden, werden gesehen: Partizipation der Jugendlichen in allen sie angehenden gesellschaftlichen Fragen und Entscheidungen; schulische und außerschulische Bildung; Sozial- und Arbeitsmarktpolitik; die Integration der Jugendlichen in die Gesellschaft und die Bekämpfung von sozialem Ausschluss, und die Ermöglichung von Mobilität in den Mitgliedländern.

Mich interessieren hier vor allem die Konzepte, in denen es um *Lernen* geht[1]. Dazu rekonstruiere ich kurz die Anfänge einer europäischen Jugend und Bildungspolitik in den beiden Hauptorganen, die sich in Europa damit beschäftigen, nämlich dem Europarat und der Europäischen Kommission, um sodann auf die Chancen und Schwierigkeit einer Umsetzung der im Weißbuch dargelegten Intentionen einzugehen. Den Hauptteil meiner Ausführungen widme ich dabei der Beziehung von formaler Bildung und außerschulischem Lernen.

---

1 Ich nehme mir die Freiheit, im folgenden die Begriffe ‚außerschulische Bildung/Lernen' stellenweise auch mit dem in der europäischen Debatte besser eingeführten Begriff ‚non-formal education/learning' zu ersetzen. ‚Non-formale Bildung' findet sich in übersetzten Dokumenten der EU u.a. ebenfalls; in beiden Fällen suggeriert ‚non-formal' einen breiteren Kontext als ‚außerschulisch'.

Stationen einer europäischen Jugend- und Bildungspolitik

Vergegenwärtigt man sich die Arbeit des Europarates einerseits, die der Europäischen Kommission andererseits, so ergeben sich zwei Trajekte, die erst in den letzten Jahren dichter beieinander liegen und mit Vereinbarungen über gemeinsame Vorhaben miteinander verbunden werden[2]. Nach wie vor aber operieren der Rat und die Kommission relativ unabhängig voneinander, wobei es – um dies schon vorwegzunehmen – dem Rat mehr um außerschulisches Lernen, der Kommission mehr um allgemeine und Berufsausbildung und Arbeitsmarktpolitik geht.

Der Europarat, gegründet 1949 als Manifest des europäischen Friedenswillens nach dem Zweiten Weltkrieg, begann seine Jugendarbeit in den 1960er Jahren im Geiste der Völkerversöhnung. Im Rat gab es noch keine festen Einrichtungen für jugendpolitische Arbeit, sie wurden schrittweise im Laufe der folgenden Jahrzehnte gegründet. Besonders wichtig war 1972 die Eröffnung des *Europäischen Jugendzentrums* in Straßburg und die Gründung des *Europäischen Jugendwerkes*, in dem Jugendvertreter aus nationalen und internationalen Jugendorganisationen der Mitgliedländer des Rates vertreten sind. Ausdrückliche Absicht dieser Gründung: die ‚Europaferne' der jungen Generation zu verringern.

Damit hatte die Jugendarbeit einen europäischen Standort und es konnte im weiteren Verlauf eine Organisationsstruktur entwickelt werden, in der Jugendvertreter neben Vertretern der nationalen Jugendminister Sitz und Stimme haben: 1985 eine ad hoc Kommission von Jugendexperten, aus dem 1989 die ständige Kommission CDEJ (*European Steering Committee for Intergovernmental Co-operation in the Youth Field*) hervorging, und 1992 wird im Europarat eine eigene Jugendabteilung (*Youth Directorate*) eingerichtet. Diese Organisationen arbeiten nach dem Prinzip des *co-management* zwischen nationalen Regierungsvertretern und Jugendorganisationen. In regelmäßig abgehaltenen Jugend-Ministerkonferenzen werden jugendpolitische Fragen und Initiativen besprochen, die die Organe des Rates in ihr Arbeitsprogramm aufnehmen.

Nach dem Fall der Berliner Mauer 1989 erweiterte der Rat seine Aktivitäten und öffnete die Türen nach Zentral- und Osteuropa. Mit der Gründung eines zweiten *Europäischen Jugendzentrums* in *Budapest* (1995) wurde auch für diese Region eine jugendpolitische Plattform geschaffen. Wie sein Schwesterninstitut in Straßburg organisiert es Jugendkonferenzen, Sprachkurse, Fachtagungen und Trainingskurse für Jugendsozialarbeiter und ist eine

---

2 Die neue Generation Jugendprogramme der Europäischen Kommission soll in enger Zusammenarbeit zwischen der Kommission und dem Europarat vorbereitet werden, wozu auch unabhängige Jugendforscher eingeladen werden. Damit ergibt sich eine Dreierkoalition zwischen EU, Europarat und Jugendforschung, die möglicherweise zu einer längerfristigen und reflektierteren europäischen Jugendpolitik führt, als dies bisher der Fall war.

Begegnungsstätte für Jugendliche aus den verschiedenen Ländern und Regionen, nun auch der osteuropäischen. Beide Zentren stehen unter dem Motto „to make Europe the property of its young citizens" (zit. nach Lauritzen, 1999: 211). Das Jugendzentrum Budapest sollte nach dem Zusammenbruch der staatssozialistischen Regime der Jugend und den neuen Regierungen dieser Länder eine neue Jugendarbeit und Jugendpolitik nahebringen und beim Aufbau von neuen Jugendorganisationen (*YNGO's – Youth Non-Governmental Organisations*) helfen.

Seit 1992 hat die Kommission CDEJ ein Netzwerk von Jugendforschern (*NYRC – Network of National Youth Research Correspondents*) geknüpft, um Jugendforschung auf europäischem Niveau zu stimulieren. Das große Ziel, eine Forschungsagenda für integrierte Vergleichsforschung zu verwirklichen, liegt allerdings noch in weiter Ferne.

Die folgenden Themen bestimmen die Arbeit des Rates und seiner Organe:

– Beförderung von Jugendmobilität;
– Informationspolitik zu den Bereichen Arbeit, Bildung und Freizeit;
– Jugendpartizipation, um soziale Integration zu befördern und sozialen Ausschluss zu bekämpfen;
– *Civic education* (u.a. Antirassismus Kampagnen; Friedenserziehung, interkulturelles Lernen)
– Jugendforschung zur Lebenslage junger Europäer.

Außerschulische Bildung und Lernen im weitesten Sinn – *non-formal education and learning* – ist das wichtigste Instrument, um diese Themen in einen jugendpolitischen Rahmen zu stellen. Die Kommission CDEJ gründete nach der Bucharest Konferenz der Europäischen Jugendminister (1998) eine Arbeitsgruppe zum Thema „non-formal education", um sich darüber klar zu werden, was dieses Konzept auf europäischer Ebene bedeuten könne. Diese Arbeitsgruppe ließ 2002 eine Expertise über „Non-formal education and social cohesion" erstellen.

Ein weiteres Instrument des Europarates sind *Länder-Evaluationen*, in denen die Jugendpolitik eines Mitgliedlandes des Europarates von einer Arbeitsgruppe geprüft wird. Diese besteht aus Vertretern der CDEJ, der Jugendorganisationen und aus unabhängigen Jugendforschern, die jeweils von außerhalb eingeladen werden. Die beim Europarat angeschlossenen Länder können sich um eine solche Evaluation bewerben, sie erstellen hierzu einen Bericht über die Jugendpolitik und Jugendsituation ihres Landes und laden die betreffende Arbeitsgruppe zu einem mehrtägigen Besuch ein, in dem diese sich an Ort und Stelle über den Stand der Dinge – konkret: die Stärken und Schwächen der nationalen Jugendpolitik – informiert. Die Arbeitsgruppe schreibt aufgrund ihrer Befunde einen Bericht, der auf einer gemeinsamen Konferenz mit dem Europarat und Regierungsvertretern des betreffenden Landes diskutiert wird. Bisher haben sich Finnland, Schweden, die Niederlande, Rumänien, Spanien, Estland und Luxemburg diesem Verfahren unterzogen; Litauen und Malta werden in Kürze folgen; Ungarn hat sich bereits für 2003/4 angemeldet.

Die Regierungen tun dies aus eigenem Willen und Interesse: es ist für sie eine Chance, ihre Jugendpolitik mit fachlich qualifizierten, gleichzeitig „über den nationalen Wassern schwebenden" Experten zu diskutieren und um europäisch übereingekommene Leitlinien zu erweitern. Europäische Standards in den nationalen Jugendpolitiken zu setzen ist das Anliegen des Europarates. Wiederum geht es dabei um Jugendpartizipation, Jugendinformation, eine entwickelte Jugendarbeit und eine jugendfreundliche Arbeits- und Sozialpolitik. Es ist kein Zufall, dass insbesondere die Beitrittsländer an dem Verfahren interessiert sind, denn sie stehen oft ganz am Anfang, nach der staatssozialistischen Phase überhaupt eine Jugendpolitik zu entwickeln und nutzen Expertenwissen gern. Zudem wissen sie, dass eine Evaluation ihnen auch für ihre Aufnahme in die EU nützt.

Legt man die bisher entstandenen Jugendberichte und Evaluationsreporte nebeneinander, so ergibt sich ein, wenn auch unvollständiges, Mosaik europäischer Jugendpolitiken (und übrigens auch Bestandsaufnahmen und Daten zur Lage der Jugend, die für vergleichende Forschung von Interesse sind) – sie sind so verschieden voneinander, wie die Länder sich voneinander unterscheiden. Gleichzeitig sind es die Bausteine, aus denen sich eine europäisch integrierte Jugendpolitik schrittweise entwickelt (Williamson, 2002).

Dieser letzte Gedanke leitet direkt über zu den jugendpolitischen Aktivitäten der Europäischen Kommission, und hier können wir uns auf das bereits erwähnte Weißbuch stützen, in dem ein vielstimmiges Credo zu einer umfassenden europäischen Jugendpolitik angestimmt wird. Es ist ein merkwürdiges Dokument, denn eigentlich besteht es nur aus 20 Seiten, der Rest sind Dokumente zu seiner Entstehung und Hintergrundinformationen. Am Weißbuch ist daher der Prozess, der zu seinem Entstehen geführt hat, das Bemerkenswerteste. Er beruht auf mehrstufigen Konsultationsrunden von nationalen und europäischen Jugendpolitikern und Jugendforschern und – das ist das Außergewöhnliche – vielen hunderten Jugendlicher, national organisierten und zusammengefasst im Europäischen Jugendforum, und unorganisierten. Sie alle sollten sagen, welche Themen und Ziele ihrer Meinung nach eine europäische Jugendpolitik behandeln und verwirklichen soll.

Den Kern einer zukünftigen Jugendpolitik sollen zwei miteinander verbundene Prinzipien bilden: die junge Generation soll an allen Entscheidungen beteiligt werden, die ihr Leben beeinflussen, nur so erhält das Konzept der Partizipation und aktiven Bürgerschaft Inhalt und kann Jugendliche überzeugen. Und: Jugend soll als eine Kraft, eine Ressource angesehen und nicht – oder doch nicht vorwiegend – als eine Problemkategorie verhandelt werden. Es geht um 75 Millionen Jungeuropäer im Alter von 15-25 Jahren – um noch viel mehr, wenn man die Lebensgrenzen nach unten und nach oben ausweitet und „Jujus" (junge Jugendliche) und auch ältere junge Erwachsene einbezieht, wie dies heute bereits viele Jugendforscher tun.

Im Weißbuch werden die wichtigsten Initiativen der EU auf dem Bildungssektor resümiert. Ebensowenig wie der Europarat, kann die Kommission direkt in die Schul- und Bildungspolitik der Mitgliedstaaten eingreifen.

Sie kann diese Politiken aber sehr wohl beeinflussen, und zwar über ihre Bildungs- und Austauschprogramme. Begonnen in den 1970er Jahren, entwickelte die Kommission im Verlauf der nächsten zwei Jahrzehnte eine ganze Palette derartiger Programme, die inzwischen verschmolzen sind in *Socrates* für Allgemeinbildung, *Leonardo da Vinci* für Berufsbildung und *Jugend für Europa* für außerschulische Bildung. Diese Programme gelten inzwischen auch für die Beitrittsländer. 1990 richtete die Kommission *Tempus* speziell für die zentral- und osteuropäischen Länder ein, um die Transformation der Erziehungssysteme nach dem Zusammenbruch der staatssozialistischen Regime zu unterstützen und diese Länder auf Wettbewerb und Marktwirtschaft einzustellen.

Des weiteren sind von den Bildungsinitiativen der Kommission in unserem Zusammenhang besonders erwähnenswert die Entwicklung eines *European Credit Transfer System (ECTS)*, mit dem die Anerkennung von Hochschulabschlüssen in der EU erreicht und so die Mobilität der jungen Generation ermöglicht und stimuliert werden soll, sowie das 2002 verabschiedete *eLearning* Programm, das dazu dienen soll, mit Hilfe der neuen Informations- und Kommunikationstechnologien die Qualität der allgemeinen und beruflichen Bildung und den Zugang dazu zu verbessern. Das Programm soll u.a Schulpartnerschaften über Internet stimulieren, und es soll sich an Bürger in Europa wenden, die Probleme beim Zugang zu allgemeinbildenden und beruflichen Institutionen haben (IJAB Info 1-2/2003, S. 10).

Am direktesten reflektiert das Programm *Jugend* die Ziele von Partizipation, sozialer Integration (dies auch im Sinne von Kampf gegen Marginalisierung bestimmter Gruppen) und interkultureller Erziehung, wie sie auch vom Europarat vertreten werden. Es soll einen Raum für Bildung in einem breit verstandenen Sinn in Europa schaffen, in dem Jugendliche in informellen und außerschulischen Kontexten Lernerfahrungen machen können. Jugendliche und Jugend(sozial)arbeiter sollen sich über Landesgrenzen hin vernetzen, zum einen durch Austauschprogramme, zum anderen durch ehrenamtliche Arbeit (europäischer Freiwilligendienst). Besondere Fonds werden für Grenzregionen zwischen EU-Mitgliedländern und Beitrittsländern bereitgestellt. Das Programm hat überdies zum Ziel, auch körperlich behinderten Jugendlichen die Chance für Austauscherfahrungen zu geben.

Schwachpunkt alle EU-Programme, insbesondere aber von *Leonardo* und *Jugend*, ist Überbürokratisierung, Zersplitterung und mangelnde Kontinutät einzelner Projekte und eine unzureichende Evaluation der Effekte, die die Projekte sowohl auf die nationalen Bildungssysteme wie die Lebenschancen der Teilnehmer haben. Selbstkritisch stellt die Kommission fest, dass Studenten, die über Socrates die Chance erhalten, eine Zeitlang im Ausland zu studieren, zumeist aus den höheren Sozialschichten stammen und damit dem Prinzip der Chancengleichheit kein Recht getan wird. Auch das *Credit System* funktioniert noch keineswegs befriedigend, und der bürokratische Aufwand ist bei allen Programmen erheblich. Andererseits gibt Socrates Schulen die Chance, intereuropäische Netzwerke aufzubauen und ermöglicht

Schülern, ihren Horizont mit Auslandserfahrungen zu erweitern (s. auch den Beitrag „Lernfeld Europa" in diesem Buch).

Im Weißbuch wird Jugendpolitik mit Bildungspolitik unter Berücksichtigung des *Subsidiaritätsprinzips* verkoppelt. Kurz gefasst besagt dieses Prinzip, dass Jugend- und Bildungspolitik zwar Ländersache sind, dies aber angesichts der drängenden Probleme, auf dem Weltmarkt wettbewerbsfähig zu bleiben, nicht bedeuten darf, dass die EU in diesen vitalen Bereichen nicht aktiv wird, und zwar mit dem ausdrücklichen Ziel, die nationalen Politiken in bestimmte Richtungen zu beeinflussen und damit auch bis zu einem gewissen Grad zu vereinheitlichen. Dieses Ziel soll durch bessere Abstimmungsprozeduren zwischen den Mitgliedstaaten erreicht werden, die unter der Bezeichnung ‚offene Methode der Koordinierung' laufen. Angesichts der großen Empfindlichkeit der Mitgliedstaaten, ihre Souveränität gegenüber der EU zu wahren, soll diese Methode Freiwilligkeit garantieren und doch einen gewissen Handlungsdruck ausüben. Die zuständigen Minister der Mitgliedstaaten sollen auf Vorschläge der Kommission zur Bildungs- und Jugendpolitik reagieren und Prioritäten feststellen, die dann in Expertengremien in konkrete Ziele und Maßnahmen umgesetzt werden. Diese werden wiederum dem Ministerrat zur Beurteilung vorgelegt und dort diskutiert, um schließlich in einem Empfehlungspaket an die Kommission zu gehen. Über die Vereinbarung von Zeit- und Qualitätskriterien, *monitoring* und *best examples*, soll es so schrittweise zu den gewünschten Vereinheitlichungen und zu einer erhöhten Leistungsfähigkeit der nationalen Bildungssysteme kommen.

Gegenüber diesem – hier verkürzt dargestellten – Verfahren (s. Weißbuch, Kap. 4) ist Skepsis gewiss berechtigt, man kann sich bereits jetzt den ungeheuren bürokratischen Aufwand vorstellen, um zu einheitlich oder mehrheitlich getragenen Entscheidungen zu kommen, denen ihr Kompromisscharakter anhaften wird; andererseits ist angesichts des Subsidiaritätsprinzips kaum ein anderes Prozedere vorstellbar.

Lissabon-Gipfel 2000

Ein Schlüsselereignis für eine weitere „Einmischung" europäischer Organe in die Kompetenzen nationaler Bildungssysteme war das Gipfeltreffen in Lissabon, 2000, auf dem die Bildungsminister der EU sich das Ziel setzten, dass Europa „should become the most competitive and dynamic knowledge-based economy in the world, capable of sustainable growth with more and better jobs and greater social cohesion" (European Commission, 2001a, p. 3). Dabei geht die Kommission für die Zukunft von Vollzeitbeschäftigung aus! Das arbeitspolitische Programm[3] hat direkte Implikationen für Bildung und Lernen,

---

3 Das Programm beruht auf vier vertikalen und zwei horizontalen Säulen: employability, entrepreneurship, adaptability und equal opportunity; quer hierzu: die Rolle der

und indem die nationalen Bildungsminister ihm zustimmten, äußerten sie damit auch (Selbst-)kritik an den Bildungssystemen ihrer Länder. Nationale Bildungssysteme müssen sich erneuern, indem sie sich für erweiterte Lernformen und Bildungsinhalte öffnen. Insbesondere geht es um die folgenden fünf Punkte:

- Qualitätsverbesserung der Allgemein- und Berufs–, sowie der Lehrerbildung;
- Durchlässigkeit des Bildungssystems, um allen gesellschaftlichen Gruppen Zugang zu gewähren;
- Ein erweitertes Grundcurriculum, das alle Lerner durchlaufen sollen;
- Öffnung des Bildungssystems in den Nahraum lokaler Nachbarschaften, incl. der Wirtschaft, sowie in den Fernraum Europas und der restlichen Welt.

Diese fünf Bildungsziele sollen mit der „Methode der offenen Koordination" (s.o.) erreicht werden; Handlungsdruck soll durch vergleichende Fortschritts-Evaluationen (u.a. zum Beispiel PISA) erreicht werden.

In diesen Bildungszielen ist die Einsicht enthalten, dass die bestehenden nationalen Bildungseinrichtungen ihre Aufgabe, die junge Generation auf die Zukunft vorzubereiten, nur unter zwei Voraussetzungen erfüllen kann:

- Neue Lernverbindungen zwischen *formal, non-formal* und *informal learning* schaffen;
- Intrinsische Lernmotivation bei Schülern und Lehrern schaffen.

Beides erfordert eine radikale Erneuerung der bestehenden nationalen Bildungssysteme, vor allem eine bessere Organisation und Verschränkung zwischen Allgemeinbildung und Berufsbildung. Die in Fächern eingeschlossenen Curricula müssen um moderne Inhalte und Methoden – insbesondere Sprach- und *ICT*-Kompetenzen[4] – erweitert werden, die die Lerner fit machen für eine Informationsgesellschaft mit größerer geographischer und mentaler Mobilität. Die fünf Ziele enthalten auch die Einsicht, dass heutige Lerner individuelle Bildungskarrieren machen und schematische Eingliederungsmaßnahmen auf den Arbeitsmarkt keine guten Resultate erzielen und dem Gedanken der Partizipation und Selbstbestimmung widersprechen. Eine Individualisierung von Lernangeboten und Lernaktivitäten soll gleichzeitig der Integration von Risiko-Lernern zugute kommen; also keine Ausgrenzung bestimmter Gruppen Kinder und Jugendlicher, wie dies bisher in allen nationalen Bildungssystemen der Fall war und in Kauf genommen wurde. Sondern breite Eingliederung in einen Lernstrom, auf dem jedes Schiffchen schwimmen können soll.

Sozialpartner und lebenslanges Lernen; aus allem ergibt sich eine erwünschte Verschränkung von Wirtschafts–, Sozial- und Bildungspolitik (EC, 2001a, p. 24)

4   Zur Zeit setzen weniger als 4 von 10 europäischen Lehrern Internet im Klassenzimmer ein, und in den ärmeren Südländern wie Spanien und Portugal müssen sich viel mehr Schüler einen Internetanschluss teilen als in den reicheren Nordländern (EC, 2001b).

Interessant sind vielleicht weniger die Forderungen selbst – sie werden in vielen Ländern und pädagogischen Veranstaltungen seit vielen Jahren erhoben – als die Tatsache, dass diese Forderungen nun ihre nationale Begrenztheit und damit auch Unverbindlichkeit abwerfen und in eine *europäische Bildungsoffensive* der Selbstverpflichtung der Mitglieds- und Beitrittsländer einmünden; dies nicht in erster Linie aus immanenten pädagogischen Motiven, sondern weil die Erkenntnis wächst, dass Europa mit seinen alten Bildungs- und Erziehungstraditionen dem wirtschaftlichen und sozialen Wettbewerb in einer globalisierten Welt nicht gewachsen sei.

Es ist schwer, europäische Dokumente zu Bildung und Lernen auf ihren Realitätsgehalt in zu beurteilen. Aber mit einigem Realitätssinn lässt sich wohl sagen, dass das hier präsentierte Erneuerungsprogramm für eine europäische fortschrittliche Bildung, von der Grundschule bis zur Erwachsenenbildung, Jahrzehnte zu seiner Umsetzung benötigen wird. Schulforscher und Modernisierungstheoretiker wissen, dass dies eine ungeheure Zeitspanne ist, in der vom eingeschlagenen Kurs aus heute nicht vorhersehbaren Gründen abgewichen werden wird. Auch lässt sich mit einiger negativer Phantasie darüber spekulieren, ob nicht wirtschaftliche Ineressen die fortschrittlich formulieren pädagogischen und sozialen Ziele verengen und pervertieren werden[5], und ob es nicht zu einer ungezügelten Privatisierung von Teilen des Bildungssystems kommt, wie dies z.B. in Italien bereits der Fall ist.

Weißbuch 2001

Kehren wir noch einmal zum Weißbuch zurück und schauen wir uns an, was dieses für die Jugendpolitik so entscheidende Dokument über Lernen zu sagen hat.

Die Jugendpolitik der EU soll die folgenden Schwerpunkte haben, und dort zeigt sich, welche Bildungs- und Lernvorstellungen ihr zugrunde liegen:

– *Partizipation*: Jugendliche sollen in ihrem lokalen Kontext an sie betreffenden Entscheidungen beteiligt werden. Dies soll sich auch auf Schulen beziehen. Dabei bleibt offen, wie dies geschehen könnte und welche Reichweite eine derartige Mitbestimmung hätte. Aber mehr als dieser sehr summarische Hinweis auf den wichtigsten Lebensbereich junger Europäer zwischen 15 und 25 Jahren wird hier nicht gegeben (WB, S. 23). Angesichts der ausufernden Kritik eben jener jungen Europäer an ihren jeweiligen Schulsystemen und Lernbedingungen, die sie im Weißbuch

---

5   Vgl. etwa folgende Imperative in dem erwähnten EC-2001a Stück: „The need for schools and training institutions to relate to the world of business... ensuring employability...schools should build on the contacts they have with businesses in their local environment... business has a longterm interest in seeing a quality output from schools..." (S. 12).

geäußert haben, kann man nur schlussfolgern, dass die Vertreter der nationalen Bildungssysteme weitergehende Formulierungen über schulische Partizipation nicht zugelassen hätten.

–   *Information:* Auch Jugendinformation ist Ländersache, soll aber in Zukunft deutlich Teil der neuen Jugendpolitik werden und die Mitgliedstaaten dazu bringen, sich an festgestellte Standards zu halten. Nicht nur außerschulische Einrichtungen sollen Jugendliche mit lebensrelevanten Informationen versehen (Gesundheit, Sexualität, Arbeitsmarkt u.a.), sondern auch Schulen sollen sich dieser Aufgabe verstärkt annehmen. Auch hier bleibt es bei summarischen Aussagen, es werden keine weiterreichenden curricularen oder didaktischen Konsequenzen aus den Forderungen gezogen. – Auf *eLearning* sind wir bereits oben eingegangen[6].

–   *Ehrenamtlichkeit.* Der europäische Freiwilligendienst ist Teil des Programms *Jugend* und soll, so der Wunsch der Kommission im Weißbuch, als Bildungserfahrung anerkannt werden, und zwar im Bereich außerschulischen Lernens. Den Mitgliedstaaten wird empfohlen, alle Hindernisse zu beseitigen, die Jugendlichen in den Weg gelegt werden könnten, wenn sie in anderen Ländern ehrenamtlich tätig werden wollen; die Kommission erachtet derartige Tätigkeiten besonders wichtig, um Jugendmobilität zu fördern. Über eine engere Verzahnung von formaler und außerschulischer Bildung wird in diesem Zusammenhang nichts weiter festgestellt. Das sollte aber nicht über die großen Hoffnungen und Erwartungen hinwegtäuschen, die sich die das Weißbuch vorbereitenden Gremien über die Lernanreize von ehrenamtlichem Engagement gemacht haben (vgl. Eine Zukunft für die Europäischen Jugendlichen, 2001).

–   Schließlich sollen die Mitgliedstaaten sich dafür einsetzen, dass sie eine (bessere) *Querschnittpolitik* machen, in der Jugendfragen in allen Ressorts behandelt werden, und dies nicht nur auf Länder-, sondern auch auf europäischer Ebene. Allgemeinbildung, Berufsbildung, außerschulisches Lernen in all seinen Formen und lebenslanges Lernen sollen neue Verbindungen eingehen – welche, darüber bestehen noch viele Unklarheiten, sowohl innerhalb der einzelnen Mitgliedstaaten, als in den europäischen Organen und Gremien, so gibt das Weißbuch zu. Aber nur wenn derartige neue Verbindungen zwischen Lernformen und Lernkontexten zustandegebracht werden, kann das europaweite Problem der Jugendarbeitslosigkeit und mangelnder Bildungsabschlüsse gelöst werden, die die soziale Integration der jungen Generation gefährden (WB. S. 26/27).

---

6   Aus einer Diplomarbeit, die ich zu diesem Thema schreiben ließ, geht hervor, dass das Projekt, durch das Schulen sich europaweit vernetzen können sollen, bis jetzt nicht viel mehr ist als eine leere Hülse. Lehrer, die den Wunsch haben, Partnerschaften mit Kollegen/Schulen in anderen europäischen Ländern zu schließen und gemeinsame Projekte zu machen oder Curricula auszutauschen, tun dies bis jetzt noch auf eigene Faust (de Roo, 2002).

In den Konsultationsrunden im Entstehungsprozess des Weißbuches kritisierten Jugendforscher und Jugendliche die mangelnde Verknüpfung der verschiedenen Lernformen *formal, non-formal, informal education/learning*[7]
insbesondere unter dem Gesichtspunkt, dass das formale Bildungswesen
nicht imstande sei, die Lernmotivation der Jugendlichen zu aktivieren. Sie
trauen hier den außerschulischen und informellen Lernkontexten mehr zu,
Lernpotentiale auszuschöpfen und lernmüde Jugendliche zu reaktivieren, und
vor allem erhofften sie sich von den *non-formal education* Vertretern Unterstützung für ihre schulpolitischen Forderungen[8]. Dies zeigt erneut und von
einer anderen Seite die Spannung zwischen dem ‚harten' Sektor des formalen
Bildungswesens und dem ‚weichen' Sektor von Jugend(sozial)arbeit, wie er
in den meisten Mitgliedländern vorhanden ist. Das Weißbuch könnte den Anstoß geben, diese Spannung zugunsten einer integrierten Jugend- und Bildungspolitik aufzulösen (vgl. hierzu auch den Beitrag „Jugend – Lernen –
Europa: Ménage à trois?" in diesem Buch). Ob und wieweit der Kommission
und den ihr angeschlossenen Organen dies in absehbarer Zeit gelingt, ist allerdings angesichts des Subsidiaritätsprinzips und des nationalen Eigensinns
gerade im bildungs- und jugendpolitischen Bereich fraglich[9].

Es ist für eine europäische Jugendbildungspolitik eher möglich, sich auf
dem Gebiet des außerschulischen Lernens zu betätigen, als im formalen Bildungswesen. Und wir haben ja auch gesehen, dass der Europarat in seiner Ju-

---

7   Diese Begriffe werden im Weißbuch Jugend und in vielen anderen europäischen Do-
    kumenten folgendermaßen definiert: „Das formale Lernen erfolgt in Schulen oder Be-
    rufsbildungseinrichtungen und wird mit einem Befähigungsnachweis bestätigt. Es ist
    (in Bezug auf Lernziele, Lernzeit oder Lernunterstützung) strukturiert. Das nicht for-
    male Lernen erfolgt nicht in einer Schule oder Berufsbildungseinrichtung und führt üb-
    licherweise nicht zu einem Abschluss, der mit einem Befähigungsnachweise bestätigt
    wird. Es ist jedoch sowohl strukturiert als auch gezielt. Das informelle Lernen erfolgt
    nicht in Schulen oder Berufsbildungseinrichtungen, wird nicht mit einem Befähigungs-
    nachweis bestätigt und ist nicht strukturiert. Es entspringt den alltäglichen Aktivitäten
    am Arbeitsplatz, in der Familie oder in der Freizeit. Es kann gezielt erfolgen, ist in
    den meisten Fällen jedoch unbeabsichtigt (oder zufällig)." (Weißbuch, S. 44).

8   Die im European Youth Forum zusammengeschlossenen Jugendvertreter monierten
    insbesondere, dass zu wenig Rücksicht auf die Situation der Jugend in den Beitritts-
    ländern genommen wurde und vor allem, dass dem gesamten Thema Bildung und
    Lernen letztlich nur oberflächliche Aufmerksamkeit zuteil geworden ist. Sie trauen
    auch der offen Koordinationsmethode nicht zu, Handlungsfähigkeit in den EU Gremi-
    en herzustellen (Youth Forum Jeunesse: European Youth Forum response to the Eu-
    ropean Commission's White Paper: An Impetus for European Youth. Adopted by the
    Bureau of the European Youth Forum, 30 January 2002).

9   Auf der 6. Konferenz der Jugendminister der EU (Nov. 2002 in Thessaloniki) wurde
    beschlossen, weiter an einer Vereinheitlichung der europäischen Jugendpolitik zu ar-
    beiten. Im Geiste dieses Beschlusses fand im März 2003 ein Expertenseminar im Ju-
    gendzentrum des Europarates in Straßburg statt, auf dem Indikatoren entwickelt wur-
    den, die den Jugendpolitiken der einzelnen Mitgliedstaaten Orientierung bieten sollen.
    Sie beziehen sich auf alle Lebensbereiche der Jugendlichen und bieten auf Dauer eine
    Grundlage für politische und wissenschaftliche Vergleichsstudien (Vgl. Experts on
    Youth Policy Indicators, 2003).

gendarbeit seit seinem Beginn nach dem Zweiten Weltkrieg auf diesem Feld aktiv wurde. Aber seit dem Lissabon Gipfel wird außerschulisches Lernen nicht mehr als eine Spielwiese der Jugend(sozial)arbeit gesehen, sondern soll mit in den Dienst von Ausbildungsaufgaben gestellt werden. Auf Länderebene ist diese Tendenz bereits in Trainingsprogrammen für Jugendliche zu sehen, die keineswegs mehr freiwillig sind, d.h., es werden Aufgaben aus dem Berufsschulsektor auf die Jugendarbeit abgeschoben.

Auf europäischer Ebene ist dies so direkt nicht möglich; das Leonardo Programm ist zwar berufsausbildungsbezogen, aber es deckt keineswegs alle Aspekte von *non-formal education/learning* ab, wie aus dem Weißbuch und der Auffassung des Europarates hervorgeht. Es ist nun eben diese Erweiterung des Lernbegriffs, um den es den europäischen Gremien geht und wo sie ausgreifender schreiten als die Mitgliedländer. Mit einem Bild könnte man sagen, dass das Konzept *non-formal education/learning* der Schlüssel ist, mit dem Tür zur Modernisierung der nationalen Bildungssysteme aufgeschlossen werden soll.

Das Verhältnis zwischen formal education und non-formal education/learning

Beide, die Kommission und der Europarat, stellen sich die Frage nach dem Verhältnis zwischen formaler und nicht-formaler Bildung mit einer gewissen Ambivalenz: zwar findet man in allen einschlägigen Dokumenten und Statements die Zauberformel, *non-formal* und *formal education/learning* stünden in einem komplementären Verhältnis zueinander, aber das enthebt die Beteiligten nur scheinbar einer genaueren Analyse dieses Verhältnisses. Bleibt man an der Oberfläche, so scheint alles klar zu sein: das offizielle Bildungswesen konzentriert sich auf formale Qualifikation, sowohl in der Allgemeinbildung als in der Berufsbildung. Außerschulische Bildung auf freiwilliger Basis ist eine zusätzliche Sozialisationsinstanz, die insbesondere geringer qualifizierten Jugendlichen zugute kommt. In dieser Auffassung von Komplementarität bleibt das formale Bildungswesen intakt und ko-existiert neben außerschulischer Bildung. Verallgemeinernd könnte man sagen, dass diese Auffassung bis in die späten achtziger Jahre des letzten Jahrhunderts dominant war, sowohl auf nationaler wie europäischer Ebene.

Etwa von diesem Zeitpunkt an entwickelte sich der Diskurs des *lebenslangen Lernens*, besser gesagt, er reaktivierte sich und begann auf europäischer Ebene mit dem einflussreichen Weißbuch ‚Growth, Competetiveness and Employment' von 1994, in dem es u.a. heisst: „Lifelong learning is therefore the *overall* objective to which the national educational communities *can* make their own contribution" (EC, 1994, p. 16 – Unterstr. MdBR). Hier wird bereits die Spannung sichtbar zwischen neuen Lernimperativen auf europäischer Ebene – „overall" – und den autonomen – „can" – nationalen Bildungssystemen: die EU kann die Mitgliedstaaten nicht zu einer einheitlichen Bildungspolitik zwingen, sondern immer nur erneut die Dringlichkeit einer solchen betonen (vgl. auch EC, 1997).

Ein Jahr nach dem Weißbuch von 1994 folgte das nicht minder einflussreiche Weißbuch „Teaching and Learning – Towards the Learning Society" (EC, 1995) und wieder ein Jahr später wurde 1996 zum „European Year of Lifelong Learning" (EYLL) ausgerufen. Seither wird der Diskurs immer weiter ausgefaltet und überformt die traditionelle Trennung zwischen schulischer und außerschulischer Bildung[10].

Die friedliche, aber auch distanzierte Koexistenz zwischen formaler und non-formaler Bildung – eine LAT Beziehung (living apart together), wenn man so will –, beginnt einer Vernunftehe Platz zu machen, in der die Partner zwar nicht das Bett, wohl aber den Tisch teilen – oder dies doch sollten. *Non-formal education/learning* erhält nun manifest die Funktion, die es latent bereits hatte, nämlich bildungsbenachteiligte Schüler und Jugendliche mit Zusatzangeboten für den Arbeitsmarkt zu qualifizieren, seien diese mehr auf soziale oder stärker auf konkrete fachliche Fähigkeiten gerichtet. Diese *kompensatorische Funktion* von außerschulischer Bildung/Jugend(sozial)arbeit findet inzwischen ihren Ausdruck in Neuauflagen von Schulsozialarbeit, *community schools* (in den Niederlanden: ‚brede school' mit nachmittäglichen Lern- und Spielangeboten), in *second chance schools*, etc. findet (vgl. z.B. Valkestijn/van de Burgwal, 2001).

Je ausgeprägter die Tradition von Jugendarbeit in den diversen europäischen Ländern, desto deutlicher diese Wendung und Neubestimmung des Verhältnisses von formaler und nicht formaler Bildung. Wo diese Tradition fehlt, wie in den südeuropäischen Ländern, geht es eher darum, Jugendarbeit zunächst überhaupt als wesentlichen Teil von Jugendpolitik zu erkennen und zu institutionalisieren, während in den Transformationsländern *non-formal education* hauptsächlich von (Y)NGO's (nicht Regierungs[Jugend] Organisationen) getragen wird. Entsprechend unterschiedlich sind die Übergangssysteme und -regime für Jugendliche und junge Erwachsene eingerichtet (Walther, 2003).

Über keinen anderen jugendpolitischen Bereich haben die am Konsultationsprozess beteiligten Jugendlichen so heftig und auch so eindeutig diskutiert, als über den Bereich Schule und Lernen[11]. Dabei ist interessant, dass sie am formalen Bildungssystem ansetzten und sich nicht damit zufrieden gaben, *non-formal education/learning* sozusagen als Ausgleich zu den Mängeln des formalen Bildungsystems zu fordern. Sie äußerten ihre Kritik am herrschen-

---

10 Auf der 2001 gehaltenen Konferenz in Oslo, „Validation of non-formal and informal learning" kündigte die Europäische Kommission für 2003 an, dass in allen Mitgliedstaaten eine umfassende Übersicht erstellt werden soll von allen Initiativen und Aktivitäten auf dem Gebiet von non-formal education, und alle Mitgliedstaaten sollen diese Lernformen gesetzlich festlegen und damit legitimieren. Vgl. auch die Konferenz „Lebenslanges Lernen verwirklichen", Brüssel, 9./10. September 2001.

11 Die Autorin war in ihrer Eigenschaft als unabhängige Jugendforscherin in mehrere Phasen des Entstehungsprozesses des Weißbuches einbezogen.

den Schulbetrieb ihrer jeweiligen Länder auf vielfältige Weise und plädierten für:

- eine Engführung von formal, non-formal und informal learning;
- im Sinne von lebenslangem Lernen für die Kombination von Studium, Arbeit und Freizeit.

Sie lasteten die Schwächen des herrschenden Bildungswesens nicht primär den Lehrern oder einzelnen Schulen an, sondern betrieben Systemkritik: das gesamte System müsse verändert und an die Bedürfnisse seiner Benutzer angepasst werden.

Sie kritisierten die uneffektive Berufsberatung und forderten:

- individualisierte Berufsberatung;
- eine bessere Integration von familiär oder anderweitig benachteiligter Jugendlicher;
- eine Reform der Lehrerausbildung, um besser auf die Bedürfnisse der Schüler einzugehen und eine solidarische Lehrer-Schüler Beziehung herzustellen;
- eine Neustrukturierung von Lernprozessen, um die Lernmotivation ebenso wie die Wahlmöglichkeiten der Schüler zu erhöhen;
- dass Schulen Schülern mehr Möglichkeiten geben sollen, ihren eigenen Bildungsprozess zu gestalten;
- dass Schüler daran beteiligt werden sollen, ihre Lehrer zu beurteilen.

Kurzum, eine „gemischte" Bildung solle angeboten werden, die sich einer Vielzahl von Methoden und Materialien bedienen sollte, um die für lebenslanges motiviertes Lernen erforderlichen Fähigkeiten zu vermitteln (WB, S. 43). Eine gut zugängliche Informationspolitik für Jugendliche ist hierfür eine unabdingbare Voraussetzung (vgl. Alexander, 2003[12]).

In der Debatte über das Verhältnis, in dem die drei unterschiedenen Lehr-Lernformen *formal, non-formal, informal learning/education* zueinander stehen bzw. gebracht werden sollten, spielen neue Formen der Fähigkeitsanerkennung eine Rolle. Das Problem, dass die Vorteile insbesondere von non-formal eduation – Freiwilligkeit; intrinsische Motivation; Flexibilität durch weniger formalisierte Curricula und Leistungsmessungen – in dem Maße verloren gehen oder doch stark abgeschwächt werden, in dem dort erworbene Qualifikationen zertifiziert (und damit formalisiert) werden, wird breit erörtert. Es sind aber gerade Wirtschaftsvertreter – Arbeitgeberorganisationen ebenso wie Gewerkschaften –, die darauf drängen, Qualifikationen durch Zertifikate „sichtbar zu machen", die im außerschulischen Bereich er-

---

12 Vgl. auch ERYICA (European Youth Information and Counselling Agency), gegründet 1986 als Netzwerk bestehender Jugendinformationspunkte (JIP's); es ist inzwischen eine breite europäische Plattform-Organisation geworden, bei der Hunderte von JIP's aus ganz Europa angeschlossen sind.

worben sind. Man kann hier an viele Formen denken, zwei davon sind erfolgversprechend: 1) *Vouchers*, 2) *Portfolios*.

Vouchers sind Bildungsgutscheine, die das Lernsubjekt zu verschiedenen Zeiten seines Lebens in verschiedenen Bildungseinrichtungen (nicht nur formalen) einlösen können soll. Die niederländische Regierung hat diese Idee aufgegriffen und in Pilotprojekte für (sehr) gering Qualifizierte umgesetzt, um den Realitätsgehalt und Umsetzungsmöglichkeiten zu testen (vgl. Doets/ Westerhuis, 2002). Lernanstrengungen sollen z.b. mit materiellen Belohnungen angereizt werden. Dies ist ein Beispiel dafür, wie prekär die Balance zwischen autonomem und partizipatorischem Lernen einerseits, (erneut) funktionalisiertem Lernen andererseits ist[13].

Portfolios sind mehr oder weniger formalisierte und anerkannte Berichte, die das Lernsubjekt über seine eigenen Lerninhalte und -erfolge anlegt und die ev. von Bildungs- und Arbeitsorganisationen anerkannt werden. So hat z.B. die „Finnische Jugendakademie" ein Modellbuch entwickelt, in dem Jugendliche ihre nicht-formalen Lernerfahrungen beschreiben und festhalten können. Dabei kann es sich um die Organisation eines Festes handeln, ebenso wie um das Sammeln von Briefmarken. Die Jugendlichen können auch einen Erwachsenen nach ihrer Wahl bitten, diese Selbstdarstellung zu kommentieren. Das Deutsche Jugendinstitut hat in Zusammenarbeit mit einem niederländischen Büro (De Jong & Van Doorne-Huiskes) die Fähigkeiten inventarisiert, die Menschen im Familienleben erwerben (z.B. Zeitmanagement)[14]. Etc.

In allen Fällen geht es darum, die Vorteile von nicht formalisierten Lehr- und Lernaktivitäten vor einer vorschnellen Formalisierung und damit Entfremdung vom Lernsubjekt zu schützen. Auffällig in der Diskussion ist der Ideenreichtum und der Erneuerungswille, der von der *non-formal* Seite ausgeht, während sich die *formal education,* also das etablierte Bildungssystem, reservierter verhält.

Trotzdem kommt auch das formale Bildungswesen unter Druck, ein neues Verständnis von Lernen und Lehren zu entwickeln. Davon zeugt z.B. der 2000 erschienene *Report on the Quality of School Education,* in dem steht: „High levels of knowledge, competencies and skills are considered to be the very basic conditions for active citizenship, employment and social cohesion." (S. 5) Die Kommission, die diesen Report erstellte, bestand nicht nur aus Experten von EU Länder, sondern darüber hinaus auch aus den Beitrittsländern Ungarn, Polen, die Baltischen Länder, Tschechien und Slowien, sowie

---

13 Es geht z.b. um den Erwerb eines Führerscheins, um Computerkurse (Acces, Excel, Word), um Kurse zur Aggressionsbeherrschung für Arbeitnehmer mit Publikumskontakt, sowie um den Erwerb weiterführender Fachdiploma. Vgl. auch Brakenburg, 2002, der im Auftrag des niederländischen Instituts NIZW eine Übersicht erstellt hat von ehrenamtlicher Arbeit, und in welchen Formen diese anerkannt werden kann (Beispielländer: Dänemark, Deutschland, Finnland, Großbritannien, Norwegen, Belgien, Schweiz).

14 Die Beispiele wurden auf der Oslo-Konferenz (2002) in einer Arbeitsgruppe ausgetauscht.

späteren EU Kandidaten (Rumänien und Bulgarien). Das ist bedeutsam, denn es zeigt, dass die vorgeschlagenen Qualitätskriterien einen erweiterten europäischen Bildungshimmel überspannen sollen.
Die 16 Indikatoren, an denen die Qualität von Bildungssystemen gemessen werden (sollen), sind unter vier Bereichen gruppiert:

- Kenntnisse und Fähigkeiten in schulischen Schlüsselfächern wie Mathematik, Sprachen, Naturwissenschaften, Bürgerschaftserziehung, sowie „Lernen zu lernen" im Sinne einer Erziehung zu lebenslangem Lernen;
- Schulerfolg und Übergänge (Schulabschlüsse; dropouts);
- Monitoring von Bildungssystemen (Evaluation, Intervention, Elternmitbestimmung);
- Ressourcen und Strukturen (Lehrerbildung, Vorschulerziehung, Schülerratio pro Computer, Bildungsausgaben pro Schüler).
- Der Report stellt fest, dass es noch keine umfassende Untersuchung auf europäischem Niveau gibt, die verlässliche empirische Vergleichsdaten bereitstellt. Die Experten finden aber Kenntnisse hierüber wichtig, um die europäische Lernlandschaft zu skizzieren. Sie stellen sich z.B. eine Landkarte vor, in der die Existenz bzw. der Mangel an Lernformen, Methoden und Ressourcen graphisch anschaulich gemacht wird, „showing clusters of countries that have made considerable progress in putting policy into place and from which important lessons may be learned." (S. 30)

Europäisches Bewusstsein der Lern- und Bildungskrise

Zusammenfassend: in der europäischen Jugend- und Bildungspolitik, wenn man sie, wie ich hier, unter dem Gesichtspunkt von Lernen beurteilt, rücken drei Schlüsselkonzepte ins Zentrum:

- *Non-formal education/learning* als ein neues, ernst zu nehmendes Korrelat zur formalen Bildung. Dahinter steht die Krise der nationalen Bildungssysteme, die Herausforderungen von avancierten Wissensgesellschaften und neuen Lebensläufen und Anforderungen an Jugendliche (lebenslanges Lernen);
- *Soziale Integration* bzw. Kampf gegen sozialen Ausschluss und die Marginalisierung von großen Gruppen Jugendlicher und junger Erwachsener. Dahinter steht die Einsicht in die Gefahren einer Risikogesellschaft, insbesondere die negativen Effekte einer Umstrukturierung des Arbeitsmarktes, wodurch ein „normaler" Übergang von der Schule in den Beruf nicht mehr gewährleistet ist;
- *Citizenship* und *Partizipation*. Dahinter steht die Einsicht, dass eine europäische Identität nur entsteht, wenn „Europa" für seine jungen Bürger konkret gemacht wird und sie das Gefühl haben, Einfluss nehmen zu können, sowohl auf lokaler wie nationaler, wie eben auch europäischer

Ebene. Es gilt insbesondere benachteiligten Gruppen Jugendlicher, wie u.a. Behinderten und ausländischen Jugendlichen Partizipationsangebote zu machen[15].

Eine diesen drei Prinzipien verpflichtete Jugend- und Bildungspolitik in Europa steht an; Jugend- und Bildungsforscher spielen für diese Arbeit eine wichtige Rolle, der sie sich nicht entziehen sollten.[16]

---

* Dieser Beitrag ist für das vorliegende Buch geschrieben.

---

15 Mehrere Autoren arbeiten an einer „citizenship education", in der formale und non-formale/informale Lernkonzepte explizit mit Partizipation und Bürgerschaftserziehung verbunden werden (sollen); vgl. hierzu Cogan/Derricot, 2000.

16 Im Anschluss an das Weißbuch „Neuer Schwung für die Jugend" fordert die Europäische Kommission die Mitgliedstaaten zu einer Übersicht über ihre jeweiligen Politiken in Sachen Jugendforschung auf.

Lernfeld Europa – Chance für Schüler und Lehrer im 21. Jahrhundert*

Europa wird sein, was es ist, wenn es ein Kontinent des Lernens sein wird. Der Zwang zum Lernen ist durch die Verschiedenheit unseres Erdteils gegeben. (György Konrad)

Einleitung

Am Ausgang des 20. und zu Beginn des 21. Jahrhunderts machen sich immer mehr Menschen in Europa Gedanken über die Schule. Hunderttausende von Lehrern und viele Millionen Eltern und Schüler sowie eine große Anzahl Politiker und Wirtschaftsleute sind nicht mehr davon überzeugt, dass die Schule gute Arbeit leistet. Insbesondere Lehrer und Schüler sind frustriert und müssen sich Tag für Tag dazu zwingen, in die Schule zu gehen. Die nationalen Pflichtschulen befinden sich in einer tiefen Krise, wenn auch mit länderspezifischen Unterschieden. Gleichzeitig nimmt die Bedeutung von Lernen zu. Wir haben es mit dem Paradox zu tun, dass in dem Maße, in dem europäische Gesellschaften zu Wissensgesellschaften werden, die bestehenden Bildungseinrichtungen unter Kritik kommen[1]. Das deutet auf *Ungleichzeitigkeiten in der gesellschaftlichen Entwicklung* hin: offensichtlich entwickeln sich die traditionalen Bildungseinrichtungen nicht mit dem gleichen Tempo und in derselben Richtung wie andere gesellschaftliche Sektoren, in denen Wissen produziert, verbreitet und konsumiert wird. Diese Diskrepanz ist inzwischen so groß geworden, dass sie zu, wenn auch moderaten, Schulreformen geführt hat, die insbesondere in den west- und nordeuropäischen Ländern durchgeführt werden: Verwaltungsreformen, die der Schule mehr Autonomie geben sollen, schulrechtliche Lockerungen, um den Eltern mehr Mitbestimmung zuzubilligen, didaktische Erneuerungen, die den Schülern mehr Wahlmöglichkeiten und selbstbestimmte Lernformen vermitteln. Neuerdings wird das Heil auch von einer Verkabelung der Schulen erhofft[2] (Marotzki u.a., 2000; vgl. auf europäischem Niveau: Youth Directorate 1997).

---

1   Vgl. für viele Frommelt u.a., 2000; Young, 1998; Lohmann, 1999 sowie weitere Beiträge in diesem Buch. Vgl. auch European Youth Trends, ein im Auftrag des Europarates geschriebener Report, in dem es u.a. heisst: „State school systems are heavily criticised all over Europe for their inability to motivate the young for learning and give them bais learning skills, for their failure to provide the competence needed by the contemporary economy (initiative, independent judgement and critical thinking, team work." (Council of Europe, Directory of Youth and Sport, 1998b, p. 13).

2   Ob eine solche Verkabelung zu befreiteren Lehr- und Lernformen führt, ist allerdings alles andere als sicher. Die Schulbuchverlage bereiten sich darauf vor, prefab digitale

Während einerseits wieder mehr pädagogischer Optimismus herrscht, verdunkelt sich andererseits die Zukunftsperspektive für große Gruppen Jugendlicher, die noch vor wenigen Jahrzehnten mit geringen formalen Qualifikationen eine auskömmliche Arbeit hätten finden und einen normalbiographischen Lebenslauf hätten realisieren können. Heute ist ihnen ein solcher traditioneller Lebensentwurf versagt, sie müssen sich auf permanente Requalifzierung, unterbrochen von Zeiten der Arbeitslosigkeit und unattraktiven Flexjobs einstellen.

In Europa – wo immer man im einzelnen die Grenzen zieht – sind die Lebens- und Bildungschancen von Jugendlichen sehr ungleich verteilt, sowohl innerhalb als vor allem zwischen den europäischen Ländern und Regionen. Wissensgesellschaften entwickeln sich gleichwohl überall. Insgesamt steigen Bildungsniveau und Bildungschancen, je weiter man in den Nordwesten reist, und sie sinken für die südosteuropäischen Länder. Die europäischen Organe, insbesondere die Europäische Kommission und der Europarat, versuchen, das Wohlstands- und Bildungsgefälle mit einer Reihe von jugendpolitischen und edukativen Programmen und Maßnahmen zu verringern.

In meinem Beitrag gehe ich auf die Diskrepanz zwischen alter Schule und neuen Anforderungen in Wissensgesellschaften ein, indem ich Beziehungen zwischen Schlüsselkonzepten herstelle, die zur Zeit die Jugend- und Bildungsdiskussion in Europa bestimmen. Es geht zum einen um Beziehungen zwischen formellem, informellem und lebenslangem Lernen; zum anderen um Bedingungen und Voraussetzungen von Partizipation, und wie diese mit Lernen zusammenhängen. An Beispielen europäischer Austauschprogramme werden Chancen und Probleme einer ‚Europäisierung' der nationalen Schule erörtert und gefragt, ob eine solche Europäisierung die Schule aus ihrer gegenwärtigen Krise herausführen und die Lebenschancen von heutigen Kinder- und Jugendgenerationen verbessern könnte.

Lebenslanges Lernen und informelles Lernen in modernen Wissensgesellschaften

In modernen Wissensgesellschaften wird Lernen zu einer immer wichtigeren Ressource von Menschen, Lernen wird sowohl als individuelle wie gesellschaftliche Tätigkeit aufgewertet. Für die Schule ist diese Entwicklung von eminenter Bedeutung, denn sie fordert sie dazu heraus, ihr Funktionieren zu überprüfen. Schulpsychologen und Pädagogen machen sich Gedanken über eine zeitgemäße Lehr-Lerntheorie, die den neuen Anforderungen von Wissensgesellschaften Rechnung trägt, indem sie Schüler nicht vorrangig in einen bestimmten Wissenskanon einführt, sondern ihnen zu einem stabilen *Lernhabitus*

Lehrmittelpakete zu packen und an die Schulen zu verkaufen. „Wir liefern den Zugangscode zu den Unterrichtsmodulen auf dem Web oder cd Rom. Das Üben und Kontrollieren des Lehrstoffes geht automatisch.. Der Lehrer sieht auf Knopfdruck, welche Aufgaben seine Klasse gut oder schlecht gelöst hat..", so ein großer niederländischer Schulbuchkonzern (Volkskrant 14.8.200).

verhilft. Eine offene Zukunft verlangt ein anderes Wissen als das, welches Lehrer heute ihren Schülern beibringen. Lernen wird dadurch zu einem Projekt, das das Lernsubjekt selbst im Akt der Aneignung von Wissen permanent steuert, und zwar ohne einen festen Kompass zu haben. Auch bezieht sich Lernen nicht mehr, wie in früheren Zeiten, auf klar ausmachbare Lebensphasen; gelernt wird heute nicht mehr nur in der Kindheit und Jugend, sondern potenziell das ganze Leben. Lebensläufe werden tendenziell zu Lernbiographien.

1996 veröffentliche die OECD (Organisation for Economic Co-operation und Development) die programmatische Broschüre *Lifelong Learning for All*. Darin werden die Mängel der Pflichtschule in den OECD Ländern (nicht nur Europa) empirisch-statistisch erfasst und mit dem Konzept des lebenslangen Lernens konfrontiert. Die hohe Sensibilität für dieses Konzept in der Öffentlichkeit zeigt, dass sich eine *Transformation von alten in neue Lernformen* ankündigt. Eines der wesentlichen Elemente von lebenslangem Lernen ist Freiwilligkeit: Menschen entwickeln einen stabilen Lernhabitus nicht, wenn sie zum Lernen gezwungen werden, sondern nur, indem sie eine dauerhafte Motivation aufbauen. Damit nähern wir uns dem Spannungsfeld zwischen formalen und informellen Lernorten und -arten: bis zum Ende des letzten (20.) Jahrhunderts hat sich Lernen als Massenlernen in der Pflichtschule abgespielt. Die Lernmotivation in der Pflichtschule ist im wesentlichen extrinsisch ausgerichtet: Leistung im Tausch für Qualifikationsnachweise. Nur einer kleinen Elite ist es unter diesen Bedingungen vorbehalten, aus eigenem Antrieb, intrinsisch motiviert, zu lernen, sie besuchen Eliteschulen, die sich von der Massenschule oft durch freiere Lehr-Lernformen unterscheiden und reichhaltiges Wissen vermitteln.

Die Pflichtschule hat die letzte Jahrhundertwende zwar überlebt, sie musste aber noch nie in ihrer etwa (je nach Lund) hundert bis zweihundertjährigen Geschichte mit sovielen außerschulischen Orten konkurrieren, in denen ebenfalls gelernt wind. Dabei ist zu beobachten, dass sich intrinsisch motivierte Lernprozesse individualisieren und aus der Schule herausverlagern: Kinder und Jugendliche suchen sich selbst ihre Lernorte und -stoffe und eignen sie sich individuell oder in selbstgewählten Peergruppen an (Zeijl, 2001). Diese Lernformen haben mit denen der Pflichtschule nichts gemein. Für Pädagogen ist dabei eine ebenso bedrohliche wie herausfordernde Frage, ob derartige außerschulische Lernformen in die Schule implantiert werden können, und ob die Schüler diese Implantate akzeptieren. Stellt man sich an die Spitze der Mediendebatte, so muss man feststellen, dass die heutige Schülergeneration schneller, umfassender und kreativer mit den neuen Medien umgeht als die (überalterte) Lehrergeneration. Es etablieren sich zunehmend neue Lernorte, wie sie z.B. die neuen Medien herstellen, neben der Pflichtschule, in denen Kinder lernen.

Es ist ein eigenartiger Widerspruch, dass lebenslanges Lernen in Wissensgesellschaften mit grenzüberschreitenden Wirtschaftsformen und Märkten per definitionem ein transnationales Konzept ist, während die pädagogischen Diskurse, insbesondere die über Curricula und Lehrerausbildung, sich immer noch weitgehend auf die nationale Perspektive beschränken. Eine europäische Diskussion über eine neue Pädagogik und über Lehrer und ihre veralteten Ausbildungsbedingungen wird so gut wie nicht geführt. Die Eckensteherrolle des Lehrers in der Diskussion über lebenslanges Lernen könnte man als ein Symptom dafür interpretieren, dass sich die klassische Lehrerrolle aufzulösen beginnt. Im Konzept des lebenslangen und informellen Lernens fällt sie tendenziell mit der Lernerrolle zusammen: wenn alle lebenslang lernen, so auch die Lehrer, sie lernen mit und von Schülern, und dies in formellen ebenso wie zunehmend in informellen (außerschulischen und medialen) Kontexten. Aber dieser Zustand ist noch keine Wirklichkeit, sondern wird erst in Texten zu neuen Lehr-Lernformen anvisiert. Indem aus Text und Programm Wirklichkeit wird – aber ob und wie dies geschieht, ist noch unklar –, lösen sich auch die Motivationsprobleme der Lehrer, die diese genau wie die Schüler haben. In diesem (idealen) Fall sind Lehrer ebenso wenig wie Schüler ausschließlich an den institutionellen Schulkontext gebunden (Steinberg/Kincheloe, 1998).

An außerschulischen Lernorten vermischen sich Lebensphasen und -formen, die ehemals und andernorts streng voneinander getrennt waren. Lernen, Arbeit und Freizeit wurden früher von allen Menschen, außer einer kleinen Intellektuellen- und Künstlerelite, als getrennte Lebensbereiche wahrgenommen. Lernen und Arbeiten waren verschiedenen Lebensphasen zugeordnet: das Lernen der Kindheit und Jugend, die Arbeit dem Erwachsensein. Heute sehen wir bei einer zunehmenden Anzahl Kindern und Jugendlicher, dass sie Lernen und Freizeit miteinander verbinden, Freizeit ist auch Lernzeit, und Lernen ist keine abgeschlossene Entwicklungsphase mehr im Lebenslauf, sondern eine durchgängige Lebensform. Kinder machen bereits als Schüler Erfahrungen mit der Arbeitswelt und erleben Lernen, Freizeit und Arbeiten zumindest partiell simultan[3].

Die scharfe Trennung zwischen Berufs- und Allgemeinbildung, die die europäischen Schulen bis jetzt immer noch reproduzieren, wird durch die zunehmende Verlagerung von Wissen in außerschulische Bereiche tendenziell irrelevanter: in außerschulischen Projekten, durch die neuen Medien und in ihren eigenen Peergruppen eignen sich Jugendliche beides, das Allgemeine und das Angewandte, in jeweils anderen Mischungsverhältnissen an, ohne sich einer Trennung überhaupt bewusst zu sein. Staatliche Qualifikationsmaßnahmen, denen arbeitslose Jugendliche unterworfen werden, sind auch deshalb so wenig erfolgreich, weil die Jugendlichen keine eigenständige Lernaktivität leisten können und auf die scharfe Trennung von Pflicht- und Spaßlernen verwiesen werden. Phil Cohen und Pat Ainley kritisieren die ‚alten Lernpädagogiken‘ und suchen nach einer ‚adäquaten Theorie von kulturellem Lernen‘: „What is learnt is not just a skill, but an identity, or rather a form of *identity work*. If you cannot manage the identity work entailed you will not manage to succeed in doing the activity" (Cohen/Ainley, 2000, p. 92 – kursiv: MdBR). Ähnlich John Seely Brown u.a. (1988), die darauf beharren, dass Wissen in erkenn- und erfahrbaren

---

3   Vgl. auch Zeitschrift für Soziologie der Erziehung und Sozialisation, Schwerpunkt Entgrenzung von Lernen, Leben, Arbeiten, H2/2000.

Kontexten erworben werden muss, in denen Kognition und Handeln nicht getrennt sind. Diese Lernformen nennen sie *cognitive apprenticeship* und stellen sie den herrschenden Lernformen konfrontierend gegenüber.

Eine umfassende Lerntheorie über das Verhältnis von historischen zu neuen Lernformen und zum Wandel der Lehrerrolle unter den Bedingungen von Wissensgesellschaften existiert erst in Ansätzen. Ein Bewusstsein darüber, wie komplex eine solche Theorie unter den gegenwärtig herrschenden Widersprüchen sein muss, bildet sich gleichwohl bei Psychologen und Sozialwissenschaftlern. Abbott und Ryan (1998) nennen zentrale Elemente einer solchen Theorie, und daraus geht bereits hervor, in welchem bisher unbekannten Maße fachdisziplinäre Grenzen überschritten werden müssen. Es geht, erstens, um Wissen über die biologisch-neurophysiologischen Grundlagen von Lernvorgängen; zweitens um Wissen über die Wirkung von Informationstechnologien auf das Lernen von Kindern (hierüber gibt es bisher ja nicht viel mehr als Spekulationen; Langzeitstudien wären nötig); drittens um Wissen über die Beziehung zwischen metakognitiven Denkprozessen und der Entwicklung von Expertenwissen; viertens um Wissen darüber, wie zeitgemäße Lernorte auszusehen hätten. Zu diesem letzten Punkt lässt sich feststellen, dass es in der Europäischen Gemeinschaft zwar Diskurse über ,neues Lernen' gibt und auch Fortschritte in der Anerkennung von Bildungsabschlüssen in Europa gemacht werden. Es gibt aber wegen der Kulturhoheit der Mitgliedstaaten keinen öffentlichen Diskurs darüber, wie schulische Organisationsstrukturen aussehen könnten, die dem neuen Lernen Rechnung trügen (PISA ist auf formales Lernen in der Schule fixiert).

Ein solcher Diskurs müsste auch den Widerspruch zwischen nationalen Schulpolitiken einerseits und den Auswirkungen von Globalisierung andererseits in sich aufnehmen. Das klingt vielleicht abstrakt, wenn man an Schüler und Schule denkt. Aber würde es nicht in ein modernes Curriculum gehören, dass Lehrer und Schüler ein Bewusstsein darüber erwerben, wie ihre Tätigkeiten in Globalisierungsprozesse eingebunden sind und wie ihr Leben durch diese beeinflusst wird? So macht sich z.B. O'Sullivan Gedanken über *transformative learning* und entwickelt eine Bildungsvision für das 21. Jahrhundert. Lehrer müssen auch die destruktiven Kräfte von Globalisierung erkennen und an einer qualitativ neuen ,Lebenserziehung' (*life education)* mitwirken (O'Sullivan, 1999).

Die Umsetzung all dieser Vorstellungen in eine stärker integrierte Lerntheorie und korrespondierende Organisationsformen ist ein riesiges Projekt, das die Ressourcen einzelner Länder für eine Neugestaltung der Schule bei weitem überschreitet. Ein solches Projekt würde die nationalen Pädagogiken europäisieren. Damit ist nicht eine europäische Einheitspädagogik gemeint, sondern eine, die die kulturell-gesellschaftliche Wirklichkeit von Europa explizit in ihre Theoriebildung und praktische Anwendung aufnimmt.

Partizipation und Lernchancen

Zwar ist im Zuge einer durchgängigen Modernisierung das Lehrer-Schüler Verhältnis heutzutage informeller als früher, aber am Zwangscharakter der Schule hat das nichts geändert. Kinder und Jugendliche in allen europäischen Ländern erfahren Schule nicht als einen Lebensraum, in dem sie ihre Lernvoraussetzungen mitgestalten können. Bereitgestellte Partizipationsangebote durchschauen sie als wenig geeignete Mittel, um eigene Wünsche durchzusetzen und boykottieren sie großenteils.

Schweden gehört in dieser Beziehung zu den progressivsten Ländern. Abgesehen von den traditionellen Schülermitbestimmungsorganen experimentieren schwedische Gemeinden seit 1997/8 mit sogenannten *local school boards,* in denen Schüler und Lehrer vertreten sind und in denen – das ist das Außergewöhnliche – die Schüler (Sekundarstufe II) die Mehrheit haben. Das Organ entscheidet über alle relevanten Schulangelegenheiten, auch über Personalpolitik. Eine nationale Evaluationsstudie zeigte dass viele Lehrer sich von diesem weitgehenden Experiment mit Schülerpartizipation bedroht fühlten, aber die positiven Erfahrungen auf beiden Seiten überwogen[4]. Es ist trotz der Resistenz nationaler Schulsysteme gegen grundsätzlichen Wandel unübersehbar, dass sich die Zeit eines systemischen Ausschlusses der jungen Generation von Entscheidungsprozessen, die ihre eigenen Lernbedingungen betreffen, ihrem Ende zuneigt, und zwar hängt das mit den oben erörterten neuen Entwicklungen hin zu lebenslangem und informellem Lernen zusammen. Beide Tendenzen befördern *aus sich selbst heraus* Partizipation.

Im Konzept des partizipatorischen Lernens wird die historisch gewachsene Lehrer-Schüler Rolle erneut kritisch beleuchtet. Der relativen Abwertung formellen Lernens und formeller Lerninstitutionen zugunsten informellen Lernens in informellen und situativen Lernkontexten entspricht eine relative Abwertung der Lehrerrolle: er/sie soll begleiten, stützen, vermitteln, beraten, nicht auferlegen, erzwingen, benoten. Umgekehrt erfahren die Schüler durch partizipatorisches Lernen eine Aufwertung: er (sie) soll Einfluss auf die eigene Lernleistungen nehmen können, sich einmischen, Entscheidungen mittreffen und sich an Lösungen von Problemen beteiligen.

Verfolgt man die öffentlichkeitswirksamen Diskurse über Partizipation und Lernchancen, so stellt man fest, dass ein Zusammenhang zwischen beiden für den *außerschulischen* Bereich viel überzeugender hergestellt werden kann als für den *innerschulischen.* In den europäischen Jugendpolitiken steht Partizipation als Leitkonzept (pädagogische ‚Leitkultur') an erster Stelle:

---

4   Als Mitglied einer Kommission des Europarats, die die schwedische Jugendpolitik evaluieren sollte, hatte ich Gelegenheit, mich in persönlichen Gesprächen nicht nur mit Lehrern, sondern auch mit Schülern über ihre Erfahrungen mit einer derartig weitreichenden Mitbestimmung zu unterhalten. Obgleich sie das Experiment verteidigten, gaben sie zu, dass es eigentlich nur als Konsensmodell funktioniert. Trotzdem ist es ein eindrucksvolles Beispiel für den Versuch, Schülern substanzielle Mitbestimmungsrechte zu geben.

staatliche und kommunale Jugendpolitik soll so konzipiert sein, dass Kinder und Jugendliche bereits in frühem Alter lernen können und sollen, sich in sozialen Fragen zu engagieren. Westliche wie östliche Jugendpolitiker und Pädagogen halten Partizipationsangebote für eine der wichtigsten Voraussetzungen einer demokratischen Erziehung.[5]

Während nun aber ein derartiges Partizipationsverständnis im außerschulischen Bereich auf dem Prinzip der freiwilligen Teilnahme beruht – man kann und will Kinder und Jugendliche nicht zwingen, einem Verein oder einem Kinder- oder Jugendrat beizutreten –, partizipatorisches Lernen also intrinsisch motiviert sein muss, um überhaupt zu geschehen, leiden schulische Partizipationsangebote darunter, entweder unverbindlich oder effektlos und deshalb für Schüler unattraktiv zu sein: Schülermitbestimmung ist Sandkastenspiel und neuere curriculare Konzepte zu selbst-reguliertem Lernen beeinflussen das gesamte Curriculum nur marginal, tragen jedenfalls nichts dazu bei, dass Schüler ihre Lernumgebung tiefgreifend beeinflussen könnten. Der grundsätzliche Pflichtcharakter der Schule widerspricht dem Kern von Partizipation, und das ist Schülern offenbar klarer als ihren Erziehern.

Neuerdings nehmen theoretische Versuche zu, das Konzept der Partizipation nicht nur mit sozialem, sondern auch mit kognitivem Lernen zu verbinden. Hierzu haben Lave und Wenger (1991), Wenger (1998) und Bentley (1998) umfassende Vorschläge gemacht, die alle darauf abzielen, die Kluft zwischen schulischem und außerschulischem Lernen zu schließen. Lave und Wenger entwickeln in ihrem Buch mit dem programmatischen Titel *Situated Learning* das zunächst etwas eigenartig anmutende Konzept einer ‚legitimate peripheral participation‘. Darunter verstehen sie die geschützte und beschützende schrittweise Teilnahme von jungen ‚newcomers‘ in einer Gemeinschaft durch situatives relevantes Lernen. Garantierte Partizipation für die ‚newcomers‘ ist eine unabdingbare Voraussetzung jeglichen Lernens, und ‚peripher‘ bezeichnet das Durchschreiten und Durchleben verschiedener sozialer Orte, an denen ein Kind oder ein Jugendlicher sich aufhält und die Praxis seiner Umgebung mitgestaltet. Bezeichnenderweise sehen die Autoren Schule nicht als einen solchen Ort an.

In einem späteren Werk (Wenger, 1998) werden die Voraussetzungen für partizipatorisches Lernen *in der Schule* entfaltet. Keine dieser Voraussetzungen ist Schulkritikern wirklich neu[6], insbesondere nicht diese, dass die heuti-

---

5   In der Umfrage Eurobarometer (European Commission, 1997a) zeigt sich, dass 50% aller EU Jugendlichen (15-24 Jahre) in keinerlei Organisation engagiert ist (28% in Sportclubs; nur 7% in einer Jugendorganisation). Dazu steht in einem eigenartigen Kontrast, dass die meisten der Befragten, nl. 26%, dem Bildungssystem am meisten zutrauen, aktive Partizipation zu befördern. Wiederum wenig verwunderlich, dass fast die Hälfte der Jugendlichen (46%) finden, das beste Mittel, um Jugendliche für Partizipationsangebote zu gewinnen sei, sie in sie betreffende Fragen zu konsultieren.

6   Es ist unter diesem Gesichtspunkt schier unverzeihlich, dass Wenger neben vielen anderen weder J. Illich noch P. Freire zietiert und von K. Holzkamp zwar dessen Grundlegung der Psychologie (1983), nicht aber das für sein Thema viel wichtigere Lernen von 1993.

gen rigide institutionalisierten Lernformen die Lernpotenzen von Schülern eher verengen als erweitern (‚school learning is just learning school' – S. 267). Aber Wenger erweitert die traditionale Schulkritik, indem er Lernen in einen engen Zusammenhang bringt mit Identitätsbildung und Lernen als lebenslanges engagiertes Partizipieren in wechselnden lokalen und sozialen Kontexten begreift. Nur so, denkt er, kann in komplexen Gegenwartsgesellschaften Wandel bewirkt werden. Das heißt, er erweitert Lernen radikal über institutionalisierte Einrichtungen hinaus und bestreitet damit der Schule ihren Dominanzanspruch, Lernprozesse zu organisieren. Lernen ist ein prinzipiell offener Prozess, sowohl aus kognitiver wie sozialer Sicht: lebenslanges Lernen ist zu einer kognitiv wie sozial notwendigen Prämisse für die ‚newcomers' geworden, und gesellschaftlicher Wandel erfordert partizipatorisches Lernen.

Die gesellschaftlichen und kognitiven Anforderungen an die Lernsubjekte steigen und fordern ihnen viel höhere Leistungen im Bereich der Identitätsbildung ab als in früheren Zeiten. Sie müssen lernen, grenzüberschreitende Identitäten zu entwickeln; vielfältige Grenzen, wenn wir an die Anforderungen multikultureller Gegenwartsgesellschaften denken, wenn wir uns vorstellen, dass Kinder und Jugendliche im Laufe ihres Lebens mehrere, möglicherweise sehr verschiedene Berufe und Tätigkeiten ausüben werden, und dass sie wechselnde Beziehungen im privaten und öffentlichen Bereich kompetent handhaben können müssen. Eine derartige Identitätsarbeit bildet sich eben nur durch die Identifikation mit relevanten Praxen heraus (‚identity and learning serve each other' – S. 271). Ein Curriculum muss unter diesen neuen gesellschaftlichen Bedingungen eine ‚Reise transformativer Erfahrungen mit Partizipation' sein (S. 272).

Während wenig darauf hindeutet, dass die nationalen Schulsysteme einen derart erweiterten Partizipationsgedanken in die Praxis umsetzen werden, stellt der europäische Diskurs eine direkte Beziehung her zwischen Partizipation und Lernen: ‚The primary aim of education is the development of human potential, of the whole person, enabling all citizens to participate as fully as possible in cultural, economic, political und social life' (European Commissions, 1998). Nimmt man dieses Zitat ernst, so handelt es sich um ein Bildungsprogramm im Geist der europäischen Aufklärung. Bürgerschaft *(citizenship)* steht im europäischen Diskurs aber nicht mehr nur als Garant für die Identifikation des Individuums mit dem Nationalstaat (vgl. Marshall, 1950), sondern junge Menschen sollen heute eine Haltung erwerben, die über lokale und nationale Grenzen hinausreicht und Europa als einem Kontinent der Wissensgesellschaften verpflichtet ist (vgl. auch Youth Forum Jeunesse, 2000).

Dass Partizipation außerhalb der Schule besser funktioniert als innerhalb, gilt nicht nur für die Schüler, sondern auch für *non formal educators.* Schon immer waren die Handlungsspielräume in der freien Jugendarbeit größer als im institutionalisierten Schulkontext. Es verwundert deshalb nicht, dass die europäischen Organe, insbesondere der Europarat, seit langem Konzepte für *non forma education* ausgearbeitet hat. Der Bedarf an Jugendarbeitern, die die europäisch finanzierten Programme im Rahmen des neuen Youth Programme 2000-2006 durchführen können, wächst[7]. Partizipatorische *non formal education* zeichnet sich gegenüber schulischem Lernen durch seine offene und auf Freiwilligkeit beruhende Arbeitsweise aus (Fennes, 1999: 21).

Die Zweiteilung des Partizipationskonzepts in einen Kinder- und Jugendarbeitsbereich, wo vielfältige Partizipationsangebote gemacht werden, und in einen schulischen Bereich, wo es zu keiner durchgreifenden Partizipation der Teilnehmer kommt – diese Zweiteilung wiederholt sich in der Praxis auch auf der europäischen Ebene. Die Chancen für eine dem Partizipationsgedanken verpflichtete europäische Jugendpolitik sind (analog den nationalen Politiken) relativ größer als eine entsprechende europäische Bildungspolitik. Ein Schritt auf dem Weg zu einer vereinheitlichten Jugend- und Bildungspolitik in Europa ist das *Weißbuch* (European Commission, 2001a). Zum ersten Mal seit Bestehen der EU gibt es eine Initiative, die die Zweiteilung in eine Bildungs- und Jugendpolitik überwinden könnte. Denn inzwischen wird immer deutlicher, dass eine solche Zweiteilung weder der Lebenssituation und den Zukunftsentwürfen der Jugendlichen entspricht, noch der Entwicklung europäischer Wissensgesellschaften förderlich ist[8]. Die Wirklichkeit sieht aber noch anders aus.

In keinem europäischen Vertrag sind bisher Maßnahmen vorgesehen, mit denen die Europäische Kommission in die nationalen Bildungssysteme eingreifen könnte. Das Subsidiaritätsprinzips belässt den Ländern ihre Bildungs- und Kulturhoheit. Diese Kulturhoheit der Mitgliedstaaten ist im Vertrag von Amsterdam (1997; am 1. Mai 1999 in Kraft getreten) erneut verankert. Allerdings übt die Europäische Kommission über zwei Wegen Druck auf die nationalen Bildungssysteme aus: einmal über ihre Beschäftigungspolitik, indem sie die Mitgliedstaaten ‚auf die Entwicklung einer koordinierten Beschäftigungsstrategie und insbesondere auf die Förderung der Qualifizierung, Ausbildung und Anpassungsfähigkeit der Arbeitnehmer' hinweist (Art. 25; zit. nach Tham, 1999: 148). Das Berufsschulwesen ist hiervon am meisten betroffen. Partizipation spielt dabei aber nur in Ableitung vom Ziel einer allgemeinen Anhebung des Bildungsniveaus (lebenslanges Lernen) eine Rolle. Ansonsten erfahren Jugendliche (Re-)qualifizierungsmaßnahmen eher als Zwang denn als selbstbestimmte Lernwege. Wie wichtig der Kommission aber die Verknüpfung ihrer Bildungspfeiler lebenslanges Lernen, außerschulisches/informelles Lernen, aktive Partizipation und *citizenship* mit einer eu-

---

7   Die europäischen Jugend- und Trainingsprogramme arbeiten eng mit den jeweiligen nationalen Agenturen zusammen, die diese auf nationalem Niveau koordinieren und Trainingsmaterialien und -strategien entwickeln und disseminieren (vgl. Fennes, 1999).

8   Interessanterweise bestanden die deutschen jugendlichen Teilnehmer an einer Vorbereitungskonferenz zum Weißbuch darauf, außer den vorgegebenen und wohlvertrauten jugendpolitischen Themen (Bürgerschaft, Beschäftigung, Wohlbefinden, Selbständigkeit, Identifikation mit Europa) explizit über Bildung und Partizipation zu diskutieren und hierzu gesonderte Empfehlungen auszuarbeiten. Sie forderten eine umfassende Bildungsreform, die Förderung von lebenslangem Lernen, eine Lehrerbildungsreform (!), Chancengleichheit aller Jugendlichen in Europa und Anerkennung aller Bildungsabschlüsse innerhalb Europas (IJAB Info 3/2000, S. 2).

ropäisch vereinheitlich Qualifikationspolitik ist, zeigt sich in ihren For-
schungsschwerpunkten, die eben diese Verknüpfung herstellen und Strategi-
en zu ihrer praktischen Umsetzung entwickeln sollen[9]. Hierbei geht es auch
um die Einbindung der neuen Beitrittsländer, insbesondere des osteuropäischen Raums (vgl. Kovacheva, 1999).

Der zweite Hebel, den die Europäische Kommission hat, um nationale
Bildungssysteme zu beeinflussen, sind ihre vielfältigen Förder- und Austauschprogramme, die sich sowohl auf das formale Bildungswesen als auf
den außerschulischen Bereich beziehen. In diesen Programmen spielt der
Partizipationsgedanke eine sehr prominente Rolle. Es handelt sich um die
Aktionsprogramme LEONARDO, SOKRATES und JUGEND. LEONARDO
hat seinen Schwerpunkt im Bereich der Berufsbildung, SOKRATES im Bereich der allgemeinen Bildung und JUGEND im Bereich des Jugendaus-
tauschs, einer europäischen ehrenamtlichen Arbeit, in der Jugendliche sich in
anderen Ländern engagieren können, und der internationalen Jugendarbeit. In
diesen Aktionsprogrammen (mit zahlreichen Spezialförderprogrammen und
Schwerpunkten) geht es um die Schaffung transnationaler Kontakt- und Ko-
operationsnetze, die Jugendliche auf ein Europa der offenen Grenzen vorbereiten sollen. Von ihnen, den heute Jungen, wird erwartet, dass sie die erste
Generation Arbeitnehmer und Teilnehmer am europäischen Leben sein werden, die sowohl mental als auch geographisch mobil sind: regionaler und nationaler Arbeitsplatzwechsel, Zusatzausbildung, freiwilliges und kulturelles
Lernen, Umgang mit den neuen Medien[10] und mit anderen Nationen und
Kulturen – das sind die ‚Lernimperative' des neuen Europas, das sich im übrigen nicht auf die heutigen 15 Mitgliedstaaten beschränkt.

Ebensowenig wie eine kohärente Bildungspolitik, verfügt Europa über
eine integrierte Jugendpolitik, denn auch hier greift das Subsidiaritätsprinzip
und überlässt die Gestaltung den Mitgliedländern. Aber auch hier bahnt sich
ein Umschlag an: in dem erwähnten Weißbuch wird ein Anlauf für eine integrierte europäische Jugendpolitik genommen, die über die genannten Austauschprogramme hinausgeht. Die jahrzehntelange Arbeit des Europarates,
um eine solche Jugendpolitik inhaltlich zu gestalten, wird dabei eine wegwei-

---

9   In ihrem 5. Rahmenprogramm 'Research' Technological Development und Demon-
    stration Activities (1998-2002) öffnete die Europäische Kommission Türen für sozi-
    alwissenschaftliche Vergleichsforschung zur Lebenssituation von Jugendlichen. Wei-
    terhin erhalten die EU-Bildungsminister den Auftrag, „einen Prozess des Nachden-
    kens über die Zukunft ihres Unterrichtssystems einzuleiten". Bis zum Jahr 2010 soll
    die Anzahl Jugendlicher, die ihre Schulbildung nach der Sekundarstufe I abbrechen,
    um die Hälfte verringert werden (IJAB Info 2/2000, S. 6). An diesen und ähnlichen
    Initiativen zeigt sich der Handlungsbedarf der Kommission, um die Bildungssysteme
    der Mitgliedstaaten zu modernisieren. Inwieweit das Subsidiaritätsprinzip dadurch
    relativiert wird, bleibt abzuwarten.
10   Experten rechnen im nächsten Jahrzehnt mit einem Mangel von etwa 1.6 Millionen
    Arbeitskräften, die die neuen Informations- und Kommunikationstechnologien beherr-
    schen. Die Europäische Kommission bereitet einen Plan für ‚e-Europe' und ‚e-
    learning' vor (vgl. Europa Van Morgen 19.4.2000, S. 4).

sende Rolle spielen: interkulturelles und partizipatorisches Lernen waren und sind dort Leitkonzepte (Lauritzen, 1999).

Die bisher behandelten Konzepte des lebenslangen und informellen Lernens, der Interkulturalität und der Partizipation beinhalten eine ressort- und grenzüberschreitende Politik. Europäische Austauschprogramme sind hierzu Bausteine.

Europäische Austauschprogramme und die Haltung der Jugend zu Europa

1995 richtete die Europäische Kommission eine Studiengruppe ein, die die EU-Programme LEONARDO, SOCRATES und JUGEND evaluieren sollte, und zwar unter dem Gesichtspunkt, wie in ihnen eine aktive europäische Bürgerschaft didaktisch und inhaltlich verwirklicht wird. Dieses ‚Lehrziel‘ ist nicht unabhängig von einer großen Beunruhigung europäischer Politiker zu sehen, ob die nachwachsenden Generationen junger EuropäerInnen sich genügend mit dem europäischen Gedanken identifzieren.

Anlass zur Sorge besteht, wie insbesondere zwei Studien zeigen: die europa-weit durchgeführte Umfrage *Young Europeans* (European Commission, 1997) und die Shell Jugendstudie 2000, in der es heisst: „Für die übergroße Mehrheit der Jugendlichen kristallisieren sich im europäischen Zusammenschluss weder großes Interesse oder Hoffnung auf verbesserte Chancen, noch besondere Ängste und Sorgen. (...) Europa läßt die Jugend kalt." Sechzig Prozent der Jugendlichen findet, dass sich ihr Alltag durch den euopäischen Zusammenschluss nicht verändert oder hat hierzu überhaupt keine Meinung. Indirekt spiegelt sich in dieser Europaferne die Isolation der nationalen Schule, die Europa als Lernfeld, als eine kulturelle Wirklichkeit, aus der Schüler und Lehrer schöpfen könnten, nicht zu nutzen weiß (Münchmeier, 2000: 329). In einer eigenen, etwa zur gleichen Zeit durchgeführten Studie fragten wir niederländische 13-15jährigen Schüler: „Was fällt dir zu Europa ein?" Den meisten (34.7%) fielen hierzu geographische Länder ein, gefolgt von der politischen Kategorie europäische Vereinigung (22.2%) sowie Ferien (in sonnigen südeuropäischen Ländern) (18.1%). 10.7% der Schüler hatte keine Meinung. Europa auf das eigene Jugendleben, gar auf Lernchancen zu beziehen, fiel keinem ein.[11]

---

11 Der 2002 durchgeführte Eurobarometer „15-24 Jahre" mit den Fragen: welche praktischen Maßnahmen müssen ergriffen werden, um die Identifikation der jungen Generation mit Europa zu befördern, und um welche Hauptthemen sollte es dabei gehen? erbrachte, dass den befragten Jugendlichen eine beschäftigungssicherstellende Arbeitspolitik am allerwichtigsten ist; außerdem findet es jeder zweite Jugendliche wünschenswert, einen Teil seiner Schul-, Universitäts- oder Berufslaufbahn in einem anderen europäischen Land zu absolvieren (s. IJAB Info 4/2002). Was die vielbeschworene europäische Identität angeht, so bedeutet sie für die meisten Jugendlichen das Recht, in allen EU-Mitgliedstaaten zu arbeiten (57%) bzw. das Recht, überall studieren zu dürfen (42%).

Die obengenannte Studiengruppe, auf deren Arbeit wir nun genauer eingehen wollen, führte fünf Länderstudien durch, in denen ein qualitativ-repräsen-
tativer Querschnitt aller dort EU-fianzierten Programme evaluiert wurde. Die
Untersuchungsfrage lautete: *Wie tragen die Aktivitäten, die in diesen Programmen entwickelt wurden, bei zu formalem und informellem Lernen im Bereich
von Partizipation und Bürgerschaft (citizenship)?* (Vgl. Osler, 1997, S. 4).

In allen Projekten geht es darum, dass die teilnehmenden Kinder und Jugendlichen Erfahrungen machen, die ihr Bewußtsein über und ihr Engagement für die europäische Dimension ihres Lebens erhöhen[12]. Dabei geraten
die Projekte in ein Dilemma: „It is of course within *local contexts* that individuals ... develop a deeper understanding of what it means to be a citizen."
(Osler 1997, S. 17 – kursiv: MdBR). Aktiv partizipieren können Kinder und
Jugendliche in der Tat nur in ihren konkreten Lebenswelten, nicht auf einem
abstrakten Niveau ‚Europa'. *Kontextualisierung* der gemachten Erfahrungen
ist deshalb eine Grundvoraussetzung für bedeutungsvolles Lernen. Wie also
lassen sich die lokalen Lebenswelten, aus denen die Teilnehmer kommen, mit
einer europäischen Dimension verbinden? An diesem Problem elaborierten
viele der untersuchten Projekte. Einige Beispiele:

*Beispiel 1: Kooperation und Gruppenarbeit der Teilnehmer aus verschiede-
nen Ländern fördern die Einsicht in die multikulturelle Wirklichkeit Europas*

In einem Vier-Länder Projekt (Dänemark, Großbritannien, Schweden und
Frankreich) trafen sich neun Schüler unter Begleitung von zwei Lehrern, um
eine Sitzung des Europäischen Jugendparlaments thematisch zu gestalten. Sie
debattierten über das tägliche Leben von Jugendlichen in den jeweiligen
Partnerländern, tauschten also Erfahrungen über ihre lokalen Lebensverhältnisse aus; auch über Rassismus wird diskutiert. Zwei weitere Tage verbrach-
ten diese Schüler mit vier verschiedenen Muttersprachen mit sozialen Aktivitäten in informellem Kontext. Vor Projektanfang hatte ein Informations-
austausch zwischen den beteiligten. Schulen via e-mail stattgefunden.[13]

*Beispiel 2: Erfahrungslernen vermittelt sinnliche Erfahrungen statt abstrak-
ter Erziehungsziele zu citizenship*

Zehn jugendliche Arbeitslose aus Norwegen und Irland und vier Berufsschul-
lehrer organisierten ein mehrtägiges Treffen in beiden Ländern. Es sollten

---

12 Lehrer und Trainer werden in diesem Zusammenhang selten erwähnt, und es ist mir
keine Untersuchung bekannt, die untersucht wie deren europäisches Engagement ist.
13 Im Europäischen Jugendparlament diskutieren dreimal jährlich 120 Jugendvertreter
über aktuelle europäische und Jugendfragen und erarbeiten hierzu Resolutionen; Kon-
ferenzsprachen sind englisch und französisch. „It is an intense experience, both intel-
lectually and emotionally, as young people from different nations learn first hand
what European integration means" (vgl. Politeia Newsletter, July 2003, p. 2). Das
EYP (Europeana Youth Parliament) besteht seit 1987. Es versteht sich, dass die Jugendvertreter ein beträchtliches Maß an kulturellem Kapital haben müssen, um teilzunehmen.

Kontakte gelegt und die Kooperation der arbeitslosen Jugendlichen untereinander befördert werden. Durch ungewohnte Erfahrungen und Aktivitäten – wie der Bau einer Hütte in Irland und die Arbeit in einem Ferienlager für gehandicapte Kinder in Norwegen – sollte das Selbstbewusstsein der Jugendlichen gestärkt werden. Interkulturelle Erfahrungen erweitern den Horizont. Die Erwartung war, dass sie aufgrund dieser Erfahrungen motivierter auf Arbeitssuche oder Zusatzausbildung gehen würden. In beiden Ländern besuchten die Teilnehmer kulturelle und informelle Orte und Veranstaltungen (Pubs, Cafés, dinner parties), um die jeweilige Landeskultur und andere Sitten kennenzulernen. Die Evaluationsstudie betont die Chance zu informellem Lernen gerade dieser Zielgruppe: „For some groups, informal learning is a method with much more potential than formal training and education... A travel experience may also indirectly contribute to social integration: the need to learn a foreign language and to earn money for travel expenses encourages participants to take more responsibility for their own lives' (Osler 1997: 65).

Beispiel 3: Selbständiges Argumentieren, kommunikative und Sprachkompetenz

Diese für junge Europäer so zentralen Fähigkeiten werden in den Projekten besonders hoch veranschlagt. Ein Projekt, das diesen Zielen durch längerfristige Kooperation gerechter als viele andere wurde, ist ein Schulnetzwerk (Grundschule und Sekundarstufe I) zwischen den Partnerländern Frankreich, Niederlande und Italien. Es wurden drei Kernaktivitäten entwickelt und durchgeführt:

1) Bilaterale Unterrichtsprojekte, z.B. zwischen Frankreich und den Niederlanden über Wasserqualität, oder zwischen Frankreich und Italien über öffentliche Verkehrssysteme in beiden Ländern, verbunden mit Klassenreisen. Derartige Projekte laufen an den jeweiligen Partnerschulen ein ganzes Schuljahr. Die Schüler partizipieren sehr aktiv, die Lehrer arbeiten fächerübergreifend;
2) Lehrertrainingskurse zu Projektthemen und Projektarbeit;
3) Jede Region/Land benennt einen Schulkoordinator und einen Trainingskoordinator, um den Transfer von den erarbeiteten Unterrichtsmaterialien zu organisieren und sicherzustellen.

Durch den grenzüberschreitenden Charakter der Projekte wird nicht nur nationales Wissen, z.B. über Umweltprobleme, gestärkt, sondern auch ein Bewusstsein der europäischen Dimension dieser Problematik. Das erfordert kommunikative und Sprachkompetenz und komplexes (interdisziplinäres) Denken[14].

---

14 Bilaterale Schulprojekte gibt es besonders in Grenzbereichen zweier Nachbarländer. So organisiert die Ems Dollart Region im Grenzgebiet Niederlande – Deutschland regelmäßig Studientage, in denen Projekte vorgestellt und über erfolgreiche Zusammenarbeit berichtet wird (vgl. Winter, 1999); vgl. auch Le MAGAZINE, das regelmäßig über Lehreraustauschprogramme berichtet; vgl. weiter die NGO OBESSU (Orga-

Beispiel 4: Aktive Partizipation

Spielt das europäische Lernziel Partizipation und *citizenship* in allen Projekten eine zentrale Rolle, so gilt dies für die osteuropäischen und zukünftigen Beitrittsländer in verstärktem Maße. In diesen Ländern musste nach der Wende 1989/1990 eine neue Kinder- und Jugendarbeit in und außerhalb der Schule aufgebaut werden. Den nationalen und europäisch-internationalen NGO's kam und kommt dabei eine Schlüsselrolle zu. Das Misstrauen und die Gleichgültigkeit Jugendlicher gegen jegliche Organisationsform, typisch für die Nachwendezeit ehemaliger staatskommunistischer Länder, soll durch neue und positive Erfahrungen mit Partizipationsangeboten überwunden werden. „Many young people did not perceive youth NGO's as a fun and interesting structure to be part of. Instead they thought that participation in organizations limited their freedom and intruded on their private lives' (Kovacheva, 1999: 45). Hierzu einige Beispiele:

In *Estnien* wurde Mitte der neunziger Jahre ein Netzwerk lokaler Schülerräte errichtet, die zu einer nationalen Schülervertretung zusammengeschlossen wurden. Dadurch wurden auch internationale Kontakte stimuliert. Außerdem wurde das zentrale Prüfungssystem unter Beteiligung der Schüler reformiert.

In *Rumänien* wurde Ende der neunziger Jahre für Sekundarstufenschüler und Lehrer eine Sommerschule organisiert, um den Gedanken der Mitbestimmung zu propagieren und der weitverbreiteten Apathie entgegenzuarbeiten. Über 100 Schüler und etwa 20 Lehrer kommen seither jedes Jahr zu einer einwöchigen Schulung zusammen. Sie arbeiten in Seminaren und nehmen an kulturellen und sportlichen Ereignissen teil. Die Vorträge werden von rumänischen und ausländischen Spezialisten auf den Gebieten von Jugendsoziologie, Politologie, Organisationskunde und anderen Fächern gehalten.

‚Computer Space ‚98 und the Violence of Information – A Student Project in *Bulgaria*': Auf einem internationalen Symposium diskutierten junge Künstler aus verschiedenen Ländern in Sofia über „the arrogance of information in the postmodern world, its influence in the sphere of culture und arts, and the consequences of the war (Jugoslawien – MdBR) among information providers" (Kovacheva, 1999: 66). Das Seminar 1998 war bereits das zehnte des ‚International Computer Art Forum' in Sofia. Das Projekt wendet sich insbesondere an arbeitslose Jugendliche, zu denen in Bulgarien auch Studenten gehören: Es will die Jugendlichen dazu anregen, sich mit Wissenschaft und Kunst zu befassen, auch wenn ihre gegenwärtige wirtschaftliche Lage verzweifelt ist; sie sollen lernen, in ihre Zukunft zu investieren. Das Projekt hat einen großen Kreis von Sponsoren, sowohl nationale wie internationale; auch die EU beteiligt sich.

Insgesamt stellt die Osler-Evaluationsstudie fest, dass Austauschprogramme, die im schulischen Rahmen stattfinden, vergleichsweise weniger

---

nising Bureau for European School Students Union). Diese Organisation ist die europäische Plattform nationaler Schülervereinigungen.

Gelegenheiten zu aktiver Partizipation bieten als außerschulische Projekte. Andererseits, so die Studie, können schulische Projekte dazu führen, dass Lehrer und Trainer positive Erfahrungen machen, die sie im normalen Curriculum nie machen würden. Das könnte sie ermutigen, auch nach Abschluss eines Projektes ,in dessen Geist' weiterzuarbeiten und ihre Erfahrungen und Ergebnisse in den offiziellen Lehrplan zu inkorporieren. Aber die meisten Projekte leiden unter Diskontinuität: Projektgelder werden einmalig zuerkannt, damit wird der Aufbau längerfristiger Kooperation verhindert: Das Projekt wird liebevoll und mit großem Einsatz von Leitern und Schülern vorbereitet, was oft monatelange Arbeit kostet, die insbesondere Lehrer in der Regel unbezahlt leisten. Nach Abschluss fahren die Teilnehmer dann in ihre jeweiligen Länder zurück und versinken im schulischen Alltag. Partizipationserfahrungen und Erfahrungen mit anderen Ländern und Kulturen bleiben punktuell und erneuern das schulische Curriculum und die Jugendarbeit nicht wirklich.

Allgemeinbildende Schulen neigen dazu, so die Evaluationsstudie, in Partizipationsprojekten die politischen, sozialen und demokratischen Aspekte von *citizenship* zu betonen und demgegenüber die ökonomische Seite zu vernachlässigen. Umgekehrt überbetonen Projekte im Berufsschulbereich die Wichtigkeit ökonomischer Integration, indem sie sich einseitig auf Arbeits- und Ausbildungsprobleme konzentrieren und soziale Fähigkeiten vernachlässigen. Die Trennung in Allgemein- und Berufsbildung in praktisch allen europäischen Mitgliedstaaten wird in den EU-finanzierten Projekten, die ja gerade auf ein gemeinsames und übergreifendes Konzept von Partizipation und *citizenship* abheben sollen und wollen, reproduziert statt überwunden. Hierin liegt ein Hauptwiderspruch in der europäischen Jugend- und Bildungspolitik.

Fassen wir die Potenzen und Schwächen der europäischen Programme zusammen und beziehen sie auf die Anforderungen an eine ,neue Schule', so erscheinen vier Merkmate der besprochenen Projekte zentral für eine weitere Erschließung des Lernfeldes Europa. Sie haben ganz eindeutig mit den obigen Überlegungen zu lebenslangem und informellem Lernen zu tun: Grenzüberschreitungen, interkulturelle Begegnungen, intergenerationelle Begegnungen, Eigeninitiative und Gestaltungsmöglichkeiten.

Grenzüberschreitungen

Die Projekte sprengen die Schulmauern. Sie mobilisieren die Schulbevölkerung, indem Lehrer und Schüler auf geographisch-mentale Reisen gehen. Sie verlassen ihren Nahraum, sie besteigen als Lerngemeinschaft Züge und Flugzeuge, sie landen in neuen Umgebungen und müssen sich dort einrichten. Für sehr viele europäische Kinder und Jugendliche (und oft auch für ihre Lehrer) sind es neue Erfahrungen, dass man Lernstoff auch unter anderen als einheimisch-eingefahrenen Gesichtspunkten vermitteln und sich aneignen kann. Sie überschreiten also auch mentale Grenzen, wenn sie aus gewohnten Gleisen springen (müssen). Sie überschreiten Sprachgrenzen – oder scheitern an diesen Grenzen und müssen doch irgendwie zurechtkommen: pidgin english als neue (jugendkulturelle) lingua franca. Die Teilnehmer kommen nachhause und haben neue Bezugssysteme, in die sie alte Erfahrungen einblocken und neu interpretieren können.

Dass die meisten Schulen und die Finanzierungspolitik der EU es verhindern, dass derartige Grenzüberschreitungen zu einem festen Teil des schulischen Lebens in allen Mitgliedstaaten werden, widerspricht ihrer prinzipiellen Wichtigkeit für Lernen unter gewandelten gesellschaftlichen Umständen nicht[15].

Interkulturelle Begegnungen

Bei interkulturellen Begegnungen geht es um zwei verschiedene Situationen: einmal um die ‚einheimischen Ausländer‘, also die täglichen Klassenkameraden aus anderen Ländern. Diese Begegnungen führen, wie aus der Jugendforschung bekannt, selten zu tieferen Peerfreundschaften; die außerschulischen Kinder- und Jugendwelten sind weitgehend (wenn auch nicht gänzlich) getrennt, im Wohnbereich ebenso wie in Sportklubmitgliedschaften und Musikszenen. Neben gemischten Schulen gibt es zunehmend (ortsabhängig) ‚entmischte‘ Schulen, in denen Schüler ausländischer Herkunft einerseits, ‚einheimische‘ andererseits ‚unter sich‘ sind[16]. Die zweite Situation betrifft Begegnungen wie die oben beschriebenen: Kinder und Schüler treffen sich in einem Partnerland zu einem bestimmten Projekt. Sie lernen dort als ‚Gastgeber-Kinder‘ oder ‚Gast-Kinder‘ Altersgenossen kennen, die ihnen gleichgestellt und doch anders sind und mit denen sie durch ein gemeinsames Vorhaben verbunden sind; Akzeptanz des ‚Fremden‘ über einer gemeinsamen Tätigkeit, nicht als moralischer Imperativ. Kinder können darum lernen, dass (andersartige) Kultur eine Ressource ist und keine ‚schlechtere Wirklichkeit‘.

Interkulturelle Begegnungen unter dem Gesichtspunkt einer Öffnung neuer Lernhorizonte in einem vereinten Europa sind besonders zwischen Schülern und Lehrern aus westlichen und osteuropäischen Ländern erwünscht. Westeuropäische Jugendliche reisen eher nach Thailand als nach Litauen oder Polen, nach dem Motto: im Osten nichts Neues, sondern nur hässliches Altes. Ist die Kenntnis westeuropäischer Kinder und Jugendlicher (und ihrer Lehrer) bereits gering, wie ihre Altersgenossen in westlichen Nachbarländern leben, so wissen sie über osteuropäische Lebensverhältnisse noch viel weniger. *Civil education* und interkulturelles Lernen müssen konkret werden, wenn sie wirkungsvoll sein sollen.

---

15 Aus der erwähnten EU Jugendumfrage geht hervor, dass 44% aller 15-24-Jährigen noch nie in einem anderen Land gewesen sind.

16 In den Niederlanden nimmt die Schulsegregation zu; die Terminologie ‚schwarze‘ und ‚weiße‘ Schulen ist inzwischen eingebürgert und wird auch von öffentlichen Institutionen benutzt.

Intergenerative Begegnungen, Eigeninitiative und Gestaltungsmöglichkeiten

Projekte wie die dargestellten geben Lehrern und Schülern die Möglichkeit, um die traditionelle Rollentrennung, wie sie die Schule erzwingt, zu durchbrechen. Wenn die Projekte dann noch dazu in einer kulturell neuen Umgebung stattfinden, so ergeben sich Lernkonstellationen, die neue intergenerative Konstellationen bewirken:

- zwischen den Lehrerkollegen aus verschiedenen Ländern untereinander: sie lernen z.B. voneinander, dass sie ähnliche Probleme haben und tauschen curriculare Lösungen und Einschätzungen ihrer Berufssituation aus, sie werden sich darüber bewusst, dass es grenzüberschreitende pädagogische Probleme gibt. Dadurch wird ‚der europäische Gedanke‘, den sie ihren Schülern vermitteln sollen, auch für sie selbst relevant;
- Zwischen Lehrern und Schülern aus verschiedenen Ländern: deutsche Lehrer sind mit französischen Schülern konfrontiert und merken am eigenen Leib, wie dumm sie dastehen, wenn sie Sprachprobleme haben; sie schlüpfen in die Rolle von Lernern. Umgekehrt erfahren sich die Schüler als ‚Kulturattachés‘ ihres Landes und müssen für die Vertreter aus anderen Ländern Vermittlungsarbeit leisten;[17]
- Zwischen den einander unbekannten Schülern selbst: sie vergleichen ihre Lebens- und Lernsituationen miteinander und knüpfen Kontakte. Insbesondere Begegnungen zwischen Ost und West sind hier wichtig, um Fremdbilder abzubauen.

Diese verschiedenen intergenerativen Lehrer- und Lernkonstellationen systematisch auszubeuten, um die jeweiligen nationalen Lernkontexte zu bereichern, gelingt freilich nur wenigen Projekten. Es können sich aber interkulturelle Lehrer- und Schülernetzwerke entwickeln, die dauerhaft sind. Die hilfreiche Rolle, die dabei die neuen Medien spielen, muss betont werden, besonders wenn es darum geht, Kontakte zwischen ost- und westeuropäischen Partnerschaften zu ermöglichen. Wie Schüler und Lehrer gleichermaßen an der Erneuerung der Schule mitarbeiten können, ist vielleicht die wichtigste pädagogische Aufgabe der Gegenwart in Europa.

Chancen und Risiken von Lernern in europäischen Wissensgesellschaften

Eine Bilanz unserer Analyse zeigt die folgenden historisch-gesellschaftlichen Tendenzen:

---

17 Aus der erwähnten EU Umfrage geht hervor, dass 31% der 15-24-Jährigen keine Fremdsprache beherrschen. Interessant wäre es, dies bei europäischen Lehrern zu ermitteln.

Abwertung	Aufwertung
Formale Lehrerrolle	Lernerrolle
Formale Lehranstalten	Informelle Lernkontexte
Nationale Curricula u. Bildungsanstalten	Transnationale Bildungsprojekte
Formale Schülermitbestimmung	Inhaltliche Partizipation

Diese Tendenzen sind gewiss nicht in allen europäischen Ländern ähnlich stark. Ganz im Gegenteil haben wir es in Europa mit ungleichzeitigen Entwicklungen zu tun. Das obige Schema orientiert sich vorrangig an Entwicklungen in nordwest-europäischen Ländern wie Schweden, Dänemark, Niederlande und Deutschland. Aber im Rahmen einer gesamteuropäischen Modernisierungspolitik (mit entsprechender Arbeitsmarkt- und Wirtschaftspolitik) steht zu erwarten, dass die skizzierten Entwicklungen im pädagogischen Bereich sich auch auf die südosteuropäischen Länder erstrecken werden. Die osteuropäischen Länder hatten bereits vor der Wende entwickelte Lernanstalten mit einem hohen Grad formaler Lernleistungen (vgl. Wallace/Kovatcheva, 1998). An den Curricula und der Organisation hat sich zwar nach der Wende viel geändert, nicht aber am formalen Lerncharakter selbst. Demgegenüber hat die außerschulische Jugendarbeit in diesen Ländern viel heftigere Einbrüche erlebt: einerseits Erneuerung im Sinne einer ‚Entorthodoxisierung‘, zugleich aber auch Kahlschlag durch Abbau und Sparmaßnahmen.

Unter den Bedingungen von Wissens- und Lerngesellschaften stellt sich die Frage nach Chancengleichheit umso dringlicher. Zwar leiden *alle* Pflichtschüler unter den entfremdeten Lernbedingungen, aber die Risiken, nicht genügend Gelegenheiten zum Lernen zu haben, sind sehr ungleich in und zwischen den europäischen Ländern verteilt. Für alle europäischen Kinder und Jugendlichen manifestiert sich die Risikogesellschaft auf dem Gebiet von Lernchancen und Lernkarrieren. Aber für bestimmte Gruppen sind die Risiken größer als für andere. Gerade für diese Schüler ist es wichtig, dass sie, zusammen mit ihren schulischen und außerschulischen Pädagogen, Europa als Lernfeld entdecken dürfen.

---

* Dieser Artikel ist in fast identischer Form im *Jahrbuch für Pädagogik 2001* (hrsg. von U. Bracht und D. Keiner im Peter Lang Verlag) veröffentlicht. Das hierin verarbeitete empirische Material über die EU-Programme ist inzwischen mehrere Jahre alt, aber die hier beschriebenen Erfahrungen und Forderungen haben nichts von ihrer Aktualität verloren.

Schule – eine wissenschaftliche Polemik*

Eine Vorstellung, wie die Gesellschaft gut oder auch nur besser sein könnte, habe ich gar nicht. Ich finde, dass unsere Gesellschaft mehr positive und mehr negative Eigenschaften hat als jede frühere Gesellschaft zuvor. Es ist heute zugleich besser und schlechter.

Niklas Luhmann

Wenn man alles noch einmal machen müsste, würde ich mit der Kultur anfangen.

Jean Monnet

Je weniger die Gesellschaft über die Ursachen der Schulschwierigkeiten informiert ist, umso mehr schreibt sie den Lehrkräften die Verantwortung für das ‚Schulelend' zu.

Pierre Bourdieu

Einleitung

Das Thema meines Vortrags[1] ist gewiss weiträumig. Wer kann schon über das gesamte Schulwesen in Westeuropa reden? Es besteht aus so vielen verschiedenen nationalen Traditionen und Organisationsformen, dass dies eine ganz unmögliche Aufgabe für einen Einzelnen wäre. Darum geht es mir deshalb auch nicht. Für die Teilnehmer an dieser Tagung will ich etwas anderes leisten: ich will in der Form einer wissenschaftlichen Polemik dazu anregen, die Schule als eine traditionale nationale Veranstaltung kritisch zu überdenken und im Licht eines modernen Europas über moderne Lehr- und Lernformen nachzudenken. Ziel eines solchen Unternehmens ist es, ‚Großtrends' im Verhältnis zwischen Schule und Gesellschaft zu orten; nicht, sich in Detaildiskussionen über Schulprobleme bestimmter Länder zu verstricken. Mein konkretes Wissen über Schule bezieht sich insbesondere auf die Niederlande und Deutschland.

Europa in Bezug auf Bildung und Erziehung und Gesellschaft ist vorerst noch eine mentale Landschaft und ein programmatisches Land, das seinen Bewohnern zugeeignet werden muss. Und wenn man über Schule von einem solchen Standort aus nachdenkt, so steht der nicht fest, sondern schwankt.

---

1   Dieser Vortrag liegt der Veröffentlichung in W. Helsper u.a. (1996) zugrunde (s. * am Ende).

Das Bewusstsein eines schwankenden Kontinents und Gleichgewichts beim Verorten von alten und neuen Positionen ist vermutlich ein durchaus moderner und kein vorübergehender Geisteszustand.

Meine, unsere, Generation, die (als wissenschaftliche Intelligenz) ja schon seit 30 Jahren über Schule nachdenkt (s. auch den Beitrag Kritik der kompensatorischen Erziehung in diesem Buch), ist in dieser Hinsicht eine Übergangsgeneration: Wir sind, in David Riesmans Begrifflichkeit, ,innengeleitet', und unsere Charaktere sind durch diese psychische und gesellschaftliche Haltung, die uns unsere Eltern und Lehrer anerzogen haben, geprägt. Wir sind dann aber im Laufe unseres Lebens und unserer Wissenschaftsbiographien (und als Eltern und [Hochschul-]Lehrer) schritt- und schockweise in eine ,außengeleitete' Zeit und Mentalität hineingewachsen, in der es um Qualitäten wie ,Befindlichkeitsmanagement' und Verhandlungskompetenz geht. Für die heutigen Kinder und Jugendlichen ist der innengeleitete Charakter ein Dinosaurier. ,The young of today find themselves in a contradictory relationship with society where the body operates as a mediator. On the one hand society, e.g. the teachers, are annoyed and saddened by the seediness that the young show in school. But on the other hand society approves of their digilent consumer presence.' (Kayser Nielsen, 1994: 47; s. auch Tenhart, 1993).

Dass alte Veranstaltungen wie die nationalen Schulen von derartigen Umschwüngen in ihren Grundfesten erschüttert werden, scheint mir außer Frage zu stehen. Meine Überlegungen zum Thema möchte ich in den folgenden Thesen vorlegen.

Die Schule befindet sich in einer tiefen Krise

Es scheint inzwischen in der größeren öffentlichen und wissenschaftlichen Diskussion kaum noch eine Frage zu sein, *dass* sich die Schule in einer strukturellen Krise befindet. So z.B. H. Hentig, an dessen Reformideen sich so viele von uns wenigstens eine zeitlang orientiert haben: ,Das Missverhältnis von Aufwand und Erfolg, von Absicht und Ergebnis ist so groß und jetzt so offensichtlich, dass allenthalben die Menschen bereit zu sein scheinen „Denkübungen" zu machen.' (Hentig, 1993:10; s. auch A. Hargreaves und M. van Manen 1994 für die USA[2]). Die Einsicht über die Krise finde ich gegenüber der Situation noch vor wenigen Jahren einen großen Fortschritt, als sowohl Bildungspolitiker und Bildungssoziologen wie Erziehungswissenschaftler behaupteten, mit einigen Reformen und vor allem moralischen Appellen seien die Probleme zu meistern. Inzwischen hat sich die Frage nach dem *Vorhandensein* einer Krise auf Fragen nach *Art und Umfang* verlagert. Hier laufen nun allerdings die Meinungen weit auseinander.

---

2   Es ist auffallend, wieviel radikaler und expliziter die Schulkrise in den USA ihren Niederschlag in der erziehungswissenschaftlichen Literatur findet.

Wichtige schulpolitische Kritiken konzentrieren sich auf einzelne Schulformen, es heißt zum Beispiel, die Hauptschule erfülle ihre überlieferte gesellschaftliche Aufgabe nicht mehr, sie sei oder drohe zur Restschule zu werden. Oder die Kontroverse um die Gesamtschule, die besonders der SPD immer noch am Herzen liegt, in der sie aber inzwischen einen Kompromisskurs fährt: Gesamtschule wo's geht, sonst eben zwei- oder notfalls sogar dreigliedrig weiterfahren durch die deutschen zerklüfteten Schullande. Ähnlich laufen die Schienen auch in den Niederlanden.

Andere Kritiken an der Schule konzentrieren ihr Sperrfeuer auf die pädagogischen Aufgaben und stellen fest, dass das pädagogische Verhältnis nicht mehr stimmt; die Schüler respektieren die Lehrerautorität nicht mehr; es herrscht Gewalt an den Schulen, rechtsradikale Tendenzen bedrohen den Gesellschafts- und Schulfrieden, die alten Leitbilder tragen nicht mehr.

Wieder andere Kritiken nehmen die Curricula aufs Korn und bemängeln, dass der Sprachunterricht völlig veraltet sei, zwei oder drei Fremdsprachen sollte der gebildete Europäer in Zukunft doch sprechen können. Curriculumkritiker fordern mehr Raum für eine interkulturelle und Friedenserziehung oder für Projektunterricht und beklagen Fächerzersplitterung.

Aus makrosoziologischer Sicht wird mit kritischer Besorgtheit festgestellt, dass das Bildungssystem und der Arbeitsmarkt nicht mehr – und immer weniger – aufeinander abgestimmt sind.[3] Und diese Kritik ist uns vielleicht am gegenwärtigsten, am dringlichsten. Jeden Tag steht in allen Zeitungen Europas, dass Arbeitsplätze vernichtet werden und nicht nur ältere, sondern vor allem junge Menschen arbeitslos werden oder veraltete Qualifikationen aus der Schule auf den Arbeitsmarkt mitbringen. Dabei ist dies Lager der Schulkritiker vielfach gespalten: die einen behaupten, die nachwachsenden Generationen seien über-, die anderen, sie seien unterqualifiziert; die einen konstatieren eine Akademiker- und Abiturientenschwemme, die anderen weisen darauf hin, dass Akademiker immer noch ein viel geringeres Risiko auf Arbeitslosigkeit eingehen als Haupt- oder Realschulabgänger.

Kurzum, es herrscht in den verschiedenen Lagern Einigkeit darüber, dass sich Bildungspolitik, Pädagogik und Schule in einer Krise befinden, es herrscht aber ein gewaltiges *Chaos,* wenn man all diese Debatten zusammen nimmt. Von einer schlüssigen und auf wissenschaftlich-gesellschaftlichem Konsens beruhenden Globalanalyse über Art und Umfang der Krise oder gar ihrer Lösung kann keine Rede sein. Aus der Tatsache, dass alle Teilkritiken auch empirisch belegbar sind, kann man allerdings auf einer Meta-Ebene den Schluss ziehen, dass die Schulkrise sehr komplex ist; einfache Lösungen, wenn überhaupt welche, kann es schon deswegen nicht geben.

---

3   „Einer Umfrage unter Führungskräften und Bildungsexperten zufolge muss eine den zukünftigen Anforderungen der Wissensgesellschaft entsprechende Ausbildung folgende Eigenschaften vermitteln" – genannt werden u.a.: strategisch vernetztes Denken, Urteils- und Entscheidungsfähigkeit, Beziehungsmanagement, Kreativität, Kooperationsfähigkeit, Veränderungsfähigkeit (Hanny, 2002).

Der ‚Erlebnisgesellschaft' ist die pädagogische Krise ziemlich egal

Über einige grundlegenden Tendenzen gegenwärtiger Gesellschaften in West-Zentraleuropa sind sich die Gesellschaftsanalytiker, die sich mit Modernisierung beschäftigen, einig. G. Schulze (1992) bringt sie in seiner ‚Kultursoziologie der Gegenwart' auf den Begriff der Erlebnisgesellschaft. Das Leben in modernen Gesellschaften, sagt er, wird zum Erlebnisprojekt schlechthin – wobei Erleben nicht nur schön, sondern auch stressig ist. Wie viele andere Modernisierungsforscher hebt Schulze hervor, dass heutige Menschen mit einer historisch noch niemals dagewesenen Optionsvielfalt leben dürfen und leben müssen. Optionsvielfalt, eine der vielen Folgen und Effekte von Individualisierung, ist eine Zentralkategorie in der Analyse von Modernisierungsprozessen.

Optionsvielfalt beeinflusst den Lebenslauf einzelner Menschen ebenso tiefgreifend wie sie Institutionen verändert. Ein mehr oder weniger vorhersehbarer und institutionell geregelter Lebenslauf, auf den Jungen und Mädchen in Elternhaus und Schule vorbereitet wurden, ist einem stark individualisierten Leben und Lebenslauf gewichen. Zwar hat keineswegs jedes Gesellschaftsmitglied dieselben Chancen auf Optionsvielfalt und einen individualisierten Lebenslauf, aber die *Tendenz* zu einer Wahlbiographie ist im Laufe der letzten vier Jahrzehnte dominant geworden und hat die geschlechtsspezifische Normalbiographie als gesellschaftliches Leitbild und gesellschaftliche Praxis ausgehöhlt. War ein individualisiertes Leben früher ein Privileg der gesellschaftlichen Eliten, so ist Individualisierung heute ein Massenphänomen (und Massenschicksal) und führt tendenziell zu einer Entstandardisierung der Lebensläufe – jedenfalls in unseren Breitengraden.

Indem sich die Tendenz zur Optionsvielfalt und massenhaften Individualisierung durchsetzt, verlieren kollektive und zugeschriebene Kategorien wie Sozialmilieu, Geschlecht, tradierte Partei- und Religionszugehörigkeit ihren lebenslauf-strukturierenden Einfluss; Individualkategorien ersetzen sie, und hier vor allem die des *Lebensstils* – wiederum gilt dies für westeuropäische Gesellschaften mehr als für osteuropäische, die sich aber an den Westen angleichen (werden und müssen), um wettbewerbsfähig zu werden und zu bleiben.

Wenn wir nun davon ausgehen, dass es vor allem die jüngeren Generationen sind, die am stärksten an der ‚Erlebnisgesellschaft' partizipieren, dass sie es sind, die die meisten Optionen haben oder sich erkämpfen wollen, schon deshalb, weil die Jüngeren noch mehr Lebenszeit vor sich haben als die Alten; und dass für sie die Erfahrungen der Älteren mit Kollektiven wie Klasse, Ideologie, Verein und geschlechtsbedingten Lebensweisen nur noch aus Omas Erzählungen oder nostalgischen Filmen nachvollziehbar sind – dann wird auch deutlich, dass pädagogische Veranstaltungen wie Schulunterricht im 45 Minutentakt, ein vorgegebener Fächerkanon, Einheitsschulmöbel, ein Lehrer, der bestimmt, wann wer was reden darf und normierte Urteile über die Qualität und den Wert des Geredeten und Geschriebenen abgibt – dass solche Veranstaltungen sich in einem *Spannungs-*

verhältnis befinden zu dem, was eine Erlebnisgesellschaft den jüngeren Generationen suggeriert.

Diesem Spannungsverhältnis entspricht es, dass in Modernisierungstheorien und -empirien die Schule als pädagogisches Institut keine wesentliche Rolle spielt und die pädagogische Krise kein Thema ist[4]. Was die jugendsoziologische Debatte hierzu beigetragen hat, bezieht sich auf die These einer Verlängerung der Jugendphase in der Moderne durch eine längere Verweildauer von Kindern und Jugendlichen in Bildungseinrichtungen; immer breitere Teile der nachwachsenden Generationen werden von einem frühzeitigen Einstieg in den Arbeitsmarkt ferngehalten, und das lange Zusammenleben von Jugendlichen in homogenen Altersgruppen im Zusammenspiel mit einer auf jugendkulturelle Bedürfnisse eingestellten Industrie führt zu ausgedehnten und ereignisreichen Praxen in hochspezialisierten jugendkulturellen Szenen. Was aber eine derartig ausgeweitete Schulzeit und die neuen Freizeitkulturen *pädagogisch* bedeuten – dazu hat die Jugendsoziologie und die Individualisierungsdebatte nicht viel an Ideen und Lösungsvorschlägen beigesteuert.

In (post-)modernen Gesellschaften wird kulturelles Wissen immer wichtiger. Einerseits, weil die Gesellschaftsmitglieder selbst an immer vielfältigere kulturelle Ströme und Ereignisse angeschlossen sind; andererseits weil immer mehr Berufe und Tätigkeiten kulturelles Kapital erfordern. Individualisierung, Entstrukturierung des Lebenslaufs, eine Ästhetisierung von Lebensvorstellungen und -praxen durch vielfache Stilbildungen, eine Erlebnisgesellschaft als schreckliche und schöne Wirklichkeit und Projektion – wenn dies alles Tendenz und Essenz von westeuropäischer Modernisierung ist, dann kann es keinen Zweifel darüber geben, dass ‚Kultur‘ zu einer Schlüsselkategorie für Lern- und Arbeitsprozesse wird. In den herrschenden Lehr- und Lernveranstaltungen sind Lernprozesse hingegen ihrer kulturellen Dimensionen entkleidet:

– Wissen ist in Fächer zerstückelt, wobei Zusammenhänge zerstört oder geleugnet werden, während Kultur ja nichts anderes ist, als Kontexte zu schaffen und Zusammenhänge zu stiften;
– Westeuropäische Kinder lernen in ihren Schulen allenfalls, dass es ‚auch andere Menschen auf dieser Erde gibt‘, zum Beispiel Schwarze und Türken; sie lernen aber nicht, dass sie selbst ‚anders‘ sind – je nach kultureller Perspektive und kulturellem Kontext[5];

---

4 Das würde ich heute, mit aufkommender Wertedebatte und dem Druck zu internationalen Leistungsmessungen á la PISA so nicht mehr behaupten. Vergegenwärtigt man sich aber die Modernisierungsdebatten der achtziger/Beginn '90er Jahre, so ist die ‚pädagogische Lücke‘ auffällig.

5 U. Beck (1994) unterscheidet zwischen ‚kulturellen Fremdstereotypen und Feindbildern‘. ‚Die Frage, die diese Unterscheidung rechtfertigt, lautet: Warum werden bestimmte kulturelle Identitäten, warum werden andere nicht zu nationalen und staatlichen Feindbildern dramatisiert?‘ (S. 474). ‚Unübersehbar ist die Gefahr der ethnischen und sozialen Fragmentierung in der multikulturellen Gesellschaft. Es geht in ihr nicht um die Veränderung jeweiliger Identitäten, nicht darum Übergänge herzustellen,

- Kinder lernen hierzulande nicht, dass Mathematik auch ein Kulturfach ist und Musikkomposition viel mit Mathematik zu tun hat. Das heißt, sie lernen nicht, dass exaktes Wissen eine historisch-kulturelle Dimension hat und ästhetisches Wissen mit exaktem Wissen aufregende Beziehungen unterhält;
- Kinder erhalten in fortschrittlichen Schulen hin und wieder so etwas wie ‚Friedenserziehung‘. Wenn eine solche Erziehung aber in Sammel- oder Kartenaktionen für die hungernden Kinder in Afrika oder die Bürgerkriegswaisen in Ex-Jugoslawien stecken bleibt, so befördert dies eher einen Eurozentrismus, als dass es kulturelles Lernen wäre. Wenn man meint, dass Krieg und Frieden Lernfelder sind, dann muss man Kinder lernen lassen, wo und wie, und von wem, Krieg und Frieden gemacht und definiert werden. Das würde z.B. bedeuten:

- an Medienorten lernen, wie Medien Krieg und Frieden aufbereiten; das wären Projekte für politisch-ästhetische Erziehung;
- durch Kritik und Mitmachen lernen, wie Hilfsorganisationen arbeiten; das wäre praktische Wissensvermittlung über das Verhältnis von Staat und NGO's, über Geld und Definitionsmacht von modernen Bürokratien;
- lernen, wie heutige Kriege mit früheren Kriegen und Grenzziehungen zusammenhängen, indem man mit alten und jungen Bewohnern der betroffenen Region kommuniziert; das wäre historisches und Gegenwartslernen unter Einbeziehung von mündlicher Geschichtsschreibung und modernen Kommunikationsmedien. Etc.

Der pädagogische Bezug ist zerbrochen

„Die Grundlage der Erziehung ist das leidenschaftliche Verhältnis eines reifen Menschen zu einem werdenden Menschen, und zwar um seiner selbst willen, dass er zu seinem Leben und seiner Form komme", sagte H. Nohl 1935, und viele Lehrer- und Pädagogengenerationen haben sich an dieser Maxime orientiert.

Heute ist das Verhältnis zu den Lehrern durch die bürokratische Massenschule vergleichgültigt, während es zu den Eltern durch das Aufkommen des Verhandlungshaushalts intimisiert ist. Beide Veränderungen haben den *auratischen Raum*, in dem Vorbilder gedeihen, das pädagogische Verhältnis sich

die zu neuen, bisher noch nicht vorgestellten Identitäten führen könnten. Voraussetzung dafür wäre das Abgehen von der Idee einer stabilen, sicheren Identität zugunsten der Vorstellung einer Identität, die befähigt, Verbindungen zwischen bislang scheinbar Inkommensurablem zu knüpfen, Transversalien herzustellen'. (Brähler 1994, S. 102f.). P. McLaren (1994) unterscheidet zwischen einem ‚conservative or corporate multiculturalism, liberal multiculturalism and left-liberal culturalism' (S. 81), um auf die politisch-pädagogische Ambivalenz und ggf. auch Verlogenheit aufmerksam zu machen, mit denen der Begriff Multikulturalismus oft benutzt wird.

entwickelt, verdunsten lassen. Denn Auratik ist gebunden an Traditionsverankerung und an das Bewusstsein der Einmaligkeit eines zwischenmenschlichen Verhältnisses (Benjamin 1961: 155). In dem Maße, wie sich die Bildungssysteme in den westeuropäischen Ländern ausdehnten, nahm die Vorbildfunktion des Lehrers ab, und das ehemals geschlossene pädagogische Verhältnis öffnete sich. Die Massenbildung in der meritokratischen Schule brachte den Massenlehrer hervor. In den massenhaften Gesamtschulen, die im Zuge der technokratischen Bildungsreform unter sozialdemokratischer Flagge in den 1970er Jahren entstanden waren, hatten einzelne Vorbildlehrer, die das alte pädagogische Verhältnis modernisieren wollten, statt zuzulassen, dass es abgeschafft wurde, noch eine letzte große Stunde, dann gingen sie unter. Sie hatten den Kampf um eine moderne Schule verloren – übrigens nicht nur in Deutschland, sondern z.B. auch in den Niederlanden (middenschool). Was folgte, war die stetige Verbürokratisierung der Massenschule. Schulkritiker sind nicht müde geworden, diese Entwicklung zu bedauern, insbesondere den Verlust eines erlebten und erlebbaren pädagogischen Verhältnisses (Rumpf, 1987; Schmidt, 1984; Reiß, 1995; Struck, 1995).

Schule ist zu einem Ort nicht nur massenhaften (extrinsischen) Lernens geworden, sondern gleichzeitig auch zu einem Ort massenhaften jugendkulturellen Lebens. Das veränderte das Verhältnis zwischen Lehrern und Schülern. Aus einem hierarchisch-moralischen wurde ein sachlich-geschäftliches Verhältnis. Heute wollen familiär sozialisierte „Verhandlungskinder" freundliche und sachliche Lehrer – keine Respektpersonen. Schüler und Kinder hatten früher Angst vor Erwachsenen, wenn sie ihren Anforderungen nicht genügten, und sie waren auf Lob aus, das sie als Belohnung für Wohlverhalten und als Ansporn für noch mehr Wohlverhalten im Empfang nahmen. Heute haben Kinder *Stress*, wenn Eltern und Lehrer etwas von ihnen fordern, und sie *relaxen*, wenn alles läuft. Jugendliche wollen bei garantierter Unterstützung unabhängig von Erwachsenen sein, während das traditionale pädagogische Verhältnis ja gerade auf einem spezifischen Abhängigkeitsverhältnis beruhte. Aus ihm sollten sich die Abhängigen schrittweise emanzipieren, um eigenverantwortliche Menschen zu werden; nur so konnten sie später selbst Vorbilder für ihre Kinder oder Schüler sein (Langeveld, 1960).

Vorbilder sind an eine Moral, ein Programm, an Zukunftsentwürfe geknüpft. Ein christlicher Lehrer lebte seinen Schülern christliche Nächstenliebe und christliche Moral vor (Strafen eingeschlossen); ein Deutschlehrer begeisterte seine Schüler mit seiner Kenntnis und seiner eigenen Begeisterung über Literatur, er überzeugte sie von der Notwendigkeit, das kulturelle Erbe weiterzutragen. Ein Geschichtslehrer bemühte sich darum, politisch wache Menschen aus seinen Schülern zu machen (ob sozialistische oder konservative), etc.

Menschen mit Vorbildfunktion bilden mit einer wie immer beschaffenen programmatischen Moral für die Heranwachsenden wünschenswerte Zukunft ab. Lehrer mit Vorbildfunktion haben einen Zukunftsentwurf für ihre Schüler im Kopf (oft gehört von früheren Generationen, wie sie ihren alten Lehrer noch nach Jahrzehnten aufsuchten und er ihren Lebensweg verfolgt hatte). – Dieser

Lehrertypus war auch früher gewiss nicht in der Mehrheit, aber er war als *Typus* für seine Berufsgenossen, für die Schüler und für die Eltern sichtbar, an ihm orientierte sich das Lehrerbild und Abweichungen davon (du Bois-Reymond/Schonig, 1982). Dieser Lehrertypus hatte eine ganzheitliche Berufsauffassung, Beruf und Leben waren nicht getrennt. Seine idealistische Überhöhung finden wir im menschlich-sittlich hochgebildeten Gymnasial- oder Internatslehrer für die Oberklassen, während für die Unterklassen der sozial und pädagogisch engagierte unermüdliche Volksschullehrer Modell stand.

Lehrer und Schüler werden heute nicht mehr von einem pädagogischen Verhältnis und einem gesellschaftlich anerkannten Bildungskanon zusammengehalten, sondern sind eine Zweckgemeinschaft auf Zeit. Durch Massenschule und Massenprofessionalisierung (sie schließt Entprofessionalisierung mit ein[6]) ist das personale Verhältnis zwischen Lehrer und Schüler zerbrochen. Heute unterhalten Lehrer und Schüler zwar unter Umständen (meistens übrigens nicht) ein vertrauensvolles Verhältnis miteinander, aber das ist nicht gleichzusetzen mit einem personalen Verhältnis, in dem zwei Personengruppen sich in gesellschaftlich definierten Rollen gegenübertreten (müssen): der Lehrer als Wissender und Wissensvermittler, der Schüler als noch nicht Wissender und Wissen Empfangender.

Moderne Lehrer sind keine Vorbilder mehr und erwarten dies auch nicht mehr, weder von sich, noch von ihren Schülern. Die Verantwortlichkeit, die der Lehrer früher für seine Schüler trug, ist an diese selbst übergegangen, sie sind die Schmiede ihrer eigenen Bildungsschicksale. Im neumodischen Lehrerjargon: Ihr müsst selbst wissen, wieviel ihr lernen wollt, ich gebe hier den Stoff und die Zensuren.

Entsprechend der Aushöhlung des pädagogischen Verhältnisses müssen *sozialtherapeutische Systeme* die Schule abstützen; sie nehmen in dem Maße zu, wie die Verbürokratisierung von Lernen und Lehren zunimmt[7].

Die Schule rezipiert den Modernisierungsdiskurs nicht

Zwar sind sich die pädagogischen Veranstaltungen darüber im Klaren, *dass* sie in einem Krisenknoten gefesselt sind, aber nicht darüber, dass dieser Knoten durch die Modernisierungen der Gesellschaft entstanden ist und dass Entwicklungen wie die oben skizzierten irreversibel sind. Der Knoten kann also nie

---

6 In den Niederlanden werden zunehmend mehr Lehrerfunktionen an kaum professionalisierte Hilfskräfte abgegeben (Lesemütter; „Lehrerassistenten").

7 Das aus historischem Abstand einigermaßen vermessene politische Projekt der (deutschen, aber auch niederländischen) Studentenbewegung, über eine Politisierung der Lehrerschaft eine Politisierung der Schüler- und Arbeiterschaft zu erreichen, unser erbitterter Kampf, die erniedrigenden Rituale der Referendarausbildung abzuschaffen, waren auch Versuche, so würde ich im Nachherein sagen, um den Verlust von elterlichen und Lehrer-Vorbildern zu kompensieren.

mehr gelöst, er kann nur durchgehauen werden. Die Schule denkt aber immer noch, sie habe die Entwicklungen, denen sie sich verdankt – denn sie ist schließlich das Lieblingskind der westeuropäischen Moderne – in der Hand; dabei vollziehen diese sich längst außerhalb ihrer Mauern. Was das angeht, ist die Schule als gesellschaftliche Veranstaltung von erstaunlicher Dummheit und lernunfähig: sie weiß über moderne Kinder und Jugendliche wenig. Sie klagt, aber sie untersucht nicht, nicht diese modernen Kinder und Jugendlichen, nicht deren Kulturen und Familienkontexte, und schon gar nicht sich selbst[8].

Über die Beziehungen zwischen heutigen Lehrern und ihren Schülern gibt es meines Wissens keine Untersuchungen, die der Frage nachgehen, was Lehrer über das außerschulische Leben ihrer Schüler wissen[9]. Während in der Moderne, und noch viel mehr in der Postmoderne, immer mehr Grenzen eingerissen und neu gezogen werden, alles auseinandergenommen wird, was ehemals zusammengefügt war, die mentale und geographische und soziale Mobilität wächst, während sich die tollsten Mischungen ergeben zwischen Physis und Psyche, Innen und Außen, Rechts und Links, Männlichem und Weiblichem, während Lebens-, Geschmacks- und ästhetische Stile die Beteiligten ergreifen, verstoßen, zu Modernisierungsgewinnern und Modernisierungsverlierern machen – während dies alles synchron und diachron passiert, spielen Lehrer und Schüler halbherzig das alte Schulspiel und koppelt sich die Schule von der Erlebnisgesellschaft ab. Statt zu klagen und Bürokratie zu entwickeln, müsste sie wissbegierige Fragen stellen, die die Erlebnisgesellschaft ihr nahelegt. Sie müsste zum Beispiel fragen:

– Was bedeutet es für Schule und Unterricht, wenn heutige Generationen Kinder und Jugendlicher sich in der Zange zwischen prinzipiell wachsender Optionsvielfalt und situativ wechselnder Optionseinschränkung befinden? Wie kann diese Zange in Lernprozessen anschaulich gemacht werden und welche alten Lernformen sollten unter diesen Gesichtspunkten abgeschafft werden?[10]
– Was bedeutet es für das Verhältnis von Lehrern und Schülern und für Lernprozesse, wenn immer mehr Schüler in Verhandlungsfamilien leben,

---

8   Die Club of Rome-Studie ‚Zukunftschance Lernen' spricht bereits 1980 von der Kluft zwischen Alltagsleben und schulischem Lernen, die sich in allen Teilen der Welt ständig vergrößert; sie konstatiert, dass die herkömmlichen Lehr- und Lernformen angesichts der Komplexität der Welt zunehmend sinn- und bedeutungslos werden (vg. Datta 1994: 150).
9   Vertrauen zu den Älteren haben 80%, zu den Lehrern 13% der Jugendlichen in der SPIEGEL Umfrage ‚Die Eigensinnigen. Selbstportrait einer Nation' (SPIEGEL Spezial, Nov. 1994, S. 63; vgl. auch Zinnecker, 1995).
10 In Hessen sind die alten Rahmenrichtlinien nach 20 Jahren reformiert worden, u.a. für das Fach Deutsch. Eine Umfrage der Universität Bielefeld (unter Leitung von K.-J. Tillmann) zeigte eine hohe Akzeptanz unter den Lehrern für die neuen Pläne. Sie seien erfreulich knapp, lebendig, schülerorientiert und zeitgemäß. Kritisiert wurde dagegen die fehlende Orientierung an der Realität der Schüler (Frankfurter Rundschau 16.2. 1995). – Man fragt sich, was die Rahmenpläne „zeitgemäß" macht, wenn sie sich nicht an der Realität der Schüler orientieren?

wo Erziehungswerte wie Selbstbestimmung und Selbsttätigkeit hoch gehalten werden, in der Schule aber die Selbsttätigkeit eben dieser Kinder
kaum gefördert wird?
–   Was bedeutet es für Lerninhalte, wenn außerhalb der Schule Individua-
    lität, Stil und Ästhetik zu Leitwerten werden, der Fächerkanon der Schu-
    le darauf aber nicht im geringsten eingeht?
–   Was bedeutet es für die schulische Lernmotivation, wenn Kinder und Ju-
    gendliche sich in der außerschulischen Welt komplizierte Wissensbe-
    stände aneignen, von denen sie wissen, dass ihr Lehrer davon keine Ah-
    nung haben? Etc.

Begänne die Schule, sich derartige Fragen ernsthaft zu stellen, so würde sie
sich selbst suspekt werden müssen. Die Schule in ihrer gegenwärtigen Verfasstheit, und mit ihr die Schulaufsicht und obere Schulbürokratie, ist aber zu
borniert, um solche Fragen zu stellen. Es lohnt sich, um aus heutiger Sicht
noch einmal den soziologischen Bestseller der fünfziger Jahre, D. Riesmans
„Die einsame Masse" zu lesen. Darin analysiert er den Übergang von der
„innen-" zur „außengeleiteten Schule". In der alten Leistungsschule der Klassengesellschaft kam alles auf Leistung und intellektuelles Können an, es bestand eine große soziale Distanz zwischen Lehrer und Schüler, und der
Schüler wusste, dass es nicht darum ging, „wie nett sein Lächeln und wie
hilfsbereit und kooperativ seine Haltung ist". In der neuen, der progressiven,
der außengeleiteten Schule, sitzt der Lehrer nicht mehr „auf einem Katheder
oder stolziert auf dem Podium auf und ab, sondern schließt sich dem Famili-
enkreis an. (…) Dies alles hat den Schein des Fortschrittlichen…", hat aber,
so Riesman, nichts mit einer wirklich aufgeklärten Pädagogik zu tun, sondern
die Lehrkräfte werden zu *opinion leadern* in Sachen Anpassung an Grup-
penmeinungen und Gruppengeschmack. „Nachdem ihnen der Boden alter Erziehungsmethoden unter den Füßen weggesunken ist, sind sie womöglich
noch hilfloser als die Eltern, die in kritischen Lagen noch immer auf die alten
Erziehungsmethoden zurückgreifen können, wenn dies auch mit schlechtem
Gewissen und wirkungslos geschieht. *Die Lehrer dürfen das nicht und wollen
das auch nicht…Außerdem sind sie selbst gar nicht an dem geistigen Gehalt
des Lehrstoffes interessiert…"* (Riesman, 1956: 105 ff; Unterstr. MdBR).
    Radikal über Schule und Lernen in (post-)modernen Gesellschaften
nachzudenken heißt, über das Generationenverhältnis und über die Schulpflicht nachzudenken. Die Schulpflicht war solange nötig, wie noch nicht alle
Kinder gleiches Recht auf Bildung hatten. Seit dieses Recht gesetzlich festgelegt ist, ist die Schulpflicht zu einem Hemmblock für die inhaltliche Modernisierung der Schule geworden. Würde die Schulpflicht fallen, so würde
sich noch klarer als jetzt bereits zeigen, dass die Schule modernen Kindern
und Jugendlichen nicht genug zu bieten hat. Lernzwang im alten Sinn verliert
seine gesellschaftsstrukturierende Relevanz: heute ist es nicht mehr produk-
tiv, durch staatlichen Zwang erreichen zu wollen, dass die nachwachsenden
Generationen Lesen, Schreiben und Rechnen erlernen; das tun sie in entwik-

kelten Gesellschaften mit und ohne Schulpflicht. Wer dies nicht kann und nicht tut, wird besser in sonderschulpädagogischen Einrichtungen betreut. Und wo es sich um Kinder ethnisch-kultureller Minoritäten handelt, so gilt auch für sie, dass nicht Schulzwang sie zum Lernen bringt, sondern vielmehr pädagogische Fürsorge. Wo diese fehlt, findet Lernen auch unter den Bedingungen von Schulpflicht nicht ausreichend statt.

Was das Verhältnis zwischen Älteren und Jüngeren betrifft, so war dies früher eines von Oben und Unten, von Wissen und Nichtwissen, von informieren/befehlen und lernen/gehorchen. Schule heute beruht noch immer in wesentlichen Bereichen auf diesem traditionalen Generationenverhältnis. Unterstellt wird, dass Lehrer das Wissen und (im pädagogischen Fall *deshalb*) die Macht haben. Aber heute ist dieses alte Generationenverhältnis zerbrochen und hat einem neuen Verhältnis Platz gemacht: gesellschaftliches Wissen ist nicht mehr ausschließlich konzentriert in den Händen der Älteren – Lehrern, Eltern, kirchlichen Erziehern –, aus denen die Jüngeren – Kinder, Schüler, educandi – es schritt- und häppchenweise und in ritualisierten Formen („Statuspassage-Wissen") entgegennehmen.

Heute ist Wissen tendenziell enthierarchisiert und fragmentiert und befindet sich *gleichzeitig* und in vielerlei Zusammenstellungen in vielen Händen, jungen und alten. Es ist evident, dass eine solche tiefgreifende Wandlung des Wissens- und Generationenverhältnisses zukünftige Lernprozesse ganz anders strukturieren wird, als die alte Schule es tut. Der Lehrerberuf ist unter derartigen Bedingungen kein monofunktionaler Lebensberuf mehr, und schon gar nicht einer mit Beamtenstatus; viel mehr Gesellschaftsmitglieder aus viel mehr gesellschaftlichen Teilbereichen werden sich an der Wissens- und Erfahrungsübermittlung beteiligen. Entsprechend den erweiterten Lernstätten werden auch die Lehr- und Ausbildungsstätten mit anderen gesellschaftlichen Unternehmungen und Projekten verbunden sein. An derartigen Lehr- und Lernstätten lehren und lernen die Generationen vom jungen bis ins hohe Alter, und voneinander. – Auf derartige Konzepte ist die Schule überhaupt noch nicht eingestellt.

Der soziologische Modernisierungsdiskurs ist transnational, der pädagogische und bildungspolitische Diskurs (immer noch) national

Europa im heutigen Verständnis ist eine zerklüftete mentale, soziale und geographische Landschaft, die von den in verschiedenen Rhythmen heranrollen Wogen immer neuer Modernisierungen überspült wird. Alte Grenzen werden dabei eingerissen, neue errichtet. Modernisierung ist per definitionem grenzüberschreitend. Für Modernisierungstheoretiker ist gegenwärtig Hochzeit, es gibt unerhört viel zu lernen über das Zusammenspiel von treibenden und retardierenden Kräften, über das sich permanent verschiebende Verhältnis von Zentrum und Peripherie, über die Lebenschancen und -risiken von

Alten und Jungen, Heutigen und Gestrigen, Outsidern und Insidern. All diese Lernvorgänge und Erkenntnisse überschreiten den Kontext eines einzelnen Landes, es sind ja gerade Lernvorgänge und Erkenntnisse, die erfassen wollen, wie das Alte, zu dem auch die alten nationalen Bildungskontexte und Institutionen gehören, sich in etwas Neues Transnationales – in was, ist noch ganz und gar undeutlich – verwandeln.

Demgegenüber verharrt der bildungspolitische und pädagogische Diskurs noch weitgehend in national definierten Problemen und beharrt auf nationalen Lösungen. Einen lebendigen, breiten und informierten Europa-Diskurs in Sachen Bildung und Pädagogik gibt es nicht. Was es auf übernationaler Ebene gibt, ist vorwiegend Evaluations- und Leistungsmessungsforschung à la PISA, aber keine ausgreifenden Austauschprogramme für Lehrer und Schüler, keine grundsätzlichen curricularen Erneuerungen, keine inventiven Entbürokratisierungsvorschläge. Vorschule, Hauptschule, Gymnasium, Gesamtschule, Berufsschule und Lehrerausbildung – sie alle sind am Ende des 20. Jahrhunderts immer noch nationale Veranstaltungen und werfen nur ausnahmsweise einmal einen Blick über eine Grenze. Im großen und ganzen gilt das auch noch für die Erziehungswissenschaften: sie denken und forschen und beraten überwiegend im und für das eigene Land und Volk[11].

Ich gehe aber davon aus, dass es auf die Dauer keine autonomen nationalen Lehr- und Lernveranstaltungen mehr geben wird, sondern dass auch die Schule Teil immer länger werdender Interdependenzketten und transnationaler Figurationen werden wird. Das (gespannte)Verhältnis zwischen Bildung und Arbeitsmarkt deutet dies bereits an. Heutige Schüler und Studenten und ihre Lehrer in Europa haben nur äußerst schattenhafte Vorstellungen darüber, wie der nationale mit dem internationalen Arbeitsmarkt zusammenhängt. Zumeist wissen sie nicht einmal, welche alten und neuen Berufe auf dem Arbeitsmarkt existieren. Die nationale Schule ist in dieser Hinsicht vormodern, sie vermittelt kein adäquates Wissen über diese, für einen modernen Lebenslauf essentiellen Zusammenhänge. Lehrer und Dozenten sind in der Regel nicht geschult, die Lebensperspektiven ihrer Klientel, was ihre zukünftige Arbeitslaufbahn betrifft, in pädagogische Veranstaltungen und in eine adäquate Berufsberatung umzusetzen.

"It is essentiell for guiding and counselling services to provide information, advice and experience enabling individuals to become aware of opportunities which exist elsewhere in the (European) Community and to make decisions on their training careers which take into account the prospect and development in the Community. However, practice in PETRA (ein europäisches Berufsbildungsprogramm – MdBR) has demonstrated that many of these challenges cannot be met by Member States acting on their own but only by *structured transnational communication and cooperation*." (Le Magazine issue 1994, S. 27; Unterstr. MdBR).

---

11 Deutschland nimmt hier seit der Wende in gewisser Weise eine Sonderposition in Europa ein. In keinem anderen Land wird seither so intensiv über die Transformationsprozesse Ost-West geforscht. Allerdings betrifft dies wiederum mehr die innerdeutschen Verhältnisse als die in Gesamteuropa.

Würden die nationalen Schulen – nicht nur die Berufsschulen, sondern gerade auch die allgemeinbildenden Schulen – sich dieses Programm zu Herzen nehmen, so würden sich Fragen nach Lernzielen neu stellen. Lehrer und Schüler würden sich bei einem praxis- und projektorientierten Curriculum über Veränderungen auf dem nationalen und europäischen Arbeitsmarkt über Fragen und Probleme unterhalten wie beispielsweise die folgenden:

- Welche neuen Berufe entstehen in welchen Euroregionen und warum?
- Welche alten Berufe verschwinden, und was bedeutet das für die Lebensbedingungen der Menschen – jungen und alten – in den entsprechenden Ländern und Regionen?
- Was sind Effekte und Folgen von Arbeitslosigkeit für die verschiedenen Lebensalter und für das Geschlechter- und intergenerative Verhältnis?
- Was sind die Arbeitschancen in neu entstehenden Berufen für Frauen, und wie kommt es, dass die Berufschancen für Mädchen und Jungen unterschiedlich sind? In welchen europäischen Ländern sind sie dies mehr, in welchen weniger und was hat das für Auswirkungen auf das Familien- und Kinderleben?
- Wie sind Praxisprojekte zu organisieren, um sich vor Ort (selbstverständlich in verschiedenen europäischen Ländern und Grenzregionen) über neue Berufe und Berufschancen zu informieren? Etc.

Die Kluft zwischen der Schule von Gestern und dem modernen Leben von Heute und Morgen ist unter den gegenwärtigen Umständen unüberbrückbar. Da hilft kein eifriges Weiterwurschteln mit alten pädagogischen Wissenschaftsparadigmen und keine noch so ausgeklügelten Forschungsmethoden; keine Teilreform und kein noch so fortschrittlich gemeintes Parteiprogramm. Meine Skepsis über die Reformierbarkeit der alten nationalen Schule habe ich bereits 1993 geäußert: „Seit dem Scheitern der sozialdemokratischen Bildungsreform der siebziger Jahre in vielen europäischen Ländern, die historisch-national verfasste Schule von innen heraus zu modernisieren und ihr eine strukturelle und organisatorisch zeitangemessene Form zu geben, hat die Schule ihr Monopol verloren, Kinder und Jugendliche in sinnhafte Lernprozesse zu integrieren (...) Die Jugend ist der Schule aus dem Zügel gelaufen. Kinder und Jugendliche lernen in der Schule nicht für sich, nicht für die Lehrer und nicht fürs Leben". Dieser Meinung bin ich immer noch.

Schule als pädagogische Veranstaltung muss Schule als Ort der Bürokratie abschaffen. Gelingt ihr das nicht, so wird ihr Erosionsprozess und der der praktischen (und damit auch der theoretischen) Pädagogik unaufhaltsam weitergehen, und zwar in allen avancierten europäischen Ländern[12]. Nun ist

---

12 Sowohl in deutschen Bundesländern wie in den Niederlanden gibt es in den letzten Jahren zahlreiche ministerielle Vorschläge, um die Schule aus ihrer bürokratischen Umklammerung zu befreien und sie nach außen (welch decouvrierende Metapher!) zu öffnen. Vgl. z.B. das Rahmenkonzept „Gestaltung des Schullebens und Öffnung der Schule". Entwurf. Hrsg.: Kultusministerium des Landes Nordrhein-Westfalen, 1988. Vgl. auch in diesem Buch den Beitrag Deutsch-deutsche Kindheit und Jugend.

Bürokratie aber noch nie von oben abgeschafft worden, sondern wenn, so immer nur von unten oder vom Markt[13]. Eine breite Massenbewegung von unten, eine Koalition fortschrittlicher Wissenschaftler, Politiker, Gewerkschaftler, Eltern, Lehrer, Schulleiter, Schüler, Studenten und Hochschullehrer, um die nationalen Bildungseinrichtungen zu Europa hin zu öffnen und zu modernisieren, ist nicht zu erwarten. Statt dessen werden, wie empirisch belegbar ist, marktorientierte Bildungsangebote von Elite-Eltern genutzt, um ihrem Nachwuchs Chancen in einem weltoffenen Europa zu verschaffen, die zu vermitteln sie den staatlich-nationalen Pflichtschulen nicht mehr zutrauen.

Zwei progressive amerikanische Erziehungswissenschaftler im Gespräch: ,... when we exchanged views about our own children's experiences with teachers, he admitted" – so berichtet der eine vom andern – „somewhat sheepishly, that his children were enrolled in a private school. (...) He said, „Well, you know Max, I really feel that I cannot sacrifice my children to my own political beliefs" (Van Manen, 1994: 56f.). – Die Szene dürfte manchem deutschen (niederländischem) Vater und mancher deutschen (niederländischen) Mutter der '68er Generation nicht ganz unbekannt vorkommen, der (die) für die Gesamtschule gekämpft hat, die Sprösslinge aber später aufs Gymnasium geschickt hat.

Vor den Einwirkungen des Marktes auf Schule haben europäische Intellektuelle, Politiker und Bürokraten eine Heidenangst. Das ist verständlich, zumal aus der Perspektive einer Diskussion über Erziehungswerte und Chancengleichheit. Ich teile diese Angst, auch ich kann mir ein Schreckensszenarium neuer Ungleichheiten ausmalen, wenn Bildung zur Ware wird. Aber diese Angst darf kein Freibrief sein, die Augen davor zu verschließen, dass wir mitten in dieser Entwicklung drinstecken, jedenfalls wenn wir ,Entwicklung' auffassen als Hinweis, wo sich Neues abzuzeichnen beginnt.

Es besteht kein Zweifel, dass Privatisierung und Kommerzialisierung von Informations- und Wissensvermittlung für alle Lebensalter, und ganz sicher für Kinder und Jugendliche, voranschreitet und die alten, uns vertrauten pädagogischen Veranstaltungen zu verdrängen beginnt. Dass dieser Verdrängungsprozess ungleichzeitig verläuft, also etwa die obersten (teil-privatwirtschaftlich finanzierten Universitäten[14]) und untersten (privatisierte Vorschulen und Kinder-

---

13 Ph. Wexler (1992) spricht von einer „Radikalisierung der Bürokratisierung" der Schule und von einer „marktförmigen Leistungskonkurrenz", bei der die Schüler eine Identifikation mit dem Ganzen der Schule verweigern (vgl. F.U. Kolbe in SLR 29, 1994: 122f.)

14 Die Privatisierung von Universitäten vollzieht sich nicht in erster Linie über die privatrechtliche Form. Private Universitäten in diesem (amerikanischen) Sinn gibt es in Europa tatsächlich erst wenige. Privatisierung vollzieht sich vor allem durch die zunehmende Auslagerung einer der beiden zentralen Aufgaben der herkömmlichen Universität, der Forschung und deren immer stärkerer Marktorientierung. So wird z.B. in den Niederlanden diskutiert, wie Drittmittel nicht nur effizienter eingeworben werden müssen, sondern vor allem dazu benutzt werden sollen, um Spareffekte zu kompensieren, indem ein Teil des universitären Personals einen Teil seiner Arbeitszeit über Drittmittel beköstigen soll. Einer von Hollands bekanntesten universitären Funktionä-

gärten) Erziehungsetagen eher erreicht als die mittleren der Grundschule und Sekundarstufen[15], dass es hier große und viele nationale Unterschiede gibt – dies alles darf nicht darüber hinwegtäuschen, dass ein solcher Prozess bereits im Gange ist, und zwar mit einer Tendenz zur Beschleunigung[16].

Viele Anzeichen sprechen dafür, dass es zu einer *Zweiteilung des Bildungssystems* in einen staatlich finanzierten und organisierten Restsektor für die Unterprivilegierten einerseits, einen vielfach neu strukturierten und privat finanzierten Bildungssektor für die Eliten andererseits kommen wird.

Da ein vereinigtes (oder auch ein zerstrittenes) Europa auf die Erschließung gigantischer neuer Wissenspotentiale angewiesen ist, die die bürokratisch erstarrte alte Schule mit ihren Techniken der Wissensvermittlung nicht erschließ kann, so ist es wahrscheinlich anzunehmen, dass zukünftig immer mehr von diesem modernen Wissen in neuen Lernarrangements produziert werden wird. Wie diese Lernarrangements im einzelnen aussehen, darüber zu spekulieren und hier zu steuern zu versuchen, erscheint mir wesentlich fruchtbarer als Diskussionen hinterm bildungspolitischen Kamin.

*   Dieser Beitrag ist veröffentlicht in W. Helsper, H.-H. Krüger, & H. Wenzel (Hrsg.) (1996): Schule und Gesellschaft im Umbruch. Weinheim. Deutscher Studienverlag. Ich übernehme ihn mit geringen Anpassungen und einigen Kürzungen. Ich habe einige Passagen aus meinem Aufsatz übernommen „Aura und Modernisierung der Schule", in J. Keuffer, H.-H. Krüger, S. Reinhardt, E. Weise, & H. Wenzel (Hrsg.) (1998), Schulkultur als Gestaltungsaufgabe. Weinheim: Deutscher Studienverlag.

---

ren gab bekannt, dass in etwa 5 Jahren nur noch 60% der Universitätskosten über den Staat finanziert werden, der Rest wird über den Markt laufen (J.K. Gevers in NRC Handelsblad 9.3.1995). – Diese Entwicklung ist inzwischen (2003) fortgeschritten, die Anzahl der privaten Universitäten wächst.

15 Jeder fünfte Schüler im Alter von 11 bis 17 Jahren in Nordrhein Westfalen bekommt Nachhilfeunterricht (WAZ 23.1.1995). Faktisch handelt es sich hier um eine Zusatzsteuer für Schule, die den Eltern auferlegt wird.

16 Eine vom niederländischen Bildungsminister berufene Kommission hat die Aufgabe zu untersuchen, wie die Zahl der Sitzenbleiber und ‚uneffektiven Lernrouten' bekämpft werden können, die jährlich 10% des gesamten Bildungshaushaltes auffressen. Die Kommission plädiert nach Abschluss der Sekundarstufe I für ein Vouchersystem, das Lehrpflicht in Lehrrecht umsetzt. Dieses System eines dann nur noch begrenzt durch den Staat berzahlten Unterrichts wird, so hofft man, auch die günstige Auswirkung haben, dass Eltern zurückhaltender sein werden, ihre Kinder auf zu hohe Schulzweige zu schicken. „Kern unseres Gutachtens ist, dass Studenten, Schüler, Ausbildungen und auch die Eltern die Konsequenzen für die gemacht Schulwahlen tragen" (NRC Handelsblad 26.1. 1995). (Diese Tendenz hat sich 2003 allerdings noch nicht mit dem Tempo durchgesetzt, das damals anvisiert wurde).

Jugendkulturelles Kapital in Wissensgesellschaften*

Einleitung

In modernen Wissensgesellschaften wird Lernen im breitesten Sinn seiner vielen Bedeutungen zu einer zentralen Quelle, aus der sich gesellschaftliche Chancen speisen. Der menschliche Lebenslauf wird zunehmend mehr von Lernimperativen geprägt, die sich nicht mehr nur, wie in früheren Zeiten, auf klar ausmachbare Phasen beziehen – die Kindheit und die Jugend – sondern die sich potenziell und tendenziell auf das ganze Leben ausdehnen; Lebensläufe werden zu Lernbiographien. Im Konzept des ‚lebenslangen Lernens‘ werden diese Potenzen und Tendenzen in den letzten Jahren von Sozialwissenschaftlern, Ökonomen, Politikern und Pädagogen mit größtem Engagement diskutiert. Obgleich ‚lebenslanges Lernen‘ noch keineswegs durchgängige Wirklichkeit ist, zeigt die hohe Sensibilisiertheit für dieses Konzept in der Öffentlichkeit, dass sich eine Transformation von alten in neue Lernformen und damit Lebensformen ankündigt.

Im vorliegenden Artikel mache ich mir Gedanken über den *Wandel von Lernformen,* insbesondere über das Spannungsverhältnis zwischen formellen und informellen Lernformen. Dabei ist meine *erste These,* dass informelles Lernen im gesamtgesellschaftlichen Zusammenhang wichtiger wird und dass dieses Lernen zunehmend in jugendkulturellen Kontexten stattfindet; damit, so meine ich, geht ein wesentlicher Teil von Lernen in die Regie der Jugendlichen selbst über.

Modernisierungsprozesse vollziehen sich nicht gleichmäßig, sondern sind von Ungleichzeitigkeiten gekennzeichnet. Dies gilt auch für Veränderungen im Bereich von Lernen und bedeutet, dass die Lernsubjekte ungleiche Lernchancen haben bzw. sie sehr verschieden nutzen. Dies ist an sich nichts Neues – es ist seit je Thema und Erkenntnisproduktion der Bildungssoziologie. Neuer ist, dass informelle Lernprozesse zunehmend mehr Gewicht in die Schale der Lebenschancen von jungen Menschen legen, während sie gleichzeitig weniger deutlich und eindeutig verlaufen als solche, die in offiziellen Curricula und formalen Leistungsnachweisen festgeschrieben sind. Für Bildungs- und Jugendsoziologen wird vermutlich zum Thema, die ungleichen Chancen in diesen diffuseren Lernfeldern zu orten und mit den bekannteren Ungleichheitstheorien zu verbinden. Meine *zweite These* ist daher auch, dass sich gegenwärtig *jugendkulturelle Lerneliten* bilden, denen Jugendliche gegenüberstehen, die diese neuen Lern- and Lebensformen nicht nutzen (können). Ich möchte zeigen, dass die Trennungslinien zwischen beiden Jugendfraktionen zwar zum Teil entlang den etablierten Sozialindikatoren verlaufen, dass sich aber zu einem anderen Teil auch neue Linienführungen ergeben.

Der Stellenwert von Lernen im menschlichen Lebenslauf

Am prägnantesten schlägt sich die Notwendigkeit, dass Menschen, insbesondere junge, in Wissensgesellschaften viel, lange und offen für neue Entwicklungen lernen sollen, im Credo des ,lebenslangen Lernens' nieder. Inzwischen ist der wissenschaftliche und auch der vorwissenschaftliche und politische Diskurs hierüber so umfangreich geworden, dass sich bereits Spezialisten mit eigenen Publikationsorganen und Konferenzzirkeln bilden.[1]

Das Konzept ist im übrigen nicht so neu, wie es scheint: bereits in den siebziger Jahren, also im Jahrzehnt, das die großen Öffnungen der europäischen Bildungssysteme für ,bildungsferne Schichten' einleitete, war die Rede von ,lifelong education' (UNESCO), ,éducation permanente' (Europarat) sowie ,recurrent education' (OECD) (vgl. Stauber/Walther 1998: 30). Zurecht und vielerorts wird die Vagheit und Multiinterpretierbarkeit des Begriffs des lebenslangen Lernens festgestellt und kritisiert: geht es schlicht um Weiterbildungsmaßnahmen? um eine Modernisierung der tradierten Erwachsenenbildung? um kompensatorische Programme? um Freizeitbeschäftigungen für Frührentner? Um all dies zusammen? (Bélanger, 1995). Oder geht es vielmehr – und zumeist nicht zugegebenermaßen – um Kontrollmechanismen staatlicher Ausbildungsinstitutionen, mit denen Jugendliche auf einen Arbeitsmarkt vorbereitet werden sollen, der nicht hält, was er den nachrückenden Arbeitskräften verspricht (Coffield,1999)?

Wie stark die Diskussion im Fluss ist, zeigt sich daran, dass bisher noch keine Strömung die Oberhand gewonnen hat. Deutlich ist nur, dass die europäischen Bildungssysteme in ihrem jetzigen Zustand den Anforderungen nationaler Arbeitsmärkte, die sich unter dem Druck von Globalisierungstendenzen und -widersprüchen verformen und neu formieren, nicht oder nur

---

1 In Dresden fand 1996 eine europäische Konferenz unter dem Thema ,Lebenslanges Lernen in Europa: Neue Optionen für die Vereinbarkeit von Leben, Lernen und Arbeiten?' statt (vgl. Walther/Stauber, 1998). 1998 fand in Lissabon eine 2. Europäische Konferenz statt, ,Lifelong Learning in Europe. Differences versus Divisions. Towards Strategies for Social Integration and Individual Learning Biographies'. Beide Konferenzen waren von dem Europäischen Netzwerk EGRIS (European Group for Integrated Social Research) organisiert. Im Februar 1999 fand in Bremen eine Konferenz statt, ,Lifelong Learning. Inside and Outside Schools'. Vgl. auch Alheit/Kammler, 1998; Hake, 1999. Vgl. auch LLINE – A Journal of Lifelong Learning in Europe. Die Literatur zu diesem Thema ist inzwischen nicht mehr zu übersehen.

ungenügend gewachsen sind. Deshalb richten sich sowohl nationale wie europäische Maßnahmen auch vornehmlich auf den Berufsbildungssektor, insbesondere auf das duale System.

Parallel zur Neuauflage des Konzepts des lebenslangen Lernens verlief und verläuft die Diskussion über den Strukturwandel der Jugendphase, die in Westdeutschland 1983 mit dem programmatischen Artikel von W. Fuchs zwar nicht eingeleitet, wohl aber stark zentriert wurde: ‚Jugendliche Statuspassagen oder individualisierte Jugendbiographie?‘. Programmatisch ist das Fragezeichen bis heute: entwickelt sich der jugendliche Lebenslauf normalbiographisch über das Absolvieren der einschlägigen Statuspassagen, oder läuft dieses Lebenslaufmodell in der (Post-) moderne aus und macht anderen Modellen Platz? Und welchen? Nach 15 Jahren intensiver Theorieproduktion und empirischer Forschungsarbeit ist soviel klar: jugendliche Lebensläufe verlaufen so verschieden, sie nähern sich dem normalbiographischen Entwurf oder aber einem hoch individualisierten Entwurf an, wechseln selbst unter Umständen bei ein und demselben Individuum zwischen diesen beiden Polen hin and her und kreieren eine solche Fülle von Zwischen- und Neuformen, dass es wohl niemanden mehr gibt, der behaupten könnte, ein Lebenslaufmodell dominiere.

Interessanterweise vollzog sich die Diskussion über den Wandel der Jugendbiographie relativ unabhängig von der Diskussion um neue Lernformen und lebenslanges Lernen. Zwar ist empirisch gut belegt, dass die ‚Normalbiographischen‘ eher aus den unteren, die ‚Individualisierten‘ eher aus den oberen Bildungsschichten stammen, und auch, dass eine Individualisierungstendenz in entwickelten Gesellschaften gepaart ist mit einem Wertewandel von Pflicht- und Akzeptanz- zu postmaterialistischen Werten (Yankelovich, 1981; Wyn/Dwyer, 1999). Aber eine Verbindung mit lerntheoretischen und sozialisatorischen Ansätzen blieb zunächst aus. Erst in den letzten Jahren wird an einer solchen Verbindung gearbeitet.

Die Debatte über den Wandel der Jugendphase wurde hingegen von einer anderen Entwicklung weitergetragen, die aufs engste mit den Arbeiten von U. Beck verbunden ist, der 1986 mit seinem national und international überaus einflussreichen Buch über die ‚Risikogesellschaft‘ auch den Begriff der ‚Risikobiographie‘ aus der Taufe hob. Mit diesem Konzept wird viel gemeint, auf jeden Fall aber, dass der menschliche Lebenslauf seine Prognostik in der ‚Zweiten Moderne‘ tendenziell einbüßt und Kontingenzerfahrungen zunehmen (Beck, 1986; Beck/Sopp, 1997). Im Zuge dieser Diskussion wird von Jugendsoziologen darauf abgehoben, dass die ehemals aufeinander folgenden Lebensphasen sich seither untereinander verschieben, und dass ehemals klare Übergänge von einer in die nächste Lebensphase diffuser werden. Dies gilt sowohl für die Lebensphasen Kind – Jugendlicher (vgl. Zinnecker, 1995; Stecher/Zinnecker, 1996) als für die Phasen Jugendliche/r -Erwachsene/r. Durch eine stark verschulte und damit verlängerte Jugendphase im Verein mit neuen Lernanforderungen – lebenslanges Lernen in der Risikogesellschaft – verschwimmen ehemals gut markierte Übergänge ins Erwachsenenleben mit festem Beruf und klarer Familiengründung. Nicht nur objektiv, auch subjektiv wächst die Uneindeutigkeit: bin ich Jugendliche/r oder Erwachsene/r oder beides oder manchmal dies, manchmal das, je nach Lebenssituation? (Walther u.a., 1999).

Während Lernen als Entwicklungsaufgabe früher eindeutig der Kindheit und Jugend zugeschrieben wurde, wird Lernen heute zu einer Daueraufgabe und -anforderung und verkoppelt sich mit allen Lebensphasen, tendenziell bis ins hohe Alter. Die Implikationen einer solchen Entwicklung sind bei den herrschenden Bildungseinrichtungen erst rudimentär im Fokus. Denn wenn lebenslang gelernt werden soll, so bedeutet dies, dass die Subjekte Lernen zu ihrem eigenen Lebensprojekt machen (können) müssen – sonst hören sie vorzeitig auf zu lernen, oder lernen ungenügend. Auf die Schule als paradigmatische Einrichtung für Pflichtlernen kommen neue Lehr- und Lern- und Innovationsaufgaben zu.

Die zunehmende Bedeutung von informellem Lernen

Wissenschaftliche und populärwissenschaftliche Diskussionen über neue Lernformen und Schulreformen werden in den letzten Jahren nach einer längeren ,Sendepause' wieder intensiv geführt; es herrscht Realismus und Optimismus unter den Schulerneuerern (Hamburger/Heck, 1999; Antikainen, 1998; von Hentig, 1999). Das sollte aber nicht darüber hinwegtäuschen, dass es zu einer praxisnahen Neubestimmung des Lernbegriffs unter den Bedingungen von modernen Wissensgesellschaften noch ein weiter Weg ist. Zwar machen sowohl Schul- wie Erwachsenenpsychologen und -pädagogen, sowohl Kinder- wie Jugendsoziologen, Informations-, Medien- und Wirtschaftswissenschaftler auf veränderte subjektive Bedürfnisse und objektive Erfordernisse von Lernvorgängen und Lernergebnissen aufmerksam und betonen dabei die Notwendigkeit von selbstbestimmtem und -initiiertem Lernen. Aber einen eigenständigen Diskurs zur Bedeutung derartiger Lernformen und -auffassungen für die herrschenden Bildungssysteme gibt es bisher noch nicht. Auf einige Stränge in dieser Diskussion weise ich hier in der Absicht hin, den Hintergrumd zu skizzieren, vor dem sich die ,jugendkulturellen Trendsetter Lerner' bewegen, auf die ich im folgenden zu sprechen komme.

In der Schulpsychologie and Schulpädagogik und in der Medienpädagogik ist die Rede von selbstreguliertem Lernen, von Erfahrungslernen, Lernen-durch-Tun, sozialem oder partizipatorischem Lernen – auch dies Konzepte, die keineswegs neu sind, ohne dass dies den ,Recyclern' übrigens immer bewusst ist. In der Absicht, ,informelles Lernen' als eine vielversprechende Erneuerungsstrategie für die Schule dingfest zu machen, haben kürzlich Boekaerts und Minnaert eine Liste von Eigenschaften und Konnotationen zusammengestellt, die mit dieser Lernform in Verbindung gebracht werden können. Daraus ergibt sich eine geradezu erschlagende Negativsicht auf die herrschende Schule und andere Institutionen, in denen überwiegend intentionales formales Lernen stattfindet (Boekaerts/Minnaert, 1999). Die Autoren propagieren die Einführung von selbst-regulierten Lernsituationen und -formen im Unterricht und hoffen auf diese Weise, den Motivationsschwächen und Lernängsten der Schüler abzuhelfen.

Im Anschluss an die Entschuler der siebziger Jahre und die Vertreter der Befreiungspädagogik (Freire, 1978), begreift die angelsächsische Bewegung der kritischen Pädagogik entfremdete Lernformen als Ausdruck entfremdeter Gesellschaftsformen. Autoren dieser Richtung fordern eine Neubestimmung von Lernen dergestalt, dass nicht isoliertes, gewissermaßen neutralisiertes Wissen (gender-neutral; blind für ethnisch-kulturelle Differenzen) von Lehrenden an Lerner angeboten wird, sondern dass Wissen und Erkenntnis kulturell kontextualisiert werden, und zwar von Lehrenden und Lernenden gleichermaßen; die Kluft zwischen Lehrern und Schülern wäre dann tendenziell aufgehoben (Steinberg/Kincheloe, 1998; May, 1994; Buckingham, 1998)[2]. Stanton-Salazar bezeichnet Wissensquellen, die die Schule und andere formale Lernstätten Schülern erschließen sollten (es aber nur in Ausnahmefällen tun) als *Netzwerk-Wissen* und -fähigkeiten and schließt darin *computer literacy* ein (Stanton-Salazar, 1997).

Auch Medienpädagogen erörtern Möglichkeiten und Barrieren, um alte Lehr-Lernformen aufzubrechen. *Computer mediated communication* (CMC) kann der Schule dabei helfen, sich zu modernisieren und selbstbestimmtes, soziales Lernen zu ermöglichen. CMC erlaubt eine Öffnung und Erweiterung von Lernumgebungen und verwischt die Grenzen zwischen Lehrenden und Lernenden. Neue Lernorte, im und durch das Netz vermittelt, können den Ernstcharakter von Lernen erhöhen, indem die Schüler sich zum Beispiel an Projektentwürfen zum Schutz der Umwelt u.ä. beteiligen, die tatsächlich realisiert werden (Schulz-Zander, 1998). Die eingebaute Interaktivität des Internet verwandelt die hierarchische Beziehung zwischen Lehrenden und Lernenden in symmetrische Beziehungen. Aber die ‚statusangleichenden Effekte elektronischer Kommunikation‘ (Marotzki, 1997: 186) spielen sich für die heutigen Lerngenerationen noch weitgehend außerhalb der Schule ab.

Bei zunehmender (Langzeit-)Jugendarbeitslosigkeit konzentriert sich ein wesentlicher Teil der Debatte um (lebenslanges) Lernen auf den Berufssektor, die Berufsausbildung und auf Arbeitsmarktstrukturen. Es geht um neue Lernqualitäten wie Flexibilität, soziale Kompetenz, Aushandel-Fähigkeiten, Selbständigkeit und Reflexivität als Voraussetzungen für eine möglichst günstige Lebens- und Berufszukunft. Dabei spitzen sich in der letzten Zeit sowohl Zustimmung wie Kritik an den Auswirkungen einer ‚freien Marktwirtschaft‘ auf das Konzept der *employability* zu: Jugendliche sollen sich be-

---

2 Bereits J. Dewey entwickelte aus seiner pragmatischen Philosophic den Begriff des experiential learning. Es war die Antwort der progressivistischen Bewegung auf die herrschende liberal education: Die menschliche (kindliche) Erfahrung soll der Ausgangspunkt für lebensrelevantes Lernen sein: ‚The teacher is a learner, and the learner is, without knowing it, a teacher.‘ (zit. nach Saddington 1998: 135).

rufliches Bildungs- und sozialpsychologisches Kapital in solchen Mengen und Mischungen aneignen, dass sie später vom Arbeitsmarkt konsumierbar sind.

In all diesen Bewegungen alter und neuer Provenienz sind Elemente von *informellem Lernen* enthalten, ohne dass bisher eine schlüssige Definition vorliegt. Das ist dem Konzept eingeschrieben: es ist gerade sein offener Charakter, der institutionalisierte und verkopfte Lernformen provoziert und auf ganzheitlichem Lernen mit intrinsischer Motivation besteht.

In die Diskussion über neue Lernformen gehört auch das neue Interesse von Pädagogen und Psychologen an *peer learning*. Schule, sagen Barthelmes und Sander, ist das kommunikative Übungsfeld für die Fähigkeit, in seinem persönlichen Netzwerk eine Vielzahl von Freunden oder Freundinnen und damit verbunden auch von verschiedenen Cliquen oder Gruppen zu integrieren (Barthelmes/Sander 1997: 264). Gleichaltrige interpretieren für und miteinander ihre Welterfahrungen, indem sie sich einerseits an kulturellen Vorgaben orientieren, diese aber andererseits neugestalten. In der Interaktion erwerben Kinder und Jugendliche aktiv Handlungskompetenz, statt diese passiv von ihren Erziehern zu übernehmen. Diesen doppelten Prozess bezeichnen Youniss (1994) und andere (Corsaro, 1997) als *co-construction*.

In diesem Gedankengang fortfahrend ließe sich sagen, dass Kinder und Jugendliche in informellen (Schul-)kontexten *Peerkapital* entwickeln und akkumulieren: informelles Lernen unter und mit Peers bringt spezifische Fähigkeiten hervor, die institutionalisierte Lernbeziehungen nicht hervorbringen, die aber in heutigen Wissensgesellschaften die Lebenschancen von Kindern und Jugendlichen wesentlich beeinflussen. Solche Lernleistungen betreffen gegenseitige Anregungen durch kritische Rückmeldungen, wodurch Peers sich neuen Ideen öffnen und überholte Ideen aufgeben können, den Erwerb sozialer Fähigkeiten zum Argumentieren und Aushandeln, einen Zuwachs an Kreativität durch gemeinsame Denkanstrengungen u.a. (Damon, 1984, zit. in Krappmann/Oswald, 1994, S. 97).

Peer learning findet innerhalb der Schule gewissermaßen neben der etablierten Lehrer-Schüler Beziehung statt, und es findet zunehmend in der Freizeit statt. Der Freizeit als Lernzeit kommt in avancierten Wissensgesellschaften eine steigende Bedeutung zu. Kinder- und Jugendsoziologen erforschen deshalb neuerdings die Lernpotentiale der Freizeit und ermitteln, dass sich die Lernanlässe für Kinder und Jugendliche, die viele Freizeittermine haben, gegeniiber anderen mit wenig organisierten Freizeitaktivitäten erhöhen: sie lernen, ihre vielfältigen Interessen in konkrete Aktivitäten umzusetzen, sie lernen kompetentes Zeitmanagement und, die Fähigkeit zu Teamwork, sie erwerben Planungs- und Konfliktlösungskompetenzen, einen kompetenten Umgang mit den neuen Medien und vieles andere (Büchner u.a., 1998). In der aktiv gestalteten Freizeit eignen sich Kinder soziale Schlüsselqualifikationen an, ‚die den Bildungserwerb in den verschiedensten sozialen Kontexten (in Gruppen, unter unterschiedlichen Wettbewerbsbedingungen, formell/geplant, informell/ungeplant etc.) erleichtern.' (Büchner/Fuhs 1998:

146

398). Ähnlich Eckert: ‚In dem Maße, wie heute aufgrund der interindividu-ellen Konkurrenz im Jugendalter die soziale Geltung bedeutsam wird, werden sich Jugendliche auf Aktivitäten spezialisieren, in denen sie sich als erfolg-reich erfahren haben.' (Eckert u.a., 1990: 30).

Zusammenfassend möchte ich hervorheben, dass die Spannung zwischen formellen und informellen Lernformen in avancierten Wissensgesellschaften zunimmt und die Krise der ‚alten Schule' verschärft. Sowohl Vertreter der etablierten Schulpsychologie wie der kritischen Pädagogik sind auf der Suche nach einer neuen Lerntheorie, die diese Spannung vermindert: kognitive Mo-tivationstheorien sollen um eine affektive Komponente erweitert werden; kriti-sche Pädagogik will Kultur-, Medien-, und Subjektivitätstheorien zu einer ‚post-critical' (Green, 1998) oder ‚post formal' (Semali/Kincheloe, 1999) Lern-theorie verbinden. Beide Traditionen halten dabei prinzipiell an der in die Schule inkorporierten Schüler-Lehrerbeziehung fest. Mir scheint, dass sie beide dabei übersehen, wieviel gesellschaftlich relevantes Lernen inzwischen außerhalb der Schule stattfindet.

Verschiedene Kapitalsorten

Um diesen Gedanken weiterzuverfolgen, knüpfe ich bei dem von Coleman und Bourdieu entwickelten symbolischen Kapitalbegriffen an, da es in beiden Fällen um die Beziehung zwischen der älteren und jüngeren Generation geht, und wie die Jüngeren von den Älteren lernen. Weder Coleman noch Bourdieu gehen bei ihren Begriffen des sozialen und kulturellen Kapitals explizit auf die Ressourcen ein, die Kinder und Jugendliche selbst kreieren und die ich oben als ‚Peerkapital' bezeichnet habe[3].

Während Bourdieu kulturelles und soziales Kapital in erster Linie in der Familie lokalisiert und die gesellschaftliche Reproduktion von Lebenschancen als Ergebnis von familialen Reproduktionsstrategien interpretiert, fasst Cole-man soziales Kapital als eine Ressource auf, die sowohl aus den sozialen Be-ziehungen innerhalb der Familie als aus der sie umgebenden gesellschaftlichen Umwelt besteht. Beide, Familie und Umwelt, „generate the attention and time

---

3   Seit der Veröffentlichung dieses Artikels hat sich in den Sozialwissenschaften eine aus-
    uferende Diskussion über den Begriff des sozialen Kapitals entwickelt (vgl. Baron u.a.,
    2000). So interessant diese Diskussionen sind, sie gehen nicht auf den hier hervorgeho-
    benen Aspekt von jugendkulturellem Kapital ein. Und wenn R. Edwards u.a. (2003)
    feststellen: „We need to know more about the distribution of different types of social ca-
    pital across different groups – wether by ethnicity, class, gender and location" (p. 19), so
    finden sie Alter sichtlich keine relevante Sozialkategorie. In ihrer Unterscheidung zwi-
    schen bonding, bridging und linking capital würde letzteres noch am ehesten meinem
    „jugendkulturellem Kapital" entsprechen, obgleich die Autoren dies nicht im Sinn ha-
    ben, sondern linking capital auf die sozialen Kontakte beziehen, die arme Nachbar-
    schaften/Stadtviertel mit lokalen Institutionen knüpfen, um ihre Lage zu verbessern.

spent by parents and community members in the development of children and youth" (Coleman, 1994, S. 36). Coleman geht bei seinem Ressourcenbegriff nicht davon aus, dass formelle und informelle Lernformen in einem Spannungsverhältnis stehen, das unproduktiv zu werden droht, wenn die formalen Lernformen nicht bei den objektiven gesellschaftlichen Notwendigkeiten, den subjektiven Bedürfnissen und (neuen) Fähigkeiten von Kindern und Jugendlichen anschließen. Vielmehr sieht er die größten Vorteile für die nachwachsenden Generationen in einem ausgewogenen Verhältnis zwischen schulischen und außerschulischen Ressourcen. Erwachsene, Eltern ebenso wie Lehrer und engagierte *community members,* fasst Coleman als Sozialagenten auf, denen Kinder und Jugendliche als zu Erziehende gegenüber stehen. Zwar ist gerade Coleman mit seiner Studie „The Adolescent Society" (1961) berühmt geworden, in der er auf den großen Einfluss von Peers in der Pubertät hinweist. Er tut dies aber eher mit besorgtem Blick auf eine mögliche Schwächung des elterlichen und schulischen Einflusses bzw. mit Erleichterung, wenn die Peeraktivitäten prosozial sind, als dass ihn primär die ko-konstruktiven Leistungen von Peerkulturen für alternatives Lernen interessierten.

Auch Bourdieu hat seinen kulturellen und sozialen Kapitalbegriff nicht auf die Jugend hin spezifiziert (vgl. auch Ecarius,1998). Aber meine These ist nun gerade, dass jugendkulturelles Lernkapital in gesellschaftlichen Kontexten, wo wissensrelevante Erfahrungen zu machen sind, nicht (mehr) ausschließlich und notwendigerweise an das kulturelle Kapital der Eltern gebunden ist. Seine Eigenschaft ist vielmehr, davon *relativ* unabhängig zu sein, da die jugendlichen Lerner es zum Teil selbständig produzieren. Diese relative Unabhängigkeit bedeutet auch, dass sich jugendkulturelles Lernkapital in Risikogesellschaften nicht so leicht, oder überhaupt nicht, vererben lässt wie das tradierte kulturelle Kapital.

Es soll nicht geleugnet werden, dass jugendkulturelles Lernkapital im weiteren Sinn, Peerkapital im engeren, zu einem wesentlichen Teil abhängig ist vom kulturellen Kapital (im Sinne Bourdieus) bzw. vom sozialen Kapital (im Sinne Colemans). Ich meine aber, dass es zu einem wesentlichen, bisher jedoch noch wenig bekannten und untersuchten Teil von den Jugendlichen in eigene Regie genommen wird. Dabei steht außer Frage, dass Familie und Schule wichtige Orte für den Erwerb und Austausch von jugendkulturellem und Peerkapital sind, wobei informelles Lernen unter Gleichaltrigen sozusagen gegen die Logik der offiziellen Schule entsteht, während die moderne Familie bereits viel weiter ist, informelles Lernen aktiv in ihr Erziehungsprogramm aufzunehmen. Nicht nur, indem Eltern, die es sich leisten können, ihren Kindern anspruchsvolle Freizeitbeschäftigungen ermöglichen, sondern indirekt auch, indem sie ihrerseits vielfältige Netzwerke unterhalten, an denen die Kinder lernend partizipieren.

In der Familie haben hierarchisch-normative intergenerative Beziehungen abgedankt zugunsten eines alltagspragmatischen Miteinanderlebens zwischen den Generationen. Kinder und Jugendliche haben gegenüber früheren Generationen mehr Einfluss auf das Familiengeschehen, und sie haben ihre

Autonomie gegenüber Erwachsenen erweitert. Kinder sollen und dürfen heute selbständige und ernstzunehmende Kommunikationspartner ihrer Eltern sein (Matthijs/van den Troost, 1998). Abweichungen von diesem Erziehungsleitbild in die Richtung eines rigiden Erziehungsstils, der dem Kind wenig eigene Entscheidungsmöglichkeiten gibt, sind unter den gegenwärtigen gesellschaftlichen Verhältnissen eindeutig kontraproduktiv für die kindliche Entwicklung und für Lernen.

Welche konkreten Lernleistungen in Verhandlungsfamilien (du Bois-Reymond, 1998) erbracht werden und wie diese sich im weiteren Lebenslauf der jüngeren Generation ‚auszahlen' werden, ist noch weitgehend unerforscht. Gewiss erscheint nur, dass die „geläufige Vorstellung, dass das sachliche und moralische Wissen einer Kultur den Jungen von den Älteren mitgeteilt wird" zu kurz greift: „Zum einen lernen die Generationen gegenseitig voneinander. Zum anderen ist das, was gelernt wird, in der Art und im Ergebnis immer etwas anderes als vorgegebene Lernziele oder Werte glauben machen: es ist ein *Beziehungswissen,* das sich weitgehend ungewusst und ungewollt einstellt – als eine Resultante der Beziehungen zwischen den Generationen." (Hondrich, 1999 – Hervorh. MdBR; vgl. auch du Bois-Reymond, 2004 i.D.).

Im Vergleich zur Familie hat sich zwar auch die Schule in vieler Hinsicht von einer streng hierarchischen Institution in eine Institution demokratischer Mitbestimmung gewandelt; in ihrem Kern aber – dem Lehr-Lernverhältnis und dem Lehrer-Schüler Verhältnis – ist sie wesentlich weniger modernisiert als die Familie und akzentuiert noch stets die Generationsunterschiede. Auf das Wissensgefälle zwischen Lehrer und Schüler baute die Schule seit jeher ihre Macht. Im *hidden curriculum* fanden die Schüler ihre Gegenmacht. Möglicherweise erwerben sie in der Zukunft in einem *offen-informellen Curriculum* als Peerlerner neue Macht und zwingen die alte Schule, sich zu erneuern. Möglicherweise aber lassen sie die Schule links liegen, indem sie sich dort nur die unverzichtbaren Qualifikationsnachweise holen, im übrigen aber ihre Lernenergien in außerschulische Bereiche verlagern.

Jugendkulturelle Trendsetter Lerner

Überblickt man die gegenwärtigen Lernlandschaften und wer sich in ihnen aufhält, so unterscheiden Lerner sich in einem Punkt voneinander, der zwar nicht prinzipiell neu ist, der aber für ihre Biographie und ihre Zukunftsaussichten immer bedeutsamer wird, nämlich der Art ihrer Lernmotivation.

Im Anschluss an die kognitive Motivationsforschung ist zwischen extrinsischer und intrinsischer Motivation zu unterscheiden. Bezogen auf Lernvorgänge heißt das, dass ein Mensch intrinsisch motiviert ist, wenn er unabhängig von äußeren Belohnungen ein selbstgestecktes Ziel verfolgt. Die eigene Tätigkeit, ihr Erfolg oder Misserfolg, sind in sich selbst bekräftigend und regen erneutes Lernen und Erfahren an. Demgegenüber ist extrinsische Lern-

and Leistungsmotivation viel stärker abhängig von äußeren Anreizen bzw. der Angst vor negativen Sanktionen (Heckhausen, 1972; Holzkamp, 1993). Wie oben angedeutet, ist unter Schulpsychologen das Konzept der Motivation in Diskussion: bemängelt wird seine Undeutlichkeit bezüglich des Verhältnisses zwischen den kognitiven, affektiven und handlungsorientierten Komponenten, sowie ein Wust an empirischen Teilergebnissen aus der Schul(fach-)forschung, der zu keiner schlüssigen (neuen) Motivationstheorie führt. Und genau einer solchen bedarf es – einer ‚more comprehensive theory of learning and motivation' (Boekaerts/Nenninger, 1999). Alle Schul- und Motivationsforscher betonen aber den Wert intrinsischer Motivation bei Wissenserwerb und für eine engagierte Lernhaltung.

Michael Young unterscheidet drei historisch-soziologische Lernmodelle in der Erwachsenenpädagogik, während ich zu einer ganz ähnlichen Unterscheidung für die Pflichtlernschule und außerschulisches Lernen komme: er unterscheidet zwischen dem *schooling model, dem credential model* und dem *access model* (Young, 1998: 142ff). Das schooling model führt in die heutige Massenschule als offiziell ausgewiesener Lernstätte. Dort geht es um individualisiertes Massenlernen. Dieser Lernmodus hat die moderne verschulte Jugend mit einer verlängerten Jugendphase hervorgebracht. Insofern es um Pflichtlernen geht, ist die Motivation der Lernenden extrinsisch. Das credential model betrifft Berufsausbildung, in der Lernen auf den Erwerb von Leistungsnachweisen ausgerichtet ist. Das access model ist noch Zukunft: ‚It is a vision of a learning society in which people will learn, if free to do so, in *any* context they find themselves in, by developing skills and knowledge *as their needs change at different times of their lives.*' (Young, 1998: 146 – Hervorh. MdBR).

Interessant ist nun, ob es unter Jugendlichen ausmachbare Gruppen gibt, die ‚Trendsetter' in der Verwirklichung des access Lernmodells sind, in dem informelles Lernen eine dominante Rolle spielt. Es geht mir, um dies deutlich zu machen, bei dem Begriff Trendsetter nicht um eine Erörterung bestimmter jugendkultureller Stile, etwa im Bereich von Musik und Kleidung, sondern um *Lernmodi.* Trendsetter in diesem Sinn sind Jugendliche, die neue Lebens- und Lernformen praktizieren und sich damit neue Lernfelder erschließen.

Trendsetter im hier verstandenen Sinn bilden eine bestimmte Fraktion in der gegenwärtigen Jugend, und zwar eine, die sich der aktuellen und in der Zukunft liegenden gesellschaftlichen Möglichkeiten über alle Risiken und Kontingenzerfahrungen hinweg zu bedienen weiß – oder dies zumindest denkt. In den multikulturellen Gegenwartsgesellschaften sind sie eher am oberen als am unteren Ende der Sozialstruktur zu finden, und eher in ‚weißen' (autochthonen) Elternhäusern als unter Migrantenjugendlichen, die als gesellschaftliche Gruppen (noch) zu wenig schulisches Kapital akkumuliert haben, um die kulturellen und ökonomischen Möglichkeiten westlicher Konsumgesellschaften optimal nutzen zu können; wohlgemerkt: als *Gruppe;* einzelne Vertreter dieser ethnisch-kulturellen Jugendfraktionen können sehr wohl Trendsetter Lerner sein.

Trendsetter Lerner sind trotz Frauenemanzipation und einer Angleichung der Geschlechter in vielen Bereichen vermutlich noch mehr unter der männlichen als der weiblichen Jugend zu suchen, obgleich sie im Vergleich mit dem klassischen Intellektuellen, der historisch im Sinne seiner gesellschaftlichen Funktion und Sichtbarkeit fast ausschließlich männlichen Geschlechts war, aufgrund ihrer Offenheit für Neues und Kulturelles eher androgyn eingestellt sind und einer egalitären Mann-Frau Ideologie anhängen. – Aber dies sind unbelegte Behauptungen, die empirisch geprüft werden müssten (vgl. auch den Artikel ‚Jugend – Lernen – Europa' in diesem Buch).

Das Unterscheidungsmerkmal (viel) kulturelles Kapital hilft uns für eine genauere Sicht auf jugendkulturelle Trendsetter Lerner nicht weit genug, eben weil sie auch von ganz unten kommen können: der Computerboy mit abgebrochener Schulbildung; der Gitarrist einer international erfolgreichen Band, der nie auf dem Konservatorium war; die junge Boutiquebesitzerin mit nicht mehr als Realschulabschluss, die die neuesten Modetrends in London, Paris und L.A. aufspürt. Derartige Aufsteiger gab es zwar auch in früheren Generationen, aber heute sind sie keine individuellen Ausnahmen mehr, sondern formen untereinander vernetzte Gruppen – auch wenn sie damit noch keine Mehrheiten bilden. Wir müssen uns im folgenden, mangels systematischer empirischer Studien zu dieser neuen Fraktion Jugendlicher, auf eine soziologische Phänomenologie beschränken.

Trendsetter Lerner sind die erste Generation in der menschlichen Geschichte, die von Kindheit an mit den neuen Medien und Informationstechnologien aufgewachsen ist, mit Heimcomputern und Computerspielen, mit Videos und Musikträgern aller Art, mit e-mail und Internet. Es wird die letzte Generation sein, die Eltern hat, die noch im ‚vormedialen Zeitalter' aufwuchsen. Deshalb ist der Generationenbruch zumindest auf dieser Dimension von informationellem und kulturellem Lernen besonders tief. Schon die nächste Generation Erwachsener wird selbst auf eine Medienkindheit zurückblicken und vermutlich lebenslang lernen wollen oder müssen. Trendsetter Lerner gehören den informationstechnologischen und medial-kulturellen Eliten an. Sie interessieren sich nicht nur privat, sondern auch und gerade beruflich für Mode, Design, Körper, Gesundheit, Musik (machen und produzieren), und sie benutzen vorrangig die neuen Medien, mit denen man diesen Interessen Ausdruck verleihen kann[4].

Indem sie diese Interessen artikulieren und umsetzen, entwickeln Trendsetter Lerner neue Anwendungsweisen und -bereiche im Gebrauch von Medien, Materialien und Ressourcen. Sie sind ununterbrochen am Fummeln, Pro-

---

4   Aus der Perspektive einer politisch-ökonomischen Makroanalyse über Globalisierungstendenzen behandelt R. B. Reich neue Qualifikationsanforderungen und damit verbundene Lernleistungen. Er ortet in der amerikanischen Berufsgesellschaft eine neue Berufsgruppe, die sich unter dem Druck und dem Anreiz von Globalisierungsprozessen bildet und deren Träger ist. Er nennt sie ‚Symbolanalytiker'. Es geht hierbei um Tätigkeiten und Dienstleistungen, die sich auf Problemidentifizieren, Problemlösen und auf strategische Vermittlungstätigkeiten richten. Reich nennt als Beispiele solcher Berufe: Forschungswissenschaftler, Designer, Software-Entwickler, Biotechnologen, Toningenieure, PR-Manager, Banker, Architekten, Informatiker, Marketing-Strategen, Verleger, Schriftsteller, Musiker, Fernsehproduzenten u.v.a. (Reich 1997: 198).

jekte machen, sie verwischen die hergebrachten Unterschiede zwischen Produzieren und Konsumieren (*prosumption* – Toffler, 1980), sie bauen Netzwerke auf und aus, sie reisen mit low budgets um die halbe oder ganze Welt und werden dabei von Trendsetterbüros beobachtet ('generation X'; die 'interaktive Generation'; 'die Tugend der Orientiernungslosigkeit' – Trend Alert, 1999; Horx, 1993; Goebel/Clermont, 1997; Lopiano-Misdom/De Luca 1997).

Trendsetter Lerner stellen sich auf Wissens- und Lernformen ein und gestalten sie mit, die Übergänge markieren von diachron nach simultan und von hierarchisch nach assoziativ: hintereinander geschaltete Lernvorgänge (in formellen Curricula) weichen simultan stattfindenden Lernvorgängen und – formen, in denen sich formelle und informelle settings vermengen; *multitasking*. Trendsetter Lerner entwickeln ihre Lernprogramme selbst und kümmern sich nicht großartig darum, ob sie dazu die nötigen formellen Qualifikationen haben. Sie kombinieren Wissenbstände, die eigentlich nicht zusammengehören und gehen respektlos mit Traditionen um: aufgestapeltes Kulturwissen betrachten sie als eine Riesenbox, aus der sich jeder ad libidum bedient (copyright ist out). Alles kann mit allem kombiniert werden, alles wird recycled und ist recyclebar[5]. Es gibt heute ein bisher nie dagewesenes breites jugendkulturelles Wissen, das die Tendenz hat, die Grenzen zwischen etablierten Wissensbereichen aufzusprengen und Teilwissen ohne Rücksicht auf Wissenstraditionen in ad hoc Kombinatoriken zu benutzen.

Alle Lernvorgänge, die Trendsetter Lerner in Gang setzen und denen sie sich aussetzen, sind offen, nicht abgeschlossen und nicht streng geschieden von anderen Lebensbereichen. Insbesondere die Lebenssphären von Lernen und Freizeit (später von Arbeit, Lernen und Freizeit) verschwimmen: Lernvorgänge sind Bestandteile eines Lebensstils, den die Trendsetter Lerner ununterbrochen weiterentwickeln und je nach Interessenwechsel umformen. Trendsetter Lerner betrachten und erfahren die Wirklichkeit nicht als eine feststehende Tatsache, sondern Wirklichkeit steht für dauernde Manipulation bereit; man macht sie sich nach Maß und immer wieder anders. Indem man so mit der Wirklichkeit spielt, spielt man auch mit sich selbst, man jongliert mit Identitäten, verformt und erfindet Zeit-Identitäten mithilfe der Medien, insbesondere der neuesten: auf dem Internet kann man sich darstellen und mit anderen Surfern in einer selbst gewollten mentalen Gestalt in Kontakt treten (Cohen,1997; Marotzki, 1997; Horning u.a., 1990).

---

5   Fisher erfasst den Übergang von tradierten Lernformen, die er in den Wissenschaftsauffassungen von Skinner und Taylor repräsentiert sieht, in neue Lern-Lebensformen mit dem Begriff der 'design-activity'. Sie ist 'a model of work that is open-ended and long-term in nature, incorporates personalised and collaborative aspects, and combines technical and aesthetical elements (...) brought about by the advent of computer networks and virtual communities (...) designers continue to learn new things as the process unfolds (...) design is an essential aspect of problem-solving activity (...) designers are constantly learning and communicating with each other.' (Fisher 1998: 440). Vgl. auch M. Doehlemann (1966), der eine differenzierte Typologie von den Bewältigungsstrategien von Modernisierungsverlierern entwirft.

Wenn dies neue Tendenzen in der globalisierten Moderne werden, so hat das weitreichende Folgen, denn durch eine Verselbstständigung von Wissen und Wissensaneignung wird das Generationsverhältnis an einer zentralen Stelle aufgebrochen: das kulturelle Kapital der Eltern veraltet schneller, als es den Kindern Rendite bringt. Es geht also um eine weitere und zum Teil andere Bestimmung des Generationenverhältnisses: Trendsetter Lerner formen eine Elitefraktion innerhalb der Jugend, und zwar nicht in erster Linie aufgrund ihrer Verbundenheit mit gesellschaftlichen Erwachsen-Eliten im Sinne Bourdieus. Hierzu hat Mannheim in seinem berühmten Essay über ‚Das Problem der Generationen' (1964) einige Gedanken entwickelt, an denen ich mich für ein Verständnis des Trendsetter Lerners orientiert habe.

Sind Trendsetter Lerner eine Elitefraktion?

Mannheim erfasst das Wechselverhältnis zwischen Generation und Gesellschaft mit drei Schlüsselbegriffen: Generationslagerung, Generationszusammenhang und Generationseinheit. Generationslagerung bezeichnet bestimmte Alterskohorten, die zunächst nur durch die Tatsache miteinander verbunden sind, dass sie in dieselbe Welt hineingeboren sind, wobei ‚Welt' zu Mannheims Zeiten noch nicht globalisiert war, weswegen ein Bauernkind und ein Stadtkind trotz gemeinsamer Generationslagerung nicht viel miteinander gemein hatten, von einem deutschen gegenüber einem chinesischen Jugendlichen zu schweigen (Mannheims Beispiele). Heute hingegen teilen jugendkulturelle Trendsetter Lerner mit allen anderen (extrinsisch motivierten) Lernern viele Erfahrungen miteinander, wie z.B. die Massenschule, einen Jugendfreizeitmarkt und motorisierte Stadtumgebungen. Mit dem Begriff der Generationslagerung lassen sich Trendsetter Lerner nicht bestimmen.

Demgegenüber ist Generationszusammenhang mehr als als bloße Generationslagerung: entscheidend ist, was Mannheim mit einem uns heute etwas fremd berührenden Begriff ‚Erlebnis- und Bewusstseinsschichtung' benennt. Vielleicht würden wir heute eher von verwandten Mentalitäten sprechen. Es geht um gemeinsame Lebenshaltungen, um Partizipation an denselben Ereignissen. Mannheim hat dabei natürlich noch nicht an das Netz gedacht, das Jugendliche heute verbindet: Trendsetter Lerner sind Netzbenutzer in doppelter Weise. Zum einen sind sie aktive Benutzer der neuen Medien, die für vernetzte und vernetzende Kommunikation geschaffen sind, zum anderen sind sie *networkers* im Sinne vielfältiger und ausgedehnter Cliquen, mit denen sie in realer und virtueller Kommunikation stehen. Mit den neuen Medien, vom mobilen Telefon über Internet und e-mail, überwinden sie Entfernungen, die zu Mannheims Zeiten Jugendliche noch daran hinderten, einen Generationszusammenhang herzustellen, bzw. diesen auf lokal überschaubare Räume beschränkte.

Der Begriff mit dem höchsten Integrationswert ist Generationseinheit. Sie bildet sich unter bestimmten gesellschaftlich-historischen Bedingungen und verbindet Teile einer Jugendkohorte zu einer Gemeinschaft mit bewusst geteilten Lebensauffassungen. Mannheim spricht von ‚einheitlichem Reagieren‘, ‚Mitschwingen und Gestalten‘, ‚Gestaltungsprinzipien‘ und ‚Generationsstil‘ (1964: 547ff). Generationseinheiten sind, wie Mannheim betont, nicht in Gestalt einer konkreten Gruppe vorhanden (‚man kann Generationseinheiten nicht fixieren und zählen‘ – S. 558), sondern die Grenzen zwischen ihnen und dem Rest der Jugendkohorte sind fließend, Jugendliche können aus einer Generationseinheit abdriften oder in sie aufgesogen werden.

Diese von Mannheim unterstellte ‚Flüssigkeit‘ ist in westeuropäischen Gegenwartsgesellschaften womöglich noch größer als zu seiner Zeit. Intrinsische und extrinsische Lernmodi schließen sich in der Biographie des Einzelnen nicht aus. Vielmehr ist es gerade ein Charakteristikum heutiger Jugendgenerationen, dass sie zwischen den verschiedenen Lernmodi und Lebensstilen hin und her schwanken bzw. wandern. So kann sich zum Beispiel eine Lern- und Berufsbiographie entwickeln, wobei der extrinsisch motivierte Massenschüler ein intrinsisch motivierter Student wird, der nach einer Weile frustriert das Studium wechselt, um mit Freunden ein kleines Unternehmen aufzuziehen, das nach einer Weile pleite macht und die Teilnehmer zu Umschulungsmaßnahmen zwingt, also erneut zu extrinsisch motivierten Lernformen, etc.

Aus der hier nolens volens eingenommenen vorwissenschaftlich-phänomenologischen Sicht auf moderne Jugend ist nun zu fragen, ob Trendsetter Lerner eine Generationseinheit im Sinne von Mannheim mit einem bestimmten Generationsstil bilden. Meine Antwort ist: ja und nein. Das mag unbefriedigend klingen. Aber wenn man die viel besprochene Entwicklung zu einer immer weiteren Ausdifferenzierung und Fragmentalisierung von Lebensbezügen ernst nimmt und mit dem ebenfalls viel erörterten ‚Ende der großen Erzählungen‘ verbindet, so erscheint es plausibel, dass die letzte Generationseinheit im Mannheimschen Verständnis die '68er waren. Hingegen knüpft ‚Generationsstil‘ bei vielen Analysen über heutige Jugendgenerationen an – angefangen von phänomenologisch-analytischen Versuchen, bestimmte Jugendkohorten zu typisieren (‚verlorene‘, ‚hedonistische‘ etc. Generation – vgl. Becker, 1990), bis hin zu Theorien über Lebensstile und Milieuforschung (Vester u.a., 1993; Berger/Vester, 1998, darin vor allem Brock). Mir geht es weniger um die Typisierung einer ganzen Generation, gar um den Versuch einer Quantifizierung von ‚Trendsettern‘ und ‚Nicht-Trendsettern‘, als vielmehr um *Lernmodi*, die sich in einem bestimmten *Lernhabitus* niederschlagen. Mit anderen Worten, um einen (unterstellten) Paradigmenwechsel von formalem zu informellem Lernen in postmodernen Wissensgesellschaften, und darum, wie sich dieser Wechsel in biographischen Lebensläufen niederschlägt. Zurückgreifend auf die drei Lernmodelle von Young, ist der Kern des Wandels der Übergang von individualisiertem Massenlernen mit extrinsischer Motivation in formalen Institutionen, wie es für das Zeitalter der Moderne typisch war und noch ist, hin zu informellen und nicht streng institutionalisierten Lernformen in kleinen Gruppen mit intrinsischer Motivation, wie sie für die Nachmoderne zunehmend typisch werden.

Gesellschaftliche Einbettungen

Die neuen Lernformen, die ich im Typus des jugendlichen Trendsetters skizziert habe, können nicht alle Jugendlichen entwickeln – die gesellschaftlichen Lebenschancen sind in postkapitalistischen Gesellschaften nicht egalitär, im Gegenteil scheint es, dass sich die Kluft zwischen den Jugendlichen, die Lernchancen offensiv zu nutzen wissen und denen, die dazu nicht in der Lage sind, vertieft. Was ich als Lernhabitus bezeichne, hat im menschlichen Lebenslauf eine lange Anlaufphase. Dieser Tatbestand verweist, trotz der von Jugendsoziologen konstatierten Fragmentalisierung des Lebenslaufes, der Transformation seiner Linearität in partielle Simultanität und Reversibilität, auf die Zeitdimension des kindlich-menschlichen Lebenslaufes, und damit auf die Sozialisationsleistungen von Familie und Schule. Denn es kann ja keine Frage sein, dass Familienverhältnisse mit einer liebevollen und sorgfältigen Erziehung der Entwicklung von Selbstvertrauen, Lernneugier und Lernerfolg günstig ist und dass umgekehrt Kinder und Jugendliche ohne derartige Aufwachsbedingungen schlechtere Startbedingungen für ihre Lernkarriere haben.

Als Kern des neuen Lernhabitus, den Wissensgesellschaften favorisieren, habe ich intrinsische Motivation herausgearbeitet und behauptet, dass die formalen Bildungsinstitutionen ihr Curriculum darauf nicht einstellen. Weiter, dass deshalb eine bestimmte Fraktion unter den Jugendlichen auch – und zunehmend mehr – außerhalb der Schule lernt und dieses informell erworbene Wissen auch in ihre Lernkarrieren einzubauen wissen. Ich habe mich dabei auf zwei theoretische Ansätze gestützt, ohne sie ganz zu übernehmen: zum einen auf die soziale (kulturelle) Kapitaltheorie von Coleman und Bourdieu. Keiner von beiden geht auf die Spezifik und die neue Funktion und Bedeutung von informellem Lernen für den (jugendlichen) Lebenslauf ein. Die Frage, ob nicht trotzdem der elterliche Hintergrund der entscheidende Faktor für die Entwicklung eines ‚Trendsetter-Lernhabitus‘ ist, lässt sich heute weniger eindeutig beantworten als früher. (Post-)moderne Gesellschaften haben es, wie in so vieler Hinsicht, auch hier mit Mischungen zu tun: weder befinden sich alle auf extrinsisches Lernen Angewiesenen am unteren Ende der Sozialstruktur, noch alle intrinsisch und informell Lernenden am oberen. Beide, intrinsische und extrinsische Lerner sind in einem gesellschaftlichen Mittelfeld angesiedelt, und *alle* Jugendlichen müssen immer noch viel unter extrinsischen Bedingungen lernen.

Barbara Ehrenreich (1991; vgl. auch Brown,1994) hat auf die ‚fear of falling‘ der Mittelschichten aufmerksam gemacht und damit auf den Druck, ihre gesellschaftliche Position durch das formale Bildungssystem zu festigen. Zu der weniger sicheren Prognostizierbarkeit des Lebenslaufes passt, dass die Individuen zwischen den beiden (idealtypisch kontrastierten) Lernmodi hin- und herwandern bzw. hin und her geworfen werden, z.B. durch plötzliche Schwankungen auf dem Arbeitsmarkt (vgl. hierzu auch den Beitrag ‚Ich will noch soviel erleben‘ in diesem Buch). Das kulturelle Kapital der Herkunftsfamilie spielt hierbei insofern eine Rolle, als der Erwerb von viel formalem

Lernkapital sich auch günstig auf den Erwerb von informell erworbenen Kenntnissen und Fähigkeiten auswirkt. Aber im Gegensatz zu früher basteln Trendsetter sich ihre Lernwege selbst und aktivieren dazu auch Kenntnisse und Fähigkeiten, die familienunabhängig sind. Umgekehrt können Jugendliche heute eher als früher familiäre Benachteiligungen durch Lernkarrieren kompensieren. In keinem Fall sind Lerner – welchem Typus sie auch angehören – in Risikogesellschaften geschützt vor gravierenden Einbrüchen, die ihre gesamte Lebensplanung über den Haufen werfen können.

Wichtigstes Unterscheidungsmerkmal zwischen beiden Lerntypen ist die *strategische Haltung*, die das Individuum gegenüber Lernen und Lernleistungen einnimmt, d.h., wie balancieren Jugendliche die Spannung zwischen formalen Lernanforderungen und informellen Lernwünschen aus. Ein Trendsetter Lernhabitus begünstigt das ,Versilbern' des informellen Lernkapitals; demgegenüber haben an der Schule Gescheiterte oder anderweitig Benachteiligte weniger Chancen, ihre informell erworbenen Fähigkeiten zu Markte zu tragen, etwa in praktischen Tätigkeitsfeldern erprobte Einsatzbereitschaft und Umsicht, kommunikative Begabung, alternative Sprachkenntnisse (türkisch; russisch), Kind- und Familienversorgung, etc. Hinzu kommt, dass die Lernprozesse und Lernleistungen, die hinter derartigen informellen Fähigkeiten stehen, weder von offiziellen Instanzen, noch auch von den Subjekten selbst als Leistungen ernst genommen werden. Eben dieses Potential gesellschaftlich besser zu nutzen und damit auch gesellschaftlich Benachteiligten eine bessere Chance zu sozialer Integration zu geben, ist das Bestreben europäischer Initiativen, um *non-formal education* und *informal learning* aufzuwerten (vgl. den Beitrag ,Europäische Jugend- und Bildungspolitik' in diesem Buch).

Der zweite Ansatz betraf die Generationstheorie von Mannheim. Sie lässt sich über Lernen im hier gemeinten Sinn nicht aus und wurde hier nur deshalb herangezogen, weil es in ihr um den Eigensinn von Generationen geht. Übrig bleibt dann der Vorschlag, Trendsetter Lerner als eigenständige Verkörperung der jungen Generation zu erfassen, als ,Lerneneuerer', die neue Vorstellungen über Lernen (und damit Leben) gegen die ältere Generation (Eltern, vor allem aber formelle Pädagogen) durchsetzen. Beide theoretischen Herangehensweisen an das hier besprochene Phänomen eines neuen Lerntypus erscheinen mir aussichtsreich, um darauf ein empirisches Forschungsprogramm mit europäischer Dimension zu gründen.

* Diesen Artikel habe ich 2000 veröffentlicht in H.-H. Krüger und H. Wenzel (Hrsg.): Schule zwischen Effektivität und sozialer Verantwortung, Opladen: Leske + Budrich. Er ist hier mit geringen Veränderungen, aber einem erweiterten Schluss, abgedruckt.

‚Ich will noch soviel erleben, ich will mich noch nicht festlegen'.

Die Offenheit männlicher und weiblicher Lebensentwürfe junger Erwachsener*

Einleitung

Ein junger Mann erzählt folgende Geschichte: Kurz nachdem er sich von seiner Freundin getrennt hat, weil sie ein Kind von ihm wollte, er sich aber die Vaterrolle als freischaffender Künstler nicht zutraute, sieht er auf dem Bahnsteig eine hübsche junge Frau und kommt mit ihr ins Gespräch. Es stellt sich heraus, dass sie Wienerin ist, und dass sie eine Woche in Amsterdam bei einer Freundin verbringen wollte. Diese holländische Freundin ist lesbisch und lebt mit ihrer Freundin zusammen. Diese Freundin nun wurde auf die junge Frau eifersüchtig und nötigte sie, ihre Koffer zu packen. So kam es zur Begegnung mit dem jungen Mann. Bereits im Zug erzählt sie ihm freimütig ihre Geschichte; auf englisch als gemeinsame europäische Sprache. Er lädt sie ein, den Tag mit ihm in Amsterdam zu verbringen, worauf sie gern eingeht, und er ist entzückt, dass sie beim Besuch im Museum Kunstverstand zeigt. Abends essen sie bei einem Bekannten, der übrigens homosexuell ist. Die Atmosphäre ist entspannt, der junge Mann schlägt der hübschen jungen Frau vor, kein teures Hotel in Amsterdam zu suchen, sondern bei einem Freund von ihm zu übernachten, der im selben Haus wie er sein Atelier hat. Sie geht darauf ein, eins kommt zum anderen, die beiden verbringen eine angenehme Nacht in keineswegs getrennten Wohnungen oder Betten. Monika ist 28 Jahre alt, sie steht kurz vor der Scheidung und hat die Reise angetreten, um ihrem zukünftigen ‚Ex' während ihrer Abwesenheit die Gelegenheit zum Auszug zu geben. Sie arbeitet bei einem Telecom-Betrieb, deswegen ist sie 10 Tage später beruflich in Brüssel und empfängt ihren neuen Liebhaber, Peter, in einem 5-Sterne-Hotel. – Inzwischen wird die love story mit Fax, e-mail, Telefon, aber auch mit ganz altmodischen handgeschriebenen Briefen zwischen Leiden and Wien unterhalten...

Diese kleine Episode eignet sich als Einstieg in das Thema ‚die Offenheit männlicher und weiblicher Lebensentwürfe junger Erwachsener', nicht so sehr wegen der lovestory – junge Erwachsene haben sich auf Bahnsteigen und anderen Orten auch vor der (post-)modernen Zeit ineinander verliebt –, sondern weil in ihr paradigmatisch Schlüsselelemente zum soziokulturellen Wandel und zum Wandel der zwischenmenschlichen Beziehungen enthalten sind, die in den Lebensentwürfen moderner junger Leute figurieren. Die Schlüsselelemente betreffen *geografische und kulturelde Mobilität, die Media-*

tisierung des Alltagslebens, zunehmende Informalität sowie Pluralität von Lebensformen.

Reisen gehört heute zum Alltag von jungen Europäern, und zwar in den verschiedensten Funktionen; im Fall von Monika und Peter geht es um eine Mischung aus Vergnügungsreise, Lebensneuanfang und Berufsreise. Das ist ein neuer Reisetypus, es ist schwer vorstellbar, dass die Eltern der beiden solche Reisen unternommen haben. Für Monika und Peter ist es auch ganz natürlich, dass sie sich im Medium einer dritten Sprache – englisch – verständigen und dass sie ihre Liebesbeziehung über einen großen geographischen Abstand hinweg mit Hilfe der neuen Medien unterhalten. Und im Sinne moderner Lebensverhältnisse ist es kein Zufall, dass beide beruflich etwas mit Kultur und Medien zu tun haben. Monika findet die Umstände, unter denen sie Peter kennenlernt, relaxt und angenehm. Es gibt keine langwierigen Wartezeiten, die codes des modernen Lebens erlauben es jungen Leuten, schnell zu jeglicher Sache zu kommen, eben auch in Sachen Liebe. Monika zählt sowohl Lesbierinnen wie Homosexuelle zu ihren Freunden. Sie selbst ist sans doute hetero und lebt gerade in Scheidung. Mit 28 Jahren hat sie noch kein Kind und ist dabei, sich als Österreicherin mit einem Holländer zu liieren, der seinerseits gerade eine Quasi-Ehe hinter sich hat. Auch hier: anything goes.

Anhand der Geschichte dürfte deutlich werden, dass es sich hier um zwei Vertreter der jüngeren Generation handelt, die zum oberen Segment der Bevölkerung gehören, im weiteren Sinn zur kulturellen Elite. Nicht alle jungen Europäer reisen viel, sprechen mehrere Sprachen, haben eine gut dotierte Stelle in einem der avanciertesten Sektoren des Arbeitsmarktes, sind kunstliebend und -kennend, und realisieren im privaten Bereich hoch informalisierte und pluralisierte Lebensentwürfe. Monika und Peter, und ihre Freunde, sind Trendsetter im europäischen Modernisierungsprozess.

Der menschliche Lebenslauf in der Moderne

Der menschliche Lebenslauf ist in der Moderne zu einem Projekt geworden, dessen Anfang – Geburt – und Ende – Tod – ebenso inszeniert werden wie die Lebensabschnitte dazwischen. Was ehemals Entwicklungsphasen waren – Kleinkind, Schulkind, Erwachsener –, ist zu Teilprojekten geworden, die autonomen Status haben und nicht unbedingt einen Lebensfluss ergeben. Eine wesentliche Eigenschaft der Moderne ist das Tempo, das sie in das individuelle und öffentliche Leben bringt: alles verändert sich, und zwar sehr schnell. Dadurch sinkt die Prognostizierbarkeit von Handlungen und Entwicklungen (Giddens, 1995). Projekte sind Entwürfe über erwünschte Zukunft, von der bekannt ist, dass sie so nie eintreten wird. Das Projekt muss deshalb ständig an die veränderten Umstände angepasst oder zugunsten eines anderen Projekts aufgegeben werden.

Jugendliche haben mit diesen historisch neuen Umständen mehr zu tun als Kinder und Alte. Denn während Kinder noch enger als Jugendliche an Entwicklungsphasen angeschlossen sind, die sie durchlaufen, und während bei Erwachsenen ein großer Teil ihres Lebens bereits in Vergangenheit geronnen ist, ist das Leben von Jugendlichen und jungen Erwachsenen besonders offen für die Einflüsse der Moderne. In den zentraleuropäischen Gesellschaften gehören sie zu den ersten Generationen, deren Geburt von der Elterngeneration planbar war und auch geplant wurde (Blossfeld, 1995). Ihr Eintritt in die Welt ist mit Fotos und auf Videofilm festgehalten und zeugt von der Intentionalität ebenso wie der Ästhetik und Informalität derer, die dieses Kindprojekt planten und inszenierten. Während die Elterngeneration sich noch phasenweise vom Kind über den Jugendlichen zum Erwachsenen mit einer Normalbiographie entwickeln musste, erfährt die heutige Generation ihre Jugend zunehmend weniger als einen Status zwischen Kind und Erwachsenem, also als einen Übergangsstatus, sondern als eine eigenständige Lebensphase. Diese jugendliche Lebensphase differenziert sich in der Moderne ständig weiter aus und kreiert neue Teilphasen: die ‚Jujus' (junge Jugendliche); Jugendliche mit einer langen und Jugendliche mit einer kürzeren Jugendphase; junge Erwachsene. Dementsprechend differenzieren und verändern sich Statuspassagen, die den Lebenslauf auf einer gedachten zeitlichen Achse in Unterabschnitte aufteilen, denen Institutionen zugeordnet sind: dem Kleinkind die Kernfamilie, dem Schulkind die Schule, dem Adoleszenten die Gruppe der Gleichaltrigen, dem jungen Erwachsenen Berufsaufsbildung und Beruf.

Die Veränderung betrifft sowohl die Struktur von Statuspassagen als deren Inhalt und Erlebnisgehalt. Strukturell verändern sich Statuspassagen, indem sie ihre Linearität zugunsten von Synchronität und Reversibilität aufgeben: nicht *erst* dies, *dann* das, sondern dies *und* das, oder: dies nicht oder nochmal. Also: nicht erst die Schule beenden, eine Berufsbildung abschließen, sich verloben und dann ein aktives sexuelles Leben beginnen, sondern ein sexuelles Leben bereits als Schüler, und statt Verlobung Ehe auf Probe. Oder: nicht heiraten, keine Familie und kein heterosexuelles Leben, sondern als junge Frau eine Karriere planen und mit einer Freundin zusammenleben. Oder: erst eine feste Beziehung, dann eine Heirat, dann eine Scheidung und danach erneut eine feste Beziehung, oder weiter als Single, etc.

In dem Maße, wie Statuspassagen synchron und reversibel werden, wird der menschliche Lebenslauf tendenziell zum Lebensstil, oder bessen gesagt: Lebenslauf und Lebensstil gehen neue Verbindungen ein, in denen je nachdem die chronologische Zeitdimension überwiegt, oder aber situative Raum-Zeit Dimensionen. Dadurch erwirbt der menschliche Lebenslauf neue Erlebnisqualitäten und vermittelt den Subjekten Gefühle der Kontingenz und Offenheit. Wir sollten uns allerdings als Sozialwissenschaftler davor hüten, diese Modernisierungstendenzen, die den traditionalen Lebenslauf aufbrechen, zu überzeichnen: Wie stark auch immer gerade jugendliche Lebensläufe in die Modernisierungsstrudel gezogen werden, für die Mehrzahl der Jugendlichen und jungen Erwachsenen in Europa gilt trotz allem noch, dass sie ein eher ruhiges Leben führen, das in vielen Hinsichten mit dem der älteren Generationen verbunden ist und sozusagen langsamer verläuft als das der Trendsetter oder auch das der Marginalisierten. Es gibt im Strom der Modernisierung Strudel und Turbulenzen, aber auch ein ruhigeres Dahinfließen. Verwirrend ist dabei, wie schnell die Gewässer ihre Farbe und ihren Fluss verändern.

Normal- und wahlbiographische Lebensentwürfe

Mit dem Aufkommen von Wohlfahrtsgesellschaften, von Säkularisierung und politischer, kultureller und sexueller Liberalisierung, von Frauenemanzipation, vor allem aber von Massenbildung in der zweiten Hälfte dieses Jahrhunderts, erleben männliche und weibliche Jugendliche aus breiten Schichten der Bevölkerung in westeuropäischen Ländern eine stark verlängerte Phase des Jungseins. Damit entsteht in diesen Gesellschaften ein Übergangsmodus von Jugend zum Erwachsensein, der als Postadoleszenz bezeichnet wird (Keniston, 1968; Zinnecker, 1986; Baethge, 1989). Die Postadoleszenz schiebt das Jugendtrajekt sozusagen ins Erwachsenentrajekt hinein und frisst Lebenszeit, die bis vor wenigen Jahrzehnten für die Mehrzahl der Bevölkerung Erwachsenenzeit war. In früheren Zeiten war nur einem sehr kleinen Teil aller Jugendlichen, und zwar dem männlichen Teil der gesellschaftlichen Oberklassen, ein solcher Jugendmodus vorbehalten. Wir denken an die jungen Männer aus den gebildeten Oberschichten in Europa, die im ausgehenden 19. und in den ersten Jahrzehnten des 20. Jahrhunderts bis weit ins dritte Lebensjahrzehnt die Muße für Bildung und Ausbildung hatten. Dazu gehörten in der Zeit vor dem Massentourismus auch ausgedehnte Reisen an tradierte Bildungs- und Vergnügungsorte, in denen die gesellschaftlichen Oberklassen sich ein Stelldichein gaben. In dieser ausgedehnten Jugend- und Jungerwachsenenzeit machten junge Männer aus begüterten Elternhäusern gesellschaftliche und sexuelle Erfahrungen, ehe sie ihre eigentlichen Erwachsenenrollen auf sich nahmen, eine eigene Familie gründeten und ökonomisch unabhängig wurden, sei es durch eigene Arbeit, sei es als Erbe des väterlichen Vermögens. Aus Romanen von Henry James u.a. ist uns dieser Typus des jungen Mannes bekannt. Historisch gibt es eine männliche, aber keine weibliche Postadoleszenz, wie ja auch das Jugendkonzept selbst in erster Linie ein männliches war, bevor es die weiblichen Jugendlichen mit einschloss.

Heute sind Postadoleszente männliche and weibliche Jugendliche mit langen Ausbildungsgängen und mit hohen Ansprüchen an Beruf und Privatleben. Hinzu kommt, dass ein unsicherer Arbeitsmarkt und Ausbildungen am Arbeitsmarkt vorbei viele junge Leute oft gegen ihren Willen in einem postadoleszenten Lebensstadium und Lebensstil festhalten. Eine feste Altersgrenze, wann eine/r kein/e Postadoleszente/r mehr ist, sondern erwachsen geworden, lässt sich nicht ziehen. Denn eigentümlich für diesen Lebensstatus ist, dass objektive Umstände und subjektive Befindlichkeiten und Werte zu einer Legierung verschmelzen, aus der die einzelnen Elemente nicht mehr zu isolieren sind.

Lange Ausbildungen führen nicht unbedingt zu einem festen, klar umrissenen und gut dotierten Beruf; postmaterialistische Lebenswerte wie Selbstaktualisierung und Kommunikation lassen *nine-to-five jobs* als unattraktiv erscheinen; Arbeitserfahrungen resultieren aus Reiseerfahrungen und umgekehrt; persönliche Beziehungen zum eigenen oder anderen Geschlecht wechseln zwischen fest und unverbindlich; man wechselt zwischen der eigenen, der Freundes- und der Elternwohnung je nach Lebenslage; kulturelle Jugendstile werden selektiv bis weit ins Erwachsenenleben mitgenommen – und entsprechend schwanken die Altersgrenzen. Mit einem Wort: aus gesellschaftlich vorgegebenen werden offene Zukunftsentwürfe, die sich unvorhergeplant in einer individuellen Wahlbiographie realisieren.

Während die Postadoleszenz ihre historischen Wurzeln in den oberen Gesellschaftsschichten hat und mit einem männlichen Lebensstil verbunden war, war in den Arbeiter- und unteren Mittelschichten ein anderer Übergangsmodus beheimatet: der der frühen Erwachsenheit. Große Teile der weiblichen und männlichen Jugendlichen wurden bis weit in die Mitte des 20. Jahrhunderts nach keiner oder einer kurzen Berufsausbildung zu Erwerbstätigen. Ihre frühe finanzielle Selbständigkeit war die Basis, um nach einer kurzen Jugendphase eine Familie zu gründen. Seit den fünfziger Jahren wurde es immer mehr jungen Männern möglich, ihre Familie alleine zu ernähren; dadurch verfestigte sich die Rollenteilung zwischen den Geschlechtern.

Die heutigen Jugendlichen, die dieser Fraktion der jungen Erwachsenen angehören, sind die Nachkommen jener Angehörigen der gehobenen Arbeiter- und Mittelschichten. Sie erstreben eine genderspezifische Normalbiographie und realisieren sie auch in wesentlichen Elementen. Zwar erwerben sie erheblich mehr Schul- und Berufsbildung als ihre Eltern oder gar Großeltern und erleben schon deshalb eine längere Jugendphase. Aber im Gegensatz zu den Postadoleszenten richten sie ihre Lebensentwürfe früh auf ein klares Berufsziel und Erwerbsarbeit und gehen früher als die Postadoleszenten feste Partnerbindungen mit dem Ziel einer Familiengründung ein – oder wollen dies zumindest, insbesondere die Mädchen und jungen Frauen.

Durch die Einwirkungen von Modernisierungen im Bildungs- und kulturellen Bereich lösen sich die historischen Modelle der exklusiven männlichen Postadoleszenz und der traditionalen Normalbiographie auf und bringen neue Jugendgestalten hervor. Dabei verliert die Postadoleszenz ihren männlichen Charakter, sie wird tendentiell androgyn; auch Mädchen und junge Frauen können heute in zentraleuropäischen Ländern postadoleszente Lebensentwürfe entwickeln und realisieren. Die Gruppe der jungen Erwachsenen differenziert sich als Lebensgruppe in verschiedene Untergruppen aus, die zwischen den beiden historischen Modi hin und her oszillieren. Die Lebensentwürfe junger Leute enthalten sowohl postadoleszente Elemente, als dass der tradierte genderspezifische Lebensentwurf noch Gültigkeit hat. Diese *historisch-aktuelle Doppeldeterminiertheit* ist einer der Gründe, warum

junge Erwachsene heute so vielgesichtig, als Sozialgruppe oft auch verwirrend sind. Ein weiterer Grund liegt in der teilweisen Vereinheitlichung der
Lebensverhältnisse junger Menschen in Europa bei gleichzeitiger Verschärfung
regionaler und landesspezifischer Unterschiede (Chisholm u.a., 1995; Walther,
1996).

Vermischungen von normal- und wahlbiographischen Lebensentwürfen

Turbulenzen auf den nationalen und internationalen Arbeitsmärkten im Zusammenspiel mit wechselnden Optionskonstellationen bewirken, dass junge
Erwachsene sich zwischen offen-wahlbiographischen und stärker geschlos-
sen-normalbiographischen Lebensentwürfen hin und her bewegen. So ist
heute ein jugendlicher Lebenslauf keineswegs unwahrscheinlich, der gender-
spezifisch-normalbiographisch beginnt, dann aber in eine genderunspezifi-
sche Wahlbiographie übergeht.

> Eine 23jährige junge Frau hat eine Ausbildung als Grundschullehrerin absolviert. Mit
> 24 Jahren heiratet sie ihren Schulfreund, der sein Bauingenieurstudium abgeschlossen
> hat und seit einigen Jahren vollberufstätig in einer großen Firma ist. Das Paar gründet
> eine Familie, die junge Mutter gibt ihren Beruf zeitweilig auf. Die Ehe geht nach zwei
> Jahren in die Brüche, die junge Frau lernt im Urlaub einen ‚Aussteiger‘ kennen, der
> sein Leben als alternativer Handwerker und Bastler verdient. Sie machen zusammen
> einen eigenen Betrieb auf, in dem sie beide arbeiten, aber auch beide die Kinder –
> inzwischen sind es zwei – versorgen.

In diesen Lebensläufen zweier junger westeuropäischer Erwachsener beginnt
die junge Frau mit einem vergleichsweise traditionellen weiblichen Beruf
und heiratet relativ früh einen Mann, der vermutlich auch ihr erster sexueller
Partner war. Sie nutzt die sexuellen Freiheiten der modernen Jugend- und
Jungerwachsenenphase nicht aus. Hierzu passt, dass sie sich nach dem ersten
Kind ganz auf die Mutter- und Hausfrauenrolle einstellt. Zum normalbiographischen Lebenslauf passt durchaus auch eine Scheidung, die gehört
inzwischen zu den Lebensereignissen, mit denen immer mehr Menschen in
Europa rechnen. Wenn die junge Frau sich aber im weiteren Lebensverlauf
mit einem alternativen Handwerker und Bastler liiert und ihren Beamtenstatus zugunsten eines eigenen Betriebes aufgibt, ebenso wie den Status einer
Vollfamilienmutter, dann schwenkt sie vom Gleis der Normalbiographischen
ab. Sie vereinigt vortan in ihrer Biographie zwei Teil-Lebensentwürfe, einen
traditionalen und einen modernen. Ob ein weiterer Teilentwurf hinzukommt,
ist offen, aber durchaus nicht ausgeschlossen.

> Ein junger Fotograf arbeitet freiberuflich. Er wollte schon seit seiner Schulzeit einen
> künstlerischen Beruf ausüben und selbständig sein, von keinem Chef abhängig; er
> bestimmt seine Arbeit und seine Arbeitszeiten selbst, manchmal arbeitet er 80 Stun-
> den in der Woche, dann wieder hat er einen Monat nichts zu tun. Privat will er sich

nicht binden, er hat wechselnde Freundinnen. Er betreibt diesen Beruf einige Jahre, kann sich aber nach einer Weile nicht mehr freiberuflich halten. Durch Vermittlung des Arbeitsamtes schult er sich zu einem Computerfachmann um und arbeitet seither in einem festen Arbeitsverhältnis mit einem Boss und festen Arbeitszeiten. Er hat inzwischen geheiratet, seine Frau sorgt für die Kinder und den Haushalt. Dieser junge Mann ist unter dem Zwang ökonomischer Umstände vom Gleis eines modernen wahlbiographischen auf einen eher normalbiographischen Lebensentwurf und Lebensstil umgestiegen.

In den Lebensentwürfen junger Erwachsener lösen sich einerseits sozial-milieu- und genderspezifische Unterschiede auf, sodass es gerechtfertigt erscheint, nicht nur von Wahlbiographien, sondern auch von modernisierten Normalbiographien zu sprechen. Andererseits verschärfen sich die Unterschiede zwischen den verschiedenen Jugendfraktionen und schotten sie gegeneinander ab. Wieweit gender-, milieu-, ethnische und regionale Barrieren höher oder niedriger werden, lässt sich nicht allgemein theoretisch klären, sondern dies sind empirische Fragen, die in Europa länder- und regionalbezogen gestellt und beantwortet werden müssen.

Vermischungen von Lebensbereichen

Junge Leute kennen heute mehr Lebensräume als Jugendgenerationen vor ihnen. In diesen multiplizierten Lebensräumen agieren sie verschiedene Personagen aus, die früher unvereinbar oder unerreichbar waren. Reisen ermöglichen es Jugendlichen und jungen Erwachsenen, alternative Existenzformen und Identitäten auszuprobieren. Die enorm zugenommene Reisetätigkeit in den letzten vier Jahrzehnten zeugt von dieser Raumdimension als Identitätsverschaffer. Der klassische Reisende (der adlige junge Europäer; der zu Reichtum gekommene amerikanische Selfmademan) hatte viel Zeit zur Verfügung, um ferne Räume zu erschließen. Nicht seine Identität, sondern seine Erfahrungen innerhalb einer festen Identität erweiterten sich, er blieb sich auch außerhalb seiner vertrauten Umgebung treu. Demgegenüber hat der moderne Reisende – und das sind neben den ‚neuen Alten‘ überwiegend junge Reisende – wenig Zeit und will gerade deswegen große und weite Räume erleben (Afrika; Indien; Neuseeland). Und er oder sie erhoffen sich von diesen Erlebnissen nicht nur neue Erfahrungen, sondern vor allem Identitätserweiterungen. Freizeit und Privatleben insgesamt ermöglichen modernen Subjekten ein Spiel mit verschiedenen (simultanen) Identitäten, z.B. eine formelle Berufsidentität als Bankangestellter neben einer informellen Freizeitidentität als Meditierer auf der Suche nach dem Sinn des Lebens. An der Wohnungseinrichtung und Kleidung sieht man heute nicht mehr ohne weiteres, ob einer Koch, Verkäufer, Ingenieur oder Lehrer ist. Und das soll man auch nicht, so wünschen es sich die Beteiligten.

Was ehemals hintereinander geschaltet war – erst Lernen, dann Arbeiten – wird gegenwärtig für Jugendliche und junge Erwachsene zu einem Doppelfeld und Doppelleben: Lernen neben Arbeiten, Arbeiten und Lernen im Wechsel. Diese neue Bestimmung der Lebensfelder Lernen und Arbeiten beginnt für moderne Jugendliche früh. War es früher so, dass die Masse der Menschen arbeitete und einige wenige lernten, so verbinden sich heute Lernen und Arbeiten bereits im frühen Jugendalter: spätestens ab 15 Jahren haben moderne Schüler einen Nebenjob, mit dem sie ihr Taschengeld aufbessern. Ob sie Gymnasiasten, Berufsschüler oder Studenten sind – alle lernen den Arbeitsmarkt zunächst von unten kennen, als Gelegenheitsjobber bei Supermärkten, in McDonald-Jobs, als Sekretärinnen oder Kellner, bevor sie ihn später mit unterschiedlichem kulturellem und Bildungskapital erneut betreten und mit erneuten Lernangeboten und Weiterbildungsanforderungen (sowie Nebenjobs) konfrontiert werden. Beim ersten ‚seriösen‘ Einstieg in den Arbeitsmarkt spielen soziale Kontakte und Netzwerke, die während der Studien- und Jobzeit geknüpft worden sind, eine nicht zu unterschätzende Rolle.

Der Vermischungstendenz zwischen Arbeiten and Lernen entspricht die Tendenz der Vermischung zwischen Arbeit und Freizeit. Diese Vermischungstendenzen sind für die heutigen Generationen junger Europäer ein weiterer Schritt auf dem Weg zu immer komplexeren Lebensentwürfen. Arbeit und Freizeit vermischen sich zunächst mehr in den höheren kulturellen und Dienstleistungsberufen und spielen demzufolge für die Fraktion der Postadoleszenten eine größere Rolle als für die normalbiographisch Orientierten. Hier entstehen eher Überlappungen, sowohl objektiv wie subjektiv: neue Berufe im medialen Bereich werden standortunabhängiger (Stichwort fliegendes Büro) und treiben neue Auffassungen der Betroffenen über den Zusammenhang zwischen Privat- und Berufsleben hervor. Man investiert in seine berufliche Zukunft, indem man Freizeit hierfür aktiviert, ohne dass der Spaß verloren gehen soll. Obgleich sich diese Tendenzen, wie gesagt, zunächst in den oberen Mittelschichten verwirklichen, verallgemeinern sie sich gleichzeitig auch. So geht z.B. aus einer repräsentativen Schülerumfrage in den Niederlanden hervor, dass 22% aller Jugendlichen später gern in einem eigenen Betrieb arbeiten wollen, von den Jungen sind es sogar fast 30%, und dieser Trend hat gegenüber 1984 zugenommen (De Zwart/Warnaar, 1995). Ein wesentliches Motiv für diesen Wunsch nach einem eigenen Betrieb ist zweifellos die Vorstellung, dann Herr über seine eigene Lebenszeit zu sein und das Mischungsverhältnis von Arbeit and Freizeit selbst bestimmen zu können. Für viele Jugendliche und junge Erwachsene sind Tätigkeiten attraktiv, in denen sich nicht eindeutig bestimmen lässt, ob man sich im Arbeits- oder im Freizeitbereich befindet. Die Auslandsjournalistin zum Beispiel, für die häufige Flugreisen einerseits anstrengende Arbeit sind, die ihr aber andererseits das Lebensgefühl einer lässigen Freizeitreisenden vermitteln. Gleichzeitig ist der Wunsch nach einem eigenen Betrieb aber auch eine Reaktion auf den Arbeitsmarkt, der für viele bestehende Berufe unzugänglich wird. Jobs werden heute zu wachsenden Anteilen nicht mehr als vorhandene Arbeitsverhältnisse besetzt, sondern aus Marktlücken und eigenen Bedürfnissen und Möglichkeiten gemacht.

Während die *Trendsetter* bestrebt sind, die aus Flexibilisierungs- und Rationalisierungstendenzen und Anforderungen an lebenslanges Lernen entstandenen Zwänge in Spielräume des modernen Arbeitslebens umzudefinieren und offensiv dazu zu nutzen, *lifestyle* auch in den Arbeitsbereich zu introduzieren, kommt es bei den Gruppen junger Erwachsener, die durch ethnische, soziale oder regionale Barrieren vom Profitieren an Modernisierungen abgeschnitten sind, eher zu einer Entmischung des Freizeit- und Arbeitsbereichs. Der Frust von schlecht bezahlten, langweiligen, oft unsicheren Jobs muss in der Freizeit kompensiert werden, die mit dem Job so wenig wie möglich zu tun haben soll. Im Fall von Arbeitslosigkeit verliert die Freizeit ihre kompensatorische Funktion, der Frust besteht nun darin, die freie Zeit nicht mehr nach Wunsch mit Konsumaktivitäten füllen zu können. Und da Konsum in modernen Gesellschaften ein Identitätsverschaffer ist, ist der Ausschluss von der Konsumwelt unmittelbar identitätsbedrohend. Umgekehrt opfert der Überstundenmacher, der neben einem festen, aber schlecht bezahlten Beruf Flexijobs und/oder Schwarzarbeit ausführt, tendenziell seine gesamte Freizeit. In beiden Fällen – dem der Arbeitslosigkeit und dem der Überstunden – wird die Tendenz zur Vermischung von Arbeit und Freizeit durch eine forcierte Entmischung konterkariert.

Bei diesen Überlegungen, bei denen wir von schematisierten Gruppenprofilen junger Erwachsener ausgehen – der Trendsetter; der junge Arbeitslose; der Überstundenmacher –, muss betont werden, dass die einzelnen Individuen in Gefahr sind bzw. das Glück haben können, durch Zufall oder aus eigenem Beweggrund von einer in die andere Kategorie zu wechseln. Zum Beispiel der junge Mann mit einem postadoleszenten Lebensentwurf, der mit seinem eigenen Büro gescheitert ist und eine festbezahlte Berufstätigkeit mit festen Arbeitszeiten auf einem niedrigeren Niveau annimmt als seiner Ausbildung und seinem Kenntnisstand entspricht. Möglicherweise nimmt er erneute Anläufe, um die berufliche Selbständigkeit zurückzugewinnen, aber ob ihm das gelingt ist ungewiss. Umgekehrt der junge Arbeiter, der aus seinem Computerhobby einen Beruf macht und aus dem festen Lohnarbeitsverhältnis aussteigt, um mit einem Freund einen eigenen Computersoftware-Betrieb zu eröffnen, möglicherweise in den ersten Jahren zur Risikoreduzierung angefüllt mit Flexijobs.

Teilprojekte in jugendlichen Biographien

In unserem niederländischen Jugendprojekt[1] haben wir unsere Respondenten in biographischen Interviews nicht nur nach ihren aktuellen Ausbildungs-

---

1 Es handelt sich um eine longitudinale Studie, in der die Lebenswege von 120 Jugendlichen/jungen Erwachsenen insbesondere in den Bereichen Ausbildung/Arbeit und Beziehungen/Vorstellungen über Familiengründung und ihre Handlungsstrategien in

und Berufswegen gefragt, sondern auch nach ihren Zukunftsvorstellungen. Die Lebenspläne der Jugendlichen und jungen Erwachsenen spiegeln eine große Bandbreite wider. Diese Vielfalt haben wir mit Hilfe kombinierter Indikatoren auf vier Jugend-/junge Erwachsenentrajekte reduziert, die an den eingangs dargelegten Jugendfraktionen der Postadoleszenten mit einem wahlbiographischen Lebensentwurf und der normalbiographisch Orientierten anschließen. Diese beiden Modi bilden die beiden Hauptgruppen und sind in unserem Sample etwa gleich stark vertreten. ‚Randgruppen' bilden einerseits Jugendliche, die zwar ihre Jugendphase ausdehnen, dann aber schnell erwachsen werden (wollen) und diesen Lebensstatus nicht wie die Postadoleszenten (sehr) lange verzögern; andererseits einige wenige Jugendliche, die sich bereits als ‚erwachsen' bezeichnen.

Während es in dieser Hinsicht keine geschlechtsspezifischen Unterschiede gibt, ist dies sehr wohl der Fall für das Sozialmilieu. Hier gibt es eindeutige Beziehungen zwischen dem Postadoleszenztrajekt und den oberen Sozialmilieus gegenüber dem normalbiographischen Trajekt, das den mittleren, vor allem aber unteren Milieus als Orientierung dient. Dieses Ergebnis muss im Licht von Ausbildungsambitionen und -möglichkeiten interpretiert werden: zwar ist das Ausbildungsniveau bei allen Jugendlichen gestiegen, es ist aber steiler bei den Angehörigen der oberen Sozialschichten gestiegen. Die Postadoleszenz ist daher ein Jugendmodus, der in (post-)modernen Gesellschaften zwar die Neigung zur Verallgemeinerung hat, dies bedeutet aber nicht, dass normalbiographische Lebenswege bereits verschwunden sind (du Bois-Reymond u.a.,1992).

Aus unserem Projekt stellen wir im folgenden vier Jugendliche bzw. junge Erwachsene vor, die der Fraktion der Postadoleszenten angehören. An ihren Lebensentwürfen wollen wir demonstrieren, in welche Teilprojekte der Lebenslauf auseinanderfällt. Dabei ist es noch immer ein uneingelöstes empirisches Großprojekt, von einem integrierten Forschungsansatz aus die Variationsbreite in den Lebensläufen europäischer Jugendlicher und junger Erwachsener empirisch zu ermitteln.

Projekt Zeitgewinn – Optionsvielfalt

Das Projekt Zeitgewinn – Optionsvielfalt stellt sich im Ausbildungsbereich nicht allen Jugendlichen als selbstgewähltes Projekt dar, sondern oft als Optionszwang: man muß eine Ausbildung wählen, aber man weiß (noch) nicht welche. Dieses *Dilemma zwischen Optionsvielfalt und Optionszwang* ist für Jugendliche mit klaren Berufsvorstellungen, die sie bereits durch ihre Schul- und Fächerwahl zu konkretisieren begonnen haben, naturgemäß

---

diesen Bereichen ermittelt und mit den Lebensentwürfen ihrer Eltern verglichen werden. Mit diesem intergenerationellen Vergleich haben wir das Konzept der (modernisierten) Normalbiographie und der Wahlbiographie entwickelt und empirisch konkretisiert (du Bois-Reymond u.a., 1995; Ravesloot u.a., 1999; du Bois-Reymond u.a., 2001).

geringer als für die Jugendlichen, die noch nach dem Abitur nicht wissen, ob und was sie studieren sollen. Wie die Jugendlichen selbst sagen, haben sie an der Studien- und Berufsberatung innerhalb und außerhalb der Schule gerade dann nicht viel, wenn sie selbst im Dilemma Optionsvielfalt – Optionszwang stecken. Unser Material zeigt, dass die Ausbildungs- und Berufswahlen bei den Unentschlossenen zum Teil das Ergebnis intensiver Selbstbefragung sind, zum Teil aber auch vorläufigen oder gar willkürlichen Charakter haben, nach dem Motto: revidieren kann man immer noch. Die bestehenden Bildungseinrichtungen sind offenbar nicht imstande, ihren Benutzern ein konkretes und umfassendes Bild des Ausbildungs- und Arbeitsmarktes, der Risiken und Chancen von alten and neuen Berufen in der Region, im eigenen Land, vor allem aber auch in Europa zu vermitteln.

Weil er nicht wusste, was und ob er studieren sollte, hat *Klaas,* 22 Jahre, das Schulsystem dazu benutzt, seinen Jugendstatus zu verlängern: er ist von der Realoberschule (sie berechtigt in den Niederlanden zum Fachhochschulstudium) aufs Gymnasium übergewechselt und hat auf diese Weise zwei Jahre Zeit gewonnen. Jetzt studiert er Betriebswinschaft. Dabei hält er sich offen, wann er dieses Studium beenden wilt.

Piet, 20 Jahre, hat lange zwischen dem Studium der Physik und Theologie geschwankt. Die Wahl ist schließlich auf Physik gefallen, aber es hat ihn unerhörte Mühe gekostet, diese Wahl zu treffen, und er ist auch nicht bereit, sie als endgültig anzusehen.

Marga, 22 Jahre, hat, wie auch Piet, Klaas und Lotte, die Schule ohne jede Schwierigkeiten absolviert, sozusagen mit der linken Hand. Sie studiert russisch, und obgleich ihr das Studium gefällt und sie mit ihrer Wahl zufrieden ist, fragt sie sich: ,Hoffentlich denke ich später nicht: oh, da ist ja noch was viel besseres, das hätte ich machen sollen!'[2]

Lotte, 21 Jahre, wusste nicht so recht, was sie nach dem Abitur machen sollte. Sie sagt anklagend-selbstkritisch: ,Ich weiss nicht, wie ein Kind (! – MdBR) von 20, 21 Jahren eine Entscheidung für's Leben treffen kann.' So ist sie erst mal ein paar Monate in die Schweiz gegangen und hat in der Hotelbranche gearbeitet. Danach hat sie ,einfach mal angefangen' mit Betriebswissenchaft. Obgleich sie darunter leidet, dass sie immer noch nicht von ihrer Studienwahl überzeugt ist, will sie sich selbst keinen Stress machen, sich nicht pushen.

Projekt Beruf als Persönlichkeitsentwicklung

Dieses Projekt ist ganz eindeutig eines der Postadoleszenten. Zwar betonen auch die ,Normalbiographischen', dass der Beruf Spaß machen soll, aber so ausführlich wie Klaas und andere Postadoleszente lassen sie sich nicht aus über ihre Persönlichkeitsentwicklung. Zentrale postmaterialistische Werte wie Individualität, Kommunikation und kulturelle Interessen, Geld wichtig, aber nicht das Wichtigste, Arbeit soll der eigenen Entfaltung dienen, Sinnsu-

---

2   Beck/Beck-Gernsheim (1993) sprechen in diesem Zusammenhang (nämlich dem einer ,Bastelbiographie') von ,Planungsfalle'(S. 183).

che, etc. beherrschen die Berufsvorstellungen dieser Jugendlichen und jungen Erwachsenen.

Klaas will Manager werden und eine Führungsposition in einem Großbetrieb einnehmen. Er ist davon überzeugt, dass eine wesentliche Voraussetzung hierfür die bewusste Entwicklung der eigenen Persönlichkeit und fortwährende Charakterbildung ist. Darunter versteht er Selbstkenntnis und die Kenntnis verschiedener sozialer Milieus, die dem seinen fremd sind; beide Kenntnisse benötigt eine Führungspersönlichkeit. Er will seinen Militärdienst absolvieren, weil er sich davon eine Erweiterung seiner Menschenkenntnis erhofft und dass er selbst reifer wird. Ihm ist klar, dass er sich in der Wirtschaft erst einige Jahre hocharbeiten muss, bevor er die Führungsposition erwirbt, die ihm vorschwebt. Im Beruf sucht er vor allem ,dass es für mich Entwicklungsmöglichkeiten gibt'. Damit meint er sowohl Karrieremöglichkeiten wie die Entwicklung ,als Mensch'. Geld ist wichtig, aber die eigene Entwicklung ist wichtiger. Klaas ist zielbewusst einer Studentenvereinigung beigetreten, nicht nur, weil das eine lustige Studentenzeit garantiert, sondern auch, weil es eine wichtige Ressource für später ist: die Korpsmitglieder protegieren sich später im Berufsleben. Außerdem lernt er in einer Studentenvereinigung viel über die Machtstrukturen in Organisationen, das ist nützlich für später, und diese Erfahrung dient wiederum seiner eigenen Persönlichkeitsentwicklung. Sein Freundeskreis ist groß und er achtet ganz bewusst darauf, dass die Leute nicht nur aus seinem eigenen sozialen Milieu kommen. In seinem Fußballverein ist er auch mit den unteren Schichten auf du und du, und auch das ist gut für seine Entwicklung, findet er, so lernt man die Menschen kennen.

Piet findet die Theologie für seine eigene Entwicklung und für seine philosophischen Interessen wichtig. Er hat ausgedehnte Freizeithobbies, u.a. Gitarrespielen und Singen (Psalme ebenso wie Pop), Gedichte schreiben, Theater spielen, Italienisch lernen, theologisch-philosophische Bücher lesen. Er will aber auch seinen Beruf als Physiker so ausüben, dass er seine Persönlichkeit darin entwickeln kann. Geld ist nicht das Wichtigste, aber auch nicht das Unwichtigste: er will ein eigenes Haus mit genügend Raum und Luxus, und er will mehrmals im Jahr Urlaub machen und reisen.

Marga findet am Beruf weniger den Status wichtig, als dass die Arbeit ihr Spaß macht, es muss ein gutes Arbeitsklima herrschen und die Arbeit darf nicht langweilig sein. ,Denn wenn ich eine Arbeit nicht gern tue, dann kann ich sie auch nicht gut tun.' Auf keinen Fall Routinearbeit, es muss Spannung in der Arbeit sein, Abwechslung.

Lotte fände eine Kombination von Arbeiten und Studieren ideal. Nur zu studieren liegt ihr nicht, sie findet sich dann ,irgendwie vom Leben abgekoppelt'. Arbeit ist für sie verbunden mit sozialen Kontakten, Relevanzbewusstsein; Studieren ist hingegen isolierte Lernarbeit, abgeschottet vom ,wirklichen Leben'.

Projekt berufliche Zukunft: definiert und offen zugleich; flexibel sein

Aussagen zu diesem Projekt demonstrieren, wie selbstverständlich es für die Postadoleszenten ist, langfristig in ihre berufliche Zukunft zu investieren. Sie sind auf einen Lebensstil eingestellt, der keine Festlegungen zulässt bzw. wünschenswert erscheinen lässt. Ganz anders die Normalbiographischen, und hier insbesondere die jungen Frauen: sie absolvieren ohnehin kürzere und berufsbezogenere Ausbildungen, und sie antizipieren bereits während der Ausbildung den Status der Erwachsenen sowie die Familiengründung. Die Postadoleszenten haben einerseits klare zeitliche Vorstellungen über den Ablauf ihres Ausbildungs- und Berufstrajekts – sie wissen, dass das Trajekt lang ist und stellen sich frühzeitig darauf ein. Andererseits halten sie das Trajekt offen und richten sich auf eine diffuse Flexibilität ein: im Fall von Arbeitslosigkeit sind sie bereit, praktisch jede Tätigkeit auszuüben, auch Routinearbeit. Angst vor Arbeitslosigkeit haben sie nicht. Das zeugt einerseits von Realismus, denn trotz des historisch neuen Phänomens von struktureller Akademikerarbeitslosigkeit ist ihre Chance, Arbeit zu finden, größer als die von weniger qualifizierten Jugendlichen. Andererseits zeugt diese flexible Haltung auch von einer ihrer sozialen Herkunft entlehnten Unbefangenheit: sie wissen, dass sie die elterlichen finanziellen und kulturellen Ressourcen im Rücken haben. Arbeitslosigkeit ist für Postadoleszente potentielle Lern- und Lebenszeit, in der sie sich weiterbilden und entwickeln können. Das Lebensgefühl der Postadoleszenten schwankt zwischen den beiden Polen: ich bin flexibel genug, um notfalls auch niedrige Arbeit zu verrichten (nicht zu lange!) – aber für's selbe Geld kann ich auch Millionär werden (wenn auch nicht morgen). Bei den jungen Frauen ist dieses Lebensgefühl über die eigene Potenz gebremster: sie streben weniger hohe Funktionen an, die Karriere ist ihnen weniger wichtig, sie treffen pragmatischere Ausbildungs- und Berufwahlen, und sie stellen sich, wie in der europäischen Jugendforschung vielfach belegt, insgesamt eher und deutlicher auf das Problem ein, Familien- und Berufsaufgaben miteinander zu kombinieren.

Klaas will mit etwa dreißig Jahren sein Berufsziel erreicht haben. Er hat ein ‚Lebensmodell, dass ich zwischen meinem 30. und 40. Lebensjahr führen will (gemeint: eine Führungsposition haben)'. Er rechnet aber bereits jetzt, am Anfang seines erwachsenen Lebens, damit, dass seine Planung möglicherweise nicht ganz so gelingt, wie er sich dies vorstellt. Das wird ihn nicht umwerfen, denn erstens ist Beruf nicht alles, und zweitens kann er immer noch versuchen, ‚selbst was zu machen', z.B. einen eigenen kleinen Betrieb aufzuziehen oder als Lehrer oder in der Verwaltung zu arbeiten: ‚Was das angeht, bin ich flexibel.' Er schließt sogar Arbeitslosigkeit nicht aus, auch das würde ihn nicht aus der Bahn werfen. Er würde dann ein Zweitstudium beginnen: ‚Ich würde dann zwar Stütze kriegen, aber ich würde weiter an meiner Entwicklung arbeiten können' und damit in seine berufliche und persönliche Zukunft investieren.

Piet hält sich offen, ob er wirklich Physiker wird, vielleicht macht er nach dem Studium noch etwas ganz anderes. Jedenfalls will er nicht als Fachidiot fünf Tage in der Woche am PC oder im Labor zubringen. Vielleicht wird er Physiklehrer hier oder in einem Entwicklungsland, oder Professor an der Universität. Oder eine Kombination aus Arbeiten als Physiklehrer und Teilzeitstudium (Theologie). Er gibt sich für seine Studien Zeit bis zu seinem 27. Lebensjahr. Er hat nicht die geringste Angst, irgendwann einmal arbeitslos zu werden. Arbeitslosigkeit kann es gar nicht geben, es gibt immer etwas zu tun und zu lernen. Im übrigen würde er sich nicht scheuen, jede niedrige Arbeit auszuführen. Er wäre auch zu allen möglichen Umschulungen, Studien und Kursen bereit. Er würde alles tun, um sich selbst unterhalten zu können und niemandem, auch dem Staat nicht, auf der Tasche zu liegen. Arbeit ist für ihn kein feststehendes Konzept: ‚Das definiert jeder entsprechend seinen eigenen Vorstellungen'.

Margas Arbeitsperspektive ist offen: wenn sie in ihrem Fach keine Arbeit findet, dann macht sie eben was anderes. Sie schließt nichts aus: Kulturattaché, auf einem Ministerium arbeiten, Journalistin, Schriftstellerin, bei der niederländischen Handelskammer oder in einem Betrieb arbeiten, der Geschäftsbeziehungen mit Russland hat. Sie würde auch gern einen eigenen Betrieb haben. Sie erwartet nicht, arbeitslos zu werden, und wenn, würde sie jeden Job annehmen, auch einen schlechten, und von dort aus nach einem besseren suchen. Vielleicht auch eine Teilzeitarbeit als Telefonistin und daneben eine ehrenamtliche Arbeit. Oder ein weiteres Studium anfangen, wenn das finanziell möglich ist.

Über ihre berufliche Zukunft hat *Lotte* noch ‚keinen blassen Dunst'. Wenn sie keine Arbeit in ihrem Fach findet, dann macht sie eben was anderes, vielleicht auch eine Ausbildung als Krankenschwester. ‚Es ist mir völlig egal, was ich arbeite.' Karriere zu machen ist ihr nicht wichtig, sie will weder Sekretärin noch Chefin sein, sondern was dazwischen. Arbeitslosigkeit fürchtet sie nicht, sie ist bereit alles zu machen. Geld ist ihr nicht wichtig. Aber ‚wenn ein Moment kommt, wo ich das große Geld machen will, na, dann klemm ich mich doch dahinter!'

Projekt Partnerbeziehung, Familie und Beruf: offene Zukunft

In den Niederlanden, aber auch in anderen europäischen Ländern, sind die Vorstellungen über Partnerschaft und Familiengründung gender-spezifisch. Die normalbiographisch orientierten jungen Frauen wollen einen festen Partner und haben recht eindeutige Vorstellungen über Familiengründung und ihre Rolle als Mutter. Zwar will heute bis auf wenige Ausnahmen kein Mädchen mehr Nur-Mutter und Hausfrau werden, aber die nicht-postadoleszenten jungen Frauen sind eher bereit, ihren Beruf an ihre späteren Familienaufgaben anzupassen als ihre postadoleszenten Schwestern. Während bei den jungen postadoleszenten Männern auffällt, wie bereitwillig sie notfalls auch Nur-Hausmann sein wollen, sagen die normalbiographischen jungen Männer recht eindeutig, dass sie die Vollverdiener sein wollen und sein werden[3]. – Aus den Biographien der von uns befragten Jugendlichen und jungen Erwachsenen geht hervor, dass sich gerade unter den Postadoleszenten viele befinden, die ein aktives Sexualleben ausstellen; sei es, weil sie zusehr mit sich selbst und ihrer Ausbildung beschäftigt sind, sei es, weil sie höchst anspruchsvolle Partnervorstellungen haben. Der informelle Habitus, den Monika und Peter in unserer Eingangsepisode demonstrieren, ist möglicherweise ein Stil, der erst später im Lebenslauf erworben wird – und keineswegs von allen Postadoleszenten.

Mit 22 Jahren strebt *Klaas* noch keine feste Beziehung mit einer Frau an, er könnte das mit seinem Studium nicht vereinen, ‚da hätt ich keine Zeit für'. Außerdem will er ‚ein paar wilde Jahre', bevor er sich festlegt. Heiraten will er zwischen 30 und 40. Aber auch hier hält er sich die Zukunft offen: wenn es ‚nicht mehr klappt zwischen uns', dann

---

3   Aus statistischen Daten in den Niederlanden geht hervor, dass junge Väter nur zu einem sehr geringen Teil in Teilzeit arbeiten, und auch, dass sie viel weniger im Haushalt und bei der Kinderpflege mitarbeiten als es ihre Intention ist (CBS, 1994; du Bois-Reymond/te Poel, 2003).

‚hör'n wir beide damit lachend auf', stellt er sich vor. Er geht nicht von determinierten Gefühlslagen aus, wie z.b. Eifersucht, sondern denkt, dass alles verhandel- und regelbar ist. Er ist bereit, später Familienaufgaben zu übernehmen, er könnte sich sogar vorstellen, Hausmann zu werden, wenn seine Frau eine gute Berufsposition hätte. Aber erst muss er seine eigene Karriere auf der Schiene haben, sodass er ohne Schwierigkeiten wieder in den Beruf zurück kann, wenn die Kinder größer sind.

Auch *Piet* ist noch zu sehr mit sich und seiner eigenen Entwicklung beschäftigt, als dass er eine feste Beziehung nötig hätte, wie er sagt. Er hat noch keine sexuellen Erfahrungen, und wenn er sie macht, so muss es ‚eine Beziehung sein, die wächst' und die das Gegenteil von einer ‚Alltagstrott-Beziehung' ist. Er will später heiraten oder zusammenwohnen, das ist für ihn dasselbe; Zusammenwohnen als Ehe auf Probe lehnt er prinzipiell ab. Er will eine feste Beziehung vor seinem 27. Lebensjahr, also in sieben Jahren, wenn er mit dem Studium fertig ist und in den Beruf geht. Er gibt sich und seiner zukünftigen Partnerin drei Jahre Zeit, um sich gut kennenzulernen, und dann würde er mit etwa 30, 35 Jahren heiraten. Wenn er allerdings seine zukünftige ideale Partnerin eher kennenlernt, verschiebt sich dieses Zeittrajekt entsprechend nach vorn – und das kann im Prinzip jeden Tag sein. Auch über Kinder hat Piet dezidierte Vorstellungen: er will zwei eigene Kinder ‚in Koproduktion' und zwei weitere adoptieren (Motiv: Idealismus). Er kann sich vorstellen, dass seine Frau eine so gute Stellung hat, dass er Hausmann ist, solange die Kinder klein sind. Aber besser wäre Teilzeitarbeit für beide Partner. Oder abwechselnd er und sie Vollzeitarbeit. Er könnte auch Lehrer an einer Abendschule werden für die Kleinkindjahre. Auf keinen Fall würde er seine Kinder in eine Krippe geben.

Marga ist vor kurzem mit ihrem langjährigen Freund zusammengezogen, obgleich beide dachten: das geht nicht gut. Aber dann haben sie sich gesagt: ‚Wir springen einfach ins Tiefe, wenn es nicht hinhaut, seh'n wir weiter.' Sie hat viel an ihrem Freund auszusetzen, z.B. dass er nicht immer ehrlich ist und auch mal mit einer andern was anfängt. Aber sie kann ihn auch nicht gut loslassen, sie fühlt sich verantwortlich für ihn, und sie hat Angst, allein zu sein. Sie hofft, dass er sich zum Partner für's Leben entwickelt. Andererseits findet sie es nicht gut, dass sie seine erste Freundin ist, ein Mann muss mehr Erfahrungen machen. Sie schließt nicht aus, dass es schief geht, aber solange es gut geht... Heiraten findet sie nicht direkt nötig, das kostet nur Geld. Sie will ein Kind (nicht mehr), aber erst viel später. Wenn sie ein Kind kriegt, dann findet sie dessen Versorgung viel wichtiger als ihre Karriere. Ihr Freund macht eine Ausbildung als Krankenpfleger. Er wird später vermutlich weniger verdienen als sie. In dem Fall würde er Hausmann werden, solange das Kind klein ist. Aber besser wäre eine Kombination, wobei beide Partner Teilzeit arbeiten.

Lotte hat zur Zeit keinen festen Freund, sie überlegt, ob sie ihren Verflossenen wieder aktivieren soll, hat aber im Augenblick mit dem Studium zuviel um die Ohren. Sie findet, dass Sex eigentlich in eine feste Beziehung gehört, aber man darf auch in einer losen Beziehung Sex haben. Wichtig ist nur, dass man nie etwas tut, was man später bedauert. Sie weiß nicht nicht, ob sie eine Familie will, vielleicht später, ‚wenn ich ruhiger geworden bin'. Sie meint, das werde sich schon alles irgendwie von selbst entwickeln... Wenn sie Kinder hat, würde sie aufhören zu arbeiten, bis die Kinder mindestens 7 Jahre alt sind, und danach höchstens noch halbtags. Auf keinen Fall würde sie BOM Mutter werden (holländischer Ausdruck für bewusst allein erziehende Mütter)[4].

---

4   Eine von sechs bis sieben niederländischen Frauen im Alter von 20-40 Jahren zweifelt mindestens ein Jahr, bevor sie sich zur Mutterschaft entschließt. Für die Mehrzahl die-

Projekt erwachsen werden: ein bisschen, später, nie

Im Lebensentwurf der normalbiographischen Jugendlichen ist angelegt, dass sie eher erwachsen werden wollen und auch werden als die Postadoleszenten. Sie orientieren sich an den beiden traditionalen Eckpfeilern der Erwachsenheit: ökonomische Selbständigkeit und Familiengründung. Demgegenüber ist für die Postadoleszenten das ganze Konzept des Erwachsenseins suspekt: man verliert seine spielerische Haltung, wird ernst, langweilig, verantwortungsbewusst. Diese Eigenschaften sind negativ besetzt. Jungsein ist widersprüchlich sein, spielerisch sein, sich nicht festlegen, Unruhe in sich tragen (du Bois-Reymond u.a., 2001a).

In dieser Interpretation wird der Erwachsene dem Jugendlichen antagonistisch gegenübergestellt. Es gibt aber auch ganz andere Interpretationen, die zeigen, dass nicht nur die Lebensphase Jugend uneindeutig wird, sondern damit auch die der Erwachenheit. Diese Interpretationen des Erwachsenenstatus: Erwachsensein ist *situativ* und *reversibel* – zu Zeiten ist man's, zu anderen wieder nicht[5]. Erwachsen sind die Eltern, soviel steht fest, und Eltern gehören einer Generation an, in der die Väter sehr viel und sehr regelmäßig, eigentlich ihr ganzes Leben arbeiten oder gearbeitet haben. Wenn Jugendliche eins nicht wollen, dann ist es die Aussicht auf ein ‚Nur-Arbeitsleben' bis sie 65 – also alt und ausgelutscht sind. Sie denken bereits jetzt, noch bevor sie überhaupt richtig im Berufsleben stehen, über *Mischmodelle* nach, in deren Arbeit und Freizeit sich günstig ergänzen sollen – und die Freizeit soll dabei gewiss nicht zu kurz kommen. Sie antizipieren bereits jetzt ihren zukünftigen Status der ‚jungen Alten', der ihnen attraktiver erscheint als das ‚eigentliche' Erwachsenenleben, das die Hauptkonnotation trägt, nicht mehr jung zu sein. Und es ist dieser Nacherwachsenenstatus, an den sie denken, wenn sie die Brüchigkeit des Generationenvertrags thematisieren.

Ein ganzes Leben lang arbeiten findet *Klaas* ‚nix'. Mit etwa 50 Jahren will er anfangen, ausgedehnte Reisen zu unternehmen – Amerika, Mexiko –, ‚egal wohin, die Welt sehen'. ‚Ich könnte es nicht aushalten, immer nur zu arbeiten'.

Piet hingegen findet es keine beängstigende Idee, sein ganzes Leben lang zu arbeiten. Nur sozialpolitische und sozialethische Prinzipien könnten ihn dazu bewegen, früher aufzuhören – ‚wenn ich Platz für Jüngere machen kann'. Wenn er in seinem Job als Pfleger mit Alten arbeitet, fühlt er sich eher als Jugendlicher. Wenn er sich hingegen als einen anständig wohnenden Studenten betrachtet, fühlt er sich ‚ziemlich erwachsen'. Zum Erwachsensein gehört für ihn, dass man Verantwortung tragen kann. Er findet sich selbst noch nicht ‚gesetzt' und ‚innerlich ausgeglichen' genug, um erwachsen zu sein. Wirklich erwachsen ist man, wenn die Kinder auf die höhere

---

ser ‚Zweiflerinnen' ist die Beschlussfassung eine problematische Zeit, die im Durchschnitt dreieinhalb Jahre dauert und mit Partnerschaftskonflikten verbunden ist (Van Luijn, 1996).

5   Später haben wir (europäisches Netzwerk EGRIS) dieses Konzept ausgearbeitet und sprechen von einer ‚Yoyoisierung des Lebenslaufes' (vgl. Walther/Stauber, 2002; du Bois-Reymond/Blasco Lopez, 2003).

Schule gehen und ‚wenn ich graue Schläfen kriege und Schwierigkeiten mit der Haushypothek habe'. Er fürchtet beim Erwachsenwerden Erstarrung und Langweiligkeit. Andererseits kann er nicht leugnen, dass er sich auf ein Leben mit einer festen Partnerin und Familie freut. Aber alles zu seiner Zeit...

Die Vorstellung, ihr ganzes Leben bis zu ihrem 65. Lebensjahr von neun bis fünf Uhr zu arbeiten, ist *Marga* unerträglich. Am liebsten würde sie drei volle und zwei halbe Tage arbeiten, sonst ‚bleibt einem keine Zeit mehr für sich selbst.' Nur-Hausfrau und Mutter sein wie ihre Schwester könnte sie allerdings auch nicht aushalten. Marga typisiert sich selbst als eine ‚ältere Jugendliche'. Sie hat bereits eine Lebensphase hinter sich, in der sie erwachsener war, sagt sie. ‚Ich glaube nicht, dass ich jemals wirklich erwachsen werde, so wie „erwachsen" normalerweise definiert wird. Ich bin spielerisch veranlagt, und das will ich bleiben, nicht so eine alte langweilige Tante werden...'. Erwachsen hat für sie einen gewisser negativen Beigeschmack: ‚Völlig gesettelt sein.' Während sie selbst noch so voller Widersprüche ist, noch keineswegs ihr inneres Gleichgewicht gefunden hat. Und insofern sie diese Widersprüche in sich behält, wird sie wohl nie erwachsen...

Lotte findet, dass man erst mit etwa 30 Jahren erwachsen ist. ‚Das sind Menschen die wissen, was sie wollen.' Man kann Erwachsenheit aber nicht unbedingt durch Alter definieren: man kann erwachsen in seinen Plänen sein, in seiner gesellschaftlichen Position, ‚und davon abgesehen ist jeder wie er eben ist.' ‚Ich fühle mich überhaupt noch nicht erwachsen, ich fühle mich noch nicht ruhig genug.' Anstrengend am Erwachsensein/werden findet sie: ‚Je älter man wird, desto mehr muss man über später nachdenken.' ‚Ich will noch soviel erleben. Ich will nicht mit 65 sagen: shit, das hab ich versäumt.. ich will mich noch nicht festlegen..'

Offene Lebensentwürfe und lebenslanges Lernen

Lebenslanges Lernen signalisiert die Brüchigkeit des traditionellen Lern- und Arbeitsbegriffs und suggeriert seine Relevanz für den gesamten menschlichen Lebenslauf in modernen Gesellschaften. Zweifellos ist lebenslanges Lernen für die Lebensphase und den Lebensstil von heutigen Generationen junger Erwachsener von besonders großer Bedeutung, denn sie werden in Europa zu den ersten Generationen gehören, die massenhaft um-, neu und viel lernen müssen. Und obgleich zur Zeit noch eine große Diskrepanz besteht zwischen der oft hochtrabenden und hohlen Rhetorik, wenn es um ‚lifelong learning' geht – so als löse bereits die Forderung, jeder müsse heutzutage sein Leben lang lernen, alle vorherrschenden Probleme –, ist doch unverkennbar, dass es *Beziehungen* gibt *zwischen lebenslangem Lernen und offenen Lebensentwürfen.* Denn lebenslanges Lernen ist eine Vorstellung von Lernen, die nicht nur in institutionalisierten Einrichtungen wie Schulen und Universitäten realisiert werden kann, mit ausformulierten Lehr-Lernzielen und zugeschnitten auf vordefinierte Lebensabschnitte und Sozialisationskontexte. Lebenslanges Lernen hat eine *offene Dimension,* die sich diffus in den gesamten Lebenslauf hinein erstreckt – Ergebnis unbekannt. Lebenslanges Lernen funktioniert seiner Intention nach nur als *selbstinitiertes und selbstinszeniertes Lernen,* es ist das Subjekt selbst, das zwischen Lernoptionen passende auszuwählen hat. Auch hier herrscht nicht nur Optionsfreiheit, sondern Optionen stehen im Verbund mit Optionszwang. Denn wo Arbeit und Lernen dauerhafte Beziehungen eingehen, muss der Einzelne sich Gruppen und Institutionen anpassen, die Arbeits- und Lernfelder besetzen.

Trotz Zwang ist aber *intrinsische Motivation* der Kompass für lebenslanges Lernen, nicht extrinsische wie heute für die Mehrzahl der Lernsubjekte in den herrschenden Lernanstalten. Kinder und Jugendliche lernen in der Schule mit dem Ziel, diese auf möglichst kurzem Weg zu verlassen und das ,eigentliche Leben' zu betreten. Die herrschende Schule ist für die Mehrzahl ihrer Klienten zu langweilig oder frustrierend, um dauerhafte intrinsische Motivationsstrukturen aufzubauen. Insofern ist lebenslanges Lernen eine enorme Herausforderung an die nationalen Bildungseinrichtungen. Sie werden das Konzept des lebenslangen Lernens entweder wirklich in sich aufnehmen müssen – und das bedeutet zu einem wesentlichen Teil ihre eigene Abschaffung in heutiger Form –, oder sie werden von alternativen gesellschaftlichen Einrichtungen ausgehöhlt werden, die neben und im Widerspruch zu ihnen entstehen. Tendenzen hierzu sind bereits sichtbar, wenn man an den Aufschwung von Privatschulen mit freieren Lernformen denkt, an teuer zu bezahlende Paukschulen, denen Jugendliche freiwillig beitreten, um einen Schulabschluss nachzuholen, oder an kommerzielle Freizeitangebote, die außer Spaß auch Qualifikationen vermitteln.

Ist lebenslanges Lernen einerseits ein Konzept, das eine *Zeitdimension* für den menschlichen Lebenslauf anzielt – das ganze Leben soll, darf, muss in modernen Informationsgesellschaften gelernt werden –, so hat das Konzept außerdem eine *Raumdimension:* es übersteigt die nationalen Bildungseinrichtungen und schließt damit an die gestiegene mediale and geographische Mobilität heutiger Jugendlicher und junger Erwachsener an. Ohne mediale Unterstützung ist lebenslanges Lernen weder gesellschaftlich massenhaft zu organisieren, noch kann der Einzelne anders mehr angemessen auf die Zwänge einer Optionsgesellschaft reagieren. Mediales Lernen sprengt seiner eigenen Logik nach nationale und lokale Grenzen. Es gehört zu den großen Widersprüchen in Europa, dass bei zunehmender allgemeiner medialer Vernetzung die Schulen, und weitgehend auch die Fachhochschulen und Universitäten, nationale Angelegenheiten bleiben und von einer bewussten Medienerziehung noch kaum die Rede sein kann (McLaren u.a., 1995).

Ein paralleler Widerspruch zwischen lebenslangem Lernen als Konzept und der Wirklichkeit junger Menschen in Europa ist ihre geographische Immobilität im Bereich von Lernen und Arbeit, während sie viel mobilere Freizeitreisende sind. Bei aller Würdigung der vielen Austauschprogramme, die von der EU initiiert und finanziert werden – auf die gesamte Anzahl ihrer potentiellen Benutzer umgerechnet sind sie als Größe zu vernachlässigen. Es erscheint aber unabdingbar, dass lebenslanges Lernen auch verbunden wird mit konkreten kulturellen Erfahrungen über die Lebensumstände anderer an anderen als dem eigenen Heimatort, dass *interkulturelle Teilexistenzen* für junge Europäer zu einer Selbstverständlichkeit werden. Denn lebenslanges Lernen hat nicht nur einen Qualifikationsaspekt im engeren Sinn, sondern als tragfähiges Konzept befördert es kulturelles Lernen im weitesten und breiten Sinn. Dies wird evident, wenn wir die signalisierte Tendenz einer Vermischung von Freizeit und Arbeit und das Projekt junger Menschen, ihren Beruf in Zusammenhang mit ihrer eigenen fortwährenden Entwicklung bringen zu wollen, ernst nehmen. Beides, die Vermischung von ehemals getrennten Lebensbereichen wie Freizeit und Arbeit, und das emphatische Bestehen auf Persönlichkeitserweiterung, übersteigt technische Qualifikationsanforderungen.

Lebenslanges Lernen wird zwar als *basisdemokratisches Konzept* vorgestellt, das für alle jungen Europäer bedeutsam sein soll und bei allen bürgerliche Tugenden entwickeln soll, es schließt aber unter den herrschenden Umständen eher bei den Lebensentwürfen der Postadoleszenten als bei den normalbiographisch Orientierten an, deren Lebensentwurf auf eine relativ frühe Schließung – fester Beruf, feste Familie, fester Standort – gerichtet ist. Man wird sich daher vorstellen müssen, dass auch dem Konzept des lebenslangen Lernens bei seiner massenhaften Anwendung die Zwei- oder Dreiteilung nicht erspart bleiben wird, die die bestehenden Bildungseinrichtungen charakterisieren: ein lebenslanges Lernen für die ,Normalen', das sich auf fremdbestimmten Qualifikationserwerb verengt, und ein lebenslanges Lernen für die kulturellen Eliten, das neue Freiheitsgrade eröffnet. Hinzu kommt eine dritte Form für die Marginalisierten, die Minimalqualifikationen erwerben müssen, die sie in den primären Bildungseinrichtungen nicht erwerben konnten. EU Programme tragen zu einer derartigen Zwei- bzw. Dreiteilung bei, indem sie in den Programmarten eine scharfe Unterscheidung anbringen zwischen ,general education' und ,vocal education'. In diesem Szenarium wird ,lebenslanges Lernen' zur Legitimation, um Dequalifizierungsprozesse, schulische Unterforderungen und Lehrplanung an den Subjekten vorbeilaufen zu lassen und die Konsequenzen den frustrierten Lernsubjekten aufzuhalsen, die sich das Versäumte auf eigene Faust und Kosten aneignen müssen.

,Ich will noch soviel erleben, ich will mich noch nicht festlegen', ist ein programmatischer Ausspruch für die inhaltliche Gestaltung des Konzepts lebenslanges Lernen. Wie aus dem Lebensprogramm einer einzelnen jungen Erwachsenen lebendige Wirklichkeit für viele junge Erwachsene in Europa werden kann, wird lebenslange Arbeit von uns allen erfordern.

* Dieser Beitrag ist ohne wesentliche Veränderungen übernommen aus A. Walther, B. Stauber (Eds.) (1998): Lifelong learning/lebenslanges Lernen in Europe/Europa. Neuling Verlag, Tübingen 1998.

Jugend – Lernen – Europa: Ménage à trois?*

Einleitung

In meinem Beitrag soll es um drei gesellschaftliche Größen gehen: Jugend, Lernen, Europa, und ich bin mir durchaus darüber klar, dass dies eine sehr vage Umschreibung eines Themas ist. Meine Absicht ist es, darüber nachzudenken, wie diese drei miteinander zusammenhängen, was sie miteinander zu tun haben, und was sie voneinander trennt.

Jugend, auf sie berufen sich nationale und europäische Politiker, wenn sie hoffen, der jungen Generation eine lebenswerte Zukunft versprechen zu können. *Lernen* spielt dabei eine Schlüsselrolle, Neues soll gelernt werden, anders soll gelernt werden, mehr und effektiver soll gelernt werden. Hier zeichnen sich erste Verbindungslinien ab: wir Jugendforscher haben uns in den letzten 20 Jahren abgerackert, um aufzuzeigen, welchen Wandlungen der jugendliche Lebenslauf in der Moderne ausgesetzt ist, welche Selbstwandlungen und gesellschaftlichen Umschwünge Jugend in Gang gesetzt hat. Wir konstatieren, dass der menschliche Lebenslauf nicht mehr in der alten Weise zäsuriert ist – Kindheit, Jugend, Erwachsenheit –, und dass Lernen für Verschiebungen und Verwischungen dieser uns so lange vertrauten Zäsuren verantwortlich ist. Heute, so haben wir in hunderten, vielleicht sogar tausenden von empirischen Studien über ganz Westeuropa – noch weniger für Osteuropa – nachgewiesen, hat sich die Lebensphase Jugend als Lernjugend im Vergleich zu früheren Generationen ausgedehnt. Früher hörte Jugend am Grenztor zur Arbeitswelt auf. Heute liegt dieses Tor für immer mehr Jugendliche in weiter Ferne, und wenn sie es durchschreiten, machen sie das Tor nicht hinter sich zu, sondern lernen weiter. So tun's viele, so sollen's alle tun, so tun's viele nicht – und das ergibt die wesentlichen Probleme, mit denen sich Jugendforscher und Jugendpolitiker in Europa zu beschäftigen haben.

Wir schauen hinüber zu den Pädagogen, Bildungssoziologen und -ökonomen, und zu den Arbeits- und Schulpolitikern: was sagen sie über Jugend und Lernen? Sie wollen die alte Schule modernisieren, sie passklar machen für die neue Arbeitswelt. Sie merken, dass mit Lernvorgängen in den Bildungseinrichtungen etwas nicht mehr stimmt, nicht mehr funktioniert, nicht mehr anschließt an die neue Zeit – aber was ist es und wie geht das Neue? Und was haben Schul- und Bildungskrise mit Europa zu tun, diesem bunten und gebeutelten Kontinent, der im zähen Ringen mit seinen vielfältigen kulturellen Traditionen und so unterschiedlichen politischen Strukturen verspricht, ein „europäisches Haus" für seine Bewohner zu werden, zumal der jungen? Europa nimmt den Mund voll, es sagt, es wolle ein Kontinent der Wissensgesellschaften werden, es werde mit seinem jugendlichen Lernkapital Amerika und Japan ökonomisch Paroli bieten. Aber stellt es auch die Ressourcen und Politiken bereit, um dies zu tun?

Europa – das ist für jeden jungen Europäer etwas anderes: für den jungen Rumänen ist Europa die Hoffnung auf Entkommen aus Armut und Begrenztheit; für eine holländische Studentin ist Europa nicht so wichtig, sie ist in Amsterdam zuhause und Europa ist dort, wo sie zuhause ist. Türkische und marokkanische junge Männer suchen nach neuen Identitäten, um sich in den europäischen Gegenwartsgesellschaften zurechtzufinden und wundern sich vielleicht, dass ihre Schwestern diese Identitätssuche cleverer betreiben als sie selbst, indem diese zielgerichteter Bildungskapital erwerben, das sie in ihren Biographien versilbern wollen, ohne deswegen ihre kulturelle Identität zu verleugnen. Polnische Jugendliche und ihre Eltern, besonders, wenn sie nicht in der Stadt sondern auf dem platten Land leben, fragen sich bang, was der Eintritt ihres Landes in die EU ihnen bringen wird – wird er ihr Leben verbessern oder verschlechtern? Auf jeden Fall sollte man Englisch lernen, sagen die Jungen zu den Alten.

Jugend – *Lernen* – *Europa*: keiner der drei Begriffe ist eindeutig definiert, kann sich auf wissenschaftlichen oder politischen Konsens berufen, hat eine unbezweifelte Geschichte, auf die er sich stützen könnte. Wir warnen uns selbst und die Öffentlichkeit vor der Vereinfachung, von „Jugend" zu sprechen. Als gäbe es hier Eindeutigkeit. Keineswegs gibt es sie: Jugend sind junge Frauen und junge Männer, sind Kinder, die heutzutage schneller ins Jugendalter hineinwachsen als früher, sind türkische ebenso wie andere Nationalitäten, die auf dem europäischen Kontinent multikulturelle Gesellschaften bilden, sind junge Arbeitslose und junge Unternehmer, sind konventionelle und inventive Lerner.

Lernen: ist das nicht das Gebiet von Pädagogen und von Lehrern und Schülern? Ja und nein. Ja und nein ist die Generalantwort auf alle Fragen, die die Moderne und erst recht die Postmoderne stellt. Es ist immer beides: ja, das ist der Trend, dahin geht die Reise – und nein, die Schienen führen nicht gradlinig an neue Ziele, sie machen Schwenks und führen in terra incognita. Ja, Lernen findet großenteils noch in den altbekannten Bildungsstätten statt, in Schulen, Universitäten und Qualifikationskursen. Aber Lernen findet zunehmend auch statt in selbstinitiierten Projekten, auf Reisen, in internationalen Austauschprogrammen, durch Ferienjobs und in Gesprächen mit Gleichaltrigen. Überall wird heute gelernt, und von vielen. Aber überall wird auch Lernpotential vernichtet. Keineswegs sind die Lernchancen in europäischen Gegenwartsgesellschaften für alle gleich gut, ja noch nicht einmal für die meisten Jugendlichen. Aber während diese Ungleichheit noch vor wenigen Jahrzehnten durchaus gesellschaftsstabilisierend war, ist dies heute nicht mehr der Fall. Unsere Analysen von Lernen müssen daher auch anders sein als noch zu Zeiten der großen Bildungsoffensiven der 1970er Jahre.

Altes und neues Lernen

Die Bildungsoffensiven aus den letzten Jahrzehnten des 20. Jahrhunderts hat den westeuropäischen Demokratien die Massenschule gebracht; im selben Atemzug hat eben diese Massenschule und Massenuniversität die Voraussetzungen für produktives Lernen zerstört[1]. Die Krise in den öffentlichen Bildungseinrichtungen ist heute evident und wird nicht einmal mehr von den politischen und pädagogischen Verwaltern dieser Einrichtungen geleugnet. Zu dieser Einsicht kommen, im Gegensatz zu den 70er Jahren, als noch viel bildungspolitischer Optimismus und curricular-didaktische Experimentierfreude herrschte, *alle* Studien, rechts- wie linkslastige, ethnographisch-lebensbiographische wie internationale Großstudien á la PISA, schulpädagogische wie lernpsychologische[2]. Zwar werden aus den jeweiligen Analysen und bildungspolitischen Standpunkten verschiedene Schlüsse gezogen, aber einig sind sich alle gesellschaftlichen Akteure, ob sie die Lage nun vom arbeitsmarkt-ökonomischen, schulorganisatorischen oder kindheits- und jugendbezogenen Standpunkt aus betrachten, dass es so nicht weitergehen darf, dass sich die Lernlandschaft ändern muss. Nicht nur in der Fachliteratur, auch in der öffentlichen Debatte wird Schule wieder heiß diskutiert. Die öffentliche Meinung ruft nach mehr pädagogischem Gehalt, vermisst klare Werte, nach denen erzogen werden soll, beklagt zunehmende Gewalt und Unsicherheit in Schulen, fordert strengere Kontrollen, um das Schuleschwänzen einzudämmen.

Jugend- und Schulforschung waren in den 80er und auch noch 90er Jahren, zumindest in den westlich des Eisernen Vorhangs gelegenen Ländern, immer weiter auseinandergedriftet. Jugendforschung arbeitete das Individualisierungstheorem aus, spürte neue kulturelle Trends im Jugendleben auf, übernahm Einsichten aus der gender Diskussion, wurde sich der Komplexität von multikulturellen Gesellschaften bewusst, wies dringlich auf die Folgen von Jugendarbeitslosigkeit hin[3], während Schulforschung sich mit schulorganisatorischen Modellen, Curriculumfragen und Lehrerausbildung beschäftige und Jugendliche eigentlich nur als Schüler wahrnahm[4]. In der sogenannten Übergangsforschung kamen beide Disziplinen einander wieder näher. Denn dort, im

---

1   Das Folgende stützt sich im wesentlichen auf die „Westdiskussion"; im „Osten" verlief die Entwicklung zwar nicht parallel – schon weil die Klassentrennungen und damit die Bildungschancen anders institutionalisiert waren –, aber in dem Sinn mit demselben Effekt, als auch dort keine grundlegende Modernisierung von schulischem Lernen stattfand.

2   Vgl. für viele andere Coffield, 2000; Buckingham, 1998; Davies, 2000, Green, 1998; Lave/Wenger, 1991; Renkl, 2002; Rogoff, 1994; Wenger, 1998; Holzkamp, 1993; Frommelt u.a., 2000; Young, 1998; Baron et al., 2000; Bloomer/ Hodkinson, 2000. Und immer wieder Bourdieu, einer der unerbittlichsten Schulkritiker (Bourdieu, 1997).

3   Vgl. Bynner/Parsons 2000; Miles et al. 2002; Ball et al. 2000; Bolder 2002; Kelly 2000; Rudd 1997; Vogelgesang 2001.

4   Tippelt, 2002; Helsper/Böhme 2002, Sidorkin 2002

Übergang vom Lernjugendlichen in den Arbeitsjugendlichen, zeigten sich nun nicht nur die Brüchigkeiten des Bildungssystems, sondern auch die Krise der Arbeitsgesellschaft⁵. Seit der Wende, dem Fall der Berliner Mauer und der Öffnung der osteuropäischen Grenzen, dieser einschneidendsten Veränderung in Europa nach dem Zweiten Weltkrieg, hat sich das Problem des Anschlusses Schule-Arbeitsmarkt auf die ehemaligen Ostblockländer erweitert.

Zwischen Jugend- und Schulforschern herrscht Konsens darüber, dass es in der Spätmoderne, oder wie immer wir die Raum-Zeit Einheit benennen wollen, in der wir heute leben⁶, an einer übergreifenden und angemessenen Lerntheorie fehlt. Lernen ist, in den Worten von Green, „arguably the most inadequately theorized issue in this whole debate..." (Green, 1998: 177). Es war uns vermutlich noch nie so unklar, wie wir „Jugend und Lernen" heute theoretisieren müssen, um zu einer neuen Schulpraxis und Bildungskonzeption zu kommen. Der steigenden Verwirrung entsprechen nun aber auch zahlreicher werdende Vorschläge, wie Lernen und Bildung neu zu verorten sei, sowohl theoretisch als praktisch. Bei dieser Suche werden alte Bestände aus der Reformpädagogik, der *critical education*, der lernpsychologischen, jugendsoziologischen, systemtheoretischen und aktuellen europäischen Diskussionen über lebenslanges Lernen reaktiviert und neu kombiniert. Das ist ein durch und durch ekklektizistisches Vorgehen, aber in der nun schon nicht mehr so neuen „Unübersichtlichtlichkeit" (Habermas) unserer Epoche kann nur ein solches Vorgehen aus historischen Sackgassen und in offeneres Gelände führen.

Wie heterogen die verschiedenen Ansätze auch sein mögen, so teilen sie doch einige zentrale Prämissen und Überlegungen:

– Lernen auf die formalen Bildungseinrichtungen zu beschränken, ja selbst sich zu erhoffen, dort fände ausreichendes oder auch das meiste Lernen statt, ist nicht mehr zeitgemäss. „School learning is just learning school", polemisiert Wenger (1998: 267), und der portugisische Jugendforscher José Machado Pais konfrontiert die schulische Ideologie vom „Lernen für die Zukunft" mit der „present future" heutiger Jugendlicher (Machado Pais, 2003). Eine derart verengte Auffassung von Lernen und jungen Lernern geht an den wesentlichen gesellschaftlichen und individuellen Bedürfnissen vorbei. Deswegen muss über eine *Ausweitung* des Lern- und Bildungsbegriffs nachgedacht werden, und über die institutionellen Konsequenzen, die dies nach sich zöge. Diese Einsicht schlägt sich in der Diskussion um das Verhältnis von *formal education, non-formal education/learning, informal learning* und *lifelong learning* nieder, wie sie auf den jeweils nationalen, vor allem aber auf europäischer Ebene geführt wird⁷.

---

5   Vgl. Berger/Konietzka, 2001; Gorz, 2000 (1997).
6   Vgl. Beck/Bonß, 2001; Castells, 2001.
7   Vgl. European Commission, 2000; 2001a. Dass wir hier die englischen Ausdrücke benutzen, hat einerseits den Sinn, damit direkt bei europäischen Dokumenten und Diskursen anzuschließen, andererseits ist damit auch eine terminologische Schwierigkeit

– Wenn Lernen im breiten Sinn des Begriffs heute immer wichtiger für den weiteren Lebenslauf von Jugendlichen und für die gesellschaftliche Entwicklung insgesamt wird, so müssen die Subjekte lernen wollen, nicht nur sollen. Diese Einsicht führt zu einer Neubestimmung des Motivationsfaktors im Lerngeschehen: *extrinsisch* motiviertes Massenlernen muss in *intrinsisch motiviertes Lernen* umschlagen. Daran knüpft sich die Frage, ob ein solcher Umschlag noch in den alten Bildungseinrichtungen stattfinden kann. In der Dynamik, der Lernen in europäischen Gegenwartsgesellschaften unterworfen ist, mendeln sich neue Lerntypen heraus, die sich ihre eigenen Lernwege schaffen und zu Dauerlernern werden.

– Jugend-, Bildungs- und Schulforscher werden sich darüber klar, dass sie ihre nationalen Forschungsagenden um eine europäisch-vergleichende Dimension erweitern müssen, um die Entwicklungen zu verstehen, die in den drei Feldern Jugend – Lernen – Europa vor sich gehen. Sie beginnen, lokale und globale Trends und Widersprüche zusammenzudenken, um der Dialektik von „glocal" gerecht zu werden.

Wir stehen noch ganz am Anfang, über den Zusammenhang von Jugend, Lernen und Europa sinnvoll zu theoretisieren. Die Europäische Kommission und andere transnationale Institutionen müssen die Forschergemeinde hierbei unterstützen, nationale Fördereinrichtungen können dies nicht mehr allein leisten.

Ausweitung des Lernbegriffs

Eine Lerngeschichte im Zug zwischen Budapest, Ungarn und Cluj, Rumänien

Ich bin mit einer Gruppe niederländischer und amerikanischer Studenten auf einer Exkursion im Rahmen meiner Lehrveranstaltung „Jugend und Europa". Während sich auf der langen Fahrt, um die kurze Entfernung zwischen Budapest und Cluj zu überwinden, meine Studenten mit Walkman und Unterhaltungen in Englisch die Zeit

---

verbunden: das englische „education" entspricht nicht in allen Hinsichten dem deutschen Begriff der Bildung, eher schon der eingegrenzen Bedeutung von Schulbildung. Im Ausdruck non-formal education/learning spiegelt sich die Ambivalenz, ob es mehr um Schulbildung oder mehr um die Tätigkeit des Lernens gehen soll. Studiert man die europäischen Dokumente, so findet man beides, je nach Kontext, aber öfter mit der Konnotation Lernen. Diese Uneindeutigkeiten sind selbst ein Ausdruck der Entgrenzungen von einem tradierten Bildungs- und Lernverständnis. Informal learning bezeichnet ebenfalls ein nicht immer klar abgegrenztes Feld: es überlapt mit non-formal learning, hier liegt der Schwerpunkt aber auf dem nicht-institutionalisierten Charakter von Lernen. – Ich erlaube mir eine gewisse Freiheit, je nach Kontext die englischen oder deutschen Begriffe zu benutzen.

vertreiben, sitze ich in einem anderen Abteil zusammen mit einem etwa 17jährigen Jungen, der mir seine Lerngeschichte erzählt: Er findet in seiner Heimat Rumänien keine Arbeit. Deshalb wohnt er bei seinem Onkel gleich über die Grenze und arbeitet illegal in einem ungarischen Restaurant. Als Kellner hört er nicht nur ungarisch, sondern auch andere Sprachen, die er sich nebenbei aneignet – ein paar Sätze deutsch z.B. In den Ferien jobt er mit Touristenvisum im Ausland und kann inzwischen recht gut italienisch. Am meisten aber interessiert ihn Englisch und das neue Medium Internet, das er in einem Internetcafé der kleinen ungarischen Stadt benutzt – „I learned it in one day". Er geht nicht in die öffentliche Bibliothek, überhaupt liest er nicht, hat aber einen Abendkurs in Englisch belegt. Später tauscht er mit meinen amerikanischen Studenten e-mail-Adressen aus. Ich frage ihn nach seinen Zukunftsplänen. Die hat er nicht so direkt, er möchte zur See, „to see the world…".

Claudiu hat 8 Jahre Schulbildung. Sein Vater ist Industriearbeiter, seine Mutter stellt Schuhe in Heimarbeit her. Die Eltern wohnen in einem kleinen Ort im Norden von Rumänien.

Claudiu verkörpert eine besondere Variante moderner Jugendlicher, die neue Lernkombinationen zwischen schulischem und außerschulischem Lernen herstellen. Mit seinem formalen Lernkapital, den 8 Jahren Schulbildung, kann er nicht viel anfangen. Dass er von Kindesbeinen an zweisprachig ist, ungarisch ebenso fließend wie rumänisch spricht, verdankt er weniger der Schule als der Grenznähe seines Heimatortes mit Ungarn und der ungarischen Minderheit dort. Dass er aber mit 17 Jahren 5 Sprachen spricht, wenngleich gewiss nicht „schulreif", hat er den meisten seiner westlichen Altersgenossen voraus, die viel länger zur Schule gehen. Und dass ihm von all diesen Sprachen Englisch am wichtigsten ist, zeugt von seinem Realitätssinn: er weiß, dies ist die lingua franca in Europa und für die Zukunft. Dass er nicht liest, sondern sich Wissen aus dem Internet holt, teilt er mit vielen heutigen Jugendlichen und auch, dass er Lernen und Arbeiten in wechselnden Kontexten und Orten miteinander verbindet. Wie seine westlichen Brüder hat er einen offenen Zukunftsentwurf, der aber insofern eine Richtung hat, als das Schiff seiner Träume ihn aus der Enge und lokalen Begrenztheit seines gegenwärtigen Lebens ins Offene, Größere führen soll. Und die Reise soll westwärts gehen, in die reicheren Länder mit besseren Lebensbedingungen. Dafür akkumuliert er auf selbstgewählten Lernwegen „Westwissen".

Eine Ausweitung des Lernbegriffs ist Teil des umfassenden Transformationsprozesses, der europäische industrielle Arbeitsgesellschaften in postindustrielle Wissensgesellschaften überführt. Und insofern die junge Generation die längste Lebenserwartung hat, hat sie am meisten mit neuen Formen der Wissensaneignung zu tun. Bezeichnenderweise ist die Diskussion um andere als nur formale Lernformen nicht so sehr von Vertretern der formalen Bildungsinstitutionen angezettelt worden, also von den Institutionen, in denen sich die meisten Lerner am längsten befinden, sondern vielmehr von Vertretern der Wirtschaft, internationalen Organisationen wie der OECD, sowie Pädagogen im Bereich der Erwachsenenbildung, in der freie Lernformen und die Vorstellung eines unabgeschlossenen Lernprozesses – éducation permanente – bereits in den 70er Jahren des letzten Jahrhunderts und davor anerkannt waren. Von dort hat sich die Diskussion über politische Bildungs- und Jugendarbeit verbreitert, wo mit neuen Lernformen experimentiert wird[8]. Kern dieser neuen Vermittlungsformen ist außer freiwilliger Teilnahme die tendenzielle Aufhebung des hierarchischen Lehrer-Lerner Verhältnisses, die Kontextgebundenheit des Lernstoffes – *situated learning* (Lave/Wenger, 1991); *experiential learning* (Wenger, 1998); *learning relations* (Sidorkin, 2002) – sowie die von den Lernern erfahrene Relevanz des zu Lernenden.

Setzt man die verschiedenen Lernformen in ein historisch-anthropologisches Verhältnis zueinander, so lässt sich folgendes sagen: im menschlichen Lebenslauf spielt informelles, und in diesem Sinn lebenslanges, Lernen die Hauptrolle; es ist sozusagen die Folie, auf der sich spezifisches formalisiertes Lernen überhaupt erst entwickeln kann. Menschliches Leben ohne konstantes informelles Lernen ist schlichtweg nicht vorstellbar. Schule als nationale Pflichtanstalt für alle jungen Lerner ist demgegenüber von sehr jungem Datum, ebenso wie außerschulisches Lernen. War letzteres im ausgehenden 19. und bis zur Mitte des 20. Jahrhunderts vor allem jungen und älteren Erwachsenen aus der Arbeiterklasse vorbehalten, um eine zu kurze und inhaltlich karge Schulbildung zu kompensieren, so erhält der Begriff *non-formal education/learning* heute die Funktion, als Allheilmittel für alle Mängel des formalen Bildungssystems aufzukommen: *non-formal education/learning* soll Jugendliche auf neue Anforderungen des Arbeitsmarktes und der Wissensgesellschaft vorbereiten; es soll die Mängel der Berufsausbildungen wettmachen und zu mehr Chancengleichheit führen; es soll die junge Generation für die europäische Einigung fit machen, ihr Partizipationserfahrungen vermitteln, und es soll sie zu European citizen machen (Bjornaveld, 2000).

"Non-formal education may be defined as a planned programme for personal and social education for young people designed to improve the range of skills and competencies, outside but supplementary to the formal eductional curriculum. Participation is voluntary and the programmes are carried out by trained leaders in the voluntary and/or public sectors, and should be systematically monitored and evaluated. The experience might also be certificated. It is generally related to the employability and lifelong learning requirements of the individual young person, and may require in addition to the youth work sector the involvement of a range of government or non governmental agencies responsible for the needs of young people"[9].

Non-formal education/learning, sowohl in der alten Bedeutung der Erwachsenenbildung, als aber vor allem in der neuen Bedeutung als Lerncontainer

---

8   Im Memorandum Lifelong Learning (European Commission, 2000) sind die unterschiedlichen Lernformen formal education, non-formal education/learning, informal learning und lifelong learning zum ersten Mal systematisch im Rahmen der Bildungs- und Jugendpolitik der EU analysiert worden; vgl. auch das Weißbuch der European Commission (European Commission, 2001a); vgl. auch Harvey et al., 2002.

9   Working group of non-formal education and social cohesion from the European Steering Committee of Youth – Council of Europe, 1999; see also The future development of the European Union education, training and youth programmes after 2006, European Commission 2002.

für alles, was die Pflichtschule nicht leistet, und was im alltäglichen informellen Lernen zu unsystematisch ist, um den jungen Lernern genug Orientierung in derartig komplexen Gesellschaften wie den europäischen zu geben,
soll die Kluft überbrücken, die zwischen *formal education* und *lifelong learning* besteht: Nicht die Schule motiviert ihre Klientel zu lebenslangem Lernen – ganz im Gegenteil, alle Schulteilnehmer sind froh, wenn sie sie hinter
sich haben, die Schüler ebenso wie die Lehrer. Sondern außerschulische
Lernangebote vermitteln neue Lernmotivation und stimulieren Weiterlernen.

Dies sind die Versprechungen von *non-formal education*. Aber kritische
Analytiker wie Coffield (1999) haben auch auf die Kontrollfunktion hingewiesen, die diesen neuen Lernkonzeptionen innewohnt: auch außerschulisches
Lernen kann Zwangscharakter annehmen, wenn es für Arbeitsmarktinteressen
funktionalisiert wird[10]. Andere Beobachter weisen auf das Dilemma, in das
non-formal education zwangsläufig gerät, je mehr das Konzept propagiert
wird. Es besteht darin, dass gesellschaftliche Anerkennung Formalisierung
und Institutionalisierung nach sich zieht und damit den auf Freiwilligkeit und
biographischer Relevanz beruhenden Charakter von *non-formal education/
learning* anzutasten droht. In dem von Coffield und seinen Kollegen geleiteten
Forschungsprogramm „The Learning Society: knowledge and skills for employment", das sich zum Ziel gesetzt hat, „to examine the nature of what has
been called a learning society" (Coffield, 2000: 3), erkennen die Autoren diese
Gefahr (Davies, 2000). Auch der Europarat, auf europäischer Ebene der wichtigste Ort, an dem über neues Lernen gearbeitet wird, sucht nach Auswegen aus
dem Dilemma zwischen Informalität und Formalisierung von *non-formal edu-
cation/learning* (vgl. du Bois-Reymond 2001a).

Wie alle gesellschaftlichen Veranstaltungen, so bilden auch die Institu-
tionen, in denen gelehrt und gelernt wird, ein Machtfeld. Was wir heute erleben, ist eine Umstrukturierung dieses Machtfeldes[11], wobei die traditionellen
Professionellen, die das Segment *formal education* besetzen, unter dem
Druck neuer gesellschaftlicher Notwendigkeiten Macht an weniger und anders professionalisierte Wissensvermittler abgeben müssen. Der edukative
Markt wird neu aufgeteilt. Professionelle Kompetenz hat nur solange einen
Wert, wie ein Markt für sie existiert. Machen wir heute als Teil der Schulkrise die Entwertung der nationalen Märkte für formales Lernen und traditionell
ausgebildete Lehrer mit, weil sich neben den alten neue Lernmärkte eröffnen? Diese Frage kann ich nicht eindeutig beantworten: einerseits wachsende
Privatisierungstendenzen im Bildungswesen, andererseits in vielen europäischen Ländern Lehrermangel, hinter dem ein anderer Aspekt der Krise steht,
dass nämlich der Lehrerberuf für die jüngere Generation nicht mehr attraktiv

---

10 Vgl. hierzu auch die Arbeiten der EGRIS Forschungsgruppe (Walther/Stauber, 2002)
    sowie Furlong 1999.
11 „Die Frage des Unterrichtens stellt sich dann, wenn der Unterricht in Frage steht. Weil
    der Unterricht in eine Krise geraten ist, kommt es zur kritischen Frage danach, was
    Unterrichten eigentlich ist", sagt Bourdieu in einem Vortrag aus dem Jahr 1977 (zit. in
    Bourdieu 1993: 92).

ist, gerade weil sie ihn, im Gegensatz zu allen anderen Berufen, aus eigener Erfahrung kennen und deshalb negativ beurteilen. Zu außerschulischen Berufsgruppen (Jugend- und Schulsozialarbeitern) hält die Schule professionelle Distanz, um ihre langfristig erworbenen Privilegien nicht in Gefahr zu bringen. Gleichzeitig soll aber schulisches und außerschulisches Lernen neu miteinander verzahnt werden, um der Schulkrise Herr zu werden und insbesondere die „lernschwachen" Schüler davon abzuhalten, die Schule vorzeitig zu verlassen.

Lebenslanges Lernen, und vielfältiges Lernen, wird die Lebenschancen der nachwachsenden Generationen bestimmen. Wer diese neuen Erfordernisse nicht bereits mit der Muttermilch einsaugt – schon in der Grundschule kann es dafür zu spät sein – ist in Gefahr, ins Abseits gedrängt zu werden. Dies ist eine neue historische Situation: noch bis vor kurzem genügte ein geringes Quantum Lernbereitschaft und Wissen, um eine einigermaßen gesicherte Berufs- und Familienbiographie aufzubauen. Heute nicht mehr.

Trendsetter Lerner

Bisher zielte die Analyse auf die strukturelle Seite des edukativen Feldes und was sich in ihm gesamtgesellschaftlich abspielt. Hier möchte ich mich nun den Lernsubjekten nähern und nach ihrer Lernmotivation fragen, der fehlenden ebenso wie der vorhandenen. Mein Einstieg ist die aus der Lernpsychologie bekannte Unterscheidung in extrinsische und intrinsische Motivation, meine These, dass Lern- und Wissensgesellschaften intrinsisch motivierte Lerner brauchen.

Erstaunlicherweise ist für Lernpsychologen die Beziehung zwischen Motivation und Lernen keineswegs so klar, wie man meinen möchte. „Even if we could reliably show a clear effect of motivation on the *outcome* of learning, it remains unclear as to how exactly motivation could *influence* the cognitive processes that lead to learning", stellen Rheinberg und seine Kollegen fest, bevor sie ein komplexes Modell präsentieren, in dem Fenster eingelassen sind, um in die Blackbox Lernen zu schauen (Rheinberg u.a., 2000: 81/2)[12]. Ebenso wenig eindeutig ist die gängige Unterscheidung zwischen intrinsischer und extrinsischer Motivation, da die entsprechenden Definitionen unweigerlich zu der Frage führen, was denn nun „innerhalb" bzw. „außerhalb" des Lernsubjektes liegt. Heinz Heckhausen, einer der Väter der Motivationsforschung, perzipiert intrinsische Motivation als zusammengehörige Handlungssequenz von *action, outcome*, und *consequences*. „An example of such intrinsically motivated learning would be when a person is engaging in learning (i.e., action) to reach a self-set standard of excellence

---

12 „Wir wissen, dass wir etwas gelernt haben, aber nicht wie. Das Lernen verschwindet im Gelernten"(Schulze 2001: 25).

that indicates an acquisition of new compentence (i.e., outcome), about which one will be proud (i.e., internal consequence)"[13].

Schwierigkeiten, wie Motivation und Lernen zusammenhängen, was extern und was intern ist, meistert Csikszentmihaly (1975) auf eine höchst elegante und für Jugendsoziologen[14], die an neuen Lernformen interessiert sind, überzeugende Weise: er fragt nicht nach Ziel und Effekt, wie die Schulpsychologen, sondern untersucht außerschulische Situationen, in denen Menschen Spaß am Lernen haben: „If we can learn more about activities which are enjoyable in themselves, we will find clues to a form of motivation that could become an extremely important human resource" (S. 2). An der herrschenden Motivationspsychologie kritisiert er, dass sie fixiert ist auf Verhalten, Leistung und Funktion, statt auf Erlebnis und Erfahrung. Er entwickelt ein „flow model", in dem die Erfahrung eines angenehmen Lernvorgangs in einer Handlungssequenz resultiert. „Flow is a state of experience that is .. intrinsically rewarding; hence it provides its own motivation" (S. 191).

Obgleich Csikszentmihaly seine Theorie nicht auf jugendliche Lerner im engeren Sinn bezieht, enthält sie konstitutive Elemente für unseren Diskussionszusammenhang über neue Lernformen. „Flow learning" ist nicht beschränkt auf spontane oder spielerische Aktivitäten, es kann auch innerhalb hoch strukturierter Lern- oder Arbeitsumgebungen auftreten, solange gewährleistet ist, dass die Lerner Kontrolle über ihre Umgebungen und Aktivitäten ausüben, dass sie die Erfahrung machen, etwas Neues zu entdecken, ein Problem zu lösen, ihre persönlichen Fähigkeiten an physischen oder symbolischen Herausforderungen zu messen – kurz, dass sie sinnhaft lernen. Auf Vorhand lässt sich also nicht ausschließen, dass „flow learning" auch in der Schule stattfindet. Aber die Masse der heutigen Schüler leidet eher unter „flow deprivation" (S. 202).

Die Jugendsoziologie und insbesondere die Übergangsforschung beschäftigt sich nahezu ausschließlich mit den realen und potenziellen Verlierern der Wissensgesellschaft, also mit Jugendlichen, die in der Regel eine sehr geringe, oft nicht einmal abgeschlossene Schulbildung haben. Diese Zielgruppe hat eine hohe Politikrelevanz, und das erklärt das Interesse an ihr. Wie kann, so eine Grundfrage der Übergangsforschung in Europa, verhindert werden, dass ganze Gruppen von Jugendlichen und jungen Erwachsenen ins soziale Aus katapultiert werden? Welche Rolle spielt dabei die Berufsberatung und Berufsausbildung? Diese Fragen werden sowohl im Hinblick auf ungenutztes Humankapital gestellt als im Hinblick auf soziale Ausgrenzung. Welche Maßnahmen, so fragen Jugendpolitiker und Jugendforscher, greifen, um diesen Jugendlichen den Anschluss an tragfähige gesellschaftliche Institutionen und Lebenszusammenhänge zu ermöglichen[15]?

---

13 Zit. nach Rheinberg u.a., 2000: 96; vgl. auch Heinz Heckhausen 1991: 403-408.
14 Lernpsychologen haben sich in ihrem Studium von Motivation lange nur mit Kindheit und Schuljugend beschäftigt. In letzter Zeit erweitert sich ihr Forschungsinteresse in ein „life-course trajectory of development" (Jutta Heckhausen, 2000: 4).
15 Vgl. für viele andere Rudd, 1997; MacDonald, 1998; Shanahan, 2000.

So berechtigt diese Fragen sind, so unberechtigt ist es, darüber die Jugendlichen aus dem Blick zu verlieren, die neue Lern- und Lebensstrategien entwickeln und neue Kombinationen herstellen aus *formal education, non-formal, informal, peer learning* und *lifelong learning*. Bis jetzt gibt es noch keine schlüssigen Theorien und empirischen Daten über diese Gruppe Jugendlicher und junger Erwachsener, obgleich doch gerade sie das Interesse von Schul-, Bildungs- und Jugendforschern verdienten, da sie neue Lösungen für drängende Probleme produzieren. So stellt auch Hollands fest: „Much of the recent transition literature.. focusses largely on disadvantaged youth while ignoring other categories of young people (...) there is very uneven information about the transition experiences of a range of young people" (Hollands, 2002: 160).

Wir tappen noch ziemlich im Dunklen, wie diese „neuen Lerner" über das soziale Feld verteilt sind, sowohl innerhalb eines Landes als zwischen europäischen Ländern: gibt es sie häufiger in den avancierten kapitalistischen Ländern, oder gerade mehr in den „Nachholländern"? Für die erste Annahme spräche, dass die junge Generation in diesen Ländern mehr Ressourcen zur Verfügung hat, dass hier die symbolischen Berufe häufiger sind, die neues Lernen stimulieren. Für die zweite Annahme spräche, dass gerade aus einer Mangelsituation heraus, aber mit den Möglichkeiten von Informationsgesellschaften vor Augen, Jugendliche aktiv werden und sich neuer Lernformen bemächtigen, insbesondere im ICT Bereich (man denke an den oben zitierten Fall des rumänischen Jugendlichen).

Auch wissen wir nicht, inwiefern es sich bei den neuen Lernern um eine Gruppe handelt, die klar abgrenzbar ist von den realen und potentiellen Verlierern in modernen Gesellschaften. Möglicherweise gibt es ja Überlappungen dergestalt, dass sich in einem jugendlichen Lebenslauf inventive und kurzsichtige Lernstrategien, intrinsische und extrinsische Motivation mischen, je nach Lern- und Arbeitskontext und nach Lebenssituation; das ist sogar sehr wahrscheinlich angesichts der Tatsache, dass alle Jugendlichen die Pflichtschule besuchen mussten oder müssen. Obgleich in vielen internationalen Studien belegt ist, dass die von sozialem Ausschluss bedrohten Jugendlichen und jungen Erwachsenen in der Regel geringe Schulabschlüsse haben und dass dies für *minority* Jugendliche doppelt gilt, wissen wir nicht, ob und unter welchen Umständen aus entmutigten Lernern Neu- und Dauerlerner werden könnten. Weiterhin wissen wir, dass Mädchen und junge Frauen in den letzten Jahrzehnten ihren sozialpolitisch und kulturell-sozialisatorisch bedingten Bildungsrückstand gegenüber dem männlichen Teil der Bevölkerung in den meisten europäischen Ländern aufgeholt haben, aber wir wissen nicht, ob es gender-spezifische Unterschiede hinsichtlich neuer Lernhaltungen und dem Ausprobieren neuer Berufe gibt.

Angesichts dieser unerforschten oder ungenügend beantworteten Fragen möchte ich einige Hypothesen aufstellen und anhand eines europäischen Forschungsprojektes, an dem ich mitarbeite, erste Ergebnisse diskutieren.

– Jugendliche und junge Erwachsene, die sich nicht mehr, wie sich das noch erfolgreiche Lerner vor ihnen leisten konnten, einseitig auf formales Lernkapital beschränken, sondern produktive *Mischungen* zwischen den verschiedenen Lernformen herstellen, haben in Wissensgesellschaften die besseren Chancen[16]. Was dies für Jugendliche und junge Erwachsene bedeutet, die in europäischen Transitionsländern und in Regionen unter vormodernen ökonomischen Verhältnissen leben, muss angesichts der Forschungslage offen bleiben.

– Diese vorerst ganz vorläufig bezeichnete Gruppe könnte man als *Trendsetter Lerner* (TL's) bezeichnen und sie absetzen von *disengaged learners* (DL's)[17]. TL's lernen mit intrinsischer Motivation und verschaffen sich *flow learning* Erlebnisse und Erfahrungen, während DL's das aus verschiedenen Gründen, bei denen aber auf jeden Fall die Institutionen der *formal education* eine entscheidende Rolle spielen, nicht gelingt.

– Eine plausible und in vielen bildungssoziologischen Studien bestätigte Hypothese ist, dass erfolgreiche Lerner viel kulturelles und soziales Kapital besitzen, dass sie also im 6-Felder Schema von Bourdieu eher im obersten kulturellen Feld angesiedelt sind. Demgegenüber möchte ich die Hypothese lancieren, dass TL's sich *tendenziell* unabhängig vom familienvermittelten kulturellen Kapital machen und statt dessen, oder zusätzlich, eigenständiges *jugendkulturelles Kapital* herstellen, das ihnen hilft, eine selbstbestimmte Lebensgestaltung zu verwirklichen. Historisch wären sie damit Vertreter der ersten Generation, die sich derart von der älteren als dominante Wissensvermittler emanzipiert. TL's können, so die Annahme, sowohl „von oben" als „von unten" kommen.

– Eine von verschiedenen Seiten bereits konzeptionell angedachte, aber empirisch nicht unterbaute Hypothese betrifft die Art der Tätigkeitsfelder, auf die sich TL's spezialisieren; in R. Reichs Begrifflichkeit die „*Symbolanalytiker*"[18]. Insofern diese Tätigkeitsfelder in Wissensgesellschaften überhaupt erst aufkommen und ständig zunehmen, würde diese Hypothese die vorgängige über die *relative* Unabhängigkeit von familialen Resourcen verstärken.

– Der Lebenslauf-Ansatz hat in der Jugendsoziologie zu einem äußerst fruchbaren Paradigmawechsel beigetragen[19]. Dieser Ansatz hat uns aus der Verlegenheit geholfen, „Jugend" und „junge Ewachsene" durch Altersbestimmungen voneinander abgrenzen zu wollen. Analysen der Krise der Ar-

---

16 Kraemer/Bittlingmayer konstatieren „eine Polarisierung in Gewinner und Verlierer entlang der Achse Wissen/Nichtwissen"(2001: 314).

17 Diese Bezeichnungen entstammen dem erwähnten europäischen Projekt (sowie du Bois-Reymond/Stauber 2004). Mit dem Begriff „disengaged" wollten wir ausdrücken, dass diese Jugendlichen kein Lernengagement aufbringen – aus welchen Gründen auch immer (also nicht unbedingt, weil sie „lernschwach" sind).

18 Reich, 1991; vgl. auch Alheits Begriff des „biographical designers" (Alheit, 1996); Hollands (2002) spricht von „knowledge professionals and cultural intermediaries".

19 Vgl. für viele andere Heinz/Krüger, 2001.

beitsgesellschaft und der Erosion der genderspezifischen Normalbiographie haben zu neuen Konzepten von „Jugend" und „jungen Erwachsenen" geführt; die oben erwähnte europäische Forschungsgruppe hat hierzu das Konzept einer *Yoyoisierung* des jugendlichen Lebenslaufes entwickelt, ein spielerischer Begriff, der darauf hinweisen soll, dass die Linearität des Lebenslaufes, der quasi automatisch von der „Jugend" in den Status des „Erwachsenseins" führt, sich in der Nachmoderne auflöst und zu eigenartigen Mischformen führt, in denen ein junger Mensch mal mehr als Jugendlicher agiert und gesellschaftlich definiert wird, mal mehr als Erwachsener mit einem festen Arbeitsverhältnis, oder auch beides im Wechsel oder gleichzeitig (Walther/Stauber, 2002; Machado Pais, 2000). Entsprechend ist es plausibel anzunehmen, dass individuelle Jugendliche und junge Erwachsene eine „gebrochene" Lern- und Arbeitsbiographie haben, die sie mal mehr der TL-, mal mehr der DL Fraktion zuordnet[20].

- Mit dieser letzten Hypothese hängt eine *forschungsstrategische Überlegung* zusammen, dass nämlich Jugend in ihrer *gesamten* Erscheinungsform theoretisiert und empirisch erforscht werden sollte; die Fraktionen der TL's und DL's – und alle Mischformen zwischen beiden – hängen miteinander zusammen, vermittelt über gesamtgesellschaftliche Arrangements wie Schule und Arbeitsmarkt und die entsprechenden Übergangsregimes. *Wie* nun freilich diese Zusammenhänge beschaffen sind, sowohl *innerhalb* einer Nationalgesellschaft, als auch *zwischen* den europäischen Ländern, ist Teil einer zukünftigen Forschungsagenda. Darauf gehe ich im letzten Abschnitt ein.

In dem erwähnten europäisches Projekt geht es darum, die Voraussetzungen für eine partizipatorische Jugendpolitik in Europa zu ermitteln[21]. Dabei ließen wir uns von der Idee inspirieren, dass informelle Lernformen und Lernstrategien, wie sie Trendsetter Lerner in ihren Biographien entwickeln, fruchtbar gemacht werden könnten für eine partizipatorische Jugendarbeit und Jugendpolitik. Hier gehe ich auf das Spannungsverhältnis zwischen schulisch-formalem und neuem Lernen ein. Dabei wird sich zeigen, dass sowohl die DL's als die TL's in wesentlichen Punkten sehr ähnliche (negative) Lern-

---

20 Konsequenterweise müssen im Rahmen eines Lebenslauf-Ansatze Lernbiographien auch in die Kindheit zurückverfolgt werden. Vgl. Zinnecker, 2001a. H. Hengst (2002: 32) äußert in diesem Zusammenhang den interessanten Gedanken, dass „die kommerzielle Kinderkultur dabei ist, Voraussetzungen für die Etablierung einer Art alternativer, informeller Lernkultur zu entwickeln" und sich Bildungsbiographien zunehmend von Schule und schulischem Lernen ablösen.

21 Titel: Youth Policy and Participation (YOYO). Potentials of Participation and Informal Learning for the Transition of Young People to the Labour Market. A Comparison in Ten European Regions" funded under Key Action „Improving the socioeconomic Knowledge Base" within EU's Fifth Framework Programme – Forschungsgruppe EGRIS. Teilnehmende Länder/Partner: Dänemark, Ost- und Westdeutschland, Groß- Britannien(Nord Irland), Irland (Republik), Italien, Niederlande, Portugal, Rumänien, und Spanien (www.iris-egris.de/yoyo).

erfahrungen in formalen Bildungsinstituten gemacht haben und hierüber ähnlich urteilen, dass sie aber unbestreitbar unterschiedliche Lernstrategien entwickeln und anwenden, um auf Schulfrust zu reagieren.

In den biographischen Interviews, die wir mit Jugendlichen und jungen Erwachsenen führten[22], kam eindrucksvoll zum Ausdruck, dass nicht nur die DL's über das formale Bildungssystem klagen, sondern gerade auch TL's. Beide Gruppen, ob sie nun höhere Schulzweige besucht hatten oder die Berufsschule, bemängeln insbesondere zwei Eigenschaften von formaler Schulbildung, eine strukturelle und eine subjektbezogene. Das strukturelle Manko betrifft die Kluft zwischen „Theorie und Praxis". Damit meinen die beiden Gruppen, dass das, was sie in der Schule lernen, ihnen außerhalb der Schule nichts bringt. Sie erfahren als Schüler die *Irrelevanz* von formalem Lernen für ihr momentanes und ihr antizipiertes Leben. Sie sehnen sich nach einer „fusion of learning and living", haben also sehr wohl eine programmatische Vorstellung davon, wie Theorie und Praxis eine sinnvolle Verbindung miteinander eingehen könnten. Aber gerade dort, wo sich dies erweisen müsste, in der schulisch vermittelten Berufsberatung, werden sie im Stich gelassen und mit Scheininformationen abgespeist, die ihnen den Weg in die Arbeitswelt nicht ebnen. D.h., sie erfahren die Unfähigkeit ihrer Pädagogen, ihnen Orientierung für ihr weiteres Leben zu bieten – und sei es die, dass es feste Eckpunkte und Übergangstrajekte nicht mehr gibt.

Die subjektbezogene Kritik richtet sich gegen Lehrer, die ihnen nicht mit „Respekt" begegnen und die ihre Autorität ausspielen wollen. In dieser Kritik schlägt sich der Individualisierungsschub nieder, der die moderne Biographie aus tradierten Abhängigkeitsverhältnissen entlassen hat. Heutige Jugendliche wollen sich nicht einer Autorität unterwerfen, seien es Lehrer oder Eltern, sondern als individuelle Personen und Persönlichkeiten wahrgenommen werden. Das kann die moderne Massenschule offenbar nicht leisten[23]. Positive Schulerfahrungen sind spiegelbildlich mit kameradschaftlichen Lehrern und als relevant erfahrenen Lerninhalten verbunden.

Während nun aber die DL's auf negative Schul- und Lernerfahrungen mit passiven oder rebellischen Strategien reagieren – innere Emigration (Tagträumen, Abschalten) oder gegen Lehrer und Regeln revoltieren, was in beiden Fällen Lernen verhindert –, sind die TL's bestrebt, sich für den Schulstress mit produktiven Gegenstrategien zu entschädigen. Sie verachten autoritäre Lehrer, finden aber Kompensation in selbst initiierten Aktivitäten innerhalb oder außerhalb der Schule, indem sie z.B. die Schulkantine betreiben, Schulfeste organisieren, mit einem ICT-Lehrer Projekte machen oder in ihrer Freizeit ihre eigenen Hobbies ausbauen. Notfalls verlassen sie die Schule

---

22 Insgesamt interviewten die jeweiligen nationalen Forschungsteams 280 Jugendliche und junge Erwachsene in Einzel- und Gruppengesprächen; vgl. du Bois-Reymond u.a., 2002.

23 In einer niederländischen Studie, in der wir mit 14-18jährigen Schülern aller Schulzweige Gruppengespräche führten, kamen ebenfalls diese beiden Kritiken – Praxisferne und mangelnder Respekt der Lehrer – zum Ausdruck.

vorzeitig und lernen später weiter. Sie wissen sehr genau, dass ein formaler Schulabschluss unerlässlich ist, sind aber nicht unter allen Umständen bereit, den höchsten Abschluss zu machen, wenn ihnen Schule (oder gar Universität) „stinkt". Und obwohl heutzutage die meisten Jugendlichen bereits als Schüler jobben, um sich den jugendkulturell benötigten Konsum zu verschaffen[24], so zeichnen sich TL's dadurch aus, dass sie nicht nur jobben, um Geld zu verdienen, sondern, wenn möglich, ihre Hobbies zu vermarkten, indem sie z.B. als Motorradfan die Motorräder ihrer Freunde reparieren oder ihnen websites einrichten. Diese Jugendlichen haben sich neben der extrinsischen schulischen eine intrinsische Lernmotivation geschaffen und machen diese für ihre Freizeit und ihren weiteren Lebens- und Berufsweg fruchtbar. Anders gesagt, sie haben sich ihre intrinsische Motivation nicht durch verschultes Lernen kaputt machen lassen.

In ihren späteren Tätigkeiten zeichnen sich TL's gegenüber DL's dadurch aus, dass sie mit großer Energie und Inventivität darauf beharren, die Anteile fremdbestimmter Arbeit klein und die eigenbestimmten Anteile groß zu halten. Das ist der Hauptgrund, warum viele dieser jungen Erwachsenen *self entrepreneurs* werden, Herr/Frau über die Einteilung ihrer Arbeits- und Freizeit (Fay/Frese, 2000). Sie wollen lieber von Gleichgesinnten und Gleichaltrigen lernen als von Erwachsenen, schon gar nicht von offiziellen Personen oder Chefs. Über das Maß an Selbstausbeutung und die hohen Risiken, die sie insbesondere in den ersten Jahren eingehen, machen sie sich nichts vor. Viele scheitern mit ihren ersten Versuchen, starten aber, möglicherweise mit Zwischenjobs, um sich über Wasser zu halten und finanziell zu sanieren, aufs Neue.

Case fragment – Italy

Young people from the university decided to set up a cooperative, more precisely a printing house, without having any experience in that sector. They had worked during the summer to raise the necessary funds. They did not have any know-how, they got down to work showing great motivation, enthousiasm and creativity. "Since most work was computer-based, I needed manuals and I was studying them. I didn't have a PC at home, so I was working at it at night in the office"… This young man is now a freelance as a web graphic designer and developer but when he started, he did not know how to turn on a PC. In retrospective he says: "I still consider it the most formative experience of my life, creating that cooperative helped me build my profession"[25].

Für TL's ist Geld an sich nicht wichtig ist, es muss genug sein, um zu (über-) leben, nicht viel mehr. Der Spass am Leben liegt innerhalb der Arbeit, und in dem Sinn ist keine klare Grenze zwischen Freizeit und Arbeit zu ziehen. Es geht ihnen um die konkrete Erfahrung von der Sinnhaftigkeit ihrer Tätigkeit,

---

24 Vgl. Miles, 2000; Hollands, 2002.
25 Yoyo report Italy (written by G. Lenzi, M. Cuconato, C. Laasch, L. Minguzzi, 2002, p. 31).

und um diese Erfahrung machen zu können, setzen sie Sicherheit aufs Spiel und setzen sich Risiken des Scheiterns aus. Der Motor ist Lernhunger – „there is really nothing from stopping us"; „I'm always prepared to listen and to learn" (UK); „the human factor is the most important thing in work" (Portugal); „I always want to advance and learn more" (Germany); „opening up your mind, bringing it out, what you have inside there"; „I was walking away from a lot of money to nothing" (Ireland); „I am an innovater" (Netherland).

Case fragment – United Kingdom

As a young boy Peter loved scrambling and tinkering about with motorbikes. Friends and local people brought him their motorbikes for him to fix. On completion of his compulsory education he won a sponsorship to complete a lower post education course in engineering which also gave him the opportunity to gain an apprenticeship. This opportunity gave him paid work experience in several local engineering industries. He soon realised that in order to be successful and in a position of control within the engineering industry he needed to follow the university route. Throughout his school and university career he continued to fix motorbikes. Dissatisfied with the service he was getting from dealers he decided to supply the parts himself. It was at this point he registered himself as a business whilst in first year of university. He took a year out from university as he had started to design and make new products for Q. He had started to employ other people at this stage and had negotiated with his father to move the sheep out of a barn so he could establish his business there. (...) Soon he realised he would have to break into the European market and developed a prototype. The demand for his product far outreached his capacity at that time...[26].

Auf die oben aufgeworfenen Fragen, wie Trendsetter Lerner über das soziale Feld und europäisch-geographische Feld verteilt sind, ob es systematische Beziehungen zwischen sozialer Herkunft, gender, ethnisch-kultureller Zugehörigkeit und familiärer Unterstützung gibt, können wir aufgrund unseres experimentellen Forschungsdesigns keine schlüssigen Antworten geben. Wir können aber mit Sicherheit sagen, dass schul- und ausbildungsmüde Jugendliche in partizipatorischen Jugendprojekten sehr schnell ihre extrinsische Lernmotivation in intrinsisches Lernen und Arbeiten umsetzen, und wir haben Beispiele, dass sie durch die neuen Erfahrungen und Kontakte zu Trendsetter Lernern werden. In Projekten, in denen ihre Eigeninitiative gefördert wird, wo informelles und kontextgebundenes Lernen im Vordergrund stehen und wo sie mit und trotz ihrer Schwierigkeiten von ihren Begleitern ernst genommen werden, erfahren sie die Sinnhaftigkeit von Lernen und Respekt ihrer Person und Persönlichkeit gegenüber.

Dieser Befund erlaubt es uns, die zu heuristischen Zwecken gebildeten Kategorien von TL's und DL's weiter zu relativieren und zu verflüssigen. Es geht dann bei Jugendlichen und jungen Erwachsenen, die wir als Trendsetter Lerner bezeichnet haben, um die Aneignung eines bestimmten Lernhabitus (vgl. auch den Beitrag „Jugendkulturelles Kapital" in diesem Buch). Was die

---

26 Yoyo report UK (written by A. J. Hayes & A. Biggart, 2002, p. 12).

Frage nach einer möglichen neuen Kapitalsorte angeht, die ich probehalber jugendkulturelles Kapital nenne, so bestätigen unsere ersten Ergebnisse eine solche Annahme eher, als sie zu entmutigen. Denn während Bourdieu davon ausgeht, dass kulturelles und soziales Kapital über die Familie an die nachfolgende Generation vererbt wird und ihre Lebenschancen und Berufswege weitreichend beeinflusst, gewinnt informelles Lernen in Gruppen Gleichaltriger neben und außerhalb der Schule an Bedeutung. Damit verliert das Lernen in Bildungseinrichtungen, die von der älteren Generation verwaltet und beherrscht werden, seine Monopolstellung. Eltern und Lehrer können nicht mehr mit gleicher Sicherheit und Autorität ihrem Nachwuchs ihre Bildungskarrieren vorschreiben und voraussagen wie früher. Durch die tendenzielle Verselbständigung von Wissen und Wissensaneignung wird das Generationenverhältnis an einer zentralen Stelle aufgebrochen: das kulturelle Kapital der Eltern, so vorhanden, veraltet schneller als es den Kindern Rendite bringt. Umgekehrt haben Jugendliche und junge Erwachsene ohne kulturelles familiales Kapital in Wissensgesellschaften mehr Chancen als in Gesellschaften der (Vor-)Moderne mit gender- und klassenbestimmten Lernkarrieren.

Heutzutage haben alle Jugendlichen, ob sie nun aus bildungsfernen oder bildungsbewussten Schichten kommen, einen offeneren Zukunftsentwurf als frühere Generationen. Aber während eine große Mehrzahl von Jugendlichen und jungen Erwachsenen trotz aller neuen Kontingenzerfahrungen nach einer normalbiographisch ausgerichteten Sicherheit strebt, neigen Trendsetter Lerner eher dazu, sich ihre Zukunft lange offen zu halten und überhaupt den Status des Erwachsenwerdens und -seins zu relativieren (vgl. den Beitrag „Ich will noch soviel erleben" in diesem Buch; Plug u.a., 2003).

Trendsetter bilden keine einheitliche Fraktion in der jungen Generation – im Mannheimschen Sinn handelt es sich nur sehr bedingt um eine Generationseinheit, eben weil die gesellschaftlichen Turbulenzen den jugendlichen Lebenslauf so unprognostizierbar machen. Sie sind keine gesellschaftlich klar definierten Gruppe, weder qua sozialer, ethnisch-kultureller, geographischer Herkunft oder gender, und noch nicht einmal qua Alter. Denn ein 15jähriger, der den Kode knackt, der das Kopieren von DVD Disketten verhindern soll[27], kann ebensogut einen Trendsetter-Lernhabitus entwickeln wie ein 24jähriger ohne Schulabschluss, der das Glück hat, in ein partizipatorisches Projekt aufgenommen zu werden, das ihn neu motiviert und vernetzt. Wie sich eine individuelle Biographie entwickelt, welche Stationen sie durchläuft, wie sie flottiert zwischen extrinsischer und intrinsischer Lernmotivation, zwischen Lernerfolg und Lernversagen, und welche Lösungen sich als tragfähig oder immer wieder als unbefriedigend für die persönlichen Wünsche und die gesellschaftlichen Ansprüche erweisen – all das unter dem Gesichtspunkt von Scheitern und Gelingen, von sozialer Integration und Exklusion zu beurtei-

---

27 Siehe NRC Handelsblad 8 Jan. 2003 „Filmindustrie lijdt nederlaag tegen scholier" Filmindustrie verliert gegen Schüler.

len, wird ein immer vorläufigeres Geschäft sowohl für die Subjekte selbst als für ihre Beobachter, Jugendforscher, Pädagogen und Politiker.

Damit bin ich beim letzten Punkt angelangt, in dem ich einige Überlegungen zur Forschungsagenda und zur europäischen Jugendpolitik anstellen möchte.

Eine europäische Agenda für Jugendforscher

Wir befinden uns in einer Übergangsperiode, die von Soziologen unter vielen Namen analysiert wird – *postmodernity, late modernity, second modernity, liquid modernity, network society, information or knowledge society.* Die Analysen kommen aber alle darin überein, dass die von der Moderne geschaffenen Ordnungen, also auch Lernordnungen, in die Krise geraten und dass dadurch Ambivalenz, Ambiguität und Kontingenz für die Subjekte entstehen und zunehmen. In dieser Übergangszeit transformiert sich individualisiertes Massenlernen in massenhaft betriebenes Lernen von Individuen, das nun nicht mehr nur in der Schule stattfindet, sondern auch außerhalb. Zwar haben *non-formal* und *informal learning* erst wenige institutionelle Orte besetzt[28], aber sie haben die Schulkrise evident gemacht indem sie zeigen, dass Lernen nicht nur mit extrinsischer, sondern auch mit intrinsischer Motivation stattfinden kann, kurz gesagt, dass Lernen von den Subjekten als bedeutungsvoll erfahren werden kann. Die Frage, ob die nationale Pflicht- und Massenschule in ihrer heutigen Verfasstheit in der Lage ist, ihre Krise zu überwinden habe ich tendentiell verneint: sie bietet weder den *disengaged learners* noch den Trendsetter Lernern eine befriedigende und ausreichende Lernumgebung. Grundsätzliche Veränderungen sind meiner Auffassung nach nicht in erster Linie auf nationaler Ebene zu erwarten, sondern vollziehen sich durch transnational-europäische Entwicklungen.

Diese Entwicklungen widerspiegeln sich einerseits in den Diskursen über die Bedeutung von *lifelong learning* in heutigen Wissensgesellschaften, andererseits in jugendsoziologischen Fragestellungen und Ergebnissen über veränderte Lebensbedingungen von Jugendlichen und jungen Erwachsenen – Stichwort *Yoyoisierung* des Lebenslaufs. Beide Diskurse sind weniger national als vielmehr europäisch ausgerichtet. Hieraus ergeben sich eine Reihe bildungs- und jugendpolitischer Forderungen sowie forschungsstrategischer Überlegungen:

– Lernen als eine der wichtigsten Lebensaktivitäten von Kindern, Jugendlichen und jungen Erwachsenen in europäischen Gegenwartsgesellschaften darf nicht von staatlich-bürokratischen und ökonomisch-utilitaristischen Interessen beherrscht werden, sondern muss in Räumen stattfinden

---

28 „New institutions tend to be born with the stigma of transience and with an ‚until further' clause in their birth certificates" (Bauman 2001: 77).

können, in denen mit *Kombinationen von verschiedenen Lernformen und Lerninhalten* experimentiert werden kann; die nationale Pflichtschule spielt dabei nicht mehr die Hauptrolle[29]. Neue Lernorte auch außerhalb der Schule müssen geschaffen, bevölkert und finanziert werden; nicht nur im nationalen, sondern zunehmend auch im europäischen Kontext.

–   Lernen in autonomen Räumen und im europäischen Kontext heißt nun aber nicht, dass Kinder, Jugendliche und junge Erwachsene in heile pädagogische Welten zurückversetzt werden sollen oder könnten. Das ist unmöglich und weder von den Nationalstaaten, noch von transnationalen Wirtschaftsinteressen, noch auch von den Lernsubjekten selbst gewünscht. Sondern autonomes, intrinsisches Lernen gehört zu jedem Lebensabschnitt und sollte den Individuen unter allen Lebensumständen ermöglicht werden, auch wenn sie in Arbeitsverhältnissen stehen, zeitweise arbeitslos sind oder Elternpflichten haben. Welche Arbeitsteilung zwischen den einzelnen Mitgliedstaaten und europäischen Gremien sich dabei ergeben wird, ist heute noch nicht zu übersehen.

–   Es muss aber in jedem Fall um eine nationale und europäische Jugend- und Sozialpolitik gehen, in der Lernen und Arbeiten in ein neues Verhältnis zueinander gestellt werden. Wenn Europa, wie es in vielen Dokumenten heißt, ein konkurrenzfähiger Wissenskontinent werden will, so muss es in intrinsisches Lernen investieren und der jungen Generation das Vertrauen und die ökonomische Sicherheit geben, ihr Lern- und Arbeitsleben weitergehend auf selbstbestimmte Weise einrichten zu können als dies bisher der Fall ist. Hierzu bedarf es eines integrierten jugendpolitischen Ansatzes, in dem die Kluft zwischen den „harten" Sektoren (Bildung; Arbeitsmarkt) und den „weichen" Sektoren (Jugendarbeit; Freizeit) überwunden wird, wie wir sie an anderer Stelle dargestellt haben (Walther/Stauber, 2000; López Blasco et al., 2003).

Was nun die forschungsstrategischen und jugendpolitischen Implikationen dieser Forderungen anbelangt, so stehen meiner Meinung nach folgende Fragen an:

–   Als Gemeinschaft europäischer Jugendforscher müssen wir dafür sorgen, dass wir ein genaueres Bild erhalten über die Lebenslagen und Lernbedingungen junger Menschen in *allen* europäischen Ländern; hiervon sind wir noch weit entfernt. Dazu müssen wir aktive Netzwerkarbeit mit Wissenschaftlern leisten, die bisher noch am Rand der europäischen Forschergemeinde stehen, und hierbei denke ich insbesondere an unsere osteuropäischen Kollegen. Wir müssen neugierig auf ihre Fragen und Probleme sein und ihnen unsere theoretischen Ansätze nicht unverkürzt auf-

---

29   G. Dohmen (2002: 44) sieht in den verheerenden Ergebnissen von PISA für die deutschen Bildungseinrichtungen einen Anstoß, um „eine notwendige neue Lernbewegung mitzutragen, die das Lernen wieder stärker in seiner natürlichen Lebens- und existentiellen Überlebensfunktion bewusst macht."

zwingen wollen. Es kann ja sehr gut sein, dass sie neue und interessante Einsichten in die Dynamik von Modernisierungsprozessen haben, die uns „Westlern" bisher entgangen sind. Dies hätte auch auf eine europäische Jugendpolitik Auswirkungen.

– Wenn klar ist, dass Lernen einen eigenen Raum beansprucht, der nicht gänzlich von den Bedürfnissen des Arbeitsmarktes bestimmt sein soll, andererseits aber auch nicht unabhängig von ökonomischen Interessen bestimmbar ist, dann gilt die Arbeit von Jugendsoziologen und Jugendpolitikern der Bestimmung und empirischen Untersuchung des *Verhältnisses* von arbeitsmarktorientiertem und biographisch-kulturell relevantem Lernen. Dies läuft auf eine jugendtheoretisch-jugendkulturelle Neufassung des Bildungsbegriffs hinaus.

– In allen europäischen Ländern gibt es Jugendliche und junge Erwachsene, die neue Lernwege erproben und damit lebenslangem Lernen Inhalt geben. Jugendforscher haben sich bisher wenig um diese Gruppe gekümmert, zu Unrecht, wie ich meine. Denn diese Jugendlichen und jungen Erwachsenen inkorporieren einen Lernhabitus, der Wissensgesellschaften entspricht. Deshalb sollten wir die Lebenslagen und Lebensläufe dieser Jugendlichen in europäisch-vergleichenden Projekten erforschen und ergründen, wie sie mit den Lebenslagen und Lebensläufen anderer Jugendfraktionen zusammenhängen.

Eine „ménage à trois" ist erfahrungsgemäß eine prekäre Beziehungsform, sie erfordert viel Toleranz und Stehvermögen. Zwei können sich gegen den Dritten verbünden – einer kann aussteigen. Aber von den Partnern, die hier im Spiel sind – Jugend, Lernen und Europa – kann in der heutigen Situation und Weltlage niemand aussteigen. Es gilt also, neue Balancen auszuhandeln und die Verbindung mit oder ohne Trauschein fortzusetzen.

---

* Dieser Artikel ist die überarbeitete Fassung eines Vortrags, den ich auf dem 8. Nordic Youth Research Symposium „Youth – Voice and Noise" in Roskilde, Dänemark! (11.-14. Juni 2003) gehalten habe.

Kritik an der kompensatorischen Erziehung – Ein Blick zurück*

Die Auseinandersetzung mit der Konzeption kompensatorischer Erziehung, wie sie seit gut zehn Jahren in Amerika entwickelt und auf breiter Front in die Schulpraxis eingeführt wird, ist für eine kritische pädagogische Öffentlichkeit in der Bundesrepublik deshalb wichtig, weil alles dafür spricht, dass die langfristig verschleppten Reformen im westdeutschen Erziehungssystem mit prinzipiell denselben Erziehungsstrategien nachgeholt werden sollen wie in Amerika. Dahinter stehen hier wie dort die gesteigerten Anforderungen der Wirtschaft, entsprechend dem technologischen Entwicklungsstand der Produktivkräfte aufbereitete Arbeitskräfte zur Verfügung zu haben. Diesen Anforderungen kann das auf traditionellen Bildungswerten beruhende und veraltet organisierte Erziehungssystem nur noch bedingt nachkommen. Allerdings ergeben sich Widersprüche aus langfristigen Qualifikationsansprüchen einerseits, kurzfristigen Kapitalinteressen andererseits, auf die der Arbeitsmarkt mit wechselnden Anforderungen reagiert.

Begreift man die allerorts propagierte Vorschulerziehung als das Herzstück kompensatorischer Erziehung, so lässt sich an ihrer organisatorischen ebenso wie an ihrer inhaltlichen Gestalt sehr deutlich der Einfluss Amerikas ablesen. Prominentes Beispiel dafür ist die John F. Kennedy Schule in Westberlin, die seit der Veröffentlichung von Hoenisch, Niggemeyer und Zimmer (1969) geradezu schon magische Gewalt in den Köpfen derer angenommen hat, die sich praktisch und bildungspolitisch mit der Idee identifizieren, eine derartig betriebene Vorschulerziehung könne die Chancengleichheit auf dem Bildungssektor herstellen. Tatsächlich handelt es sich aber bei der Vorschulerziehung der Kennedy Schule keineswegs um die praktische Erprobung einer Erziehungskonzeption, die auf alle Kinder gleichermaßen anwendbar wäre, sondern ganz im Gegenteil um eine qualitativ hochwertige Eliteerziehung für privilegierte Kinder. Diese Erziehung vermittelt eine scheinbar heile Welt, in der die gesellschaftliche Realität mit ihren Klassengegensätzen und Klassenkonflikten aufgehoben ist. Wird aber die modellhaft im Klassenzimmer abgebildete heile Welt mit der realen konfrontiert, so zeigt sich, dass die zu erlernenden „kulturellen Selbstverständlichkeiten" selbstverständlich nur für die Privilegierten sind.

Wird das Realitätsverständnis und Lernverhalten, das für die überwiegende Mehrheit der Kennedy-Schüler selbstverständlich ist, von jedem als selbstverständlich gefordert, ohne gleichzeitig offenzulegen, wer aufgrund seiner gesellschaftlichen Stellung dazu nicht in der Lage ist, so werden objektiv mit einer solchen Erziehungskonzeption die gesellschaftlich Benachteiligten zynisch in ihrer Lage belassen. Gerade die Mängel im Bildungssystem sowohl der Bundesrepublik als auch Amerikas, die eine zusätzliche (kompensatorische) Erziehung für bedeutsame Gruppen der Bevölkerung nötig machen, bleiben unverändert bestehen, lässt man sich auf eine Vorschulerziehung à la Kennedy Schule ein. Denn eine solche Erziehung trägt nichts zur Lösung der Frage bei, ob die sozialen und ökonomischen Verhältnisse proletarischer Familien dadurch veränderbar gemacht werden können, dass die Kinder durch eine früh einsetzende demokratische und wirklich gute Erziehung die Notwendigkeit der Veränderung ihrer Situation begreifen lernen, oder aber ob die bestehende Klassengesellschaft mittels einer ausgedehnten kompensatorischen Erziehung nur um so fester gefügt wird. Es geht um die Frage, wieweit die Einführung kompensatorischer Erziehungsmaßnahmen das Wesen des klassendiskriminierenden Erziehungssystems unangetastet lässt. Wenn es mittels kompensatorischer Erziehung gelingt, die Leistungsschwachen nach neuen Kriterien zu definieren – z.B. nach dem Grad ihrer psychischen und kognitiven Anpassungsfähigkeit – und nach neuen organisatorischen Gesichtspunkten auszusondern und fit zu machen, die sich an einer gezielten Steigerung der output-Rate bemessen (Gesamtschulen) –, dann hat das bestehende Bildungssystem alle Chancen, an der Wurzel seiner Klassendiskriminierung ansetzende Reformen zu umgehen.

In diesem Sinne der Effektivitätssteigerung muss auch das im Februar bekannt gewordene Arbeitspapier der Bund-Länder Bildungsplanungskommission verstanden, wenngleich gewiss nicht für bare Münze genommen werden. Es verspricht die Verdoppelung der Kindergartenplätze bis 1975; 1980 soll für 70% aller Kinder ein Kindergartenplatz zur Verfügung stehen. Zugleich soll das Kindergartenpersonal drastisch vermehrt werden. Auch die projektierte Eingangsstufe für 5-7jährige soll bis 1980 eingerichtet sein, und die Klassenfrequenzen in der Grundschule (1970:38 Schüler je Klasse!) sollen bis 1975 auf 35, bis 1980 auf 31 und bis 1985 auf 27 Schüler je Klasse gesenkt werden[1]. So begrüßenswert solche quantitativen Verbesserungen, treten sie wirklich in den angegebenen Zeiträumen in Kraft, auch sein mögen, so garantieren sie doch keineswegs, dass das Erziehungssystem dadurch demokratischer wird. Vielmehr spricht die Produktionsweise des entwickelten Kapitalismus, an der sich das Erziehungssystem zu orientieren hat, dafür, dass der Ausleseprozess nur desto gezielter gesteuert werden kann. Kompensatorische Erziehung spielt dabei in der offiziellen Konzeption den Erfüllungsgehilfen.

Schauen wir uns unter dieser Fragestellung die amerikanischen Verhältnisse an. Offizielle Statistiken schätzen die Zahl der Amerikaner, die in so-

---

1 Vgl. Frankfurter Rundschau 15.2.1970.

zialer und wirtschaftlicher Hinsicht unterprivilegiert sind, auf 30-35 Millionen. Dabei ist mit Unterprivilegierung nicht gemeint, dass nicht alle Amerikaner wohlhabend sind, sondern diese Zahl bezeichnet eine Armutsgrenze, unterhalb derer das Existenzminimum nicht mehr gewährleistet ist. Verlässt man sich nicht allein auf das Dollarkriterium, sondern bestimmt man das Ausmaß der Armut am gesellschaftlichen Missverhältnis zwischen struktureller Armut und gesellschaftlichem Reichtum, so liegt die Zahl der gesellschaftlich Benachteiligten bei rund zwei Fünftel der amerikanischen Nation – das sind rund 77 Millionen Menschen (die Ghettobevölkerung in den Metropolen; die Bevölkerung verarmter Landgebiete; proletarisierte Landarbeiter; ethnische Minderheitengruppen, insbesondere Puertorikaner und Schwarze; das Heer der ungelernten Arbeiter, insbesondere schwarze Jugendliche). Dabei spielt das Arbeitslosenproblem in Verbindung mit dem Rassenproblem die Hauptrolle. Die Politisierung der überwiegend aus Schwarzen bestehenden Ghettobevölkerung in ständigen Aufständen und Auseinandersetzungen mit der Staatsgewalt zwingt das offizielle Amerika dazu, sich dem innenpolitischen Krisenmanagement stärker als je zuvor zuzuwenden. Dies geschieht einerseits durch den forcierten Ausbau kompensatorischer Programme für den Arbeits-, Gesundheits- und Erziehungssektor auf bundesstaatlicher, Landes- und Gemeindeebene. Andererseits zeichnet sich in den letzten Jahren zunehmend der Trend ab, die Wirtschaftseliten des Landes durch steuerliche Anreize und langfristige Staatsdarlehen am präventiven Krisenmanagement zu beteiligen.

Wie sehr die soziale und wirtschaftliche Stabilität Amerikas durch das Arbeitslosenproblem gefährdet ist, erhellt aus der Prognose, dass die erwerbsfähige Bevölkerung im Zeitraum 1970-1975 doppelt so schnell wie zwischen 1940 und 1960 wachsen wird. Der überwiegende Anteil dieser ins erwerbsfähige Alter Kommenden besteht aus Schwarzen. Heute liegt der Prozentsatz arbeitsloser Erwerbsfähiger bei rund 6%, unter den Schwarzen bei 8-10%, unter den Jugendlichen bei 18%, und von den schwarzen Jugendlichen als der am härtesten von der Arbeitslosigkeit betroffenen Bevölkerungsgruppe sind derzeit 30% ohne geregelte Arbeit. Hinzu kommen Millionen von Kurzarbeitern und Sozialfürsorgeempfängern.

Nach offiziellen Schätzungen bedürfen rund 25 Millionen Kinder und Jugendliche kompensatorischer Erziehungshilfen, ohne die ihr Erfolg im öffentlichen Schulsystem nicht mehr gewährleistet ist. Ein im Ghetto wohnendes Schulkind der 7. oder 8. Klasse ist gegenüber einem gleichaltrigen „Mittelschichtskind" etwa zwei bis drei Jahre im Lesen zurück. Das sind Durchschnittszahlen, die auch eine große Anzahl von Schülern einschließen, die in diesem Alter nicht einmal auf dem Stand der 1. Klasse sind. Die gemessene Intelligenz von unterprivilegierten Kindern liegt im Durchschnitt um 15-20 Punkte niedriger als bei anderen Kindern, die Schulleistung ist in allen Fächern geringer. Nach konservativen Schätzungen zählen 30% der gesamten Schulpopulation zu den sogenannten „underachievers". Es sind überwiegend milieugeschädigte Kinder.

Wie reagierte das amerikanische Bildungssystem auf diesen alarmierenden Zustand? Nachdem Sowjetrussland seinen ersten Sputnik gestartet hatte, wachte die amerikanische Öffentlichkeit auf. Sie sah ihre internationale Wettbewerbsfähigkeit insbesondere auf dem naturwissenschaftlichen Sektor in Gefahr. Die unter Kennedy und Johnson in Gang gebrachten Gesetzesinitiativen intensivierten den Bildungssektor in bisher unbekanntem Ausmaß. Dabei ging es besonders um die Zentralisierung des föderalistisch organisierten Bildungssystems. Es wurden spezielle Programme für ökonomisch, gesundheitlich und in ihrer Schulbildung Unterprivilegierte eingerichtet; in die Erziehungsforschung flossen staatliche Investitionen, es wurden Koordinierungsinstanzen zwischen Schulpraxis und Curriculuminstituten geschaffen. Es wurden weiterhin staatlich subventionierte Programme in unterprivilegierten Schulbezirken eingesetzt und diese durch Evaluationsstudien auf ihren Erfolg überprüft. Gleichzeitig ergriff der Staat die Initiative für den Ausbau des Hochschulwesens und die Förderung begabter Studenten.

Der staatlich-zentralistischen Intensivierung des amerikanischen Bildungssektors entsprach eine ebensolche Intensivierung im Bereich erziehungs- und sozialwissenschaftlicher Theorien. Besonders im Hinblick auf schichtspezifisch bedingte Lern- und Leistungsunterschiede ist in den letzten zehn bis fünfzehn Jahren ein beträchtlicher empirischer und theoretischer Forschungsaufwand getrieben worden. Diese Ergebnisse zeigten die Einbruchstellen für die Einführung kompensatorischer Erziehung im vorschulischen, schulischen und außerschulischen Bereich. Ausgehend von der hinreichend belegten Tatsache, dass die Schulleistungen von Kindern sozial benachteiligter Schichten weit hinter denen von Kindern aus sozial bessergestellten Familien bleiben, versuchen kompensatorische Erziehungstheorien die psycho-sozialen Prozesse und Strukturen aufzuhellen, die zu Leistungsminderung führen und sie perpetuieren.

Die auf den offiziellen Begriff „sozio-kulturelle Deprivation" gebrachte theoretische Annahme beruht auf der wissenschaftlichen Erkenntnis, dass Intelligenz in allen ihren kognitiven Ausprägungen keine angeborene konstante Qualität besitzt, sondern durch Umwelteinflüsse variabel gehalten wird (vgl. Roth, 1969). In dieser Annahme steckt aber auch eine bestimmte Auffassung dessen, was für Bereiche „kognitive Fähigkeiten" umfassen, was sie leisten sollen. „Kulturell bedingte Deprivation" ist die Abwesenheit definitorisch festgelegter (natürlich nicht gesellschaftsunabhängiger) kognitiver und psychischer Fähigkeiten. Die von der Schule geforderten Fähigkeiten zur Erreichung bestimmter Leistungsstandards bemessen sich an gesamtgesellschaftlichen Anforderungen für eine dem technischen Entwicklungsniveau adäquat vorgebildete Arbeiterschaft. Insofern muss dem Begriff der kulturell bedingten Deprivation, wie er immer wieder in der amerikanischen Literatur über kompensatorische Erziehung auftaucht und Erziehungsstrategien bestimmen hilft, mit Misstrauen begegnet werden. Denn er tut das Seine, um die sozialen und ökonomischen Bedingungen zu verschleiern, die die unteren Schichten in ihrem Zustand belassen.

Die im betroffenen Kind sich manifestierenden Sozialisationsschäden, die kompensatorische Erziehung ausgleichen soll, werden in dieser Konzeption grundsätzlich nicht als Ausprägungen von Klassenkonflikten begriffen, sondern als Resultate einer mehr oder weniger starken individuellen Abweichung von gesellschaftlich herrschenden Normen in bezug auf Leistung und Anpassung. Dass es sich aber keineswegs um je einzelne Schicksale handelt, die den Normen der gesellschaftlich Herrschenden nicht zu genügen vermögen, zeigt sich spätestens, wenn das unterprivilegierte Kind die öffentlichen Erziehungseinrichtungen betritt. – Eine amerikanische Erzieherin erfasst intuitiv, welche Rolle ihr bei der Vermittlung der gesellschaftlichen Normen zufällt: „Ich ziehe meinen Mantel an, um nach Hause zu gehen. Die Kinder reiben ihre Gesichter an dem Stoff und sagen, wie schön weich er sei . . . Ich bin ihr Idol, und das gibt mir ein ungemütliches Gefühl . . . Aber andererseits muss ich ja so sein, um ihnen etwas zu geben, zu dem sie aufschauen können. Denn ich repräsentiere das, was man eine gebildete Person nennt." (McGeock, 1967).

Wenn sich das Kind aus proletarischem Milieu in den Kontext der mittelstandsorientierten Schule einfügen muss, wird es mit der Alternative konfrontiert, sich entweder an die geforderten Leistungsstandards und kulturellen Normen anzupassen, oder aber zum Versager gestempelt zu werden. Kompensatorische Zusatzprogramme, etwa spezielle Sprachförderungsprogramme, sollen dem Kind helfen, diese Alternative im Sinne des Systems zu beantworten, d.h. die gebotene Hilfe anzunehmen und mit schuladäquaten Leistungen zu reagieren. Die Tatsache, dass die meisten kompensatorischen Programme daran scheitern, unterprivilegierte Kinder langfristig zum Lernen zu motivieren, zeigt, dass sie dem Kind Unvereinbares abverlangen. Auf der einen Seite lernt es Tag für Tag durch unzählige sinnliche Erfahrungen, dass es einer gesellschaftlichen Klasse angehört, die vom gesellschaftlichen Reichtum ausgeschlossen ist. Auf der anderen Seite, der ideologisch verbrämten, bekommt es von den die öffentliche Erziehung repräsentierenden Personen weisgemacht, es komme auf seine ganz individuelle Anstrengung an, ob es den Aufstieg schaffe oder nicht. Seine Klassenlage wird ihm in den kompensatorischen Programmen nicht bewusst gemacht, der Konflikt zwischen ihr und den zu erbringenden Leistungen bleibt verdeckt.

Betrachtet man dasselbe Problem von der anderen Seite, der der kompensatorischen Erziehungskonzeptionen, so ergibt sich das Dilemma, dass einerseits die Identifikation des Kindes mit den Anforderungen der mittelschicht-orientierten Schule erreicht werden soll, dass aber andererseits die Programme nichts für eine prinzipielle Änderung der sozialen und ökonomischen Situation tun können, die das Kind bedürftig machte und bedürftig hält. Gleichheit der Bildungschancen kann daher immer nur heißen: Anpassung des einzelnen unterprivilegierten Schülers an die Schule. Er hat aber weder als einzelner, noch erst recht als Angehöriger seiner Klasse die Chance, die Institution seinen Bedürfnissen, seiner Situation entsprechend umzubilden. So prallen die gänzlich verschiedenen Lebenserfahrungen der Kinder der unteren Klassen immer wieder mit den schulischen Anforderungen zusammen.

Die Sozial- und Erziehungswissenschaften sind bestrebt, je offensichtlicher das traditionelle Schulsystem darin versagt, die gesellschaftlich benachteiligten Kinder zu erziehen, mit immer raffinierteren Methoden die lernstrategisch und anpassungsstrategisch wichtigen Mechanismen herauszufinden, die die Angehörigen der unteren Klassen gemessen an den gesellschaftlichen Normen zu Sperrgut machen. Erst wenn man weiß, wie ein proletarisches Kind psychisch und geistig funktioniert, bzw. nicht funktioniert, kann man Programme zu seinem Wohl entwickeln. Dabei verfallen die bürgerlichen Sozial- und Erziehungswissenschaften einem ähnlichen Irrtum wie die moderne Medizin, wenn sie den Heilungsprozess, je mehr sie ihn zu rationalisieren strebt, nur von einem Symptom auf ein anderes verschiebt. So denkt jeder Spezialist, er habe den ihm zugeordneten Bereich geheilt, belässt aber in Wirklichkeit das Individuum in seinem Leid. Auch die modernen Erziehungswissenschaften produzieren immer mehr Spezialgebiete und Spezialisten für die gesellschaftlich verursachten psychischen und kognitiven Schäden der Betroffenen. Das der kompensatorischen Hilfe bedürftige Kind wird in Teile zerlegt wie eine Maschine: in seine motivationalen Strukturen; seinen Intelligenzquotienten; seine Schulleistungen; seine Realitätsauffassung und Zeitperspektive; sein Belohnungsverhalten; sein soziales und Geschlechtsrollenverständnis; seine Selbstwahrnehmung; sein Sprachverhalten; seine kognitiven Fähigkeiten.

Die kompensatorischen Programme konzentrieren sich je nach Diagnose auf Schwerpunkte wie Sprachförderung, Motivationsförderung, Förderung des Identitätsbewusstseins, Intelligenzförderung durch „kulturelle Bereicherung". Verlorenzugehen droht bei einem derartigen Vorgehen das Verständnis der Wechselwirkung zwischen gesellschaftlichen Machtverhältnissen und klassenspezifischen Lebensformen in ihren je individuellen Ausprägungen.

Besonders im Bereich der Sprachentwicklung haben kompensatorische Erziehungsprogramme die größten Anstrengungen unternommen, da sich immer wieder zeigte, dass der Schulerfolg wesentlich davon abhängt, ob und wie schnell und wie gut ein Kind Lesen und Schreiben lernt. Symptomatischerweise sind in diesem Bereich auch die meisten Programme, so sie den Ehrgeiz haben, möglichst viele Kinder in möglichst kurzer Zeit zu fördern, gescheitert. Denn tendenziell verfahren sie wie jene Lehrerin, die ihren Kindern aus der Unterschicht rät: „Eure Sprache ist eine eigene Sprache, die ihren Nutzen für euch haben mag. Stellt sie euch vor wie abgetragene Kleider, die man nicht wegwirft, weil man sie zu einigen Gelegenheiten noch tragen kann. Aber kein Mensch würde doch solche alten Sachen anziehen, wenn er sich um einen Job bewirbt oder tanzen geht, falls er etwas Besseres zum Anziehen hat!" (Goldon, 1964: 104).

Angesichts dieses Vergleichs der lebendigen menschlichen Sprache mit einem alten Anzug erscheint es kaum verwunderlich, wenn das proletarische Kind sich dem kompensatorischen Zugriff zu entziehen trachtet. Der „bessere Anzug", die gesellschaftlich und in der Schule herrschende Sprache, passt ihm nicht. Sie ist seiner Erfahrungswelt ebenso fremd wie ein modisches

Gewand seinem Körper. Diese Sprache kann nicht ausdrücken, was es sagen will und was es zu sagen gälte. Dass es nämlich nicht darum gehen kann, die eigene Identität zu verleugnen und in eine neue zu schlüpfen wie in neue Kleider, sondern die soziale Umwelt zu zwingen, von der Existenz der Unterdrückten Kenntnis zu nehmen. Die oft konstatierte „Unverständlichkeit" und „Unvollkommenheit" der Sprache der gesellschaftlich Benachteiligten muss als eine Art Geheimcode begriffen werden, mit dem der eigene Lebensraum gegen die feindliche Umwelt abgeschirmt wird. Eine solche Interpretation widerspricht nicht der immer wieder aufgezeigten Beziehung zwischen Milieudeprivation und kognitiver Deprivation. Wenn aber aus der Kenntnis dieser Beziehung Sprachbereicherungsprogramme resultieren, die dem proletarischen Kind nur die Möglichkeit eröffnen, sich an die Normen der Herrschenden (die für sein Unglück verantwortlich sind) anzupassen und damit die eigene Existenz zu verleugnen, so darf es nicht wundernehmen, wenn die gewünschten. Erfolge ausbleiben.

Eines der besten Beispiele für diese Art Spracherziehung sind die von Bereiter und Engelmann (1966) geleiteten Sprachprogramme. Im Gegensatz zu vielen anderen Sprachforschern, die meinen, dass Lernprozesse erst stattfinden können, wenn Milieudeprivationen ausgeglichen sind, und die infolgedessen Vorschulprogramme entwickeln, die dem Kind vielfältige Erfahrungen mit der Umwelt vermitteln, meinen Bereiter und Engelmann, dass eine lernfördernde Verarbeitung kognitiver Erfahrungen gerade vom Stand der Sprachentwicklung abhängt. Sie verstehen daher kompensatorische Erziehung ausschließlich als Sprachdrill. Ihre Hypothese: „Für die Zukunft des benachteiligten Kindes ist der Erfolg in der Schule von so entscheidender Wichtigkeit, dass jedes Vorschulprogramm, das nicht alles dafür tut, diesen Erfolg zu sichern, auf der ganzen Linie versagt hat (has failed the whole child)."[2]

Eine für die Bundesrepublik wichtigere, weil eher auf die hiesigen Verhältnisse zutreffende Konzeption der Vorschulerziehung sind die von M. Deutsch und seinen Mitarbeitern (1967) entwickelten Programme. Auch sie gehen davon aus, dass die Sprach- und kognitive Entwicklung des milieugeschädigten Kindes gefördert werden muss, um seinen Schulerfolg zu garantieren. Während Bereiter und Engelmann die positive Funktion einer sterilen Lernumgebung als Voraussetzung einer „arbeitsorientierten Vorschulerziehung" betonen, sind die Unterrichtsräume der Deutsch-Schule speziell nach Gesichtspunkten kognitiven Lernens eingerichtet. Eine strukturierte Lernumgebung vermittelt den Kindern Konzepte von Ordnung und übersichtlicher Farb- und Formgebung. In Lernspielen und Gruppenaktivitäten – Telefonieren, Arbeit am Tonband, Puzzles, Kästen mit Schlitzen für verschieden geformte Objekte, Kochnische mit Waschgelegenheit zum Erlernen zivilisatorischer Grundfertigkeiten, musikalische und rhythmische Aktivitäten, Rollenspiele etc. – werden kognitive und sprachliche Fähigkeiten trainiert. Gleichzeitig halten die Lehrer engen Kontakt mit den Eltern, um das Milieu kennenzulernen, aus dem die

---

2   Educating Disadvantaged Children in the Preschool, New York 1955, S. 13.

Kinder stammen. Psychologische Einzelgespräche finden statt, wenn ein Kind besondere Schwierigkeiten hat. Das gestörte Selbstbewusstsein vieler unterprivilegierter Kinder wird mit speziellen Methoden (identifizierende Puppenspiele, Photographieren des Kindes, individuelle Beziehungen zwischen Lehrer und Kind) zu ändern versucht. – Um all diese Aspekte kümmern sich Bereiter und Engelmann nicht. Sie gehen davon aus, dass nichts das Selbstbewusstsein des Kindes so heben kann wie erbrachte, messbare Leistung.

Beide Programme – die von Bereiter und Engelmanns und die von Deutsch und seinen Mitarbeitern – orientieren sich bei ihren Erfolgsmessungen ausschließlich an den Leistungsnormen der Schule. In der Tat erreichen sie, dass ihre Kinder einen Vorsprung in die 1. Klasse mitbringen, der allerdings nur gehalten wird, wenn kompensatorische Betreuung dann nicht aufhört. Aber beide Programme arbeiten mit extrem kleinen Kindergruppen: auf eine Lehrperson kommen 5-7 Kinder. Verändert sich diese Bedingung mit Eintritt in die Schule, so ist ein deutlicher Leistungsabfall die Folge.

Diese Erfahrung wird mit kompensatorischen Programmen immer wieder gemacht und zeigt ein schier unlösbares Dilemma auf: Um langfristige Erfolge in der Arbeit mit milieugeschädigten Kindern zu erzielen, muss das Verhältnis zwischen Schülerzahl und Lehrpersonal sich *tendenziell* 1 : 1 annähern. Damit wird die Übertragbarkeit qualitativ hochwertiger Programme auf quantitativ relevante Kinderpopulationen hinfällig. Die offizielle Bildungspolitik kann diese Tendenz nicht zur Kenntnis nehmen, denn die Konsequenz daraus wären so gewaltige finanzielle und personelle Aufwendungen, wie sie sich kein Erziehungssystem leisten kann. Abgesehen davon wäre es gewiss auch keine pädagogisch sinnvolle Lösung. Dieses Zahlenverhältnis drückt in Wahrheit etwas ganz anderes aus: Indem die Kinder Leistung nur erbringen, wenn für fast jedes von ihnen ein Lehrer zur Verfügung steht, stellen sie die unannehmbaren Lernbedingungen der offiziellen Schule bloß. Sie erzwingen eine gewissermaßen therapeutische Beziehung zwischen sich und ihren Lehrern, d.h. sie erzwingen die Aufmerksamkeit der Herrschenden für ihre Lebensbedingungen.

Die wenigsten kompensatorischen Programme ermöglichen es den Betroffenen, ohne weitere Hilfen und ohne Zwang ihre intellektuelle Entwicklung allein fortzusetzen. Das Moment der Freiwilligkeit und Spontaneität fällt aus den Programmen heraus – und muss aus ihnen herausfallen, bedenkt man ihre Funktion: Entlastung des Erziehungssystems von „Lernschwachen". Daher die verzweifelten und mit Zwang verbundenen Versuche der Motivationssteigerung. Das Kind soll Freude am Lernen erwerben.

Ein Beispiel hierfür ist das einige Jahre zurückliegende *Banneker Project* (vgl. Silberman, 1967), das unter dem Titel *Operation Motivation*[3] in einem Bezirk der Stadt St. Louis/USA in den Grundschulen eingeführt wurde, die fast nur von (schwarzen) Arbeiterkindern besucht werden. Schüler, Lehrer und Eltern stehen gleichermaßen unter einem unausgesetzten Trommelfeuer

---

3   Eine quasi militärische Sprache ist für die Bemühungen des Eziehungssystems, sozial verursache Schäden aufzufangen, durchaus symptomatisch.

der Motivationssteigerung. Eltern-Lehrer Versammlungen, gemeinsame Aus-
flüge, *pep talks*, Wettbewerbe, ein Mr. Achiever, der regelmäßig über das
Schulradio spricht, unverschleierte Informationen an die Eltern über die Lei-
stungsrückstände ihrer Kinder und die Beziehung zwischen Bildungsgrad und
Berufschancen sollen die Leistungsmotivation der Kinder (und Eltern) heben.
Die Eltern müssen sich schriftlich verpflichten, im Programm mitzuarbeiten
(*Pledge of Cooperation*) und ihr „Bestes tun, meinem Kind einzuhämmern,
dass sein Erfolg in der Schule das Wichtigste in seinem Leben ist" (Shepard,
1963: 89).

Die Anfangserfolge des Programms sind beeindruckend. Eine Kontroll-
untersuchung ergab allerdings – wie so oft bei derartigen *crash programs* –,
dass die Schulerfolge nicht von Dauer waren (vgl. Gordon/Wilkerson, 1966).
Die antrainierte Leistungsmotivation bleibt den Betroffenen äußerlich, kann
sie zu dauerhafter Leistung nicht bringen, weil nicht ihre reale Situation und
ihre realen Bedürfnisse zum Ausgangspunkt genommen werden, sondern sie
fremdbestimmten Ansprüchen Folge leisten sollen.

Kann man bei diesem Programm trotz seiner Fragwürdigkeit immerhin davon ausgehen, dass es auf der subjektiven Ebene getragen wurde von dem ehr-
lichen Bemühen des Schulpersonals, den Betroffenen größere Lebenschancen
zu eröffnen (ohne in ihnen allerdings das Bewusstsein zu wecken, dass es sich
immer nur um individuelle Mobilität handeln kann), so sind doch hier schon
Linien angelegt, die ausgezogen in technokratische Negativ-Utopien münden.

So geht etwa das *Achievement Motivation Development Project*, der
Theorie McClellands folgend, davon aus, dass die Motivation von Jugendlichen, „die Anzeichen dafür zeigen, gegen das System zu optieren, angeho-
ben und auf jedes Ziel gerichtet werden kann, das ihnen etwas bedeutet und
für die Gesellschaft von Wert ist" (Alschuler, 1967: 19). In sogenannten Mo-
tivationskursen wird den Teilnehmern der TAT (Thematic Apperception
Test, ein tiefenpsychologisch orientiertes projektives Verfahren) vorgelegt
und ihnen beigebracht, die Geschichten, die ihnen zu den Bildern einfallen,
auf leistungszentrierte Thematik hin (n-achievement motives) auszuwerten.
Sie werden ermutigt, die für hohes n-achievement stehenden Symbole auch
außerhalb der Testsituation in ihr Denken zu integrieren. Gleichzeitig lernen
sie in Kursen die Handlungsstrategien von erfolgreichen Personen mit hoher
Leistungsmotivation kennen durch sogenannte *action games*, Rollenspiele,
Analysen von Erfolgsbiographien. Die Möglichkeiten eines solchen kompensatorischen Instrumentariums – totale Aussöhnung des Individuums mit den
gesellschaftlich herrschenden Werten – werden keineswegs verschleiert, sondern ganz offen benannt: „Die Kurse zur Aneignung eines bestimmten Mo-
tivs eröffnen neue Möglichkeiten der Persönlichkeitsveränderung. Man kann
sich neue Kurse vorstellen, die in den nächsten Jahren entwickelt werden
könnten: ein Selbstwertkurs für jugendliche outsider; ein Wertorientierungs-
kurs für alte Menschen, um ihnen zu helfen, angesichts des unausweichlichen
Todes ein Gefühl der Integrität zu bekommen; ein Vorschulkurs in operati-
vem Denken und rechnerischen Fertigkeiten." (a.a.O., S. 25).

In der Schule artikuliert sich der gesellschaftliche Konflikt zwischen den Herrschenden und den Unterdrückten. Dem reibungslosen Eingliederungsprozess des Kindes der unteren Schichten steht die durch die sozioökonomische Unterprivilegierung bedingte Entfremdung von der Kultur der Herrschenden entgegen und bewirkt die lernhemmende Motivationsstruktur, gegen die der Lehrer als vermittelnde Instanz zwischen den Klassen zu kämpfen hat. Er spürt sehr genau, dass er seine Aufgabe im bestehenden Schulsystem nicht erfüllen kann und reagiert mit Aggression und Gleichgültigkeit. Die soziale Entfremdung zwischen zumeist aufstiegsorientierten Lehrern und proletarischen Kindern kann nicht nur durch kompensatorische Programme für die Kinder aufgefangen werden. Auch für den Lehrer müssen Motivationsprogramme entwickelt werden, um ihn seinen täglich erlebten Misserfolg in der Schule aushalten zu lehren. In den USA sind gruppendynamische und Sensitivitätstrainings-Programme schon im Schwange. Der Lehrer soll für Problemkreise sensitiviert werden, mit denen er im Schulalltag fertig werden muss. Es ist von der Notwendigkeit permanenter Betreuung (des Lehrers) die Rede, die eingebaut sein soll in seine Ausbildung und seine spätere Unterrichtstätigkeit. Vielleicht könne eine solche Betreuung als „eine notwendige Stütze für mangelnde Unterrichtungsfähigkeit dienen." (Shapiro, 1967: 30). Der Trend in der amerikanischen Lehrerausbildung zielt auf eine minutiöse Festlegung der Ausbildungsmethoden und Unterrichtsinhalte. Das nicht vorausplanbare, auf individuelle Spontaneität angewiesene Moment des Unterrichts soll rationalisiert werden – der total geplante Lehrer analog zum total durch kompensatorische Erziehung manipulierbar gemachten Schüler.

Widerspruch gegen diesen Trend kommt von der Basis: Im chaotischen Schulalltag einer Ghettoschule, die von den Kindern der Deklassierten besucht wird, ist der Lehrer auf eben jenes Moment von Spontaneität angewiesen, um zu überleben: „Der Lehrer braucht keineswegs um sein Leben zu fürchten. Wenn er nur weiß, dass er niemals einen Schüler vor seinen Kameraden bloßstellen darf, ist er so sicher wie in Abrahams Schoß." (Jablonsky, 1968: 7).

In der Bundesrepublik zeichnen sich, mit der üblichen Verspätung, ähnliche Trends in der Lehrerausbildung und Unterrichtsforschung ab. Auch hier das Bestreben, zentral und verbindlich Unterrichtseinheiten und Schulorganisationen zu planen, die Lehrerausbildung zu vereinheitlichen und zu formalisieren. "Hilft die Forschung zu konkreten Lehrverfahren?", fragt Horst Rumpf in seinem Aufsatz „Sachneutrale Lehrverfahren?". Es ist der einzige skeptische Beitrag in der Zeitschrift für Pädagogik (6/70) zum Thema Unterrichtskonstruktion. „Woher", fragt Rumpf,

„diese Armut an Konkretion und an Vorstrukturierung des inhaltlichen Zuschnitts von Lehrverfahren, woher die vieldeutige Formalisierung in der die Lehrverfahren beschreibenden Begrifflichkeit? Bei der empirischen Aufnahme im Verfahren der kontrollierten Unterrichtsbeobachtung sind von den Stunden nur Strichlisten übriggeblieben; Striche hinter formalisierten Kategorien sind die Daten, die dann wissenschaftlich verarbeitet und mit kalkulierbarem Anerkennungsrisiko auch gedeutet werden. Nur ist bei der Schrumpfung eines bestimmten Geschehenspartikels zu einem Strich unter einer Kategorie mancherlei auf der Strecke geblieben ... Das ist wohl der Preis, der für intersubjektive Überprüfbarkeit zu entrichten ist ... Dass man dabei interessante Zusammenhänge aufdecken kann, ist unbestritten. Nur ist die Frage, was solche überprüfbaren Einsichten zur Entwicklung, Präzisierung und Verbesserung von Lehrverfahren in ihrer didaktischen Feinstruktur beibringen können." (S. 805).

In den USA mischen sich die zentralistisch-technokratischen Bestrebungen auf dem Erziehungssektor mit subjektiv naiven, objektiv zynischen pragmatischen Vorstellungen. So entwickeln Fantini und Weinstein folgendes Modell, um dem chronischen Lehrermangel in unterprivilegierten Schulen (der ja Ausdruck der Unfähigkeit der Ausbildungsstätten ist, die Lehrer auf ihre Arbeit mit proletarischen Kindern vorzubereiten) abzuhelfen: Ein speziell angestellter „Agent für gesellschaftlichen Wandel" (*change agent*) macht für die unterprivilegierte Schule in der Öffentlichkeit durch Vorträge und Kampagnen Reklame und hebt damit sowohl das Image der Schule als auch das Selbstbewusstsein der unterrichtenden Lehrer. In einem zweiten Schritt werden alle Lehrerausbildungsinstitute unter dem Stichwort „Gesucht: der Neue Lehrer" angeschrieben. Mit der daraufhin entstehenden Warteliste für eine Anstellung an der Schule werden die an der Schule tätigen Lehrer psychologisch unter Druck gesetzt, gleichzeitig eingeführte Neuerungen in der Unterrichtsorganisation unter der Leitung eines *instructional leaders* zu akzeptieren. Sie sollen auf diese Weise ihr Unterrichtsverhalten ändern. „Als besonders effektive Kontakt-Strategie, um Verhaltensänderungen zu bewirken, fand der *change agent* heraus, Zweifel über die von ihm vorgeschlagenen Techniken zu äußern. Periodisch und mit einem gewissen Überraschungseffekt sagt der Agent z.B.: ‚Ist der klassenverband-auflösende Unterricht eigentlich eine gute Idee?' Diese unerwartet und scheinbar ernsthaft und direkt vorgebrachte Bemerkung bewirkt, dass die meisten Lehrer für die Methode stimmen, die der Agent selbst eingeführt hat ... Der Agent hat auf diese Weise auch die Möglichkeit zu überprüfen, wie perfekt sich die Lehrer mit der neuen Idee vertraut gemacht haben" (Fantini/Weinstein, 1968: 286).

Mit prinzipiell denselben Methoden wie Lehrer und Kinder sollen auch die betroffenen Eltern zur Mitarbeit motiviert werden. Hier manifestiert sich in der community-Arbeit der gesellschaftliche Widerspruch, der aus der privaten Aneignung des gesellschaftlichen Reichtums resultiert und der von kompensatorischen Programmen aufgefangen werden soll, am stärksten: Denn wie sind Eltern von den Vorteilen eines von bürgerlichen Mittelschichtwerten geleiteten Lebens zu überzeugen, wenn gleichzeitig eine reale Chance, die eigene Klasse zu verlassen, gesellschaftlich nicht gegeben ist? Die Eltern spüren sehr genau, dass ihnen hier etwas abverlangt wird, was sie nicht leisten können. Die Eltern, deren Kinder in kompensatorischen Programmen eingespannt sind, reagieren allergisch auf die paternalistischen und auch mit Zwang operierenden Versuche der Behörden, sie zu guten amerikanischen Bürgern zu machen. I. Kraft kommt denn auch in einer Forschungsübersicht über laufende Eltern- und Vorschulprogramme zu der Einsicht: „Diese Eltern meinen wahrscheinlich zu Recht, dass wir ihre Probleme nicht verstehen, und dass das Geschäft der täglichen Lebensbewältigung so kräfteverschleißend ist, dass kaum mehr Energie zum Nachdenken übrig bleibt." (Kraft/Chilman, 1966: 9). Entsprechend gering ist die Motivation der Eltern in allen Programmen zur Mitarbeit, selbst wenn versucht wird, psychischen Druck auf sie auszuüben, wie etwa in einem *Group Educational Program for Marginally Adjusted Families*: „43 verheiratete Paare erhielten einen offiziellen Brief, der sie aufforderte, an den Sitzungen teilzunehmen und der deutlich machte, dass ihr Nichterscheinen unerfreuliche Konsequenzen nach sich ziehen könnte. Trotzdem schwankte die durchschnittliche Anwesenheitsrate auf den Sitzungen zwischen nur 8 und 10 Teilnehmern." (a.a.O., S. 17).

Die amerikanischen Erfahrungen mit kompensatorischer Erziehung haben klar gezeigt, dass alle nach dem Vorschulalter einsetzenden Hilfen kaum mehr die im frühkindlichen Alter entstandenen kognitiven Defizite ausgleichen können, da sie zum Teil irreversiblen Charakter haben. Damit wird die vorschulische Erziehung zur zentralen kompensatorischen Strategie. Zu fragen ist: Sollen nur die unteren Schichten, soweit ihre Familienstrukturen für die Primärsozialisation im Sinne der herrschenden gesellschaftlichen Verhältnisse nicht funktional sind, einer in sehr frühem Alter einsetzenden außerfamiliären Erziehung unterworfen werden? Das würde das derzeit noch demokratische Selbstverständnis des amerikanischen Erziehungssystems – gleiche Bildungschancen für alle – außer Kraft setzen und die Kluft, die schon jetzt zwischen den unteren und den mittleren Gesellschaftsschichten aufgerissen ist, so verschärfen, dass die soziale Integration vollends gefährdet wäre. Läuft andererseits die Tendenz in Richtung auf eine allgemeine Erweiterung der öffentlichen Erziehung in den frühkindlichen Bereich hinein, wie es den Anschein hat, so stößt das auf Widerstände in den Mittelschichtfamilien, die schon jetzt ihren Nachwuchs möglichst auf Privatschulen schicken.

Eine zweite Frage für Amerika ist, wie weit der Arbeitsmarkt für Arbeitskräfte mit mittlerem Qualifikationsgrad überhaupt noch aufnahmefähig ist. Nicht von ungefähr haben viele kompensatorische Programme für Jugendliche den Charakter von Beschäftigungstherapie, um sie so lange wie möglich sowohl von der Straße als auch vom Arbeitsmarkt fernzuhalten. Das Erziehungssystem erkennt die Abhängigkeit des Erfolges, Kinder zu Leistungen zu motivieren, von ihren Chancen auf dem Arbeitsmarkt und ist bestrebt, die Wirtschaft an den Kosten kompensatorischer Erziehung zu beteiligen. So gibt es zum Beispiel sogenannte Street Academies, die unter der Schirmherrschaft von Großindustrien wie der First National City Bank, La Roche, IBM stehen. Sie schaffen „etwas von unschätzbarem Wert für die amerikanische Wirtschaft: motivierte, intelligente, gebildete und anstellungsfähige Arbeitskräfte". Indem sie das „Rohmaterial" der *dropouts* einem „gesunden wirtschaftsorientierten Programm" unterziehen, entschärfen sie gleichzeitig den möglichen Widerstand der Jugendlichen gegen die herrschenden Verhältnisse, wie er sich in den Metropolen zu artikulieren beginnt.[4] Ähnliche Bestrebungen sind in der Bun-

---

4   Zit. Nach einer IBM-Broschüre o.D.

desrepublik zu konstatieren, wenn die Industrie verstärkten Einfluss auf die Lehrlingsausbildung zu gewinnen sucht.

Es bleibt die eingangs gestellte Frage bestehen, ob kompensatorische Erziehung die Betroffenen nur besser, als es das traditionelle Schulsystem vermochte, auf ihre spätere Arbeiterexistenz in der Klassengesellschaft vorbereitet, oder ob gleichzeitig nicht-intendierte Fähigkeiten mitvermittelt werden, die aufklärenden Charakter über die Stellung der Betroffenen in der Klassengesellschaft besitzen. Die Bedingungen, unter denen die Kinder der unteren Klassen zum Lernen motiviert werden können, wie sie etwa der berühmt gewordene Coleman Report (Coleman et al., 1966) zusammenfasst, zeigen, dass der Lernerfolg vorrangig von dem Bewusstsein der Betroffenen abhängt, wie stark sie ihr Lebensschicksal beeinflussen können. Entsprechend dem Ziel kompensatorischer Erziehung, die Betroffenen mit ihrem Klassenschicksal zu versöhnen, sie an die bestehenden Verhältnisse anzupassen, können die Bedingungen, unter denen die unteren Klassen leben, in der Erziehung selbst nicht expliziert werden. Infolgedessen muss die Konzeption kompensatorischer Erziehung auch den Zusammenhang zwischen politischer Einflussnahme und intellektueller und emotionaler Entfaltung leugnen. Sie muss im Gegenteil von jedem einzelnen Kind verlangen, sich mit den herrschenden kulturellen Normen zu identifizieren, ohne dass es gleichzeitig seinem Klassenschicksal entrinnen könnte.

Zwar stellen sich die Probleme, mit denen kompensatorische Erziehung in den USA fertig werden muss, in der Bundesrepublik (noch) nicht in der gleichen Schärfe. Aber prinzipiell laufen auch hier die in das Erziehungssystem eingeführten Reformen (Ausbau des Vorschulbereichs; Gesamtschulen) darauf hinaus, ohne grundsätzliche gesellschaftliche Veränderung das Bildungswesen effizienter zu machen.

In dem sowjetischen Film „Iwans Kindheit" durchquert der acht- oder zehnjährige Iwan unter Einsatz seines Lebens vom Feind besetztes Territorium. Stunden später sitzt er erschöpft in einem russischen Unterstand an der Front, zu dem er sich durchgeschlagen hat, und zieht Bilanz dessen, was er gesehen und über den Feind gelernt hat. Er knüpft sein Taschentuch auf und ordnet vor sich auf dem Tisch Zweige, verschiedene Arten von Blättern, Beeren und Steinchen, die er als gedächtnisstützende Symbole für militärische Objekte gesammelt hat. Iwan, dem der Krieg seine Berechtigung, Kind zu sein abstreitet, kann mit seinem Schicksal nicht dadurch fertig werden, dass er im Hinterland in die Schule geht und Kindsein spielt. Er muss am unverwechselbaren Ort des Verlustes seiner Kindheit bleiben. Das ist die Kriegsfront. Es gibt für ihn keine andere Sache und keine andere Möglichkeit des Kampfes gegen sein Unglück.

Kompensatorische Erziehung kann für die Unterprivilegierten das nicht tun, was Iwan in der extremen Situation des Krieges für sich zu tun imstande ist: seine Intelligenz an genau der Stelle einzusetzen, wo die Verhältnisse sein individuelles Unglück verursachen und mit seiner Intelligenz gegen die Verhältnisse zu kämpfen. Die offiziell verordnete kompensatorische Erziehung in Amerika kann die Integrität der Betroffenen nicht garantieren, weil ihr daran gar nichts gelegen ist, sondern nur an deren reibungslosem Funktionieren. Iwan bewahrt sich seine bedrohte Integrität, indem er seine Gefühle, seinen Hass gegen jene, die für sein Unglück verantwortlich sind, direkt und unmittelbar in Handlungen umsetzt. Nur die direkte Umsetzung bewahrt ihn vor dem lebenszerstörenden Gefühl der Ohnmacht. Das Gefühl gesellschaftlicher Ohnmacht vermag kompensatorische Erziehung den Betroffenen nicht zu nehmen. Sie lernen wie Iwan zu begreifen, dass sie heil nur davonkommen, wenn sie sich ihrer Handlungsfähigkeit gegen die Herrschenden handelnd vergewissern. Das zeigt die zunehmende Politisierung der Unterdrückten in Amerika.

* Diesen Aufsatz habe ich 1971 im Kursbuch 24 unter dem Titel „Zur Strategie kompensatorischer Erziehung am Beispiel der USA" veröffentlicht. Ihm liegt eine 1969/1970 am soziologischen Institut der FU Berlin geschriebene Diplomarbeit zugrunde, die 1971 bei edition suhrkamp unter demselben Titel veröffentlicht wurde. Ich drucke den Aufsatz hier bis auf geringfügige Kürzungen unverändert ab, vgl. hierzu auch die Einführung zu diesem Buch.

Literaturverzeichnis

Abbott, J. & Ryan,T. (1998): Upside Down and Inside Out: A challenge to redesign education systems to fit the needs of a learning society. In: The American Administrator 1998. Siehe http://www.21learn.org/publ/americanad.html.

Adamski, W. & Grootings, P. (1989): Youth, Education and Work in Europe. London: Routledge.

Alanen, L. (1988): Rethinking Childhood. In: Acta Sociologica 31, 53-67.

Alanen, L. (1997): Soziologie der Kindheit als Projekt: Perspektiven für die Forschung. In: Zeitschrift für Soziologie der Erziehung und Sozialisation 17, 1, 162-177.

Alexander, J. (2003): Youth Information: A priority in Europe. In Forum 21 European Journal on Youth Policy – Revue Européenne de politique de jeunesse – Europäische Zeitschrift für Jugendpolitik. Berlin/London/Paris No 1-04/2003, 88-91 – siehe auch www.coe.int/youth/forum21.

Alheit, P. (1996): Changing Basic Rules of Biographical Construction: Modern biographies at the end of the 20th century. In: Weyman, A. & Heinz, W.R. (Eds.): Society and Biography (111-128). Weinheim: Deutscher Studienverlag.

Alheit, P. & Kammler, E. (Hrsg.) (1998): Lifelong Learning and its Impact on Social and Regional Development. Bremen: Universität Bremen.

Alsaker, F.D. & Flammer, A. (Eds.) (1999): The Adolescent Experience. European and American Adolescents in the 1990s. New Jersey: Lawrence Erlbaum.

Alschuler, A.S. (1967): The Achievement Motivation Development Project. Occasional Paper No. 3, Harvard Research and Development Center on Educational Differences.

Antikainen, A. (1998): Between Structure and Subjectivity. Life-Histories and Lifelong Learning. In: International Review of Education, Vol. 44, No. 2-3, 215-234.

Avramov, D. (Ed.) (1997): Youth Homelessness in the European Union. Brussel: Feantsa.

Baethge, M. (1989): Jugend-Postadoleszenz in der nachindustriellen Gesellschaft. In M. Markefka & R. Nave-Herz (Hrsg.), Handbuch der Familien- und Jugendforschung, Band 1: Jugendforschung (155-166). Neuwied/Frankfurt am M.: Luchterhand.

Ball, S.J., Maguire, M., & Macrae, S. (2000): Space, Work and the ‚New Urban Economics'. In: Journal of Youth Studies Vol. 3 No. 3, 279-300.

Baron, S., Wilson, A., & Riddell, S. (2000).: Implicit Knowledge, Phenomenology and Learning Difficulties. In: Coffield, F. (Ed.): The Necessity of Informal Learning (43-53). Bristol: Policy Press.

Barthelmes, J. & Sander, E. (1997): Medien in der Familie und Peer-group. München: DJI Verlag Deutsches Jugendinstitut/ Weinheim : Juventa-Verlag.

Bateson, M.C. (1986): Mit den Augen einer Tochter. Meine Erinnerung an Margaret Mead und Gregory Bateson. Reinbek bei Hamburg: Rowohlt.

Bauman, Z. (2000): Fluid Modernity. Cambridge: Cambridge Press.

Bauman, Z. & Tester, K. (2001): Conversations with Zygmunt Bauman. Cambridge: Polity Press.

211

Becchi, E. & Julia, D. (1998): Histoire de l'Enfance en Occident. 2 Vol. Paris: Edition de Seuil.

Beck, U. (1986): Risikogesellschaft. Auf dem Weg in eine andere Moderne. Frankfurt am Main: Suhrkamp.

Beck, U. (1994): Neonationalismus oder das Europa der Individuen. In: Beck, U. & Beck-Gernsheim, E.: Riskante Freiheiten (466-481). Frankfurt a.M.: Suhrkamp Verlag.

Beck, U., & Beck-Gernsheim, E. (1993): Nicht Autonomie, sondern Bastelbiographie. In: Zeitschrift für Soziologie, 22(3), 178-187.

Beck, U. & Sopp, P. (Hrsg.) (1997): Individualisierung und Integration. Opladen: Leske + Budrich.

Beck, U. & Bonβ, W. (Hrsg.) (2001): Die Modernisierung der Moderne. Frankfurt a.M.: Suhrkamp.

Becker, H.A. (Hrsg.) (1990): Life Histories and Generations.Utrecht : ISOR.

Behnken, I., Günther, C., Kabat vel Job, O. u.a. (1991): Schülerstudie ,90. Weinheim/München: Juventa.

Bélanger, P. (1995): Lifelong Learning. The Dialectics of „Lifelong Educations". In: P. Bélanger & E. Gelpi (Eds.): Lifelong Education/Education Permanente (353-381). Dordrecht-Boston-London: Kluwer Academic Publishers.

Bendit, R. (Hrsg.) (1996): Jugend im Aufbruch – Jugend in der Krise? Deutsch-russische Forschungsperspektiven. Baden-Baden: Nomos Verlagsgesellschaft.

Bendit, R. (1999): Youth Life in the Process of Leaving Home in Europe. In: Bendit, R., Gaiser, W., & Marbach, J.H. (Eds.): Youth and Housing in Germany and the European Union (19-50). Opladen; Leske + Budrich.

Benjamin, W. (1961): Das Kunstwerk im Zeitalter seiner technischen Reproduzierbarkeit. In ders.: Illuminationen(148-184). Frankfurt am Main: Suhrkamp.

Bentley, T. (1998): Learning Beyond the Classroom. London: Routledge.

Bereiter, C. & Engelmann S. (1966): Educating Disadvantaged Children in the Preschool. New York: Prentice Hall.

Berg, E. & Fuchs, M. (Hrsg.) (1993): Kultur, soziale Praxis, Text. Die Krise der ethnographischen Repräsentation. Frankfurt/Main: Suhrkamp.

Berger, P.A. & Konietzka, D. (Hrsg.) (2001): Die Erwerbsgesellschaft. Neue Ungleichheiten und Unsicherheiten. Opladen: Leske + Budrich.

Berger, P.A. & Vester, M. (Hrsg.) (1998): Alte Ungleichheiten – Neue Spaltungen. Opladen: Leske + Budrich.

Bjornavold, J. (2000): Making Learning Visible: Identification, assessment and recognition of non-formal Learning in Europe. Luxembourg: Office for Official Publications of the European Communities (Cedefop Reference series).

Bloomer, M. & Hodkinson, P. (2000): Learning Careers: Continuity and change in young people's dispositions to learning. In: British Educational Research Journal, Vol. 26, No. 5, 583-597.

Blossfeld, H. P. (Ed.) (1995): The New Role of Women. Family Formations in Modern Societies. Boulder / San Fransisco / Oxford: Westview Press.

Boekaerts, M. & Minnaert, A.E. M. (1999): Self-regulation with Respect to Interal Learning. In: International Journal of Educational Research 31, 533-544.

Boekaerts, M. & Nenninger, P. (1999): Motivation: A construct with a long tradition. Introduction. In: European Journal of Psychology of Education, 14 (1), 3-9.

du Bois-Reymond, M. (1971): Zur Strategie kompensatorischer Erziehung am Beispiel der USA..Frankfurt a.M.: Suhrkamp Verlag.

du Bois-Reymond, M. (1993): Lernen für Europa: Die Ohnmacht der Schule? In: Deutsches Jugendinstitut (Hrsg.): Jugend-Wirtschaft-Politik (191-201). München: Verlag Deutsches Jugendinstitut.

du Bois-Reymond, M. (1993): Kindheit in Dresden und der DDR. In: BIOS 6 (2), 179-198.

du Bois-Reymond, M. (1998): Der Verhandlungshaushalt im Modernisierungsprozess. In: Büchner, P., du Bois-Reymond, M., Ecarius, J., u.a. (Hrsg.): Teenie-Welten. Aufwachsen in drei europäischen Regionen (83-112). Opladen: Leske + Budrich.

du Bois-Reymond, M. (2000): Trend-Setters and Other Types of Learners. In: Alheit, P., Beck, J., Kammler, E. u.a.: Lifelong Learning Inside and Outside Schools (360-375). Collected Papers, Vol. 2. Roskilde University, Universität Bremen and Leeds University. Printed by Roskilde University.

du Bois-Reymond, M. (2001a).: A study on the links between formal and non-formal education. Expertise for the Council of Europe, Strasbourg.

du Bois-Reymond, M. (2001b): Familie und Partizipation. In: Güthoff, F. & Sünker, H. (Hrsg.): Handbuch Kinderrechte (81-105). Münster: Votum Verlag.

du Bois-Reymond, M. (2004 i.D.) Neues Lernen – neues Generationenverhältnis? Wiesbaden: VS Verlag für Sozialwissenschaften

du Bois-Reymond, M. & Söll, B. (1974): Neuköllner Schulbuch. 2 Bd. Frankfurt am Main: Suhrkamp Verlag.

du Bois-Reymond, M. & Schonig, B. (1982): Lehrerlebensgeschichten. Weinheim/Basel: Beltz.

du Bois-Reymond, M., Guit, H., & Rooijen, E. van (1992): Lebensentwürfe von Jugendlichen und die Rolle der Eltern beim Übergang ins Ausbildungs- und Beschäftigungssystem. Eine Studie aus den Niederlanden. In: Zeitschrift für Sozialisationsforschung und Erziehungssoziologie, 12(2), 114-132.

du Bois-Reymond, M. & Hübner-Funk, S. (1993) : Jugend und Jugendforschung in Europa. In Krüger, H.-H. (Hrsg.): Handbuch der Jugendforschung (63-89). Opladen: Leske + Budrich.

du Bois-Reymond, M., Büchner, P., Krüger, H.-H., u.a. (Hrsg.) (1994): Kinderleben. Modernisierung von Kindheit im interkulturellen Vergleich. Opladen: Leske + Budrich.

du Bois-Reymond, M., Diekstra, R., Hurrelmann, K., & Peters, E. (Eds.) (1995): Childhood and Youth in Germany and The Netherlands. Transitions and Coping Strategies of Adolescents. Berlin/New York: Walter de Gruyter.

du Bois-Reymond, M., Dekker, H., & Aspeslagh, R. (1999): Attitudes of Dutch Children and Young People Towards Germany und the Germans (179-198). In: CYRCE/ Hübner-Funk, S.& du Bois-Reymond, M. (Eds.).

du Bois-Reymond, M., Poel, Y. te, & Ravesloot, J. (1999) : Moderne Kindheit zwischen familialer und außerfamilialer Häuslichkeitspädagogik. Diskurs und Praxis in den Niederlanden. In: Zeitschrift für Soziologie der Erziehung und Sozialisation 19. Jg., H. 3, 243-258.

du Bois-Reymond, M. & Walther, A. (1999): Learning Between Want and Must: Contradictions of the learning society. In: Walther, A. & Stauber, B. (Eds.): Lifelong Learning in Europe. Vol. 2: Differences and Divisions. Strategies of Social Integration and Individual Learning Biographies (21-45). Tübingen: Neuling Verlag.

du Bois-Reymond, M., Plug, W., Poel, Y. te, & Ravesloot, J. (2001a): Vorstellungen Jugendlicher über jung sein und erwachsen werden. In: Zeitschrift für Soziologie der Erziehung und Sozialisation 21/4, 371-392.

du Bois-Reymond, M., Sünker, H., & Krüger, H.-H. (Eds.) (2001b): Childhood in Europe: Approaches, trends, findings. Berlin/New York: Peter Lang.

du Bois-Reymond, M., Plug, W., Stauber, B., Pohl, A., & Walther, A. (2002): How to Avoid Cooling Out? Experiences of Young People in Their Transitions to Work Across Europe. Research Project Yoyo, Working Paper 2.

du Bois-Reymond, M. & Blasco López, A. (2003): Yo-yo-transitions and Misleading Trajectories: Towards integrated transition policies for young adults in Europe. In: López Blasco, A. u.a., S. 19-43.

du Bois-Reymond, M. (2004 i.D.): Jugendforschung in den Niederlanden 1950-200/01. In: Merkens, H. & Zinnecker, J. (Hrsg.): Jahrbuch für Jugendforschung. Opladen: Leske + Budrich.

du Bois-Reymond, M. & Poel, Y. te (2004 i.D.): Work and Care in the Life-course of Young Adults in the Netherlands.

du Bois-Reymond, M. & Stauber, B. (im Druck): Biographical Turning Points in Young People's Transition to Work Across Europe.

Bolder, A. (2002): Arbeit, Qualifikation und Kompetenzen. In: Tippelt, R. (Hrsg.): Handbuch Bildungsforschung (651-674). Opladen: Leske + Budrich.

Bolz, A. & Griese, H. (Hrsg.) (1995): Deutsch-deutsche Jugendforschung. Theoretische und empirische Studien zur Lage der Jugend aus ostdeutscher Sicht. Weinheim/ München: Juventa.

Borris, B. von (1999): A Cross-cultural Comparison of Students' Concepts of Europe. In: CYRCE/ Hübner-Funk, S., Chisholm, L., du Bois-Reymond, M., u.a. (Eds.) (33-50).

Bourdieu, P. (1997): Das Elend der Welt (La misère du monde - 1993). Konstanz: UVK Universitätsverlag Konstanz.

Braakenburg, H. (2002): Vrijwilligers en EVC- een globale verkenning van de stand van zaken in een aantal Europese landen (Ehrenamtliche Arbeit- eine globale Übersicht in einigen euopäischen Ländern). Utrecht: NIZW.

Bradbury, B. & Jäntti, M. (1999): Child Poverty Across Industrialized Nations. Innocenti Occasional Papers no. ESP 71, Florence: UNICEF Innocenti Research Centre.

Brähler, R. (1994): Umrisse eines lokal orientierten internationalen Politikkonzeptes. In: Schade, K.F. (Hrsg.): Global denken - lokal handeln. Theoretische, konzeptionelle und evaluierende Impulse (89-108). Frankfurt a.m.: Suhrkamp Verlag.

Brock, D. (1998): Individualisierung und die Zugänglichkeit von Ressourcen. In: Berger, P.A. & Vester, M. (Hrsg.): Alte Ungleichheiten. Neue Spaltungen (89-107). Opladen: Leske + Budrich.

Brown, J. S., Collins, A., & Duguid, P. (1988): Situated Cognition and the Culture of Learning. In: Educational Researcher 18, 32-42.

Bruner, J. (1996): The Culture of Education. Cambridge, Mass., London, England: Harvard University Press.

Büchner, P., Fuhs, B., & Krüger, H.-H. (Hrsg.) (1996): Vom Teddybär zum ersten Kuß. Wege aus der Kindheit in Ost- und Westdeutschland. Opladen: Leske + Budrich.

Büchner, P., du Bois-Reymond, M., Ecarius, J., u.a. (Hrsg.) (1998): Teenie-Welten. Aufwachsen in drei europäischen Regionen. Opladen: Leske + Budrich.

Büchner, P. & Fuhs, B. (1998): Gibt es im Rahmen der Schulkultur Platz für Kinder? In: Keuffer, J., Krüger, H.-H., Reinhardt, S. u.a. (Hrsg.): Schulkultur als Gestaltungsaufgabe (385-404). Weinheim: Deutscher Studien Verlag.

Buckingham, D. (Ed.) (1998): Teaching Popular Culture: Beyond Radical Pedagogy. London : UCL Press.

Buckingham, D. (2000): After the Death of Childhood. Growing Up in the Age of Media. Cambridge: Polity Press.

Bühler-Niederberger, D. & P. Trempe (2001): Kinder und gesellschaftliche Ordnung - die generationale Grundlage moderner Demokratien. In: Güthoff, F. und Sünker, H. (Hrsg.): Handbuch Kinderrechte (37-66). Münster: Votum Verlag.

Bynner, J. & Koglyagina, L. (1995): Transition to Employment in Great Britain, Russia and Estonia: Towards a comparative analysis of longitudinal data on young people's labour market entry. In: CYRCE /Hübner-Funk, S., Chisholm, L., du Bois-Reymond, M., u.a. (Eds.) (89-103).

Bynner, J., Chisholm, L., & Furlong, A.(Eds.) (1997): Youth, Citizenship and Social Change in a European Context. Aldershot/ Brookfield USA/ Singapore/ Sydney: Ashagate.

Bynner, J. & Chisholm, L. (1998): Comparative Youth Transition Research: Methods, meanings, and research relations. In: European Sociological Review, Vol. 14 No.2, 131-150.

Bynner, J. & Parsons, S. (2000): Marginalization and Value Shifts under the Changing Economic Circumstances Surrounding the Transition to Work. A Comparison of Cohorts Born in 1958 and 1970. In: Journal of Youth Studies Vol. 3 No. 3, 237-250.

Bynner, J. & Silbereisen, R.K. (Eds.) (2000): Adversity and Challenge in Life in the New Germany and England. Hampshire, London: Macmillan.

Cavalli, A. & Galland, O. (Eds.)(1994): L'Allongement de la Jeunesse. Poitier: Actes Sud.

CBS (1994): Relatie- en gezinsvorming in de jaren negentig (Partnerschaft und Familiengründung in den neunziger Jahren). Centraal Bureau voor de Statistiek Voorburg.

Chisholm, L. (1996): Jugend und Bildung in Europa: Soziale Ungleichheiten in der zweiten Moderne. In: Boldner, A., Heinz, W.R., & Rodax, K. (Hrsg.): Die Wiederentdeckung der Ungleichheit (20-35). Opladen: Leske + Budrich.

Chisholm, L. (2000): Europäische Union. In Richter, I. & Sardei-Biermann (197-219).

Chisholm, L., Krüger, H.-H., & Brown, P. (Eds.) (1990): Childhood, Youth and Social Change. A Comparative Perspective. London/New York/Philadelphia: Falmer Press.

Chisholm, L., du Bois-Reymond, M., & Coffield, F. (1995) : What Does Europe Mean to Me? Dimensions of Distance and Disillusion Amongst European Students. In: CYRCE/Hübner-Funk, S., Chisholm, L., du Bois-Reymond, M., u.a. (Eds.) (3-32).

Chisholm, L., Büchner, P., Krüger, H.-H., & du Bois-Reymond, M. (Eds.) (1995): Growing Up in Europe. Contemporary Horizons in Childhood and Youth Studies. Berlin/ New York: Walter de Gruyter.

Chisholm, L. & Kovacheva, S. (2002): Exploring the European Youth Mosaic. The Social Situation of Young People in Europe. Strasbourg: Council of Europe Publishing.

Christensen, P. & James, A. (eds.) (2000): Research With Children. Perspectives and Practices. London/ New York: Falmer.

Claussen, B. & Geissler, R. (Hrsg.) (1996): Die Politisierung des Menschen. Instanzen der politischen Sozialisation. Ein Handbuch. Opladen: Leske + Budrich.

Coffield, F. (1999): Breaking the Consensus: Lifelong learning as social control. Inaugural Lecture, Department of Education, University of Newcastle, 2 February.

Coffield, F. (Ed.) (2000): The Necessity of Informal Learning. Bristol: Policy Press.

Cogan, J.J. & Derricott, R. (2000): Citizenship for the 21st Century. Kogan Page. London

Cohen, Ph. (1997): Rethinking the Youth Question: Education, labour and cultural studies. Basingstoke: Macmillan.

Cohen, Ph. & Ainley, P. (2000): In the Country of the Blind? Youth Studies and Cultural Studies in Britain. In: Journal of Youth Studies 3, 1, 79-96.

Coleman, J. (1961): The Adolescent Society. New York: Free Press.

Coleman, J.S., Campbell, E., Hobson, C., et al. (1966): Equality of Educational Opportunity. Washington: U.S. Dept. of Health, Education, and Welfare, Office of Education.

Coleman, J. (1994): Social Capital, Human Capital, and Investment in Youth. In: Petersen, A.C. & Mortimer, L.T. (Eds.), Youth Unemployment and Society (34-50; 69-71). New York: Cambridge University Press.

Cornia, G.A. & Danzinger, S. (Eds.) (1997): Child Poverty and Deprivation in the Industrialized Countries, 1945-1995. Oxford: Clarendon Press.

Corsaro, W. (1997): The Sociology of Childhood. Thousand Oaks, CA: Pine Forge Press.

Council of Europe (1998a): Ages at Which Children Are Legally Entitled to Carry Out a Series of Acts in Council of Europe Member Countries. Steering Committee on Social Policy (CDPS). Strasbourg.

Council of Europe (1998b): Directorate of Youth and Sport: European Youth Trends 1998. Report by the National Youth Research Correspondents. Strasbourg.

Csikszentmihaly, M. (1975): Beyond Boredom and Anxiety. The Experience of Play in Work and Games. Jossey: Bass Publishers.

CYRCE/ Hübner-Funk, S., Chisholm, L., du Bois-Reymond, M., Sellin, B. (Eds.) (1995): The Puzzle of Integration. European Yearbook on Youth Policy and Research, Vol. 1. Berlin/New York: Walter de Gruyter.

CYRCE/ Hübner-Funk, S. & du Bois-Reymond, M. (Eds.) (1999): Intercultural Reconstruction. European Yearbook on Youth Policy and Research. Vol. 2. Berlin/New York: Walter de Gruyter.

Datta, A. (1994): Für das Überleben der Menschen: Erziehung zur Bescheidenheit. Pädagogische Aspekte des Konzeptes „Global denken – lokal handeln" In: Schade, K.F. (Hrsg.): Global denken – lokal handeln. Theoretische, konzeptionelle und evaluierende Impulse (143-156). Frankfurt a.m.: Suhrkamp Verlag.

Davies, P. (2000): Formalising Learning: The impact of accreditation. In: Coffield, F. (Ed.): The Necessity of Informal Learning (54-63). Bristol: Policy Press.

Deutsch, M. (Ed) (1967): The Disadvantaged child. New York/London: Basic Books.

Deutsches Jugendinstitut (Hrsg.) (1993): Jugend – Wirtschaft – Politik. Lernen und Arbeiten in Europa. München: DJI Verlag.

DISKURS 1/2000: Netkids – Kinder im virutellen Raum.

Ditch, J., Barnes, H., Bradshaw, J. u.a. (1994): A Synthesis of National Family Policies 1994. European Observatory on National Family Policies. York: University of York.

Ditch, J., Bradshaw, J., & Eardley, T. (1994): Developments in National Familiy Policies in 1994. European Observatory on National Family Policies. York: University of York.

Doehlemann, M.(1996): Absteiger. Die Kunst des Verlierens. Frankfurt am Main: Suhrkamp.

Doets, C. & Westerhuis, A. (2002): Experimenten met de individuele leerrekening (Experimente mit individuellen Lernrecht Gutscheinen). Hertogenbosch. Sieh auch www.cinop.nl.

Dohmen, G. (2002): PISA als Anstoß für ein „natürlicheres" Lernen. DISKURS 2/2002, 39-44.

Ecarius, J. (1998): Lebenslanges Lernen und Disparitäten in sozialen Räumen. In: Ecarius, J. & Löw, M. (Hrsg.), Raumbildung – Bildungsräume. Opladen: Leske + Budrich.

Eckert, R., Drieseberg, T., & Willems, H.(1990): Sinnwelt Freizeit. Jugendliche zwischen Märkten und Verbänden. Opladen: Leske + Budrich .

Edwards, R., Franklin J., & Holland J. (2003): Families and Social Capital: Exploring the issues. London: South Bank University.

EGRIS (European Group for Integrated Social Research) (2001). Misleading Trajectories: Transition Dilemma's of Young Adults in Europe. In: Journal of Youth Studies, Vol. 4, No. 1, 101-119.

Eine Zukunft für die europäischen Jugendlichen (2001): Belgischer EU-Vorsitz. Ministry of the Flemish Community Youth and Sports Division, Brussels.

Eisenstadt, S.N. (1999): Multiple Modernities in the Age of Globalisation. In: Honegger, C., Hradil, S., & Traxler, F. (Hrsg.): Grenzenlose Gesellschaft? (29-50). Opladen: Leske + Budrich.

Estonia Review of National Youth Policy (2000): Ministry of Education. Strasbourg: Council of Europe.

European Commission (1994): Growth, Competitiveness and Employment: The challenges and ways towards the 21st century. Luxembourg.

European Commission (1995): Teaching and Learning – Towards the Learning Society. Luxembourg.

European Commission (1996): White Paper on Education and Training: Teaching and Learning – Towards the Learning Society. Luxemburg.

European Commission (1997a): The Young Europeans. Eurobarometer 47.2. Brüssel/Luxemburg

European Commission (1997b). Accomplishing Europe Through Education and Training. Brussels.

European Commission (1998): Education and Active Citizenship in the European Union. Brussels.

European Commission (2000a): Memorandum on Lifelong Learning. Brussels.

European Commission (2000b): European Report on the Quality of School Education. Sixteen Quality Indicators. Directorate-General for Education and Culture. Brussels.

European Commission (2001a): A New Impetus for European Youth/ Neuer Schwung für die Jugend Europas. White Paper/ Weißbuch. Luxembourg.

European Commission (2001b): Europe Benchmarking. European Youth into the Digital Age.

European Commission (2001c): The Concrete Future Objectives of Educational Systems. Brussels

European Commission (2001d): Young Europeans in 2001. Results of a European Opinion Poll. Eurobaromenter 55.

European Commission (2002): The Future Development of the European Education, Training and Youth Programmes After 2006. Brussels.

EUROSTAT (2001): Bericht zur sozialen Lage in der Europäischen Union. Brüssel.

Evans, K. & Heinz, W.R. (Eds.) (1993): Becoming Adults in England and Germany. London: Anglo-German Foundation.

Experts on Youth Policy Indicators (26-27 March 2003): Final Report. Directorate of Youth and Sport, Council of Europe, Strasbourg.

Family Observer (1999): European Commission. Brussels.

Fantini, M. & Weinstein, G. (Eds.) (1968): The Disadvantaged. Challenges to Education. New York: Harper & Row.

Fay, D. & Frese, M. (2000): Self-Starting Behavior at Work: Toward a theory of personal initiative. In: Heckhausen, J. (Ed.): Motivational Psychology of Human Development (307-324). Amsterdam/Lausanne/New York: Elsevier.

Felföldi, L. & Sandor, I. (1999): Multicultural Europe: Illusion or Reality. Budapest: European Centre for Traditional Culture.

Fennes, H. (1999): Training for European Youth Projects. A Working Seminar for National Agencies of the Youth for Europe Programme, and of the European Voluntary Service for Young People. Report of the Seminar in Baden, Wien, Austria, 14 – I 8 April 1999.

Fernandez de la Hoz, P. (2001): Familien und soziale Ausgrenzung in den EU-Ländern. Report für das Österreichische Institut für Familienforschung (Wien, 15. Oktober 2001).

Finland Review of National Youth Policy (1997): Ministry of Education, Helsinki.

Fisher, G. (1998): Making Learning a Part of Life. Beyond the ‚Gift-Wrapping‘ Approach of Technology. In: Alheit, P. & Kammler, E. (Hrsg.) (435-462).

Freire, P. (1978): Pedagogy in Progress. The Letters to Guinea-Bissau. New York: Seabury Press.

Friedrich, W. (1993): Zur Geschichte der Jugendforschung in der ehemaligen DDR. In: H.-H. Krüger (Hrsg.): Handbuch der Jugendforschung (31-41). Opladen: Leske + Budrich.

Friesel, C., Richter, M., & Zulehner, P.M. (1993): Werthaltungen und Lebensstile junger Menschen in Europa. Wien: Bundesministeriums für Umwelt, Jugend und Familie.

Frommelt, B., Klemm, K., Rösner, E., & Tillmann, K.-J. (Hrsg.) (2000): Schule am Ausgang des 20. Jahrhunderts. Gesellschaftliche Ungleichheit, Modernisierung und Steuerungsprobleme im Prozess der Schulentwicklung. Weinheim: Juventa.

Fuchs, W. (1983): Jugendliche Statuspassage oder individualisierte Jugendbiographie? In: Soziale Welt 34, 341-371.

Furlong, A. (1999): Lifelong Learning and the Reproduction of Inequalities: A pessimistic view. In: Walther, A. & Stauber, B., (49-60).

Geertz, C. (1988): Works and Lives. The Anthropologist as Author. Stanford, Cal.: Stanford University Press.

Giddens, A. (1994): „Schöne neue Welt". Der neue Kontext von Politik. In: Berliner Journal für Soziologie 4, 449-462

217

Giddens, A. (1995): Die Konsequenzen der Moderne. Frankfurt am Main: Suhrkamp.

Goebel, J. & Clermont, C. (1997): Die Tugend der Orientierungslosigkeit. Berlin: Verlag Volk & Welt.

Goldon, R.J. (1964): Ways to Improve Oral Communication for Cultural Different Youth. In: A. Jewett et al. (Eds.): Improving English Skills of Culturally different Youth in Large Cities. Washington: US Department of Health, Education and Welfare, Office of Education.

Gordon, E.W. & Wilkerson, D.A. (1966): Compensatory Education for the Disadvantaged. New York: College Entrance Examination Board.

Gorz, A. (2000 [1977]): Arbeit zwischen Misere und Utopie. Frankfurt am Main: Suhrkamp.

Green, B. (1998): Teaching for Difference: Learning Theorie and Post-critical Pedagogy. In: Buckingham, D. (ed.), (177-197).

Griese, H. M. (1995): Jugendvergleichsstudien – Königsweg oder Fallgrube? In: A. Bolz und H. Griese (Hrsg.): Deutsch-deutsche Jugendforschung. Theoretische und empirische Studien zur Lage der Jugend aus ostdeutscher Sicht (267-292). Weinheim/ München: Juventa.

Grootings, P. (ed.) (1983): Youth and Work in Europe. European Coordination Centre for Research Documentation in Social Sciences, Vienna.

Güthoff, F. & Sünker, H. (Hg.) (2001): Handbuch Kinderrechte. Partizipation, Kinderpolitik, Kinderkultur. Münster: Votum Verlag.

Hackauf, H. & Winzen, G. (1998): On the State of Young People's Health in the European Union. München: DJI Verlag.

Hake, B. (1999): Lifelong Learning Policies in the European Union: Developments and Issues. In: Compare 29, 53-69.

Hamburger, F. & Heck, G. (Hrsg.) (1999): Neue Schulen fur die Kids. Opladen: Leske + Budrich.

Hanny, S. (2002): Spielerisch der eigene Chef. Gründungsprojekte erobern das Klassenzimmer. In : DISKURS 3/2002, 61-65.

Hargreaves, A. (1994): Changing Teachers, Changing Times. Teachers' Work and Culture in the Postmodern Age. London: Cassell.

Harney, K., Heikkinen, A., Rahn, S., & Schemmann, M. (Eds.) (2002): Lifelong Learning: One focus, different systems. Frankfurt am Main/ Berlin/ Bern: Peter Lang/ Europäischer Verlag der Wissenschaften.

Hauan, M.A. & Heggli, G. (Eds.) (2002): Younger Than Yesterday, Older Than Tomorrow. Cultural Perspectives on Contemporary Childhood and Youth. Published by the Nordic Network of Folklore, Turku, Finland.

Hazekamp, J., Meeus, W., & te Poel, Y.(Eds.) (1988): European Contribution to Youth Research. Amsterdam: Free University Press.

Heath, S.B. & McLaughling, M.W. (1988): A Child Resource Policy: Moving beyond dependences on school and family. In: Woodhead, M. & McGrath, A. (Eds.): Family, School and Society (332-339). London: Hodder & Stoughton Educational.

Heckhausen, H. (1972): Die Interaktion der Sozialisationsvariablen in der Genese des Leistungsmotivs. In: Graumann, C.I. (Hrsg.), Handbuch der Psychologie: Sozialpsychologie (955-1019). Göttingen.

Heckhausen, H. (1991): Motivation and Action. Berlin/ Heidelberg: Springer Verlag.

Heckhausen, J. (Ed.) (2000): Motivational Psychology of Human Development. Amsterdam/Lausanne/New York: Elsevier.

Heinz, W.R. (ed.) (1991): The Life Course and Social Change: Comparative Perspectives. Weinheim: Deutscher Studien Verlag.

Heinz, W.R. (Ed.) (1999): From Education to Work. Cross-National Perspectives. Cambridge: Cambridge University Press.

Heinz, W. R. & Krüger, H. (2001): Life Course: Innovations and challenges for social research. In: Current Sociology, Vol. 49, 2, 29-45.

Heinzel, F. (Hrsg.) (2000): Methoden der Kindheitsforschung. Ein Überblick über Forschungszugänge zur kindlichen Perspektive. Weinheim und München: Juventa.

Helsper, W. & Böhme, J. (2002): Jugend und Schule. In: Krüger, H.-H. & Grunert, C. (567-596).

Helve, H. (Ed.) (1998): A Comparative Study of Living Conditions and Participation of Rural Young People in Changing Europe. Report, Part 1. European Commission. Directorate XXII. Brussels.

Helve, H. (Ed.) (1998): Unification and Marginalisation of Young People. Helsinki: Hakapaino Oy.

Helve, H. & Bynner, J. (1996): Youth and Life Management. Yliopistopaino: Helsinki University Press.

Hengst, H. (Hg.) (1985): Kindheit in Europa. Frankfurt a.M.: Suhrkamp Verlag.

Hengst, H. (2001): Rethinking the Liquidation of Childhood. In: du Bois-Reymond, M., Sünker, H., & Krüger, H.-H. (13-41).

Hengst, H. (2002): Vom Beiprogramm zum Programm. Zur Kontextualisierung informellen Lernens. In: DISKURS 2/2002 , 26-34.

Hengst, H. (2003): Was für Zeitgenossen. Über Kinder und kollektive Identität. In: Hengst, H. & Kelle, H. (Hrsg.): Kinder- Körper- Identitäten (333-346). Weinheim/München: Juventa.

Hengst, H. & Zeiher, H. (2000): Die Arbeit der Kinder. Kindheitskonzepte und Arbeitsteilung zwischen den Generationen. München/ Weinheim: Juventa.

Hentig, H. von (1993): Schule neu denken. München/Wien: Carl Hanser Verlag.

Hentig, H. von (1999): Welche Bildung brauchen wir? Weinheim: Juventa.

Hoenisch, N., Niggemeyer, E., & Zimmer, J. (1969): Vorschulkinder. Stuttgart: Klett.

Hollands, R. (2002): Divisions in the Dark: Youth cultures, transitions and segmented consumption spaces in the night-time economy. In: Journal of Youth Studies, Vol 5, No. 2, 153-171.

Holzkamp, K.(1993): Lernen. Subjektwissenschaftliche Grundlegung. Frankfurt/New York: Campus Verlag.

Hondrich, K.O.(1999): Jugend – eine gesellschaftliche Minderheit. In: DISKURS Nr. 1/1999.

Honig, M.-S. (1999): Entwurf einer Theorie der Kindheit. Frankfurt a.M.: Suhrkamp.

Honig, M.-S., Leu, H.R., & Nissen, U. (Hrsg.) (1996): Kinder und Kindheit. Sozio-kulturelle Muster – sozialisationstheoretische Perspektiven. Weinheim/ München: Juventa.

Honig, M.-S., Lange, A., & Leu, H.R. (Hrsg.) (1999): Aus der Perspektive von Kindern? Zur Methodolgie der Kinderheitsforschung. München/ Weinheim: Juventa.

Hörning, K.H., Gerhard, A , & Michailow, M. (1990): Zeitpioniere. Flexible Arbeitszeiten – neuer Lebensstil. Frankfurt am Main: Suhrkamp.

Horx, M.(1993): Trendbüro, Trendbuch. Düsseldorf: Econ Verlag.

Hurrelmann, K. & Albert, M. (2002): Jugend 2002. 14. Shell Jugendstudie. Frankfurt a.M.: Fischer.

Iacovou, M. & Berthoud, R. (2001): Young People's Lives: A Map of Europe. Colchester: University of Essex, Institute for Social and Economic Research.

IARD (1997) : The Contribution of Community Action Programmes in the Fields of Education, Training and Youth to the Development of Citizenship with a European Dimension (Tender no. XXII/2/96). Final Report.

IARD (2001): Study of the State of Young People and Youth Policy in Europe. Executive Summary and Comprative Reports. IARD/Milano.

Jablonsky, A. (1968): Some Trends in Education for the Disadvantaged, in IRCD Bulletin, March.

James, A., Jenks, Ch., & Prout, A. (1998): Theorizing Childhood. Cambridge: Polity Press.

James, A. & Prout, A. (Eds.) (1999): Constructing and Reconstructing Childhood: Contemporary Issues in the Sociological Study of Childhood. London. Washington D.C.: Falmer Press.

Jobert, A., Marry, C., & Tanguy, L. (Eds.) (1995): Education et Travail en Grande-Bretagne, Allemagne et Italie. Paris: Armand Colin.

Jonda, B. (1991): Die Deutschen und die beiden deutschen Staaten in der Sicht der Jugendlichen in Polen. In: Melzer, W., Heitmeyer, W., Liegle, L., & Zinnecker, J. (Hrsg.) (101-108).

Kabakchieva, P., Illiev, I., & Konstantinov, Y. (1999): Bulgaria. Reeling from Change. World Bank: Bulgaria: Consultations with the Poor (http://www/worldbank.org/poverty/wdrpoverty).

Kayser Nielsen, K. (1994): Body Control and Desire: Health and capacity of life among young Danes in the 1990s. In: YOUNG 2/3, 34-48.

Kelly, P. (2000): The Dangerousness of Youth-at-risk: The possibilities of surveillance and intervention in uncertain times. In: Journal of Adolescence, 23, 463-478.

Keniston, K. (1968): Young Radicals: Notes on Committed Youth. New York: Harcourt.

Kessel, F.S. & Siegel, A.W. (Hrsg.) (1983): The Child and Other Cultural Inventions. New York: Praeger Publ.

Kessen, W. (1983): The Child and other Cultural Inventions. In: Kessel, F.S. & Siegel, A.W. (Hrsg.) (26-39).

Kieselbach, Th. (Ed.) (2000): Youth Unemployment and Social Exclusion. A Comparison of Six European Countries. Opladen: Leske + Budrich.

Kinney, D.A. (Ed.) (2001): Sociological Studies of Children and Youth. Stanford, Cal.: JAI Press.

Kirchhöfer, D. (1995): Biographiestudien in der vergleichenden Jugendforschung. In: Bolz, A. & Griese, H. (Hrsg.) (228-241).

Kirchhöfer, D. (1996): Veränderungen in der alltäglichen Lebensführung Ostberliner Kinder. In: Aus Politik und Zeitgeschichte. Beilage zur Wochenzeitung Das Parlament, 31-45.

Kohn, M.L. (1996): Cross-National Research as an Analytical Strategy. In: Inkeles, A. & Sasaki, M. (Eds.): Comparing Nations and Cultures (28-53). Englewood Cliffs. New Jersey Prentice Hall.

Kolbe, F.U. (1994): Rezension Ph. Wexler: Becoming Somebody. Sozialwissenschaftliche Literatur Rundschau H. 29, 27-33.

Kovacheva, S. (1999): Keys to Youth Participation in Eastern Europe. Strassburg: Council of Europe Publishing.

Kraemer, K. & Bittlingmayer, U.H. (2001): Soziale Polarisierung durch Wissen. In: Berger, P.A. & Konietzka, D. (313-329).

Kraft, I. & Chilman, C. (1966): Helping Low-Income Families Through Parent Education. o.P., o.V.

Kramer, D. (1994): Interkulturelle Beziehungen: Zur Dialektik globaler und regionaler sozio-kultureller Prozess. In: Schade, K.F. (199-222).

Krappmann, L. & Oswald, H. (Hrsg.) (1994): Soziale Konstruktion und psychische Entwicklung. Frankfurt am Main: Suhrkamp.

Krüger, H.-H. und C. Grunert (Hrsg.) (2002): Handbuch der Kindheits- und Jugendforschung. Opladen: Leske + Budrich.

Langeveld, M.J. (1960): Die Schule als Weg des Kindes. Braunschweig: Georg Westermann.

Lauritzen, P. (1999a): Intercultural Learning – Big Bluff or Learning Strategy for the Future. Concepts, Objectives and Practices of Intercultural Learning in Informal Education. In: CYRCE/ Hübner-Funk, S. & du Bois-Reymond, M., (217-229).

Lauritzen, P. (1999b): An Experiment in Learning about Greater Europe: the European Youth Centre in Budapest. In: In: CYRCE/ Hübner-Funk, S. & du Bois-Reymond, M. (209-214).

Lauritzen, P. & Guidikova, I. (2002): European Youth Development and Policy. The Role of NGO's and Public Authority in the Making of the European Citizen. In: R. Lerner (Ed.): Handbook of Applied Developmental Science (363-382). Vol. 3, Tufts University.

Lave, J. & Wenger, E. (1991): Situated Learning. Legitimate Peripheral Participation. Cambridge. University Press.

Leccardi, C. (1995): Growing Up in Southern Italy: Between Tradition and Modernity. In: Chisholm, L., Büchner, P., Krüger, H-H., & du Bois-Reymond, M. (95-104).

Lee, N. (2001): Childhood and Society. Growing up in an Age of Uncertainty. Buckingham/ Philadelphia: Open University Press.

Lohmann, I. (1999): Strukturwandel der Bildung in der Informationsgesellschaft. In: Golin/Dieter Lenzen (Hrsg.): Mediengeneration (183-208). Opladen: Leske + Budrich.

López Blasco, A., McNeish, W., & Walther, A. (Eds.) (2003): Between Cooling Out and Empowerment. Young People and Policies for Transition to Work in Europe. Bristol: Polity Press.

Lopiano-Misdom, J. & Luca, J. de (1997): Street Trends. How Today's Alternative Youth Cultures Are Creating Tomorrow's Mainstream Markets. New York: Harper Business.

Luijn, H. van (1996): Het vrouwelijk dilemma. Besluitvorming van vrouwen met een ambivalente kinderwens (Das weibliche Dilemma. Beschlussfassung von Frauen mit einem ambivalenten Kindwunsch). Leiden: DSWO Press.

MacDonald, R. (1998): Youth, Transitions and Social Exclusion: Some Issues for Youth Research in the U.K. In: Journal of Youth Studies, Vol 1, No. 2, 163-176.

Machado Pais, J. (1993): Routes to Adulthood in a Changing Society: The Portuguese experience. In: Journal of Education Policy, Vol. 8, No. 1, 9-15.

Machado Pais, J. (2000): Transitions and Youth Cultures: Forms and performances. In: International Social Science Journal, 16/4, 219-232.

Machado Pais, J. (2003): The Multiple Faces of the Future in the Labyrinth of Life. In: Journal of Youth Studies, Vol. 6, No. 2, 115-126.

Manen, M. van (1994). Pedagogical Politics? Political Pedagogy? In Miedema, S., Biestra, B., Boog, A. u.a.: The Politics of Human Science. Brussel: VUB Press.

Mannheim, K.(1964): Das Problem der Generationen. In ders.: Wissenssoziologie (509-565). Berlin/Neuwied: Luchterhand.

Marotzki, W.(1997): Digitalisierte Biographien? Sozialisations- und bildungstheoretische Perspektiven virtueller Welten. In: Lenzen, D. & Luhmann, N. (Hrsg.): Bildung und Weiterbildung im Erziehungssystem (175-198). Frankfurt am Main: Suhrkamp.

Marotzki, W., Meister, D.M., & Sander, U. (Hrsg.) (2000): Zum Bildungswert des Internet. Opladen: Leske + Budrich.

Marshall T. H. (1950): Citizenship and Social Class. Cambridge: University Press.

Matthijs, K. & van der Troost, A. (Hrsg.) (1998) : The Family : Contemporary Perspectives and Challenges. Leuven : Leuven University Press.

May, S. (1994): Making Multicultural Education Work. Clevedon/ Philadelphia/ Toronto: Multilingual Matters Ltd.

Mayall, B. (2002): Towards a Sociology for Childhood. Thinking from Children's Lives. Buckingham/ Philadelphia: Open University Press.

McGeock, M. (1967): Parents Conferences are Always Tough, in: J. Roberts (Ed.): School Children in the Urban Slum. New York: Free Press.

McLaren, P. (1994): White Terror and Oppositional Agency: Toward a critical multiculturalism. In: Miedema, S., Biestra, B., Boog, A., u.a. The Politics of Human Science (79-111). Brussels: VUB Press.

McLaren, P., Hammer, R., Skolle, D., & Smith Reilly, S. (1995): Rethinking Media Literacy. A Critical Pedagogy of Representation. New York: Peter Lang.

Melzer, W. (2001): Was Schule leistet. Funktionen und Aufgaben von Schule. Weinheim/ München: Juventa Verlag.

Melzer, W., Heitmeyer, W., Liegle, L., & Zinnecker, J. (Hrsg.) (1991): Osteuropäische Jugend im Wandel. Ergebnisse vergleichender Jugendforschung in der Sowjetunion, Polen, Ungarn und der ehemaligen DDR. Weinheim und München: Juventa.

Merkens, H. (2002): Kindheit und Jugend in Ost- und Westdeutschland. In: H.-H. Krüger und C. Grunert (353-370).

Micklewright, J. & Stewart, K. (2000): Child Well-Being in the EU and Enlargement to the East. In: Vleminckx, K. & Smeeding, T.M. (Ed.) (2000): Child Well-Being, Child Poverty and Child Policy in Modern Nations (99-127). Bristol: Policy Press.

Miles, S. (2000): Youth Lifestyles in a Changing World. Buckingham/Philadelphia: Open University Press.

Miles, S., Pohl, A., Stauber, B., et al. (2002): Communities of Youth. Cultural practice and informal learning. Ashgate: Burlington.

Münchmeier, R. (2000): Europa – Fassade oder Chance? In: Fischer, A., Fritzsche, Y., Fuchs-Heinritz, W., & Münchmeier, R. (Hrsg.): Jugend 2000. Bd. 1 (327-342). Opladen. Leske + Budrich.

Münchmeier, R. & Otto, H-U & Rabe-Kleberg, , U. (Hg. im Auftrag des Bundesjugendkuratoriums) (2002): Bildung und Lebenskompetenz. Kinder- und Jugendhilfe vor neuen Aufgaben. Opladen: Leske + Budrich.

Nauck, B. & Bertram, H. (1995): Kinder in Deutschland. Lebensverhältnisse von Kindern im Regionalvergleich. DJI Familiensurvey 5. Opladen: Leske + Budrich.

Netherlands: Review of National Youth Policy (1998). The Hague: Ministery of Health, Welfare and Sport.

Nicaise, I. (Ed.) (2000): The Right to Learn. Educational Strategies for Socially Excluded Youth in Europe. Bristol: the Policy Press.

Nissen, U. (2000): Wie leben Mädchen und junge Frauen heute in Europa? In: Lieber gleich als berechtigt. Internationale Konferenz zur Mädchenarbeit in Europa. München (zu beziehen über Bayrischer Jugendring München).

NIZW International Centre (2001): De organisatie van het jeugdbeleid. Een internationale verkenning (Die Organisation der Jugendpolitik. Eine internationale Übersicht). Utrecht: NIZW.

Nohl, H. (1935): Die pädagogische Bewegung in Deutschland und ihre Theorie. Frankfurt am Main: Schulte-Bulmke.

Oberhümer, P. & Ulich, M. (1997): Kinderbetreuung in Europa. Tageseinrichtungen und pädagogisches Personal. Weinheim: Juventa.

OECD (1996): Lifelong Learning for All. Paris.

(The) Örebro Appeal (2001): Children's Rights in Europe. A report from the City and Council of Örebro in Central Sweden.

Osler, A. (1997): The contribution of Community Action Programmes in the Fields of Education, Training and Youth to the Development of Citizenship in a European Dimension. Tender no. XXII/29/96 to the European Commission.

Ostner, I. (2002): Am Kind vorbei – Ideen und Interessen in der jüngeren Familienpolitik. In: Zeitschrift für Soziologie der Erziehung und Sozialisation, 22. Jg., H.3, 249-266.

O'Sullivan, E. (1999): Transformative Learning. Educational Vision for the 21st Century. Toronto: University of Toronto Press.

Pfeffer, G. & Bekera D.K. (Eds.) (1996): Childhood and Complex Order. New Delhi: Nice Printing Press.

Plug, W., Zeijl, E., & du Bois-Reymond, M. (2003): Young People's Perceptions on Youth and Adulthood. A longitudinal Study from the Netherlands. In: Journal of Youth Studies, No.2, S. 127-144).

Postman, N. (1983): Das Verschwinden der Kindheit. Frankfurt am Main: Suhrkamp.

Prout, A. (1998): Studying Children as Social Actors: A new progamme of childhood research in the UK. In: Zeitschrift für Sozialisationsforschung und Erziehungswissenschaft, 18. Jg., H1, 99-104.

Qvortrup, J. (2001): Childhood as a Social Phenomenon Revisited. In: du Bois-Reymond, M., Sünker, H., & Krüger H.-H. (215-241).

Qvortrup, J. & Bardy, M. & Sgritta, G. & Wintersberger, H. (Eds.) (1994): Childhood Matters. Aldershot: Avebury.

Raffo, C. & Reeves, M. (2000): Youth Transitions and Social Exclusion: Developments in social capital theory. In: Journal of Youth Studies, Vol. 3, No. 2, 147-166.

Ravesloot, J., du Bois-Reymond, M., & Poel, Y. te (1999): Courtship and Sexuality of Young People in the Fifties and Nineties. An Intergenerational Study from the Netherlands. In: YOUNG 7(4), 2-17.

Reich, R. (1991). The Work of Nations. New York: A. Knopf.

Reich, R.(1997): Die neue Weltwirtschaft. Frankfurt am Main: Suhrkamp.

Reiß, G. (Hrsg.) (1995): Schule und Stadt. Weinheim/München: Juventa Verlag.

Renkl, A. (2002): Lehren und Lernen. In: Tippelt, R. (589-602).

Rheinberg, F., Vollmeyer, R., & Burns, B.D. (2000): Motivation and Self-Regulated Learning. In: J. Heckhausen (81-108).

Richter, J. & Sardei-Biermann, S. (Hrsg.) (2000): Jugendarbeitslosigkeit. Ausbildungs- und Beschäftigungsprogramme in Europa. Opladen: Leske + Budrich.

Riesman, D. (1956): Die einsame Masse (The Lonely Crowd, 1950). Darmstadt/Berlin/Neuwied: Luchterhand.

Roche, J. (1999): Children Rights, Participation and Citizenship. In: Childhood, Vol. 6, No. 4, 475-493.

Rogoff, B. (1994): Developing Understanding of the Idea of Communities of Learners. In: Mind, Culture, and Activity. Vol. 1, No. 4, 209-229.

Romania Report on Youth Policies (2000): Ministry of Youth and Sports/Youth Research Centre. Bukarest.

Roo, L.J.M. de (2002): www.eun.org. The European Schoolnet. Doctoraalscriptie onderwijs- en jeugdstudies, Universiteit Leiden.

Roth, H. (Hrsg.) (1969): Begabung und Lernen. Stuttgart: Luchterhand Verlag.

Rudd, P. (1997): From Socialisation to Postmodernity: A review of theoretical perspectives on the school-to-work transition. In: Journal of Education and Work, Vol. 10, No. 3, 257-279.

Rumpf, H. (1970): Sachneutrale Lehrverfahren? In: Zeitschrift für Pädagogik Jg. 16 Nr. 6, 801-819.

Rumpf, H. (1987): Belebungsversuche. Ausgrabungen gegen die Verödung der Lernkultur. Weinheim: Juventa Verlag.

Rutter, M. & The English and Romanian Adoptees (ERA) Study Team (2000a). Developmental Catch-up and Deficit: Following adoption after severe global early privation. In: Journal of Child Psychology and Psychiatry, Vol. 39, 465-76.

Rutter, M., O'Connor, T, Beckett, C., et al. (2000b): Recovery and Deficit following Profound Early Deprivation. In: Selman, P. (ed.): Inter-country Adoption: Development, Trends and Perspectives. London: BAAF.

Saddington, T. (1998): Exploring the Roots of Experiential Learning. In: Lifelong Learning in Europe 3, 133-138.

Santons, A. (1997): Interrail – The Train Odyssey. Diplomarbeit. Sociologie, Universität Lissabon.

Saporiti, A. (2001): A Methodology for Making Children Count. In: du Bois-Reymond, M., Sünker, H., & Krüger, H-H. (243-272).

Schade, K.F. (1994): Global denken – lokal handeln. Theoretische, konzeptionelle und evaluierende Impulse. Frankfurt: Suhrkamp.

Schlegel, U. (1995): Wo sind sie geblieben? Berufsbiographien ostdeutscher Jugendforscher seit der „Wende". In: Bolz, A. & Griese, H. (Hrsg.): Deutsch-deutsche Jugendforschung. Theoretische und empirische Studien zur Lage der Jugend aus ostdeutscher Sicht (128-173). Weinheim/München: Juventa.

Schmeling D. (1995): Jugend, Politik und politische Sozialisation in der DDR. Überlegungen zu einem widersprüchlichen Verhältnis und seinen problematischen Interpretationen. In: Bolz, A. & Griese, H. (67-98).

Schmidt, R, (1984): Entsinnlichung und Erziehung. Frankfurt am Main: Extrabuch.

Schulze, G. (1992): Die Erlebnisgesellschaft. Frankfurt a.m./New York: Campus Verlag.

Schulze, Th. (2001): Die außerordentliche Tatsache des Lernens. In: Panagiotopoulou, A. & Rohlfs, C. (Hrsg.): Lernbiografien im schulischen und außerschulischen Kontext (19-38). Universität Siegen.

Schulz-Zander, R. (1998): Lernen in der Informationsgesellschaft. In: Keuffer, J., Krüger, H.-H., Reinhardt, S., u.a. (Hrsg.): Schulkultur als Gestaltungsaufgabe (407-422). Weinheim: Deutscher Studien Verlag.

Semali, L.M. & Kincheloe, J.L. (Eds.) (1999): What is Indigenous Knowledge? New York/London: Falmer Press.

Shanan, M.J. (2000): Pathways to Adulthood in Changing Societies: Variablity and mechanisms in life course perspective. Annual Review Sociology. Vol. 26, 667-692.

Shapiro, E. (1967): Imperatives for Change. Proceedings on the New York State Conference on College and University Programs for Teachers of the Disadvantaged, April 10-11. Ferkauf Graduate School of Humanities and Social Sciences, Jeshiva University.

Shepard,, S. Jr. (1963): A Program to Raise the Standard of School Achievement, in Programs for the Educationally Disadvantaged. Washington.

Sidorkin, A.M. (2002): Learning Relations. Impure Education, Deschoold Schools, and Dialogue with Evil. New York/Washington D.C./Baltimore: Peter Lang.

Silbereisen, R.K., Boehnke, K., & Reykowski, J. (1986): Prosocial Motives from 12 to 18. A Comparison of Adolescents from Berlin (West) and Warsaw. In: R.K. Silbereisen et al. (Eds.): Development as Action in Context (137-164). Berlin, New York: Walter de Gruyter.

Silberman, C.E. (1967): The City and the Negro. In: Miller, H.L. & Smiley, M.B.: Education in the Metropolis (84-104). New York: Free Press.

Smolinska-Theiss, B. (2001): Childhood in Poland. In: du Bois-Reymond, M., Sünker, H., & Krüger, H.-H. (273-297).

Spain Review of National Youth Policy (1999). Ministerio de Trabajo y Asuntos Sociales. Instituto de la Juventud. Madrid.

Stanton-Salazar, R.D.: A Social Capital Framework for Understanding the Socialization of Racial Minority Children and Youths. In: Harvard Educational Review 67, 1997, 1-25.

Starke, K.(1992): Jugendforschung: Beispiel Partnerbeziehungen Jugendlicher. In: Berliner Journal für Soziologie Nr 3/4, 349-366.

Stauber, B.& Walther, A. (1998): Lebenslanges Lernen – ein offenes Konzept zwischen normativem Überschuss und der Verdeckung sozialer Ungleichheit. In: Walther, A. & Stauber, B. (Hrsg.) (30-50).

Stecher, L. (1996): Schulhabitus und soziales Klima in der Familie. In: Zinnecker, J. & Silbereisen, R.K.: Kindheit in Deutschland. Aktueller Survey über Kinder und ihre Eltern (267-290).Weinheim/München: Juventa.

Stecher, L. & Zinnecker, J. 1996): Kind oder Jugendlicher? Biographische Selbst- und Fremdwahrnehmung im Übergang. In: Zinnecker, J. & Silbereisen, R.K. (175-191).

Steinberg, S. R. & Kincheloe J.L. (Eds.) (1998): Students as Researchers: Creating classrooms that matter. London: Falmer Press.

Steinberg, S.R. & Kincheloe, J.L. (2001): Keine Geheimnisse mehr – Kinderkultur, Informationssättigung und die postmoderne Kindheit. In: Güthoff, F. & Sünker, H. (Hrsg.) (12-26).

Struck, P. (1995): Schulreport. Reinbek bei Hamburg: Rohwolt.

Sultana, R.G. (2003): Concepts of Knowledge and Learning of FRP 4 and 5 projects. Konferenz „Towards the learning economy", Bremen 27.-28. Februar.

Sünker, H. (1999): Politics of Childhood, Children's Rights, and Intergenerational Relations. In: European Journal of Social Work, Vol. 1, No. 2, 77-81.

Sünker, H. (2001): Childhood Research, Politics of Childhood, and Children's Lives in Germany. In: du Bois-Reymond, M., Sünker, H.& Krüger, H.-H. (Eds.) (299-321).

Sünker, H. & Bühler-Niederberger, D. (2003):Von der Sozialisationsforschung zur Kindheitssoziologie. Fortschritte und Hypotheken. In: Bernhard, A., Kremer, A., & Rieß (Hrsg.): Kritische Erziehungswissenschaft und Bildungsreform. Bd. 1. Theoretische Grundlagen und Widersprüche (200-220). Hohengehren: Schneider Verlag.

Sweden. Review of National Youth Policy (1999). The National Board of Youth Affairs. Stockholm.

Tenhart, E. (1993): Schulentwicklung in der Krise oder: Wohin steuert das Bildungssystem? In: Pädagogik und Schule in Ost und West. H. 4, 228-234.

Tham, B. (1999): Jugendarbeitslosigkeit in der Europäischen Union. Bonn: Europa Union Verlag.

The Child as Citizen. Debates (1996): Council for Europa Publishing, Strasbourg.

Tippelt, R. (Hrs.) (2002): Handbuch Bildungsforschung. Opladen: Leske + Budrich.

Toekomsten voor het funderend onderwijsbeleid (1996). R. in't Veld, H. de Bruijn, M. Lips. OCenW. Fero Consilium BV.

Toffler, A. (1980): Third Wave. New York: Morrow.

Trend Alert (1999): De nieuwe generatie (Die neue Generation).

Trommsdorff, G. (1989): Kindheit im Kulturvergleich. In M. Markefka und B. Nauck (Hrsg.): Handbuch der Kindheitsforschung (45-66). Neuwied/Berlin: Luchterhand.

Trommsdorff, G. (Hrsg.) (1989): Sozialisation im Kulturvergleich. Stuttgart: Ferdinand Enke Verlag.

UNICEF (1997): Children at Risk in Central and Eastern Europe: Perils and Promises. Regional Monitoring Report No. 4. UNICEF International Child Development Centre. Florence, Italy.

UNICEF (2000): Young People in Changing Societies. Regional Monitoring Report No. 7, Florence: UNICEF Innocenti Centre

UNICEF (2001): A Decade of Transition. Regional Monitoring Report No. 8, Florence: UNICEF Innocenti Centre.

Valkestijn, M. & Burgwal, G. van de (Eds.) (2001): New Opportunities for Children and Youth. Good Practices and Research Regarding Community Schools. A Report on the European Conference, April 2001, Ede, The Netherlands. Utrecht: NIZW.

Valsiner, J. (Ed.) (1989): Child Development in Cultural Context. Toronto/ Lewiston, N.Y. u.a.: Hogrefe & Huber Publ.

Vanandruel, M., Amerio, P., Stafseng, O.,& Tap, P. (1996): Young People and Associations in Europe. Strasbourg: Council of Europe, Youth Directorate.

Vester, M., Oertzen, P. von. Geiling, H., Bermann, T., & Müller, D.(1993): Soziale Milieus im gesellschaftlichen Strukturwandel. Zwischen Integration and Ausgrenzung. Köln: Bund-Verlag.

Vleminckx, K. & Smeeding, T.M. (Eds.) (2000): Child Well-Being, Child Poverty and Child Policy in Modern Nations. Bristol: Policy Press.

Vogelgesang, W. (2001): „Meine Zukunft bin ich!" Alltag und Lebensplanung Jugendlicher. Frankfurt/New York: Campus Verlag.

Wagner, M., Franzmann, G., & Stauder, J. (2001): Neue Befunde zur Pluralität der Lebensformen. In: Zeitschrift für Familienforschung 3/2001, 52-73.

Wald, R. (1995): „Tja, Freunde sind wir" – eine ostdeutsche Kindheit. In: Zeitschrift für Sozialisationsforschung und Erziehungssoziologie 15, 208-231.

Waldhoff, H. P. (1995): Fremde und Zivilisierung. Wissenssoziologische Studien über das Verarbeiten von Gefühlen der Fremdheit. Frankfurt a. M.: Suhrkamp.

Wallace, C. & Grootings, P. (1989). Youth, Eduction and Work in Europe. London: Routledge.

Wallace, C. & Kovatcheva, S. (1998): Youth in Society. The Construction and Deconstruction of Youth in East and West Europe. Houndsmills/ Basingstoke/ Hampshire/ London: MacMillan Press.

Walther, A. (Hrsg.) (1996): Junge Erwachsene in Europa. Jenseits der Normalbiographie? Opladen: Leske + Budrich.

Walther, A. (2000): Spielräume im Übergang in die Arbeit. Weinheim und München: Juventa.

Walther, A. (2003): Choices and Voices at Work: Spaces for young people's life-plans in Eurpean transition regimes. Paper presented at NYRIS 8 Conference „Voice and Noice", Roskilde June 11-14.

Walther, A. & Stauber, B. (Eds.) (1998): Lifelong Learning in Europe. Vol. I Options for the Integration of Living, Learning and Working. Tübingen: Neuling Verlag.

Walther, A. & Stauber, B. (Eds.) (1999): Lifelong Learning in Europe. Vol. II Strategies of Social Integration and Individual Learning Biographies. Tübingen: Neuling Verlag.

Walther, A., Stauber, B., Bolay, E., et al. (1999): New Trajectories of Young Adults in Europe. A Research Outline (1999). In: CYRCE/Hübner-Funk, S. & du Bois-Reymond, M. (Eds.) (61-88).

Walter, A. & Stauber, B. (Eds.) (2002): Misleading Trajectories. Integration Policies for Young Adults in Europe? An EGRIS Publication. Leske + Budrich: Opladen.

Walther, A., López Blasco, A., & McNeish, W. (2003): Dilemmas of Inclusion: Young people and policies for transitions to work in Europe. Bristol: Policy Press.

Weiss, H. (1999): Youth in Four Post-communist Countries: Political values and national traditions. In: CYRCE/Hübner-Funk, S. & du Bois-Reymond, M. (Eds.) (13-32).

Wenger, E. (1998): Communities of Practice. Learning, Meaning, Identity. Cambridge University Press: Cambridge.

Wexler, Ph. (1992): Becoming Somebody: Towards a Social Psychology of School. London: Falmer Press.

Wilke, L. (2000): Veränderte Familienformen – Postmoderne kindliche Lebenswelten? In: Herlth, A. u.a. (Hrsg.): Spannungsfeld Familienkindheit (23-46). Opladen: Leske + Budrich.

Williamson, H. (2002): Supporting Young People in Europe: Principles, policy and practice. Strasbourg: Council of Europe Publishing.

Winter, K. (1999): Miteinander leben – von einander lernen. Schulkultur im Dialog. Beiträge des 9. Studientages für Lehrer/innen der Ems Dollam Region in Aschendorf. Oldeburger Vordrucke 426. Oldenburg.

Winter, M. de (1995): Children as Fellow Citizens. Oxford/ New York: Radcliffe Medical Press.

Wintersberger, H. (1999): Work Viewed from Childhood Perspective. In: Family Observer. European Observatory on Family Matters. European commission : Brussels.

Wyn, J.& Dwyer, P. (1999): New Directions on Youth in Transition. In: Journal of Youth Studies 2, 1999, 5-21.

Yankelovich, D.(1981): New Rules. Searching for self-fulfillment in a world turned upside down. Toronto: Bantam Books.

Young People in Changing Societies (2000) : United Children's Fund. Innocenti Research Centre Florence, Italy. Website : www.unicef-icdc.org.

Young, M.F.D. (1998): The Curriculum of the Future. London: Falmer Press.

Youniss, J.(1994): Children's Friendship and Peer Culture. In: Nestmann, F. & Hurrelmann, K. (Hrsg.): Social Networks and Social Support in Childhood and Adolescence (75-88). Berlin-New York: Walter de Gruyter.

Youth Directorate (Hrsg.) (1997): Youth in the Information Society. Strasbourg.

Youth Forum Jeunesse. Initial Contribution of the European Youth Forum to the European Commission's White Paper (2000): Youth Policy. Adopted by the General Assembly. Brussels/Bruxelles (Belgium) 19-21 October 2000.

Zeiher, H. J. & Zeiher, H. (1994): Orte und Zeiten der Kinder. Soziales Leben im Alltag von Großstadtkindern. Weinheim/München: Juventa.

Zeijl, E. (2001): Young Adolescents' Leisure. A Cross-Cultural and Cross-sectional Study of Dutch and German 10-15 year-olds. Opladen: Leske + Budrich.

Zeijl, E., Brake, A., & du Bois-Reymond, M. (1999) : Eltern-Kind-Beziehungen in den Niederlanden. Ein Vergleich mit den Ergebnissen einer deutschen Befragung. In: Bücher, P., du Bois-Reymond, M., Ecarius, J., u.a. (63-82).

Zinnecker, J. (1986): Jugend im Raum gesellschaftlicher Klasse. Neue Überlegungen zu einem alten Thema. In: W. Heitmeyer (Hrsg.). Interdisziplinäre Jugendforschung; Fragestellungen, Problemlagen, Neuorientierungen (99-132). Weinheim: Juventa.

Zinnecker, J. (1990): Kindheit, Jugend und soziokultureller Wandel in der Bundesrepublik Deutschland – Forschungsstand und begründete Annahmen über die Zukunft von Kindheit und Jugend. In: Büchner, P., Krüger, H.H., & Chisholm, L. (Hrsg.) (1990): Kindheit und Jugend im interkulturellen Vergleich (17-36). Opladen: Leske + Budrich.

Zinnecker, J. (1991): Jugend als Bildungsmoratorium. Zur Theorie des Wandels der Jugendphase in west- und osteuropäischen Gesellschaften. In: Melzer, W.& Heitmeyer, W. & Liegle, L. & Zinnecker, J. (Hrsg.) (118-136).

Zinnecker, J.(1995): The Cultural Modernisation of Childhood. In: Chisholm, L. & Büchner, P. & Krüger, H.-H. & Bois-Reymond, M. du & Hübner-Funk, S. (Hrsg.) (85-94).

Zinnecker, J. (1995): Kindheitsort Schule- Kindheitsort Straße. In: Reiß, G. (Hrsg.) (45-67).

Zinnecker, J. (1999): Forschen für Kinder – Forschen mit Kindern – Kinderforschung. Über die Verbindung von Kindheits- und Methodendiskurs in der neuen Kindheitsforschung zu Beginn und am Ende des 20. Jahrhunderts. In: Honig, M.S., Lange, A., & Leu, H.R. (Hrsg.): Aus der Perspektive von Kindern? (69-80). Weinheim/ München: Juventa.

Zinnecker, J. (2001a): Lernbiografien. Anmerkungen zu einem Konzept – Auszüge aus einer Fallstudie, in: Panagiotopoulou, A. & Rohlfs, C. (Hrsg.): Lernbiografien im schulischen und außerschulischen Kontext (39-62), Universität Siegen.

Zinnecker, J (2001b): Children in Young and Aging Societies: The order of generations and models of childhood in comparative perspective. In: Hofferth, S.L. & Owens, T.J. (Eds.): Children at the Millenium: Where have we come from, where are we going? (11-52) Amsterdam, London etc.: JAI/Elsevier Science.

Zinnecker, J. & Silbereisen, R. K. (1996): Kindheit in Deutschland. Aktueller Survey über Kinder und ihre Eltern. Weinheim und München: Juventa.

Zinnecker, J., Behnken, I., Maschke, S., & Stecher, L. (2002): null zoff & voll busy. Die erste Jugendgeneration des neuen Jahrhunderts. Opaden: Leske + Budrich.

Zukunft der Bildung – Schule der Zukunft (1995): Hrsg. von der Bildungskommission NRW. Berlin: Neuwied/Kriftell.

Zwart, R. de, & Warnaar, M. (1995): Nationaal Scholierenonderzoek 1994 (Nationaler Bericht über die Schuljugend). Den Haag: NIBUD (Nationaal Instituut voor Budgetvoorlichting).

Die Deutsche Bibliothek – CIP-Einheitsaufnahme

Ein Titeldatensatz für diese Publikation ist bei
Der Deutschen Bibliothek erhältlich.

ISBN 978-3-8100-4020-6

© 2003 Leske + Budrich, Opladen
Das Werk einschließlich aller seiner Teile ist urheberrechtlich geschützt.

Satz: Leske + Budrich, Opladen
Druck: XXXXXXXX

If you have any concerns about our products,
you can contact us on
ProductSafety@springernature.com

In case Publisher is established outside the EU,
the EU authorized representative is:
**Springer Nature Customer Service Center GmbH
Europaplatz 3, 69115 Heidelberg, Germany**

Printed by Libri Plureos GmbH
in Hamburg, Germany